A book for You
赤本バックナンバーのご案内

赤本バックナンバーを1年単位で印刷製本しお届けします！

弊社発行の「**高校別入試対策シリーズ(赤本)**」の収録から外れた古い年度の過去問を1年単位でご購入いただくことができます。

「**赤本バックナンバー**」はamazon(アマゾン)の***プリント・オン・デマンドサービス**によりご提供いたします。

定評のあるくわしい解答解説はもちろん赤本そのまま，解答用紙も付けてあります。

志望校の受験対策をさらに万全なものにするために，「**赤本バックナンバー**」をぜひご活用ください。

⚠ *プリント·オン·デマンドサービスとは，ご注文に応じて1冊から印刷製本し，お客様にお届けするサービスです。

ご購入の流れ

① 英俊社のウェブサイト https://book.eisyun.j

② トップページの「高校受験」 赤本バックナンバー

③ ご希望の学校·年度をクリックすると，amazon(アマゾ の該当書籍のページにジャンプ

④ amazon(アマゾン)のウェブサイトでご購入

⚠ 納期や配送，お支払い等，購入に関するお問い合わせは，amazon(アマゾン)のウェブサイトにてご確認ください。

⚠ 書籍の内容についてのお問い合わせは英俊社(06−7712−4373)まで。

国私立高校・高専 バックナンバー

⚠ 表中の×印の学校·年度は，著作権上の事情等により発刊いたしません。あしからずご了承ください。

(アイウエオ順)

※価格はすべて税込表示

学校名	2019年 実施問題	2018年 実施問題	2017年 実施問題	2016年 実施問題	2015年 実施問題	2014年 実施問題	2013年 実施問題	2012年 実施問題	2011年 実施問題	2010年 実施問題	2009年 実施問題	2008年 実施問題	2007年 実施問題	2006年 実施問題	2005年 実施問題	2004年 実施問題	2003年 実施問題
大阪教育大附高池田校舎	1,540円 66頁	1,430円 60頁	1,430円 62頁	1,430円 60頁	1,430円 60頁	1,430円 58頁	1,430円 58頁	1,430円 60頁	1,430円 58頁	1,430円 56頁	1,430円 54頁	1,320円 50頁	1,320円 52頁	1,320円 52頁	1,320円 48頁	1,320円 48頁	
大阪星光学院高	1,320円 48頁	1,320円 44頁	1,210円 42頁	1,210円 34頁	×	1,210円 36頁	1,210円 30頁	1,210円 32頁	1,650円 88頁	1,650円 84頁	1,650円 84頁	1,650円 80頁	1,650円 86頁	1,650円 80頁	1,650円 82頁	1,320円 52頁	1,430円 54頁
大阪桐蔭高	1,540円 74頁	1,540円 66頁	1,540円 68頁	1,540円 66頁	1,540円 66頁	1,430円 64頁	1,540円 68頁	1,430円 62頁	1,430円 62頁	1,540円 68頁	1,430円 62頁	1,430円 62頁	1,430円 60頁	1,430円 62頁	1,430円 58頁		
関西大学高	1,430円 56頁	1,430円 56頁	1,430円 58頁	1,430円 54頁	1,320円 52頁	1,320円 52頁	1,430円 54頁	1,320円 50頁	1,320円 52頁	1,320円 50頁							
関西大学第一高	1,540円 66頁	1,430円 64頁	1,430円 64頁	1,430円 56頁	1,430円 62頁	1,430円 54頁	1,320円 48頁	1,430円 56頁	1,430円 56頁	1,430円 56頁	1,430円 56頁	1,320円 52頁	1,320円 52頁	1,320円 50頁	1,320円 46頁	1,320円 52頁	
関西大学北陽高	1,540円 68頁	1,540円 72頁	1,540円 70頁	1,430円 64頁	1,430円 62頁	1,430円 60頁	1,430円 60頁	1,430円 58頁	1,430円 58頁	1,430円 58頁	1,430円 56頁	1,430円 54頁					
関西学院高	1,210円 36頁	1,210円 36頁	1,210円 34頁	1,210円 34頁	1,210円 32頁	1,210円 32頁	1,210円 32頁	1,210円 32頁	1,210円 28頁	1,210円 30頁	1,210円 28頁	1,210円 30頁	×	1,210円 30頁	1,210円 28頁	×	1,210円 26頁
京都女子高	1,540円 66頁	1,430円 62頁	1,430円 60頁	1,430円 60頁	1,430円 60頁	1,430円 54頁	1,430円 56頁	1,430円 56頁	1,430円 56頁	1,430円 56頁	1,430円 56頁	1,430円 54頁	1,430円 54頁	1,320円 50頁	1,320円 50頁	1,320円 48頁	
近畿大学附属高	1,540円 72頁	1,540円 68頁	1,540円 68頁	1,540円 66頁	1,430円 64頁	1,430円 62頁	1,430円 58頁	1,430円 60頁	1,430円 58頁	1,430円 60頁	1,430円 54頁	1,430円 58頁	1,430円 56頁	1,430円 54頁	1,430円 56頁	1,320円 52頁	
久留米大学附設高	1,430円 64頁	1,430円 62頁	1,430円 58頁	1,430円 60頁	1,430円 58頁	1,430円 58頁	1,430円 58頁	1,430円 58頁	1,430円 56頁	1,430円 58頁	1,430円 54頁	×	1,430円 54頁	1,430円 54頁			
四天王寺高	1,540円 74頁	1,430円 62頁	1,430円 64頁	1,540円 66頁	1,210円 40頁	1,210円 40頁	1,430円 64頁	1,430円 64頁	1,430円 58頁	1,430円 62頁	1,430円 60頁	1,430円 60頁	1,430円 64頁	1,430円 58頁	1,430円 62頁	1,430円 58頁	
須磨学園高	1,210円 40頁	1,210円 40頁	1,210円 36頁	1,210円 42頁	1,210円 40頁	1,210円 40頁	1,210円 38頁	1,210円 38頁	1,320円 44頁	1,320円 48頁	1,320円 46頁	1,320円 48頁	1,320円 46頁	1,320円 44頁	1,210円 42頁		
清教学園高	1,540円 66頁	1,540円 66頁	1,430円 64頁	1,430円 56頁	1,320円 52頁	1,320円 50頁	1,320円 52頁	1,320円 48頁	1,320円 52頁	1,320円 50頁	1,320円 50頁	1,320円 46頁					
西南学院高	1,870円 102頁	1,760円 98頁	1,650円 82頁	1,980円 116頁	1,980円 112頁	1,980円 112頁	1,870円 110頁	1,870円 112頁	1,870円 106頁	1,540円 76頁	1,540円 76頁	1,540円 72頁	1,540円 72頁	1,540円 70頁			
清風高	1,430円 58頁	1,430円 54頁	1,430円 60頁	1,430円 60頁	1,430円 60頁	1,430円 60頁	1,430円 60頁	1,430円 60頁	1,430円 56頁	1,430円 58頁	×	1,430円 56頁	1,430円 58頁	1,430円 54頁	1,430円 54頁		

※価格はすべて税込表示

学校名	2019年 実施問題	2018年 実施問題	2017年 実施問題	2016年 実施問題	2015年 実施問題	2014年 実施問題	2013年 実施問題	2012年 実施問題	2011年 実施問題	2010年 実施問題	2009年 実施問題	2008年 実施問題	2007年 実施問題	2006年 実施問題	2005年 実施問題	2004年 実施問題	2003 実施問題
清風南海高	1,430円 64頁	1,430円 64頁	1,430円 62頁	1,430円 60頁	1,430円 60頁	1,430円 58頁	1,430円 58頁	1,430円 60頁	1,430円 56頁	1,430円 56頁	1,430円 56頁	1,430円 56頁	1,430円 58頁	1,430円 58頁	1,320円 52頁	1,430円 54頁	
智辯学園和歌山高	1,320円 44頁	1,210円 42頁	1,210円 40頁	1,210円 40頁	1,210円 38頁	1,210円 38頁	1,210円 40頁	1,210円 38頁	1,210円 38頁	1,210円 40頁	1,210円 40頁	1,210円 38頁	1,210円 38頁	1,210円 38頁	1,210円 38頁	1,210円 38頁	
同志社高	1,430円 56頁	1,430円 56頁	1,430円 54頁	1,430円 54頁	1,430円 56頁	1,430円 54頁	1,320円 52頁	1,320円 52頁	1,320円 50頁	1,320円 48頁	1,320円 50頁	1,320円 50頁	1,320円 46頁	1,320円 48頁	1,320円 44頁	1,320円 48頁	1,320 46
灘高	1,320円 52頁	1,320円 46頁	1,320円 48頁	1,320円 46頁	1,320円 46頁	1,320円 48頁	1,210円 42頁	1,320円 44頁	1,320円 50頁	1,320円 48頁	1,320円 46頁	1,320円 48頁	1,320円 48頁	1,320円 46頁	1,320円 44頁	1,320円 46頁	1,320 46
西大和学園高	1,760円 98頁	1,760円 96頁	1,760円 90頁	1,540円 68頁	1,540円 66頁	1,430円 62頁	1,430円 62頁	1,430円 62頁	1,430円 64頁	1,430円 64頁	1,430円 62頁	1,430円 64頁	1,430円 64頁	1,430円 62頁	1,430円 60頁	1,430円 56頁	1,430 58
福岡大学附属大濠高	2,310円 152頁	2,310円 148頁	2,200円 142頁	2,200円 144頁	2,090円 134頁	2,090円 132頁	2,090円 128頁	1,760円 96頁	1,760円 94頁	1,650円 88頁	1,650円 84頁	1,760円 88頁	1,760円 90頁	1,760円 92頁			
明星高	1,540円 76頁	1,540円 74頁	1,540円 68頁	1,430円 62頁	1,430円 62頁	1,430円 64頁	1,430円 64頁	1,430円 60頁	1,430円 58頁	1,430円 56頁	1,430円 56頁	1,430円 54頁	1,430円 54頁	1,430円 54頁	1,320円 52頁	1,320円 52頁	
桃山学院高	1,430円 64頁	1,430円 64頁	1,430円 62頁	1,430円 60頁	1,430円 58頁	1,430円 54頁	1,430円 56頁	1,430円 54頁	1,430円 58頁	1,430円 58頁	1,430円 56頁	1,320円 52頁	1,320円 52頁	1,320円 48頁	1,320円 46頁	1,320円 50頁	1,320 50
洛南高	1,540円 66頁	1,430円 64頁	1,540円 66頁	1,540円 66頁	1,430円 62頁	1,430円 64頁	1,430円 62頁	1,430円 62頁	1,430円 62頁	1,430円 60頁	1,430円 58頁	1,430円 64頁	1,430円 60頁	1,430円 62頁	1,430円 58頁	1,430円 58頁	1,430 60
ラ・サール高	1,540円 70頁	1,540円 66頁	1,430円 60頁	1,430円 62頁	1,430円 60頁	1,430円 58頁	1,430円 60頁	1,430円 60頁	1,430円 58頁	1,430円 54頁	1,430円 60頁	1,430円 54頁	1,430円 56頁	1,320円 50頁			
立命館高	1,760円 96頁	1,760円 94頁	1,870円 100頁	1,760円 96頁	1,870円 104頁	1,870円 102頁	1,870円 100頁	1,760円 92頁	1,650円 88頁	1,760円 94頁	1,650円 88頁	1,650円 86頁	1,320円 48頁	1,650円 80頁	1,430円 54頁		
立命館宇治高	1,430円 62頁	1,430円 60頁	1,430円 58頁	1,430円 58頁	1,430円 56頁	1,430円 54頁	1,430円 54頁	1,320円 52頁	1,320円 52頁	1,430円 54頁	1,430円 56頁	1,320円 52頁					
国立高専	1,650円 78頁	1,540円 74頁	1,540円 66頁	1,430円 64頁	1,430円 62頁	1,430円 62頁	1,430円 62頁	1,540円 68頁	1,540円 70頁	1,430円 64頁	1,430円 62頁	1,430円 62頁	1,430円 60頁	1,430円 58頁	1,430円 60頁	1,430円 56頁	1,430 60

公立高校 バックナンバー

※価格はすべて税込表示

府県名・学校名	2019年 実施問題	2018年 実施問題	2017年 実施問題	2016年 実施問題	2015年 実施問題	2014年 実施問題	2013年 実施問題	2012年 実施問題	2011年 実施問題	2010年 実施問題	2009年 実施問題	2008年 実施問題	2007年 実施問題	2006年 実施問題	2005年 実施問題	2004年 実施問題	2003 実施問題
岐阜県公立高	990円 64頁	990円 60頁	990円 60頁	990円 60頁	990円 58頁	990円 56頁	990円 58頁	990円 52頁	990円 54頁	990円 52頁	990円 52頁	990円 48頁	990円 50頁	990円 52頁			
静岡県公立高	990円 62頁	990円 58頁	990円 58頁	990円 60頁	990円 60頁	990円 56頁	990円 58頁	990円 58頁	990円 56頁	990円 54頁	990円 52頁	990円 54頁	990円 52頁	990円 52頁			
愛知県公立高	990円 126頁	990円 120頁	990円 114頁	990円 114頁	990円 114頁	990円 110頁	990円 112頁	990円 108頁	990円 108頁	990円 110頁	990円 102頁	990円 102頁	990円 102頁	990円 100頁	990円 100頁	990円 96頁	990 96
三重県公立高	990円 72頁	990円 66頁	990円 66頁	990円 64頁	990円 66頁	990円 64頁	990円 66頁	990円 64頁	990円 62頁	990円 62頁	990円 58頁	990円 58頁	990円 52頁	990円 54頁			
滋賀県公立高	990円 66頁	990円 62頁	990円 60頁	990円 62頁	990円 62頁	990円 46頁	990円 48頁	990円 46頁	990円 48頁	990円 44頁	990円 44頁	990円 44頁	990円 46頁	990円 44頁	990円 44頁	990円 40頁	990 42
京都府公立高(中期)	990円 60頁	990円 56頁	990円 54頁	990円 54頁	990円 56頁	990円 54頁	990円 56頁	990円 54頁	990円 56頁	990円 54頁	990円 52頁	990円 50頁	990円 50頁	990円 50頁	990円 46頁	990円 46頁	990 48
京都府公立高(前期)	990円 40頁	990円 38頁	990円 40頁	990円 38頁	990円 38頁	990円 36頁											
京都市立堀川高 探究学科群	1,430円 64頁	1,540円 68頁	1,430円 60頁	1,430円 62頁	1,430円 64頁	1,430円 60頁	1,430円 60頁	1,430円 58頁	1,430円 58頁	1,430円 64頁	1,430円 54頁	1,320円 48頁	1,210円 42頁	1,210円 38頁	1,210円 36頁	1,210円 40頁	
京都市立西京高 エンタープライジング科	1,650円 82頁	1,540円 76頁	1,650円 80頁	1,540円 72頁	1,540円 72頁	1,540円 70頁	1,320円 46頁	1,320円 50頁	1,320円 46頁	1,320円 44頁	1,210円 42頁	1,210円 42頁	1,210円 38頁	1,210円 38頁	1,210円 40頁	1,210円 34頁	
京都府立嵯峨野高 京都こすもす科	1,540円 68頁	1,540円 66頁	1,540円 68頁	1,430円 64頁	1,430円 64頁	1,430円 62頁	1,210円 42頁	1,210円 42頁	1,320円 46頁	1,320円 44頁	1,210円 42頁	1,210円 40頁	1,210円 40頁	1,210円 36頁	1,210円 36頁	1,210円 34頁	
京都府立桃山高 自然科学科	1,320円 46頁	1,320円 46頁	1,210円 42頁	1,320円 44頁	1,320円 46頁	1,320円 44頁	1,210円 42頁	1,210円 38頁	1,210円 42頁	1,210円 40頁	1,210円 40頁	1,210円 38頁	1,210円 34頁	1,210円 34頁			

※価格はすべて税込表示

府県名・学校名	2019年 実施問題	2018年 実施問題	2017年 実施問題	2016年 実施問題	2015年 実施問題	2014年 実施問題	2013年 実施問題	2012年 実施問題	2011年 実施問題	2010年 実施問題	2009年 実施問題	2008年 実施問題	2007年 実施問題	2006年 実施問題	2005年 実施問題	2004年 実施問題	2003年 実施問題
大阪府公立高(一般)	990円 148頁	990円 140頁	990円 140頁	990円 122頁													
大阪府公立高(特別)	990円 78頁	990円 78頁	990円 74頁	990円 72頁													
大阪府公立高(前期)					990円 70頁	990円 68頁	990円 66頁	990円 72頁	990円 70頁	990円 60頁	990円 58頁	990円 56頁	990円 56頁	990円 54頁	990円 52頁	990円 52頁	990円 48頁
大阪府公立高(後期)					990円 82頁	990円 76頁	990円 72頁	990円 64頁	990円 64頁	990円 64頁	990円 62頁	990円 62頁	990円 62頁	990円 58頁	990円 56頁	990円 58頁	990円 56頁
兵庫県公立高	990円 74頁	990円 78頁	990円 74頁	990円 74頁	990円 74頁	990円 68頁	990円 66頁	990円 64頁	990円 60頁	990円 56頁	990円 58頁	990円 56頁	990円 58頁	990円 56頁	990円 56頁	990円 54頁	990円 52頁
奈良県公立高(一般)	990円 62頁	990円 50頁	990円 50頁	990円 52頁	990円 50頁	990円 52頁	990円 50頁	990円 48頁	990円 48頁	990円 48頁	990円 48頁	990円 48頁	×	990円 44頁	990円 46頁	990円 42頁	990円 44頁
奈良県公立高(特色)	990円 30頁	990円 38頁	990円 44頁	990円 46頁	990円 46頁	990円 44頁	990円 40頁	990円 40頁	990円 32頁	990円 32頁	990円 32頁	990円 32頁	990円 28頁	990円 28頁			
和歌山県公立高	990円 76頁	990円 70頁	990円 68頁	990円 64頁	990円 66頁	990円 64頁	990円 64頁	990円 62頁	990円 66頁	990円 62頁	990円 60頁	990円 60頁	990円 58頁	990円 56頁	990円 56頁	990円 56頁	990円 52頁
岡山県公立高(一般)	990円 66頁	990円 60頁	990円 58頁	990円 56頁	990円 58頁	990円 56頁	990円 58頁	990円 60頁	990円 56頁	990円 56頁	990円 52頁	990円 52頁	990円 50頁				
岡山県公立高(特別)	990円 38頁	990円 36頁	990円 34頁	990円 34頁	990円 34頁	990円 32頁											
広島県公立高	990円 68頁	990円 70頁	990円 74頁	990円 68頁	990円 60頁	990円 58頁	990円 54頁	990円 46頁	990円 48頁	990円 46頁	990円 46頁	990円 46頁	990円 44頁	990円 46頁	990円 44頁	990円 44頁	990円 44頁
山口県公立高	990円 86頁	990円 80頁	990円 82頁	990円 84頁	990円 76頁	990円 78頁	990円 76頁	990円 64頁	990円 62頁	990円 58頁	990円 58頁	990円 60頁	990円 56頁				
徳島県公立高	990円 88頁	990円 78頁	990円 86頁	990円 74頁	990円 76頁	990円 80頁	990円 64頁	990円 62頁	990円 60頁	990円 58頁	990円 60頁	990円 54頁	990円 52頁				
香川県公立高	990円 76頁	990円 74頁	990円 72頁	990円 74頁	990円 72頁	990円 68頁	990円 68頁	990円 66頁	990円 66頁	990円 62頁	990円 62頁	990円 60頁	990円 62頁				
愛媛県公立高	990円 72頁	990円 68頁	990円 66頁	990円 64頁	990円 68頁	990円 64頁	990円 62頁	990円 60頁	990円 62頁	990円 56頁	990円 58頁	990円 56頁	990円 54頁				
福岡県公立高	990円 66頁	990円 68頁	990円 68頁	990円 66頁	990円 60頁	990円 56頁	990円 56頁	990円 54頁	990円 56頁	990円 58頁	990円 52頁	990円 54頁	990円 52頁	990円 48頁			
長崎県公立高	990円 90頁	990円 86頁	990円 84頁	990円 84頁	990円 82頁	990円 80頁	990円 80頁	990円 82頁	990円 80頁	990円 80頁	990円 80頁	990円 78頁	990円 76頁				
熊本県公立高	990円 98頁	990円 92頁	990円 92頁	990円 92頁	990円 94頁	990円 74頁	990円 72頁	990円 70頁	990円 70頁	990円 68頁	990円 68頁	990円 64頁	990円 68頁				
大分県公立高	990円 84頁	990円 78頁	990円 80頁	990円 76頁	990円 80頁	990円 66頁	990円 62頁	990円 62頁	990円 62頁	990円 58頁	990円 58頁	990円 56頁	990円 58頁				
鹿児島県公立高	990円 66頁	990円 62頁	990円 60頁	990円 60頁	990円 60頁	990円 60頁	990円 60頁	990円 60頁	990円 60頁	990円 58頁	990円 58頁	990円 54頁	990円 58頁				

英語リスニング音声データのご案内

英語リスニング問題の音声データについて

赤本収録年度の音声データ　弊社発行の**「高校別入試対策シリーズ（赤本）」に収録している年度**の音声データは，以下の一覧の学校分を提供しています。希望の音声データをダウンロードし，赤本に掲載されている問題に取り組んでください。

赤本収録年度より古い年度の音声データ　**「高校別入試対策シリーズ（赤本）」に収録している年度よりも古い年度**の音声データは，6ページの国私立高と公立高を提供しています。赤本バックナンバー（1～3ページに掲載）と音声データの両方をご購入いただき，問題に取り組んでください。

ご購入の流れ

① 英俊社のウェブサイト https://book.eisyun.jp/ にアクセス
② トップページの「高校受験」 リスニング音声データ をクリック
③ ご希望の学校・年度をクリックすると，オーディオブック（audiobook.jp）のウェブサイトの該当ページにジャンプ
④ オーディオブック（audiobook.jp）のウェブサイトでご購入。※初回のみ会員登録（無料）が必要です。

⚠ ダウンロード方法やお支払い等，購入に関するお問い合わせは，オーディオブック（audiobook.jp）のウェブサイトにてご確認ください。

音声データを入手できる学校と年度

赤本収録年度の音声データ

ご希望の年度を1年分ずつ，もしくは赤本に収録している年度をすべてまとめてセットでご購入いただくことができます。セットでご購入いただくと，1年分の単価がお得になります。

⚠ ×印の年度は音声データをご提供しておりません。あしからずご了承ください。

国私立高（アイウエオ順）

※価格は税込表示

学校名	税込価格				
	2020年	2021年	2022年	2023年	2024年
アサンプション国際高	¥550	¥550	¥550	¥550	¥550
5か年セット	¥2,200				
育英西高	¥550	¥550	¥550	¥550	¥550
5か年セット	¥2,200				
大阪教育大附高池田校	¥550	¥550	¥550	¥550	¥550
5か年セット	¥2,200				
大阪薫英女学院高	¥550	¥550	¥550	¥550	×
4か年セット	¥1,760				
大阪国際高	¥550	¥550	¥550	¥550	¥550
5か年セット	¥2,200				
大阪信愛学院高	¥550	¥550	¥550	¥550	¥550
5か年セット	¥2,200				
大阪星光学院高	¥550	¥550	¥550	¥550	¥550
5か年セット	¥2,200				
大阪桐蔭高	¥550	¥550	¥550	¥550	¥550
5か年セット	¥2,200				
大谷高	×	×	×	¥550	¥550
2か年セット	¥880				
関西創価高	¥550	¥550	¥550	¥550	¥550
5か年セット	¥2,200				
京都先端科学大附高（特進・進学）	¥550	¥550	¥550	¥550	¥550
5か年セット	¥2,200				

※価格は税込表示

学校名	税込価格				
	2020年	2021年	2022年	2023年	2024年
京都先端科学大附高（国際）	¥550	¥550	¥550	¥550	¥550
5か年セット	¥2,200				
京都橘高	¥550	×	¥550	¥550	¥550
4か年セット	¥1,760				
京都両洋高	¥550	¥550	¥550	¥550	¥550
5か年セット	¥2,200				
久留米大附設高	×	¥550	¥550	¥550	¥550
4か年セット	¥1,760				
神戸星城高	¥550	¥550	¥550	¥550	¥550
5か年セット	¥2,200				
神戸山手グローバル高	×	×	×	¥550	¥550
2か年セット	¥880				
神戸龍谷高	¥550	¥550	¥550	¥550	¥550
5か年セット	¥2,200				
香里ヌヴェール学院高	¥550	¥550	¥550	¥550	¥550
5か年セット	¥2,200				
三田学園高	¥550	¥550	¥550	¥550	¥550
5か年セット	¥2,200				
滋賀学園高	¥550	¥550	¥550	¥550	¥550
5か年セット	¥2,200				
滋賀短期大学附高	¥550	¥550	¥550	¥550	¥550
5か年セット	¥2,200				

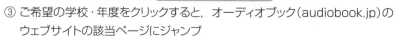

国私立高（アイウエオ順）

※価格は税込表示

学校名	税込価格				
	2020年	2021年	2022年	2023年	2024年
樟蔭高	¥550	¥550	¥550	¥550	¥550
5か年セット	¥2,200				
常翔学園高	¥550	¥550	¥550	¥550	¥550
5か年セット	¥2,200				
清教学園高	¥550	¥550	¥550	¥550	¥550
5か年セット	¥2,200				
西南学院高(専願)	¥550	¥550	¥550	¥550	¥550
5か年セット	¥2,200				
西南学院高(前期)	¥550	¥550	¥550	¥550	¥550
5か年セット	¥2,200				
園田学園高	¥550	¥550	¥550	¥550	¥550
5か年セット	¥2,200				
筑陽学園高(専願)	¥550	¥550	¥550	¥550	¥550
5か年セット	¥2,200				
筑陽学園高(前期)	¥550	¥550	¥550	¥550	¥550
5か年セット	¥2,200				
智辯学園高	¥550	¥550	¥550	¥550	¥550
5か年セット	¥2,200				
帝塚山高	¥550	¥550	¥550	¥550	¥550
5か年セット	¥2,200				
東海大付大阪仰星高	¥550	¥550	¥550	¥550	¥550
5か年セット	¥2,200				
同志社高	¥550	¥550	¥550	¥550	¥550
5か年セット	¥2,200				
中村学園女子高(前期)	×	¥550	¥550	¥550	¥550
4か年セット	¥1,760				
灘高	¥550	¥550	¥550	¥550	¥550
5か年セット	¥2,200				
奈良育英高	¥550	¥550	¥550	¥550	¥550
5か年セット	¥2,200				
奈良学園高	¥550	¥550	¥550	¥550	¥550
5か年セット	¥2,200				
奈良大附高	¥550	¥550	¥550	¥550	¥550
5か年セット	¥2,200				

※価格は税込表示

学校名	税込価格				
	2020年	2021年	2022年	2023年	2024年
西大和学園高	¥550	¥550	¥550	¥550	¥550
5か年セット	¥2,200				
梅花高	¥550	¥550	¥550	¥550	¥550
5か年セット	¥2,200				
白陵高	¥550	¥550	¥550	¥550	¥550
5か年セット	¥2,200				
初芝立命館高	×	×	×	×	¥550
東大谷高	×	×	¥550	¥550	¥550
3か年セット	¥1,320				
東山高	×	×	×	×	¥550
雲雀丘学園高	¥550	¥550	¥550	¥550	¥550
5か年セット	¥2,200				
福岡大附大濠高(専願)	¥550	¥550	¥550	¥550	¥550
5か年セット	¥2,200				
福岡大附大濠高(前期)	¥550	¥550	¥550	¥550	¥550
5か年セット	¥2,200				
福岡大附大濠高(後期)	¥550	¥550	¥550	¥550	¥550
5か年セット	¥2,200				
武庫川女子大附高	×	×	¥550	¥550	¥550
3か年セット	¥1,320				
明星高	¥550	¥550	¥550	¥550	¥550
5か年セット	¥2,200				
和歌山信愛高	¥550	¥550	¥550	¥550	¥550
5か年セット	¥2,200				

公立高

※価格は税込表示

学校名	税込価格				
	2020年	2021年	2022年	2023年	2024年
京都市立西京高（エンタープライジング科）	¥550	¥550	¥550	¥550	¥550
5か年セット	¥2,200				
京都市立堀川高（探究学科群）	¥550	¥550	¥550	¥550	¥550
5か年セット	¥2,200				
京都府立嵯峨野高（京都こすもす科）	¥550	¥550	¥550	¥550	¥550
5か年セット	¥2,200				

赤本収録年度より古い年度の音声データ

以下の音声データは，赤本に収録以前の年度ですので，赤本バックナンバー（P.1～3に掲載）と合わせてご購入ください。
赤本バックナンバーは1年分が1冊の本になっていますので，音声データも1年分ずつの販売となります。

※価格は税込表示

国私立高（アイウエオ順）

学校名	税込価格																
	2003年	2004年	2005年	2006年	2007年	2008年	2009年	2010年	2011年	2012年	2013年	2014年	2015年	2016年	2017年	2018年	2019年
大阪教育大附高池田校		¥550	¥550	¥550	¥550	¥550	¥550	¥550	¥550	¥550	¥550	¥550	¥550	¥550	¥550	¥550	¥550
大阪星光学院高（1次）	¥550	¥550	¥550	¥550	¥550	¥550	¥550	¥550	¥550	¥550	×	¥550	×	¥550	¥550	¥550	¥550
大阪星光学院高（1.5次）			¥550	¥550	¥550	¥550	¥550	¥550	×	×	×	×	×	×	×	×	×
大阪桐蔭高						¥550	¥550	¥550	¥550	¥550	¥550	¥550	¥550	¥550	¥550	¥550	¥550
久留米大附設高				¥550	¥550	×	¥550	¥550	¥550	¥550	¥550	¥550	¥550	¥550	¥550	¥550	¥550
清教学園高														¥550	¥550	¥550	¥550
同志社高						¥550	¥550	¥550	¥550	¥550	¥550	¥550	¥550	¥550	¥550	¥550	¥550
灘高																¥550	¥550
西大和学園高				¥550	¥550	¥550	¥550	¥550	¥550	¥550	¥550	¥550	¥550	¥550	¥550	¥550	¥550
福岡大附大濠高（専願）											¥550	¥550	¥550	¥550	¥550	¥550	¥550
福岡大附大濠高（前期）				¥550	¥550	¥550	¥550	¥550	¥550	¥550	¥550	¥550	¥550	¥550	¥550	¥550	¥550
福岡大附大濠高（後期）				¥550	¥550	¥550	¥550	¥550	¥550	¥550	¥550	¥550	¥550	¥550	¥550	¥550	¥550
明星高															¥550	¥550	¥550
立命館高（前期）						¥550	¥550	¥550	¥550	¥550	¥550	¥550	¥550	×	×	×	×
立命館高（後期）						¥550	¥550	¥550	¥550	¥550	¥550	¥550	¥550	×	×	×	×
立命館宇治高										¥550	¥550	¥550	¥550	¥550	¥550	¥550	×

※価格は税込表示

公立高（府県順）

府県名・学校名	税込価格																
	2003年	2004年	2005年	2006年	2007年	2008年	2009年	2010年	2011年	2012年	2013年	2014年	2015年	2016年	2017年	2018年	2019年
岐阜県公立高				¥550	¥550	¥550	¥550	¥550	¥550	¥550	¥550	¥550	¥550	¥550	¥550	¥550	¥550
静岡県公立高				¥550	¥550	¥550	¥550	¥550	¥550	¥550	¥550	¥550	¥550	¥550	¥550	¥550	¥550
愛知県公立高（Aグループ）	¥550	¥550	¥550	¥550	¥550	¥550	¥550	¥550	¥550	¥550	¥550	¥550	¥550	¥550	¥550	¥550	¥550
愛知県公立高（Bグループ）	¥550	¥550	¥550	¥550	¥550	¥550	¥550	¥550	¥550	¥550	¥550	¥550	¥550	¥550	¥550	¥550	¥550
三重県公立高				¥550	¥550	¥550	¥550	¥550	¥550	¥550	¥550	¥550	¥550	¥550	¥550	¥550	¥550
滋賀県公立高	¥550	¥550	¥550	¥550	¥550	¥550	¥550	¥550	¥550	¥550	¥550	¥550	¥550	¥550	¥550	¥550	¥550
京都府公立高（中期選抜）	¥550	¥550	¥550	¥550	¥550	¥550	¥550	¥550	¥550	¥550	¥550	¥550	¥550	¥550	¥550	¥550	¥550
京都府公立高（前期選抜 共通学力検査）												¥550	¥550	¥550	¥550	¥550	¥550
京都市立西京高（エンタープライジング科）		¥550	¥550	¥550	¥550	¥550	¥550	¥550	¥550	¥550	¥550	¥550	¥550	¥550	¥550	¥550	¥550
京都市立堀川高（探究学科群）												¥550	¥550	¥550	¥550	¥550	¥550
京都府立嵯峨野高（京都こすもす科）		¥550	¥550	¥550	¥550	¥550	¥550	¥550	¥550	¥550	¥550	¥550	¥550	¥550	¥550	¥550	¥550
大阪府公立高（一般選抜）														¥550	¥550	¥550	¥550
大阪府公立高（特別選抜）														¥550	¥550	¥550	¥550
大阪府公立高（後期選抜）	¥550	¥550	¥550	¥550	¥550	¥550	¥550	¥550	¥550	¥550	¥550	¥550	¥550	×	×	×	×
大阪府公立高（前期選抜）	¥550	¥550	¥550	¥550	¥550	¥550	¥550	¥550	¥550	¥550	¥550	¥550	¥550	×	×	×	×
兵庫県公立高	¥550	¥550	¥550	¥550	¥550	¥550	¥550	¥550	¥550	¥550	¥550	¥550	¥550	¥550	¥550	¥550	¥550
奈良県公立高（一般選抜）	¥550	¥550	¥550	¥550	×	¥550	¥550	¥550	¥550	¥550	¥550	¥550	¥550	¥550	¥550	¥550	¥550
奈良県公立高（特色選抜）				¥550	¥550	¥550	¥550	¥550	¥550	¥550	¥550	¥550	¥550	¥550	¥550	¥550	¥550
和歌山県公立高	¥550	¥550	¥550	¥550	¥550	¥550	¥550	¥550	¥550	¥550	¥550	¥550	¥550	¥550	¥550	¥550	¥550
岡山県公立高（一般選抜）					¥550	¥550	¥550	¥550	¥550	¥550	¥550	¥550	¥550	¥550	¥550	¥550	¥550
岡山県公立高（特別選抜）												¥550	¥550	¥550	¥550	¥550	¥550
広島県公立高	¥550	¥550	¥550	¥550	¥550	¥550	¥550	¥550	¥550	¥550	¥550	¥550	¥550	¥550	¥550	¥550	¥550
山口県公立高					¥550	¥550	¥550	¥550	¥550	¥550	¥550	¥550	¥550	¥550	¥550	¥550	¥550
香川県公立高					¥550	¥550	¥550	¥550	¥550	¥550	¥550	¥550	¥550	¥550	¥550	¥550	¥550
愛媛県公立高					¥550	¥550	¥550	¥550	¥550	¥550	¥550	¥550	¥550	¥550	¥550	¥550	¥550
福岡県公立高				¥550	¥550	¥550	¥550	¥550	¥550	¥550	¥550	¥550	¥550	¥550	¥550	¥550	¥550
長崎県公立高					¥550	¥550	¥550	¥550	¥550	¥550	¥550	¥550	¥550	¥550	¥550	¥550	¥550
熊本県公立高（選択問題A）													¥550	¥550	¥550	¥550	¥550
熊本県公立高（選択問題B）													¥550	¥550	¥550	¥550	¥550
熊本県公立高（共通）					¥550	¥550	¥550	¥550	¥550	¥550	¥550	¥550	×	×	×	×	×
大分県公立高					¥550	¥550	¥550	¥550	¥550	¥550	¥550	¥550	¥550	¥550	¥550	¥550	¥550
鹿児島県公立高					¥550	¥550	¥550	¥550	¥550	¥550	¥550	¥550	¥550	¥550	¥550	¥550	¥550

受験生のみなさんへ

英俊社の高校入試対策問題集

各書籍のくわしい内容はこちら→

近畿の高校入試シリーズ

最新の近畿の入試問題から良問を精選。
私立・公立どちらにも対応できる定評ある問題集です。

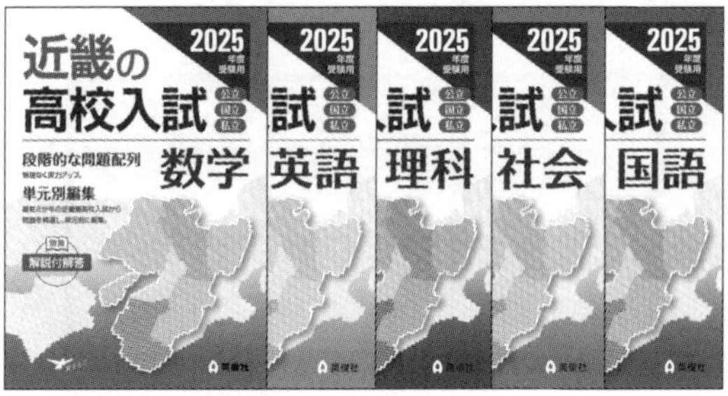

近畿の高校入試シリーズ

中1・2の復習

近畿の入試問題から1・2年生までの範囲で解ける良問を精選。
高校入試の基礎固めに最適な問題集です。

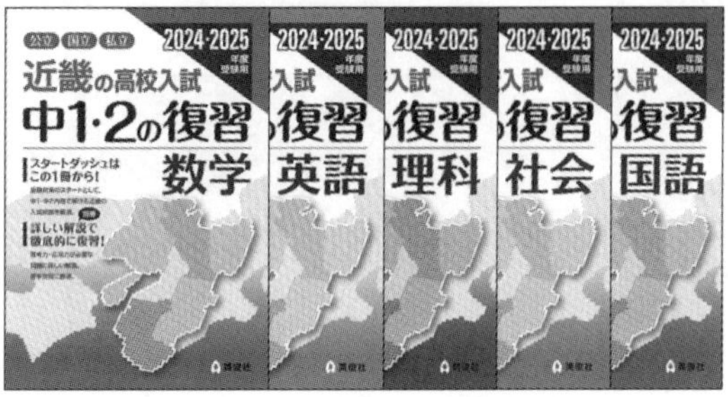

最難関高校シリーズ

最難関高校を志望する受験生諸君におすすめのハイレベル問題集。
灘、洛南、西大和学園、久留米大学附設、ラ・サールの最新7か年入試問題を単元別に分類して収録しています。

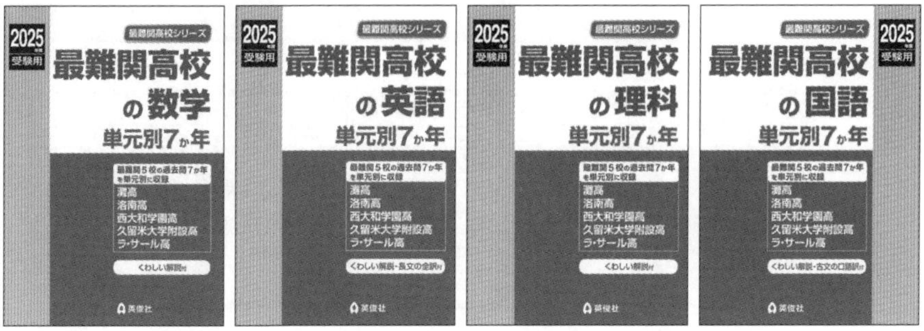

ニューウイングシリーズ　出題率

入試での出題率を徹底分析。出題率の高い単元、問題に集中して効率よく学習できます。

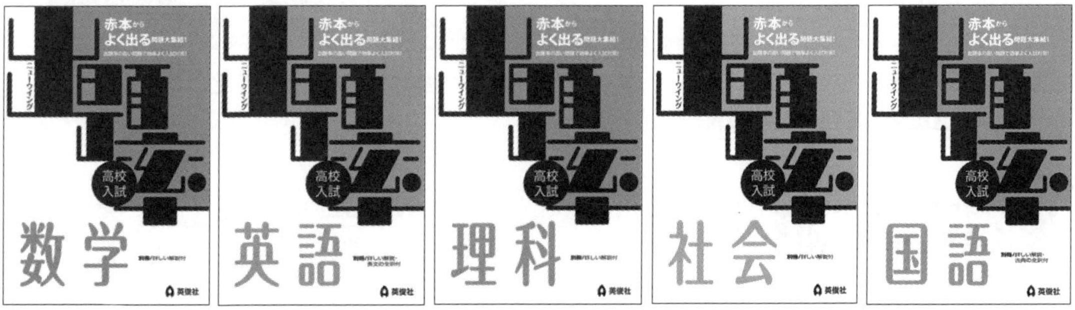

公立高校入試対策シリーズ 3036

もくじ

（注）　著作権の都合により，実際に使用された写真と異なる場合があります。　（編集部）

2020～2024年度のリスニング音声（書籍収録分すべて）は
英俊社ウェブサイト「**リスもん**」から再生できます。
https://book.eisyun.jp/products/listening/index/

リスもん
リスニング問題　音声再生ウェブページ

再生の際に必要な入力コード→ **75849326**
（コードの使用期限：2025年７月末日）

スマホはこちら ――→

※音声は英俊社で作成したものです。

❖全日制公立高校の入学者選抜について（前年度参考）

※以下の内容は，2024年度（前年度）に実施された入学者選抜の概要です。2025年度の受検に際しては，2025年度生徒募集選抜要項を必ずご確認ください。

1．一般選抜

①実施校　すべての高校で実施する。

②募集人員　募集定員から育成型選抜および連携型選抜の合格者数を減じた人数とする。

③出　願
- 育成型選抜または連携型選抜に合格した人は出願することができない。
- 1校に限り出願することができる。
- 志望先の高校にある一般選抜を実施する学科を，志望順に記して出願できる。ただし，芸術科は，芸術科(音楽)，芸術科(美術)，芸術科(書道)を志望順に記して出願することはできない。
- 体育科は，育成型選抜において募集する種目（専攻実技種目）で，入学後も学業と両立させ，その活動を意欲的に継続できる人に限り出願することができる。

④志願変更　出願した高校，課程，志望学科および志望学科順位を1回に限り変更することができる。

⑤選抜資料　ア　調査書

(ア) 調査書は学力検査の成績と同等に扱う。

(イ) 調査書中の「各教科の学習の記録」の評定は，学力検査を実施しない音楽，美術，保健体育，技術・家庭の4教科を重視する。

(ウ) 「各教科の学習の記録」以外の記載事項についても，選抜の資料として活用する。

イ　学力検査…実施教科は国語(作文を含む)，数学，社会，理科，英語(リスニングテストを含む)の5教科とする。

一般選抜学力検査の時間割と配点

時　限	時　刻	教　科
第1時限	9:05～10:00（55分間）	国　語（作文を含む）
第2時限	10:20～11:10（50分間）	数　学
第3時限	11:30～12:20（50分間）	社　会
第4時限	13:05～13:55（50分間）	理　科
第5時限	14:15～15:05（50分間）	英　語（リスニングテストを含む）

ウ　配点…各教科100点で合計500点を基本とする。ただし，以下の高校はスクール・ポリシーに基づき重視する教科について傾斜配点を行う。

城南高校　理数科

総計600　国語100　社会100　数学125　理科125　英語150

城北高校　理数科

総計 600　国語 100　社会 100　数学 150　理科 150　英語 100

徳島北高校　外国語科

総計 600　国語 100　社会 100　数学 100　理科 100　英語 200

徳島市立高校　理数科

総計 600　国語 100　社会 100　数学 150　理科 125　英語 125

徳島科学技術高校　工業科・水産科

総計 600　国語 100　社会 100　数学 140　理科 130　英語 130

富岡西高校　理数科

総計 590　国語 100　社会 100　数学 130　理科 130　英語 130

エ　**面接**…志願者全員を対象として，個人面接または集団面接のいずれかを実施する。

オ　**実技検査**…学科の特性に応じて実施する。

⑥選抜方法　(1)　スクール・ポリシーを踏まえ，必須資料および選択資料による成績等を資料とし，当該高校・学科等の教育を受けるに足る能力・適性等を総合的に判定して選抜する。

(2)　**選抜の手順**

ア　**第１次選考**…調査書の「各教科の学習の記録」の評定が上位から募集人員の 80 %以内にいる者で，かつ，学力検査の得点が上位から募集人員の 80 %以内にいる者について，面接等の結果も資料とし，総合的に選考する。

イ　**第２次選考**…第１次選考の対象者以外の者全員について，調査書の「各教科の学習の記録」の評定と学力検査の得点の相関に留意して，総合的に選考する。その際，面接等の結果も考慮する。

(3)　**第１志望以外の志願者の取扱い**

選抜に当たっては，第１志望を優先し，第１志望者の中から合格者を決定する。合格者が定員に満たない場合は，第１志望以外の志願者の中から選抜を行い合格者を決定する。ただし，普通科，理数科，芸術科または外国語科から，第１志望，第２志望とする者のうち，第１志望不合格者については，第２志望の学科において，その学科を第１志望とした者と同一基準において選考するが，その数は 10 人以内とする。

２．育成型選抜

①出願要件等　スクールポリシーを踏まえ，スポーツ，文化活動，その他高校が定める特色ある活動について，高校ごとに出願要件を示す。

また，活動実績等の基準を具体的に示す。

②募集人員　ア　各高校の募集人員は，次に示す範囲内とし，高校ごとに示す。

(ア)　普通科，理数科および外国語科は，募集定員の７%以内とする。

(イ) 専門学科（体育科および芸術科を除く）および総合学科は，募集定員の14％以内とする。

(ウ) 上記(ア)・(イ)による募集人員の計が8人未満になる高校は，8人以内とする。ただし，県外から志願する者の合格者数が「人数制限なし」の高校は，12人以内とする。

イ　体育科および芸術科の募集人員は，募集定員の100％とする。

ウ　委員会が定める指定校は，指定競技および指定分野の募集人員を別に定める。

③出　　願

●実施校のうち，1校に限り出願することができる。

●志願先の高校にある育成型選抜を実施する学科を，志望順に記して出願できる。ただし，鳴門渦潮高校では体育科と総合学科を，名西高校では普通科と芸術科を，それぞれ志望順に記して出願することはできない。

●体育科は育成型選抜において募集する種目（専攻実技種目）で，入学後も学業と両立させ，その活動を意欲的に継続できる人に限り出願することができる。

●出願後，志願変更することはできない。

④検査内容

実施校のすべてが学力検査を行う。さらに実技等，面接の中から各実施校が定めた検査を行う。

ア　調査書

(ア) 調査書中の「各教科の学習の記録」の評定は，学力検査を実施しない音楽，美術，保健体育，技術・家庭の4教科を重視する。

(イ)「各教科の学習の記録」以外の記載事項についても，選抜の資料として活用する。

イ　**学力検査**…次により，県内同一問題で行い，検査Ⅰ，検査Ⅱともに受検するものとする。

育成型選抜学力検査の時間割と配点

時　限	時　　刻	検　査	出題教科（配点）
第1時限	9:30～10:20（50分間）	検　査　Ⅰ	国語(40)，社会(40)，英語(20)
第2時限	10:40～11:30（50分間）	検　査　Ⅱ	数学(40)，理科(40)，英語(20)

ウ　**実技等**…実技，意見発表または口頭試問等を行う。

エ　**面接**…個人面接を行う。

⑤選抜方法

スクール・ポリシーおよび出願要件を踏まえ，調査書，活動記録，学力検査の成績並びに各高校において実施した検査の結果を資料として，当該高校・学科等の教育を受けるに足る能力・適性等を総合的に判定して選抜する。

❖2024年度一般選抜の募集人員と出願状況

【全日制課程】（注）出願者数・倍率は志願変更後の確定数。

学校	学科・類	一般選抜募集人員	一般選抜出願者数	倍率
城東	普通	248	249	1.00
城南	普通	209	219	1.05
	応用数理	29	22	0.76
城北	普通	215	222	1.03
	理数科学	29	26	0.90
徳島北	普通	225	228	1.01
	国際英語	37	38	1.03
徳島市立	普通	246	250	1.02
	理数	40	40	1.00
城西	生産技術	20	24	1.20
	植物活用	19	22	1.16
	食品科学	23	29	1.26
	アグリビジネス	24	27	1.13
	総合	69	73	1.06
城西・神山	地域創生類	26	25	0.96
徳島科学技術	総合科学類	54	57	1.06
	機械技術類	54	55	1.02
	電気技術類	57	58	1.02
	建設技術類	61	65	1.07
	海洋科学類	10	13	1.30
	海洋技術類	15	17	1.13
徳島商業	ビジネス探究	56	57	1.02
	ビジネス創造	147	150	1.02
小松島	普通	160	159	0.99
小松島西	商業	43	48	1.12
	食物	67	67	1.00
	生活文化	18	20	1.11
	福祉	27	28	1.04
小松島西・勝浦	応用生産	11	11	1.00
	園芸福祉	12	11	0.92
富岡東	普通	62	62	1.00
	商業	19	20	1.05
富岡東・羽ノ浦	看護	34	25	0.74
富岡西	普通	141	148	1.05
	理数	30	23	0.77
阿南光	機械ロボットシステム	19	19	1.00
	電気情報システム	22	23	1.05
	都市環境システム	22	23	1.05
	産業創造	70	74	1.06
那賀	普通	33	23	0.70
	森林クリエイト	12	12	1.00
海部	普通	50	48	0.96
	情報ビジネス	16	16	1.00
	数理科学	27	18	0.67
鳴門	普通	256	267	1.04
鳴門渦潮	スポーツ科学	0	－	－
	総合	118	132	1.12

学校	学科・類	一般選抜募集人員	一般選抜出願者数	倍率
板野	普通	127	138	1.09
名西	普通	49	51	1.04
	芸術（音楽）	0	－	－
	芸術（美術）	0	－	－
	芸術（書道）	0	－	－
吉野川	農業科学	12	10	0.83
	生物活用	14	13	0.93
	会計ビジネス	17	12	0.71
	情報ビジネス	20	17	0.85
	食ビジネス	27	23	0.85
川島	普通	84	84	1.00
阿波	普通	143	143	1.00
阿波西	普通	15	15	1.00
穴吹	普通	42	38	0.90
脇町	普通	149	149	1.00
つるぎ	電気	36	31	0.86
	機械	33	28	0.85
	建設	13	14	1.08
	商業	25	21	0.84
	地域ビジネス	19	16	0.84
池田	普通	104	103	0.99
	探究	34	35	1.03
池田・辻	総合	34	18	0.53
池田・三好	食農科学	20	19	0.95
	環境資源	12	11	0.92
合計		4,211	4,232	1.00

※学区外からの出願状況（全日制課程・普通科）

学区・学校		一般選抜学区外合格許容数	一般選抜学区外出願者数
第１学区		83	51
第２学区		114	35
第３学区	城南	25	30
	城北	25	29
	徳島北	24	28
	徳島市立	17	17

2024年度育成型選抜・連携型選抜の募集人員と出願状況

【育成型選抜】

学校	学科・類	募集定員	活動重視枠 出願者数 学科別	活動重視枠 募集人員（以内）	実績重視枠 出願者数 学科別	実績重視枠 募集人員（以内）	育成型選抜合計 出願者数 学科別	育成型選抜合計 出願者数 合計	育成型選抜合計 募集人員（以内）	倍率
城東	普通	280	20	22	12	12	32	32	34	0.94
城南	普通	240	21	18	15	20	36	37	38	0.97
	応用数理	30	1		–		1			
城北	普通	240	21	18	7	8	28	29	28	1.04
	理数科学	30	1	2	0		1			
徳島北	普通	240	17	19	–	–	17	49	19	2.58
	国際英語	40	32		–		32			
徳島市立	普通	280	20	22	14	14	34	34	36	0.94
城西	生産技術	20	0	12	0	7	0	10	19	0.53
	植物活用	20	1		0		1			
	食品科学	25	2		0		2			
	アグリビジネス	25	1		0		1			
	総合	75	2		4		6			
城西・神山	地域創生類	30	5	5	–	–	5	5	5	1.00
徳島科学技術	総合科学類	60	10	42	0	20	10	68	62	1.10
	機械技術類	70	16		2		18			
	電気技術類	60	4		1		5			
	建設技術類	80	21		7		28			
	海洋科学類	10	0		0		0			
	海洋技術類	20	7		0		7			
徳島商業	ビジネス探究	60	3	36	2	3	5	50	39	1.28
	ビジネス創造	180	40		5		45			
小松島	普通	170	13	12	0	4	13	13	16	0.81
小松島西	商業	55	15	26	2	4	17	31	30	1.03
	食物	70	4		0		4			
	生活文化	20	4		0		4			
	福祉	30	1		4		6			
小松島西・勝浦	応用生産	15	0	8	5	7	5	9	15	0.60
	園芸福祉	15	0		4		4			
富岡東	普通	145	6	4	2	10	8	20	18	1.11
	商業	30	4	4	8		12			
富岡東・羽ノ浦	看護	40	6	8	–	–	6	6	8	0.75
富岡西	普通	155	11	10	4	5	15	15	15	1.00
阿南光	機械ロボットシステム	30	8	23	6	16	14	42	39	1.08
	電気情報システム	25	3		0		3			
	都市環境システム	25	3		1		4			
	産業創造	85	12		9		21			
那賀	普通	45	2	12	2	9	4	11	21	0.52
	森林クリエイト	20	5		2		7			
海部	普通	60	15	12	4	5	19	28	17	1.65
	情報ビジネス	20	5		1		6			
	数理科学	30	2		1		3			
鳴門	普通	280	26	23	2	3	28	28	26	1.08
鳴門渦潮	スポーツ科学	60	–	–	62	60	62	62	60	1.03
	総合	135	21	18	–	–	21	21	18	1.17

学校	学科・類	募集定員	活動重視枠		実績重視枠		育成型選抜合計			倍率
			出願者数	募集人員	出願者数	募集人員	出願者数		募集人員	
			学科別	(以内)	学科別	(以内)	学科別	合計	(以内)	
板　野	普　通	135	8	11	－	－	8	8	11	0.73
名　西	普　通	60	8	8	3	3	11	11	11	1.00
	芸術(音楽)	15	－	－	15	15	15	15	15	1.00
	芸術(美術)	20			37	20	37	37	20	1.85
	芸術(書道)	10			12	10	12	12	10	1.20
吉野川	農業科学	15	3	14	1	3	4	18	17	1.06
	生物活用	15	2		0		2			
	会計ビジネス	20	3		0		3			
	情報ビジネス	25	5		1		6			
	食ビジネス	30	3		0		3			
川　島	普　通	125	12	8	－	－	12	12	8	1.50
阿　波	普　通	155	10	10	2	5	12	12	15	0.80
阿波西	普　通	45	0	8	－	－	0	0	8	0.00
穴　吹	普　通	45	4	10	－	－	4	4	10	0.40
脇　町	普　通	165	10	11	6	6	16	16	17	0.94
つるぎ	電　気	40	4	27	2	6	6	28	33	0.85
	機　械	45	9		3		12			
	建　設	20	9		0		9			
	商　業	25	0		0		0			
	地域ビジネス	20	1		0		1			
池　田	普　通	120	14	12	5	10	19	23	22	1.05
	探　究	35	4		－	－	4			
池田・辻	総　合	45	3	9	8	9	11	11	18	0.61
池田・三好	食農科学	20	0	6	－	－	0	3	6	0.50
	環境資源	15	3		－		3			
合　計			527	490	283	294	810	810	784	1.03

※学区外からの出願状況（全日制普通科）

学区・学校		学区外合格許容数		育成学区外出願者数
		育成＋一般	育成	
第1学区		86	12	3
第2学区		120	20	7
第3学区	城　南	28	4	3
	城　北	28	4	4
	徳島北	28	4	4
	徳島市立	22	5	5

【連携型選抜】

学校	学科・類	出願者数	備　考
那　賀	普　通	7	連携型選抜による募集人員は，2学科を合わせて，総募集定員（65名の60%程度とする。
	森林クリエイト	4	
阿波西	普　通	30	連携型選抜による募集人員は募集定員（45名）の65%程度とする。

（一 般 選 抜）

❖傾向と対策〈数学〉

出題傾向

		数と式							方程式						関数					図形								資料の活用	
		数の計算	数の性質	平方根の計算	平方根の性質	文字式の利用	式の計算	式の展開・因数分解	一次方程式の計算	一次方程式の応用	連立方程式の計算	連立方程式の応用	二次方程式の計算	二次方程式の応用	比例・反比例	一次関数	関数 $y=ax^2$	いろいろな事象と関数	関数と図形	図形の性質	平面図形の計量	空間図形の計量	図形の証明	作図	中3単元 相似	中3単元 三平方の定理	中3単元 円周角の定理	場合の数・確率	資料の分析と活用・標本調査
2024年度	一般選抜	○		○		○	○	○								○	○	○	○	○	○		○		○	○	○	○	○
2023年度	一般選抜	○	○	○			○					○	○		○		○		○		○	○	○		○	○		○	○
2022年度	一般選抜	○			○	○	○						○	○	○		○	○	○		○		○	○	○	○		○	○
2021年度	一般選抜	○	○	○				○				○	○			○	○		○		○	○	○		○	○		○	○
2020年度	一般選抜	○	○	○			○	○			○	○	○	○			○		○	○	○	○	○	○	○	○	○	○	

出題分析

★数と式…………正負の数や平方根の計算，単項式や多項式の計算，因数分解，式の値などが出題されている。また，数や平方根の性質，規則性などについての出題も見られる。

★方程式…………2次方程式を解く計算問題や方程式を利用した文章題がよく出題されている。

★関　数…………比例・反比例，一次関数に関して，比例定数や関数の式，座標などを求める問題が出題されている。また，放物線と直線を主題として，座標平面上の図形とからめた面積や面積比，体積に関する問題などがよく出題されている。

★図　形…………平面図形，空間図形について，バランスよく出題されている。円の性質，三平方の定理，合同，相似などの基本的な解法を様々な題材で利用する。また，証明問題が毎年出題されているほか，作図が出題される年度もある。

★資料の活用……さいころや玉の取り出しなどを利用した場合の数や確率，資料の活用と分析の基礎的な問題が，小問を中心として出題されている。2023年度は，資料の活用と分析についての問題が大問で出題された。

来年度の対策

①基本事項をマスターすること！

出題は広範囲にわたっているので，教科書の全範囲の復習をし，基本をマスターすることが大切である。入試で出題頻度の高い問題を抽出した「**ニューウイング 出題率 数学**」（英俊社）を使って，効果的に全体の総仕上げをしておこう。

②関数，図形の計量に強くなること！

平面図形，空間図形の計量に関して，相似を利用した線分比，面積比の扱いには慣れておきたい。また，関数のグラフと図形の融合問題も演習を重ねておこう。苦手単元がある人は，**数学の近道問題シリーズ「関数とグラフ」「図形〈1・2年分野〉」「図形〈3年分野〉」**（いずれも英俊社）を，弱点補強に役立ててほしい。解説もくわしいので，強い味方になってくれるだろう。

❖傾向と対策〈英語〉

出題傾向

		放送問題	語い	音声			英文法					英作文			読解		長文問題										
				語の発音	語のアクセント	文の区切り・強勢	語形変化	英文完成	同意文完成	指示による書きかえ	正誤判断	整序作文	和文英訳	その他の英作文	問答・応答	絵や表を見て答える問題	会話文	長文読解	長文総合	設問の内容							
																				音声・語い	文法事項	英文和訳	英作文	内容把握	文の整序・挿入	英問英答	要約
2024年度	一般選抜	○						○				○			○		○		○				○	○	○	○	○
2023年度	一般選抜	○						○				○			○		○		○				○	○	○	○	○
2022年度	一般選抜	○						○				○			○		○		○				○	○	○	○	○
2021年度	一般選抜	○						○				○			○		○		○				○	○	○	○	○
2020年度	一般選抜	○						○				○			○		○		○				○	○	○	○	○

出題分析

★長文問題は内容読解に関する設問を中心として，条件に合わせたやや長めの英作文や英問英答など，英語を書く力を問う設問が多く出題されている。英作文の問題では，単語・連語の知識や中学校で習う範囲の文法知識が必要である。

★リスニングテストでは，英文を聞いて，自分の答えを１文で書く問題が出題されている。

来年度の対策

①長文を数多く読んでおくこと！

内容はそれほど難しくないが，日ごろから長文問題に触れ，内容をすばやく読み取る力を身につけておきたい。会話文形式の長文問題も数多くこなし，話の流れをつかむ練習もしておきたい。その際，単語・連語のチェックをしたり，文法知識，会話特有の表現を確認したりと総合的な知識を習得するようにしよう。「**英語の近道問題シリーズ**（全６冊）」（英俊社）で苦手単元の学習をしておくとよい。

②リスニングに慣れておくこと！

ふだんからネイティブの話す英語に慣れておこう。

③英作文に強くなっておくこと！

今後も英作文の問題は出題されると思われる。中学校で習う文法や表現は確実に使いこなせるようにしておきたい。日ごろから和文を英文に直したり，自分で英文を作ったりして，様々な問題に対応できるようにしておこう。最後に上記シリーズの「**文の書きかえ・英作文**」（英俊社）を仕上げておくとよい。

❖傾向と対策〈社会〉

出題傾向

		地理							歴史							公民										融合問題
		世界地理			日本地理			世界地理・日本地理総合	日本史					世界史	日本史・世界史総合	政治				経済				国際社会	公民総合	
		全域	地域別	地図・時差（単独）	全域	地域別	地形図（単独）		原始・古代	中世	近世	近代・現代	複数の時代			人権・憲法	国会・内閣・裁判所	選挙・地方自治	総合・その他	しくみ・企業	財政・金融	社会保障・労働・人口	総合・その他			
2024 年度	一般選抜	○			○							○	○												○	○
2023 年度	一般選抜	○			○							○	○												○	○
2022 年度	一般選抜	○			○							○	○												○	○
2021 年度	一般選抜	○			○							○	○												○	○
2020 年度	一般選抜	○			○							○	○												○	○

出題分析

★出題数と時間　2022年度までは，大問数は6，小問数は35で一定。試験時間が5分延びた2023年度以降は大問数が6，小問数が35～41。資料の読解や文章の正誤判断が必要なため，時間配分には気をつけないといけない。

★出題形式　おおむね記述式と選択式から半数ずつ出されている。作図問題は出されていないが，短文による説明を求められる問題は毎年必ず出されている。

★出題内容　①地理的内容について

大きく世界地理と日本地理に分けての出題となっている。世界地理では世界全図や特徴的な地図が提示されたうえで，位置・自然・産業などについて問われる。いくつかの国の特徴を判別したり，貿易についての出題も比較的多い。日本地理では日本全図が提示されることもあるが，特定の都道府県や地形図を題材にした問題もあり，バラエティに富んでいる。内容としては地形・気候・産業などについての出題が多い。また，日本・世界を問わず気候に関する統計の読み取りが出題されることが多いので注意しておきたい。

②歴史的内容について

日本史を中心とした出題になっているが，関連する世界史事項も問われるので注意が必要。古代～近世までで1題，近現代から1題の出題で，さまざまなテーマをもとにした問題が出される。写真・史料・グラフなども豊富に取り入れた形式が続いており，年代順に関する問いも多い。

③公民的内容について

政治・経済・国際の3分野から出題されている。日本国憲法の条文や統計表，模式図などが多用されており，単に用語を問う問題だけでなく，読解力・思考力が試される問題が含まれているので注意を要する。

★難 易 度　全体的に標準的なレベルだが，統計の読み取りなど日ごろから練習を積んでおかないと得点できない問題もあり，油断は禁物。

来年度の対策

①地図・グラフ・統計・雨温図などを使って学習しておくこと！

地理分野では教科書だけでなく，地図帳・資料集等をうまく活用し，広く丁寧な学習を心がけること。

②人物や代表的な事件について年代とともにまとめておくこと！

歴史分野では年代順や時代判断，時代背景を問う問題がよく出されている。問題にも年表が多用されているので，自分で年表を作成し，重要事項や関連人物などを整理する学習が効果的といえる。また，教科書・参考書などの写真や史料にも注意しておきたい。

③時事問題に関心を持とう！

公民分野では現代社会が抱える課題（少子高齢社会・環境問題など）が出題のテーマになることも多い。関連するグラフや資料の読解力が求められているので，新聞やインターネットなどを利用し，理解度を高めておこう。

④標準的な問題に対しては不注意からくるミスをなくすことが重要だ！

教科書を中心に重要事項を整理し，問題集を利用して基本的な知識の確認をしておこう。短文記述の問題対策には**社会の近道問題シリーズ「社会の応用問題—資料読解・記述—」**（英俊社）が役に立つ。また，出題率の高い問題が収録された「**ニューウイング 出題率 社会**」（英俊社）を仕上げることで入試に自信をもって臨んでほしい。

❖傾向と対策〈理科〉

出題傾向

		物理					化学					生物					地学					環境問題
		光	音	力	電流の性質とその利用	運動とエネルギー	物質の性質	物質どうしの化学変化	酸素が関わる化学変化	いろいろな化学変化	酸・アルカリ	植物	動物	ヒトのからだのつくり	細胞・生殖・遺伝	生物のつながり	火山	地震	地層	天気とその変化	地球と宇宙	
2024年度	一般選抜				○					○				○							○	
2023年度	一般選抜			○			○								○						○	
2022年度	一般選抜	○						○						○					○			
2021年度	一般選抜					○		○				○									○	
2020年度	一般選抜		○					○								○				○		

出題分析

★物　理…………光・音・力，運動とエネルギー，電流など，ほぼすべての範囲から出題されており，計算問題・図示・グラフ作成の問題が出題されることが多い。

★化　学…………主に，物質の性質や物質どうしの化学変化について出題されている。

★生　物…………植物のはたらき，ヒトのからだのはたらき，食物連鎖，遺伝など，幅広く出題されている。計算問題はあまり出題されていないが，短文説明の問題が出されることが多い。

★地　学…………天体・天気や地層の問題が出される。この分野では，ほぼすべての出題形式で問題が出されている。

全体的にみると…各分野から１題は必ず出題されている。また，それに加えて小問集合が１題出される。小問集合はかなり幅広く出題され，範囲に偏りは見られない。

来年度の対策

①短文説明に備えよう！

短文説明の問題の出題率が高く，すべての分野で出されると考えた方がよい。説明する内容は基本的なものが多いが，使う言葉を指定されることもある。教科書で公式や原理などを確認するときには，重要な単語に注目しておこう。

②問題文をよく読むように！

問題文に答え方の指示が書かれている場合がある。特に選択形式の問題では，１つの解答だけでなく，すべて答える問題もある。その問題で何が問われているかをよく確認し，解答する習慣をつけるようにしよう。

③小問集合に備えよう！

毎年，小問集合形式の問題が出されている。問題文や内容は標準的だが範囲が非常に広いので，試験前には重要事項の総復習が必要となる。総復習には，「ニューウイング 出題率 理科」（英俊社）を活用してほしい。入試でよく出される問題ばかりを集めているので，最後の仕上げに最適だろう。苦手分野対策には，分野ごとに１冊ずつコンパクトにまとまっている「理科の近道問題シリーズ（全６冊）」（英俊社）を活用するとよい。

❖傾向と対策〈国語〉

出題傾向

		現代文の読解									国語の知識									作文		古文・漢文								
		内容把握	原因・理由	接続語	適語挿入	脱文挿入	段落の働き・論の展開	要旨・主題	心情把握・人物把握	表現把握	漢字の読み書き	漢字・熟語の知識	ことばの知識	慣用句・ことわざ・四字熟語	文法	敬語	文学史	韻文の知識	表現技法	課題作文・条件作文	短文作成・表現力	読解問題	主語・動作主把握	会話文・心中文	要旨・主題	古語の意味・口語訳	仮名遣い	文法・係り結び	返り点・書き下し文	古文・漢文・漢詩の知識
2024年度	一般選抜	○	○			○				○	○	○	○		○		○			○		○					○			
2023年度	一般選抜	○							○	○	○	○			○					○		○	○	○			○			
2022年度	一般選抜	○	○		○					○	○	○			○					○		○							○	○
2021年度	一般選抜	○			○				○	○	○	○			○					○		○					○			
2020年度	一般選抜	○	○						○		○	○			○				○	○		○		○			○			

【出典】

2024年度 [2]文学的文章　オザワ部長「空とラッパと小倉トースト」
[3]論理的文章　池内　了「なぜ科学を学ぶのか」　[4]古文　「更級日記」・「海道記」

2023年度 [2]文学的文章　河邉　徹「蛍と月の真ん中で」
[3]論理的文章　枡野俊明「日本人はなぜ美しいのか」・三井秀樹「かたちの日本美　和のデザイン学」
[4]古文　「十訓抄」

2022年度 [2]文学的文章　黒川裕子「天を掃け」
[3]論理的文章　千住　博「千住博の美術の授業　絵を描く悦び」・広中平祐「広中平祐若い日本人のための12章」
[4]漢詩　孟浩然「建徳江に宿る」

2021年度 [2]文学的文章　寺地はるな「水を縫う」
[3]論理的文章　大黒達也「芸術的創造は脳のどこから産まれるか？」，茂木健一郎「脳と創造性『この私』というクオリアへ」
[4]古文　「無名草子」

2020年度 [2]物語文　佐藤いつ子「キャプテンマークと銭湯と」
[3]論説文　細川英雄「対話をデザインする―伝わるとはどういうことか」
[4]古文　「土佐日記」

出題分析

★現代文…………文学的文章，論理的文章が各１題。文学的文章では，登場人物の心情やその変化を正確にとらえることが求められ，論理的文章では，資料や会話文などの複数の文章をふまえて，説明の流れを追い，筆者の考えをつかむことが求められる。

★古　文…………細かい口語訳や語句の意味は出題されておらず，現代かなづかいや主語，会話文，内容把握が主となっている。内容を現代語で説明する問題では，部分的に示されている口語訳を参考にして内容をとらえることが求められる。

★漢　文…………2022年には漢詩が出題された。漢詩の形式や基本的な漢文の知識に加えて，漢文内容についての話し合いの内容をとらえる問題も出されており，より深い理解が求められている。

★漢　字…………大問で読み書きが4題ずつ出されている。特に難解なものはなく，漢字の書体や総画数の問題が出されることもある。

★文　法…………長文および大問の中で，動詞の活用の種類や単語分け，品詞名や「の」「ない」の識別などが出題されている。

★作　文…………例年，与えられたテーマについての考えを，1行20マスの原稿用紙に，10～13行の範囲で書く問題が出題されている。

来年度の対策

作文のほか，長文問題でも本文中のことばを用いたり，自分のことばでまとめたりする記述式の問題が出題されるので，問題の条件に合わせて文章を書く練習をしっかりしておく必要がある。古文については，内容を把握することが中心となるので，基本的な古語の意味を把握し，全体の話の流れをつかんで説明できるようにしておくこと。短い時間で自分の考えをまとめることが求められるので，日ごろから多くの問題に取り組んで力をつけていこう。漢文については，基本的な知識をおさえ，書き下し文にも慣れておこう。加えて，漢文や漢詩の世界についての知識も深めておきたい。

中学校で学習する内容が総合的に問われているので，「国語の近道問題シリーズ（全5冊）」（英俊社）のような単元別の問題集で苦手分野をなくしておこう。そのうえで，入試で出題率の高い問題を集めた「ニューウイング 出題率 国語」（英俊社）をやっておくと，万全な対策となるだろう。

（育成型選抜・連携型選抜）

❖傾向と対策

☆ 出 題 数

〈2024 年〉　検査Ⅰ…大問数 8　　検査Ⅱ…大問数 6

〈2023 年〉　検査Ⅰ…大問数 8　　検査Ⅱ…大問数 6

☆ 出題内容と対策

数　学……数や平方根の計算，展開・因数分解，方程式などの計算問題は確実に得点できるようにしておきたい。また，関数の基礎，確率や資料の活用のほか，図形単元では，角度や空間図形の求積，相似や三平方の定理を利用する基礎的な問題を中心に，しっかりと対策しておくとよい。

英　語……検査Ⅰ・検査Ⅱの両方とも，最後の大問で英語の問題が出されている。検査Ⅰでは短めの文章や会話文が出されており，英問英答や内容一致文選択，英文補充などの内容にかかわる設問で構成されている。検査Ⅱでは，短い対話文などの文中の空欄に入る適語や英文を選択・補充する問題が出されている。いずれもそれほど難解な設問はないが，読解力，作文力，語い力など，様々な知識が必要とされている。教科書の内容をしっかりと復習して，基礎を固めておこう。

社　会……検査Ⅰの大問[4]～[7]で出題され，小問数は 2023 年度・2024 年度とも 14 であった。内容としては，世界地理では地図・グラフの読み取り，日本地理では各県のようす・産業・特色のある地形など，歴史では年表を使った日本のあゆみ，公民では政治・経済の基本的な知識が問われている。いずれも教科書を使った学習で十分対応できる問題なので，基礎・基本をしっかり固めておくとよい。

理　科……検査Ⅱの大問[2]～[5]で出題されており，各分野ごとに 1 題ずつ出される。また，大問は 2 つの小問に分かれており，それぞれ異なる単元の問題が出される。出題範囲は非常に広いが，基本的な内容を問うものが多い。重要語句や公式の復習など，基礎をしっかり固めよう。

国　語……検査Ⅰの大問[1]～[3]で出題されている。読解問題として，論理的文章が 1 題，国語の知識に関する大問として，漢字の読み書きや敬語，故事成語，文法，慣用句，ことわざなどが問われている。これに加えて，2023 年度は古文が，2024 年度は和歌の鑑賞がそれぞれ大問で出題された。文章は長くなく，設問も難解なものは見られない。基礎的な読解力と知識を身につけておこう。

【写真協力】

Education Images, UIG/Getty ／ o331128・https://flic.kr/p/2j2yjfX CC-BY SA ／ Tranpan23・台形マンション（10883580574）・via Wikimedia CC-BY SA ／ ピクスタ株式会社 ／ 株式会社フォトライブラリー ／ 環境省HP ／ 山梨県 峡東建設事務所 ／ 千葉晃ホームページ ／ 帝国書院

【地形図】

本書に掲載した地形図は，国土地理院発行の地形図・地勢図を使用したものです。

~MEMO~

~MEMO~

~MEMO~

徳島県公立高等学校
(一般選抜)

2024年度
入学試験問題

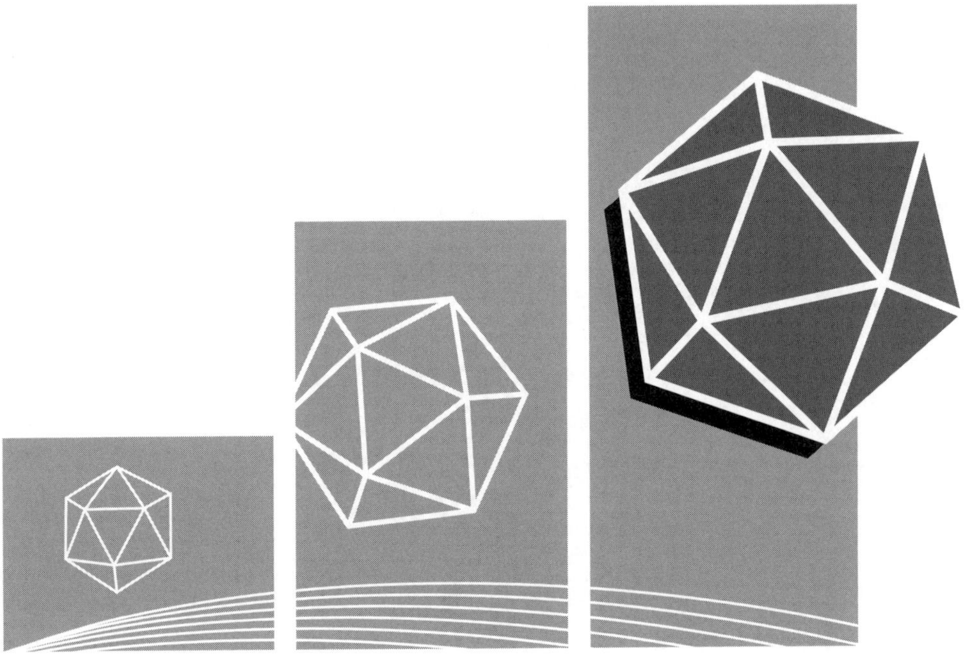

数学

時間　50分　　　　満点　100点

(注)　答えに無理数が含まれるときは，無理数のままで示しなさい。

1　次の(1)～(10)に答えなさい。

(1)　$(-5)+(-2)$ を計算しなさい。(　　　)

(2)　$3(a+b)-2(a-b)$ を計算しなさい。(　　　)

(3)　$4\sqrt{2}\times 2\sqrt{3}$ を計算しなさい。(　　　)

(4)　正四面体の辺の数を答えなさい。(　　　本)

(5)　$4x^2-9y^2$ を因数分解しなさい。(　　　)

(6)　y 軸を対称の軸として，直線 $y=-3x+1$ と線対称となる直線の式を求めなさい。(　　　)

(7)　関数 $y=5x^2$ について，x の変域が $-1\leqq x\leqq 3$ のときの y の変域を求めなさい。(　　　)

(8)　右の表は，ある中学校の女子20人のハンドボール投げの記録を度数分布表に整理したものである。この表から求めた最頻値が12.5mであるとき，a，b にあてはまる数の組み合わせは全部で何通りあるか，求めなさい。(　　　通り)

ハンドボール投げの記録

階級(m)	度数(人)
0.0 以上 ～ 5.0 未満	1
5.0 ～ 10.0	5
10.0 ～ 15.0	a
15.0 ～ 20.0	b
20.0 ～ 25.0	3
計	20

(9)　△ABCにおいて，AB = 8cm，BC = 6cm，CA = x cmである。△ABCが直角三角形になるときの x の値をすべて求めなさい。(　　　)

(10)　右の図のように，点A(3，6)をとる。また，1から6までの目が出るさいころを2回投げて，最初に出た目の数を a，2回目に出た目の数を b とし，2点B(2，a)，C(1，b)をとる。このとき，3点A，B，Cが1つの直線上に並ぶ確率を求めなさい。ただし，さいころはどの目が出ることも同様に確からしいものとする。(　　　)

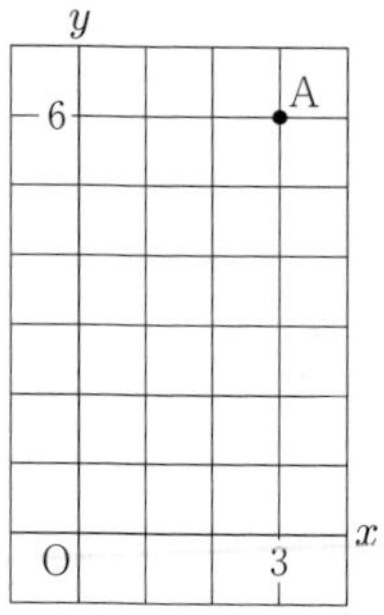

2　一直線にのびた線路と，その横に，線路に平行な道路がある。電車が駅に停車していると，あさひさんが乗った自転車が電車の後方から，電車の進行方向と同じ方向に走ってきた。図1のように，停車している電車の先端を地点Pとする。このとき，電車が地点Pを出発したのと同時に，自転車も地点Pを通過した。

電車が地点Pを出発してからx秒間に電車と自転車が進む距離をymとする。$0 \leqq x \leqq 30$のとき，電車は$y = \dfrac{3}{10}x^2$の関係になり，自転車は$y = 6x$の関係になることがわかっている。

図2は，電車と自転車について，xとyの関係をグラフに表したものである。(1)～(4)に答えなさい。

(1)　電車が自転車に追いつくのは，地点Pから何m離れた地点か，求めなさい。(　　　m)

(2)　電車が地点Pを出発して10秒後から20秒後までの電車の平均の速さは秒速何mか，求めなさい。

(秒速　　　m)

(3)　$0 \leqq x \leqq 20$のとき，自転車と電車が30m離れるのは，電車が地点Pを出発してから何秒後か，求めなさい。(　　　秒後)

(4)　地点Pから150m離れた地点において，電車が到達してから自転車が到達するまでにおよそ何秒かかるか，求め方を説明しなさい。ただし，実際に何秒かかるかを求める必要はない。

(　　　　　　　　　　　　　　　　　　　　　　　　　　　　　　　　　)

図1

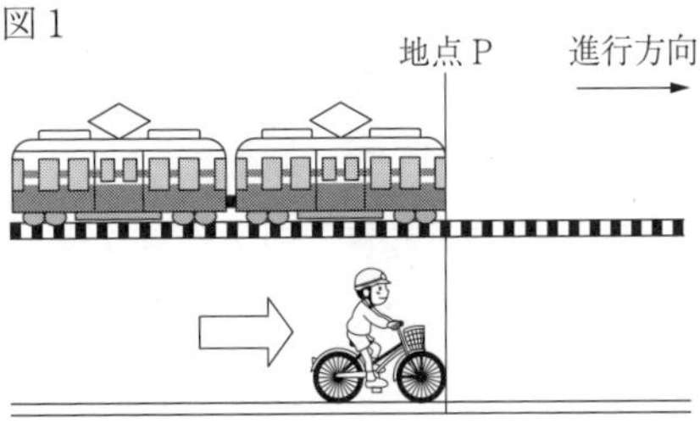

図2

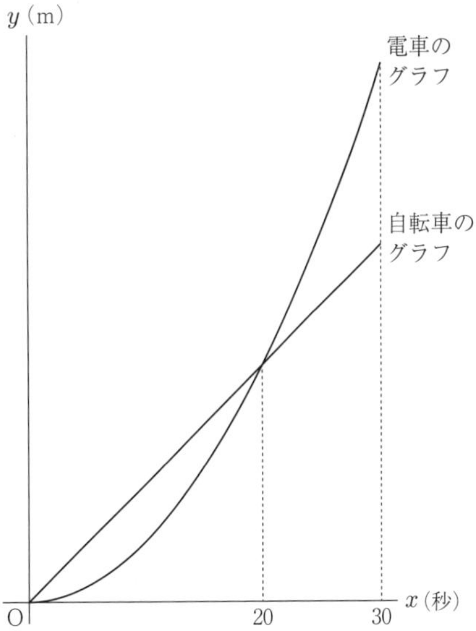

3　まことさんは，トランプを使って図1のようなタワーをつくろうと考えた。できるだけ大きなタワーをつくるために，必要なトランプの枚数を調べることにした。(1)・(2)に答えなさい。

図1

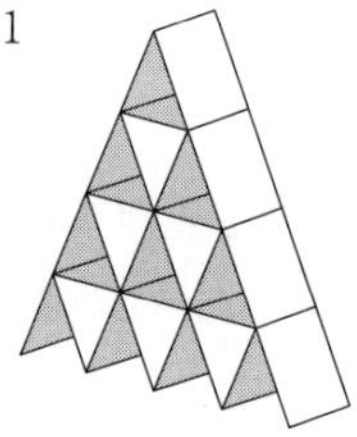

(1)　まことさんは，図2のように，トランプの代わりに同じ長さの棒を並べたモデルをつくり，棒の本数を数えることでトランプの枚数を調べることにした。(a)・(b)に答えなさい。

(a)　まことさんは，図3のように，上から1段目，2段目，3段目，4段目，…，n段目と分けて，各段の棒の本数を，横向きの棒と斜め向きの棒に着目して，下のような表にまとめようとしている。表の（ ア ）にあてはまる数を，［ イ ］にはあてはまるnを用いた式を，それぞれ書きなさい。ア(　　　)　イ(　　　)

図2

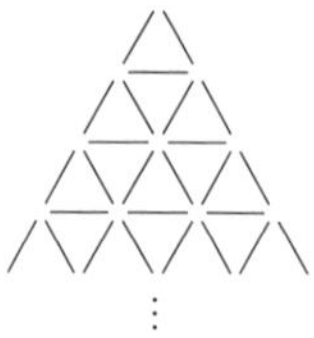

図3

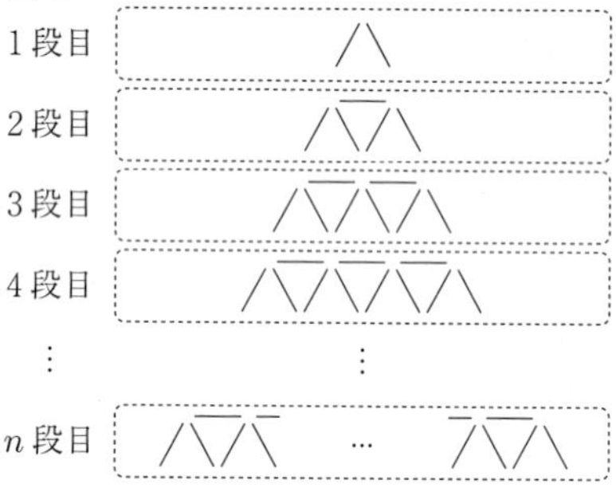

表

段(段目)	1	2	3	4	5	…	n
横向きの棒の本数(本)	0	1	2			…	［ イ ］
斜め向きの棒の本数(本)	2	4	6			…	
各段の棒の本数(本)	2	5	8		(ア)	…	

(b)　トランプ1組54枚を使うと最大何段のタワーをつくることができるか，求めなさい。ただし，使わないトランプがあってもよいものとする。(　　　段)

(2)　まことさんは，タワーをつくるために，必要なトランプの枚数を効率的に調べる方法について，次のように考えをまとめた。(a)・(b)に答えなさい。

【まことさんの考え】

[4段のとき]

図4のように，4段のモデルと，同じものを逆さまにしたモデルを組み合わせて，上から1段目，2段目，3段目，4段目を考えると，各段の棒の本数は，それぞれ（ ウ ）本で同じになる。

図4

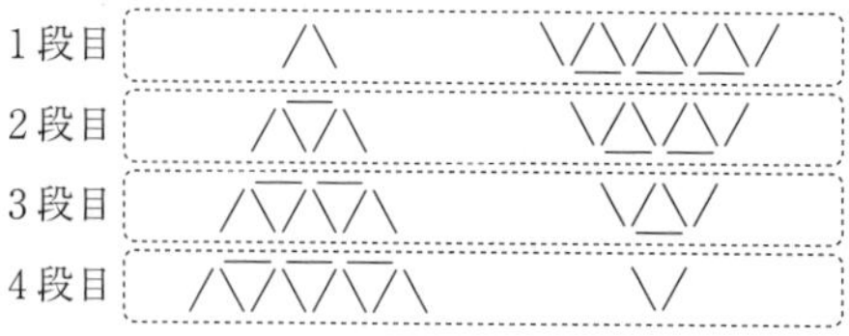

このことを利用すれば，4段のタワーに必要なトランプの枚数を求めることができる。

[n段のとき]

図5のように，n段のモデルと，同じものを逆さまにしたモデルを組み合わせて，上から1段目，2段目，3段目，…，n段目を考えると，各段の棒の本数は，それぞれ（ エ ）本で同じになる。

図5

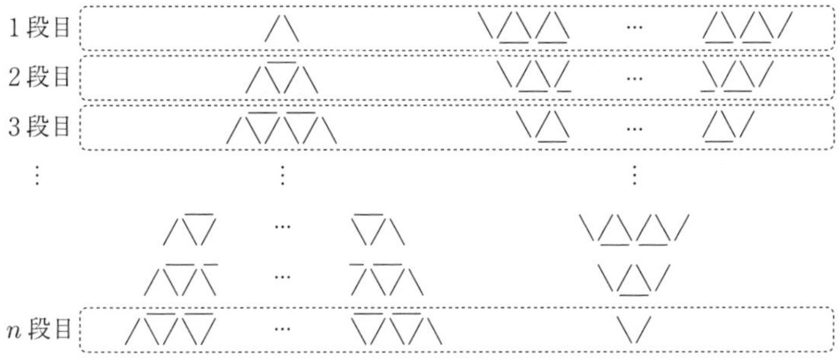

これらの考え方を利用すれば，何段のタワーであっても，必要なトランプの枚数を求めることができる。

(a) 【まことさんの考え】の（ ウ ）にあてはまる数を， エ にはあてはまるnを用いた式を，それぞれ書きなさい。ウ(　　　) エ(　　　)

(b) 20段のタワーをつくるために，必要なトランプは何枚か，求めなさい。(　　　枚)

4 右の図のように，直線 $y=3x$ 上に点A，直線 $y=\frac{1}{2}x$ 上に点C，直線 $y=-x$ 上に点Eがあり，点Aのx座標は3である。また，四角形ABCDと四角形AEFGがともに正方形になるように点B，D，F，Gをとる。ただし，点Cと点Fのx座標はともに3より大きく，辺ABと辺AEはともにy軸に平行とする。(1)～(4)に答えなさい。

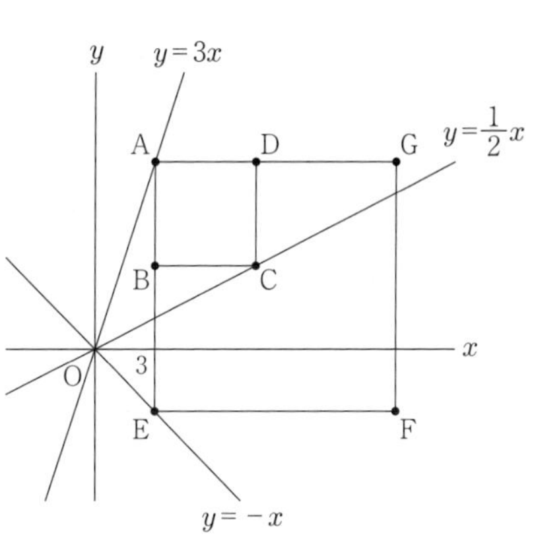

(1) 点Eの座標を求めなさい。(　　　)

(2) 2点A，Fを通る直線の式を求めなさい。(　　　)

(3) 正方形ABCDを，辺ABを回転の軸として1回転させてできる立体の体積を求めなさい。ただし，円周率はπとする。(　　　)

(4) 辺FG上に点Pをとり，△OAPの周の長さが最小となるような点Pの座標を求めなさい。

(　　　)

5　右の図のように，円Oの直径AB上に点Cをとり，点Cを通り直径ABに垂直な直線と円Oとの交点をそれぞれD，Eとする。中心Oと点E，点Aと点D，点Aと点E，点Bと点Eをそれぞれ結ぶ。(1)～(4)に答えなさい。

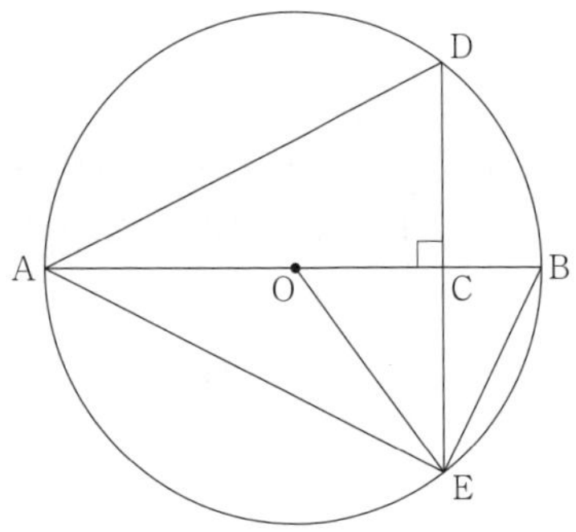

(1)　∠AEBの大きさを求めなさい。(　　　)

(2)　△AED∽△OEBの証明について，(a)・(b)に答えなさい。

(a)　△AED∽△OEBを証明するために，次のように△DAC≡△EACを証明した。［　　　］にあてはまる言葉を書きなさい。(　　　　　)

【△DAC≡△EACの証明】

△DACと△EACで
ACは共通だから，AC＝AC……①
仮定より，∠DCA＝∠ECA＝90°……②
また，直径ABは弦DEの垂直二等分線だから，DC＝EC……③
①，②，③より，［　　　］が，それぞれ等しいので，△DAC≡△EAC

(b)　(a)で示したことを用いて，△AED∽△OEBを証明しなさい。

(　　　　　　　　　　　　　　　　　　　　　)

(3)　△AEDと△OEBの相似比が5：3であり，△AEDの面積が$50cm^2$であるとき，△AEBの面積を求めなさい。(　　　cm^2)

(4)　AD＝8cm，BE＝4cmのとき，AC：CBを求めなさい。(　　　)

英語

時間　50分　　　　　満点　100点

(編集部注)　放送問題の放送原稿は英語の末尾に掲載しています。
音声の再生についてはもくじをご覧ください。

(注)　最初に，放送によるリスニングテストがあるので，その指示に従いなさい。

1　次の(1)～(3)に答えなさい。

(1)　(a)・(b)の英語を聞いて，その内容を最も適切に表している絵を，それぞれア～エから1つずつ選びなさい。(a)(　　　)　(b)(　　　)

(a)

(b)
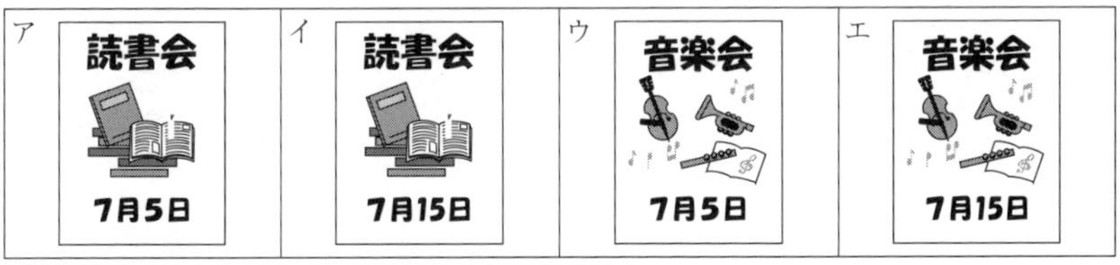

(2)　(a)・(b)の対話を聞いて，それぞれの質問に対する答えとして最も適するものを，ア～エから1つずつ選びなさい。(a)(　　　)　(b)(　　　)

(a)　〈旅行について話している場面〉

ア　飛行機　　イ　バス　　ウ　新幹線　　エ　自動車

(b)　〈週末の予定について話している場面〉

ア　土曜日の午前　　イ　土曜日の午後　　ウ　日曜日の午前　　エ　日曜日の午後

(3)　旅行でオーストラリアに滞在中のあなたは，コアラとふれあうことができるイベントに参加するために動物園を訪れています。園内のイベントに関するアナウンスを聞いて，あなたが向かうべき場所と時間の組み合わせとして最も適するものを，ア～エから選びなさい。(　　　)

ア　(場所)　Happy Field　　(時間)　10:20 - 11:00
イ　(場所)　Happy Field　　(時間)　11:20 - 11:40
ウ　(場所)　Dream Forest　　(時間)　10:20 - 10:40
エ　(場所)　Dream Forest　　(時間)　11:20 - 11:40

2　あなたの学校には，国際交流の日（the International Exchange Day）という行事があり，地域で暮らす外国の人たちを招いて意見交換会を開いています。今回は「外国人にやさしいまちづくり」がテーマで，これからフランス出身のルイーズさんの話を聞くところです。ルイーズさんが一番伝えたいことはどのようなことか，最も適するものを，ア～エから選びなさい。(　　　)

ア　Visiting junior high schools in the town to meet students is exciting.

イ　Making signs, maps, and websites in different languages is necessary.

ウ　Having more events like the International Exchange Day is important.

エ　Creating a friendly town for people from foreign countries is difficult.

3　英語の授業中にオンラインで交流しているマレーシアの中学生からの質問を聞いて，あなたの答えを英文１文で書きなさい。

(　　　　　　　　　　　　　　　　　　　　　　　　　　　　　　　　　　　　)

4 次の(1)～(3)に答えなさい。

(1) 次の英文(a)・(b)の意味が通るように，(　　)に最も適するものを，それぞれア～エから1つずつ選びなさい。

(a) There are twelve (　　　) in a year. I like May the best.

ア hours　イ days　ウ weeks　エ months

(b) My father went fishing yesterday, but he didn't (　　　) any fish.

ア begin　イ catch　ウ grow　エ wear

(2) 次の対話文(a)～(c)が成り立つように，□ に最も適するものを，それぞれア～エから1つずつ選びなさい。(a)(　　　) (b)(　　　) (c)(　　　)

(a) *A:* Do you know where my smartphone is?

B: □ I saw it by the computer.

A: Oh, I've found it. Thank you.

ア Yes, I do.　イ No, I don't.　ウ Yes, I did.　エ No, I didn't.

(b) *A:* Wow! These cakes look delicious.

B: I got them at the department store. □

A: I want to eat the chocolate one with fruits.

B: Sure, here you are.

ア Whose birthday is it today?　イ How many cakes are there?

ウ What fruit is your favorite?　エ Which one would you like?

(c) *A:* What do you want to be in the future, Ken?

B: □ I know that I have to think about it.

A: Don't worry, you still have time.

B: I will learn a lot of things to find what I want to do in the future.

ア I don't like studying.　イ I haven't decided yet.　ウ I want to be a doctor.

エ I'm interested in art.

(3) 次の対話が成り立つように，(　　)の中のア～エを並べかえなさい。

(　→　→　→　)

A: You went to the guitar concert last night, right? How was it?

B: It was amazing! I (ア could　イ wish　ウ play　エ I) the guitar like that musician.

5　中学生のともき（Tomoki）さんは，生徒会新聞の記事を書くために，新しく来たALTのスミス先生（Ms. Smith）にインタビューをすることにした。次の英文は，ともきさんとスミス先生の対話の一部である。これを読んで，(1)～(3)に答えなさい。

Tomoki:　How is your new life, Ms. Smith?

Ms. Smith:　Fantastic! I enjoy teaching English and living in the beautiful nature. I'm from New York, so living in the countryside is all new to me.

Tomoki:　① [choose] Japan to work as an English teacher?

Ms. Smith:　Because I wanted to live in a Japanese old house called *kominka.*

Tomoki:　I see. I've heard that staying at *kominka* is becoming popular among foreign people. I don't know why.

Ms. Smith:　I think traditional Japanese houses are beautiful, and it's very special to experience life in the countryside. Look at this picture! I live in this house now. It ② [build] about 100 years ago.

Tomoki:　Wow, how cool! What do you think about our town?

Ms. Smith:　People are very nice. My neighbors often bring me vegetables, and we enjoy talking in English and in Japanese. I feel like I'm a member of the community. I'm very happy about that.

Tomoki:　That's nice. Are there any places you want to visit during your stay?

Ms. Smith:　Well, I want to visit many places to see traditional Japanese houses.

Tomoki:　Sounds interesting! Now I'd like to ask you one more thing. [　　　　　　]

Ms. Smith:　Sure. I'd like to know more about you all. So everyone, come and talk to me anytime. Let's enjoy learning English!

Tomoki:　Thank you. I think I can write a good article.

（注）countryside　田舎　　feel like　～のような気がする　　community　地域の人々
anytime　いつでも　　article　記事

(1)　対話が成り立つように，① [choose]・② [build] にそれぞれ不足している語を補ったり，必要があれば適切な形に変えたりして，英文を完成させなさい。ただし，解答欄には[　　]内に入る語句のみを記入すること。

①(　　　　　　　　　　　　)　②(　　　　　　　　　　　　)

(2)　ともきさんとスミス先生の対話の内容と合うものをア～エから1つ選びなさい。(　　　)

ア　Tomoki wants more foreign people to know about Japanese *kominka.*

イ　Ms. Smith showed Tomoki a picture of her old house in New York.

ウ　Ms. Smith is happy to communicate with people living near her house.

エ　Tomoki is going to take Ms. Smith to some beautiful places in his town.

(3)　ともきさんとスミス先生の対話が，自然なやり取りになるように，[　　　]に入る英文1文を書きなさい。

(　　　　　　　　　　　　　　　　　　　　　　　　　　　)

6 次の英文は，シンガポール（Singapore）出身のルークさんが，ブログに投稿した文章の一部である。これを読んで，(1)～(3)に答えなさい。

> Japan is known as a clean country. However, after I started to live near a popular sightseeing spot in Hibari City, I found a problem.
>
> I'm happy that many tourists visit Hibari City on weekends or during long vacations, but when a lot of garbage is left on the streets, it makes me sad. In Singapore, there are many garbage cans on the streets. [ア] But here in Japan, people can't find garbage cans easily after eating and drinking on the streets. [イ] Actually, some of my friends told me that they didn't know where to throw garbage away during their trip to Japan. [ウ] I think popular sightseeing spots need more garbage cans. However, I know that setting up more garbage cans is not easy because we need a lot of money. [エ]
>
> So I have an idea. I think we should ask tourists to pay 10 yen when they use garbage cans at sightseeing spots in Hibari City. What do you think about my idea?

（注） sightseeing spot(s) 観光地　garbage can(s) ごみ箱　throw ～ away ～を捨てる
set up ～を設置する　pay ～を払う

(1) 次の英文は，本文中から抜き出したものである。この英文を入れる最も適切なところを，本文中の [ア] ～ [エ] から選びなさい。(　　　)

People can throw garbage away when they want to.

(2) ルークさんの投稿のタイトルとして最も適するものを，ア～エから選びなさい。(　　　)

ア Useful Information for Tourists　イ Keeping Sightseeing Spots Clean
ウ How to Find Garbage Cans in Japan　エ The Best Way to Enjoy Sightseeing

(3) ルークさんの投稿を読んだあなたは，自分の考えを投稿することにした。ルークさんの質問に対するあなたの答えを，**15 語以上 30 語以内**の英語で書きなさい。ただし，数を書く場合は数字ではなく英語で書くこととし，文の数はいくつでもよい。また，符号は語数に含めない。

______ ______ ______ ______ ______ ______ ______ ______ ______ ______ ______ ______

______ ______ ______ ______ ______ ______ ______ ______ ______ ______ ______ ______

______ ______ ______ ______ ______ ______

〈解答欄の書き方について〉

次の（例）に従って____に１語ずつ記入すること。

（例） Really ? I'm from America, too .

7　次の英文は，中学生のめぐみ（Megumi）さんが，イギリスでのホームステイ（homestay）を通して感じたことについて，英語の授業中に発表したものである。これを読んで，(1)～(6)に答えなさい。

We use language to communicate with each other. Various languages are used all over the world, and each language has so many words. Now, let me ask you some questions. Which word or phrase is important to you? If you are asked to choose which word or phrase is the most important, what will it be? Today, I'm going to talk about mine.

Last summer, I went to the U.K. and stayed with a family for two weeks. Jack and Kate were my host parents, and they had two children, Harry and Alice. I was very excited about my first visit abroad, but I was also very nervous at first because my English was not so good. However, when I told Jack and Kate about it, they said to me, "[　①　]" Harry and Alice also said, "We'll help you when you don't know what to say in English." So, I felt relaxed and enjoyed using English.

After spending a few days with my host family, I realized one thing. They used the phrase "Thank you" very often. Everyone used the phrase when someone did something for the other member of the family. They always said "Thank you" even for small things. For example, when Jack turned off the lights for Alice, she said, "Thank you, Dad," and when Harry was holding the door for his mother, Kate said to him, "Thanks, Harry." I thought, "Do I say 'Thank you' so often to my family or even to my friends in Japan?" The answer was "[　②　]."

The situation was the same outside of the house. At a restaurant, at a shop, or on the bus, everyone said "Thank you" to each other. Of course, staff or drivers use the phrase to their customers in Japan too, but I don't think people often say "Thank you" to staff or drivers in Japan. I think the phrase is used more in the U.K. than in Japan.

During my homestay, I realized "Thank you" is a wonderful phrase. It makes us feel warm and happy. When it is used, we often smile and feel we should be kind to the people around us. "Thank you" is just a phrase, but I believe it has a great power to help us build good relationships with other people. Actually, when I started saying "Thank you" more to the people around me, they often smiled and talked with me. I made a lot of friends and had a really good time in the U.K. In this way, "Thank you" became the most important phrase to me.

Since I came back to Japan, I have been trying to use the phrase a lot in my daily life. All of my family were surprised at first because I said "Thank you" more than before. Now, however, they also use the phrase a lot. I'm very happy because everyone in my family has become very kind to each other and I can see more smiles at home. So, why don't we use this wonderful phrase more in our class and create a warm atmosphere together? Thank you for listening.

（注）　phrase　表現，フレーズ　　host　ホームステイ先の　　driver(s)　運転手

customer(s) 客　make(s) ~ feel … ~を…な気持ちにさせる　relationship(s) 関係
in this way このようにして　atmosphere 雰囲気

(1) 次の(a)・(b)の問いに対する答えを，それぞれ**3語以上**の英文1文で書きなさい。ただし，数を書く場合は数字ではなく英語で書くこととし，符号は語数に含めない。

(a) Did Megumi have any questions for her classmates in her speech?
(　　　　　　　　　　　　　　　　　　　　)

(b) How many people were there in Megumi's host family?
(　　　　　　　　　　　　　　　　　　　　)

(2) めぐみさんとホストファミリーのやり取りが，自然な流れになるように，本文の[①]に最も適するものをア～エから選びなさい。(　　)

ア You don't have to speak perfect English.
イ You must not practice English at home.
ウ We will visit your country to learn Japanese.
エ We need to call your family in Japan.

(3) 本文の内容に合うように，[②]に最も適する1語の英語を書きなさい。ただし，最初の文字は大文字で書くこと。(　　)

(4) 本文の内容に合うように，次の英文の[　　]に最も適するものをア～エから選びなさい。
(　　)

In the U.K., Megumi found that [　　].

ア people use the phrase "Thank you" only for something big
イ children don't often talk with their parents at home
ウ we must smile more to make friends with foreign people
エ there is a phrase to make people feel warm and happy

(5) 次の英文は，めぐみさんとALTのジョーンズ先生（Mr. Jones）の対話の一部である。対話が成り立つように，[ⓐ]には最も適するものをア～エから選び，[ⓑ]には最も適する2語の英語を本文中から抜き出して書きなさい。ⓐ(　　) ⓑ(　　　)

Mr. Jones: Good job, Megumi! You want everyone in class to [ⓐ]. That's a wonderful idea.

Megumi: Thanks. I hope our classroom will be a better place by doing so. What's the [ⓑ] Japanese word or phrase in your opinion?

Mr. Jones: For me, "*Sumimasen*" is a great phrase because it means "Sorry," "Excuse me," or even "Thank you." I can use it in many situations.

ア use English more　イ say "Thank you" more
ウ talk more about your homestay　エ learn more about the U.K.

(6) 本文の内容と合うものをア～カから**2**つ選びなさい。(　　)(　　)

ア Megumi's speech was about various languages all over the world.
イ Megumi stayed with a family in the U.K. for twenty days last summer.

ウ Megumi's host family often said "Thank you" to each other at home.

エ Megumi thinks Japanese people never say "Thank you" outside of the house.

オ Megumi had good relationships with the people around her in the U.K.

カ Megumi asked her family in Japan to be kind to each other at home.

〈放送原稿〉

2024年度徳島県公立高等学校入学試験英語リスニングテストを行います。英文はすべて2回繰り返します。

1 次の(1)〜(3)に答えなさい。

(1) (a)・(b)の英語を聞いて，その内容を最も適切に表している絵を，それぞれア〜エから1つずつ選びなさい。では，始めます。

(a) There is a cup on the desk. Also, there are three pencils and a notebook.

(繰り返す)

(b) Look at this poster. I'm going to be on stage and play in the brass band. The event will be on July 5th.

(繰り返す)

(2) (a)・(b)の対話を聞いて，それぞれの質問に対する答えとして最も適するものを，ア〜エから1つずつ選びなさい。では，始めます。

(a) *F:* How was your trip to Tokyo, Chris? Did you fly from Tokushima Airport?

M: No. First, I went to Osaka by bus, and then I took the Shinkansen from there. It was very fast, so I was surprised.

F: Sounds exciting.

Question How did Chris travel from Osaka to Tokyo?

(対話と質問を繰り返す)

(b) *M:* Hi, Sally. Do you want to go to a movie with me this weekend?

F: Yes, but I'll be busy this Saturday. How about Sunday, Yuji?

M: I have soccer practice, but I'll be free in the afternoon.

F: Sounds good. Let's check what we can see at the movie theater.

Question When is Yuji going to see a movie with Sally?

(対話と質問を繰り返す)

(3) 旅行でオーストラリアに滞在中のあなたは，コアラとふれあうことができるイベントに参加するために動物園を訪れています。園内のイベントに関するアナウンスを聞いて，あなたが向かうべき場所と時間の組み合わせとして最も適するものを，ア〜エから選びなさい。では，始めます。

Welcome to the ABC Zoo. Here is the information about today's special events. From 10:20 to 11:00, you can see our baby lions and take pictures of them in the Happy Field. Our most popular event, "The Koala Meeting," will start at 11:20. If you would like to see and touch one of our cute koalas, come to the Dream Forest. Please remember that we have only 20 minutes for this event. We hope you will have a wonderful time with our animals!

(繰り返す)

2 あなたの学校には，国際交流の日（the International Exchange Day）という行事があり，地域で暮らす外国の人たちを招いて意見交換会を開いています。今回は「外国人にやさしいまちづくり」がテーマで，これからフランス出身のルイーズさんの話を聞くところです。ルイーズさんが一番伝えたいことはどのようなことか，最も適するものを，ア～エから選びなさい。では，始めます。

Hi, I'm Louise from France. I'm very excited to join the International Exchange Day. Now, let me share my idea about today's topic. I think solving language problems is necessary to create a friendly town for foreign people. It's very difficult for most people from abroad to read and understand Japanese. So, if there were more signs and maps written in various languages around the town, they would be very helpful. Also, if more websites were written in several languages, getting important information about the town would be very easy for us. What do you think?

(繰り返す)

3 英語の授業中にオンラインで交流しているマレーシアの中学生からの質問を聞いて，あなたの答えを英文１文で書きなさい。では，始めます。

I'm thinking about visiting Japan in December. It's always hot in my country, and I've never seen snow. I want to go skiing. Where should I go?

(繰り返す)

これでリスニングテストを終わります。

社会

時間　50分　　満点　100点

1　次の表は，のぞみさんが，社会科の授業で，興味をもった政治に関するできごとをまとめたものの一部である。(1)～(6)に答えなさい。

時代	できごと
弥生	小さな国（クニ）が現れ，①『漢書』に，倭には100余りの国があると記された。
飛鳥	②聖徳太子（厩戸皇子）は，蘇我馬子と協力し，新しい政治を行った。
平安	③平清盛は，武士として初めて政治の実権を握り，一族も高い位や役職を占めた。
④鎌倉	北条泰時は，政治の判断の基準となる御成敗式目（貞永式目）を定めた。
室町	足利義満は，南朝を北朝に合一させ，内乱を終わらせた。
江戸	幕府は，ポルトガル船の来航を禁止し，⑤オランダ商館を長崎の出島に移した。

(1)　下線部①の頃，中国を支配していた漢では，西アジアや地中海地域と中国を結ぶ交通路が開かれ，さまざまな人や物が行き来していた。この交通路を何というか，書きなさい。(　　　)

(2)　下線部②に関するできごととして正しいものはどれか，ア～エから１つ選びなさい。(　　　)

ア　律令国家のしくみを定めた大宝律令がつくられた。

イ　歴史書の『古事記』と『日本書紀』がつくられた。

ウ　中国に朝貢の使者を送り，皇帝から印を与えられた。

エ　十七条の憲法がつくられ，役人の心構えが示された。

(3)　下線部③は，瀬戸内海の航路や港を整備して盛んに貿易を行い，みずからの重要な経済的基盤とした。この貿易を何というか，ア～エから１つ選びなさい。(　　　)

ア　勘合貿易　　イ　南蛮貿易　　ウ　日宋貿易　　エ　朱印船貿易

(4)　資料Ⅰは，下線部④の時代に再建された東大寺南大門である。この時代の文化の特色として最も適切なものはどれか，ア～エから選びなさい。(　　　)

資料Ⅰ

ア　京都の貴族の文化と武士の文化が，混じり合った文化

イ　大名や豪商の権力や富を背景にした，豪華で壮大な文化

ウ　力を伸ばした武士の気風に合った，写実的で力強い文化

エ　唐からもたらされた文化の影響を受けた，国際的な文化

(5)　下線部⑤は，ヨーロッパの中で，幕府から貿易を許された唯一の国であった。幕府が下線部⑤との貿易を許した理由を，「布教」という語句を用いて書きなさい。

(　　　　　　　　　　　　　　　　　　　　)

(6)　資料Ⅱのア～ウは，表中の鎌倉，室町，江戸のいずれかの時代の，幕府のしくみの一部を表したものである。時代の古いものから順に，ア～ウを並べなさい。(　　→　　→　　)

資料Ⅱ

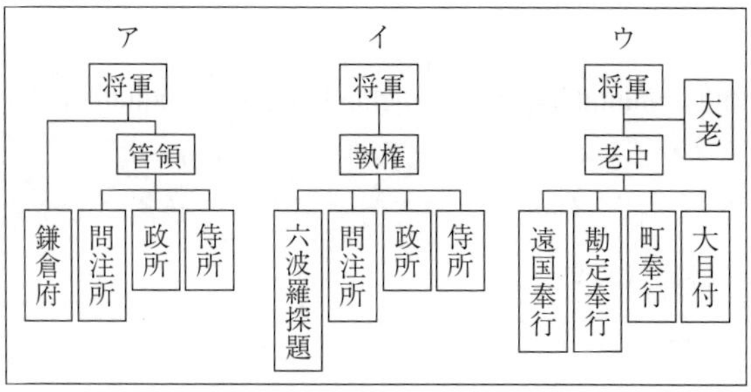
ア
将軍
管領
鎌倉府
問注所
政所
侍所
イ
将軍
執権
六波羅探題
問注所
政所
侍所
ウ
将軍
大老
老中
遠国奉行
勘定奉行
町奉行
大目付

2　右の年表は，19 世紀以降のできごとをまとめたものである。(1)～(6)に答えなさい。

年代	できごと	
1853	①ペリーが浦賀に来航する	
1868	②戊辰戦争が始まる	
1871	③岩倉使節団が派遣される	
1876	日朝修好条規が結ばれる	
1920	④国際連盟が設立される	A
1937	⑤日中戦争が始まる	
1965	日韓基本条約が結ばれる	

(1)　下線部①の翌年，江戸幕府は再び来航したペリーと条約を結び，下田・函館の2港を開くこと，アメリカ船に燃料・食料・水を補給することなどを認めた。この条約を何というか，書きなさい。(　　　　条約)

(2)　資料は，下線部②の最後の戦いが行われた五稜郭である。この城郭はどこにあるか，略地図中のア～エから1つ選びなさい。(　　　)

資料

略地図

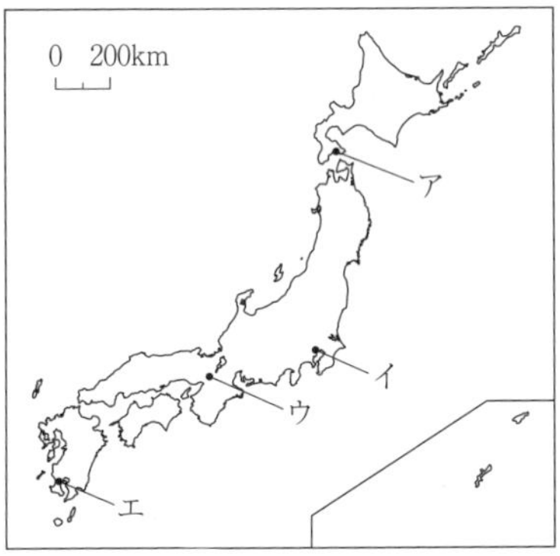

(3)　次の文は，下線部③に同行した女子留学生について述べたものである。(ⓐ)・(ⓑ)にあてはまる人物と言葉の組み合わせとして正しいものはどれか，ア～エから1つ選びなさい。(　　　)

岩倉使節団には，5人の女子留学生も同行した。政府が派遣した最初の女子留学生で，このうち最年少であった(ⓐ)は，後に，(ⓑ)。

ア　ⓐ　津田梅子　　ⓑ　文学者として活躍した

イ　ⓐ　津田梅子　　ⓑ　女子教育の発展に貢献した

ウ　ⓐ　樋口一葉　　ⓑ　文学者として活躍した

エ　ⓐ　樋口一葉　　ⓑ　女子教育の発展に貢献した

(4)　下線部④について述べた文として誤っているものはどれか，ア～エから1つ選びなさい。
(　　　)

ア　安全保障理事会では常任理事国に拒否権が認められた。

イ　日本はヨーロッパの国々とともに常任理事国となった。

ウ　アメリカのウィルソン大統領の提唱を基に設立された。

エ　アメリカは国内の反対で国際連盟に参加できなかった。

(5)　下線部⑤に関して，この戦争が長引くなか，国内では，国の予算の大半が軍事費にあてられるようになり，生活物資も不足し始めた。さらに，下線部⑤の翌年，軍部の強い要求により，議会の議決を経ずに，戦争遂行のために必要な人や物資を動かすことができる法律が制定された。こ

の法律を何というか，書きなさい。(　　　　法)

(6) 次のア～エは，年表中のAの期間に朝鮮半島で起こったできごとである。起こった順にア～エを並べなさい。(　　→　　→　　→　　)

ア　日本が韓国を併合する。　　イ　朝鮮戦争が始まる。　　ウ　三・一独立運動が起こる。

エ　甲午農民戦争が起こる。

3 右の略地図や資料を見て，(1)～(5)に答えなさい。

(1) 次の文は，略地図中の北海道地方の自然環境について説明したものの一部である。正しい文になるように，文中の①・②について，ア・イのいずれかをそれぞれ選びなさい。①(　　　)　②(　　　)

北海道は日本の北の端に位置し，ほとんどの地域は①［ア　亜寒帯（冷帯）　イ　温帯］に属している。かつて泥炭地が広がっていた②［ア　石狩平野　イ　十勝平野］は土地の改良を行い，現在では大規模な水田地帯になった。

略地図

（「日本国勢図会」2023／24年版より作成）

(2) 資料Ⅰは，略地図中の山梨県の甲州市・笛吹市の一部を上空から撮った写真である。資料Ⅰにみられるような，川によって運ばれた土砂が，山間部から平野や盆地に出た所にたまってできた地形を何というか，書きなさい。(　　　)

資料Ⅰ

(3) 次の文は，略地図中の琵琶湖の水利用について説明したものの一部である。(①)・(②)にあてはまる語句の組み合わせとして正しいものはどれか，ア～エから1つ選びなさい。

(　　　)

(①)では，琵琶湖から流れ出た川の水が，浄水場で安全な水道水となって流域に暮らす人々の生活を支えており，琵琶湖・(②)水系の環境を保全することは，地域全体の重要な課題となっている。

ア ① 京阪神大都市圏 ② 木曽川　イ ① 京阪神大都市圏 ② 淀川
ウ ① 名古屋大都市圏 ② 木曽川　エ ① 名古屋大都市圏 ② 淀川

(4) 資料Ⅱは，略地図中の新潟県，茨城県，鹿児島県における2020年の農業産出額の割合を表しており，X～Zは，米，野菜，畜産のいずれかである。X～Zの組み合わせとして正しいものはどれか，ア～エから1つ選びなさい。

(　　　)

ア X 米　Y 野菜　Z 畜産
イ X 野菜　Y 畜産　Z 米
ウ X 畜産　Y 野菜　Z 米
エ X 米　Y 畜産　Z 野菜

資料Ⅱ

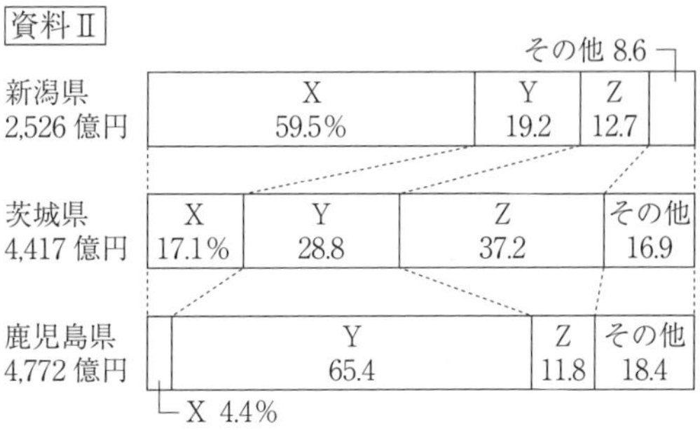

（「データでみる県勢」2023年版より作成）

(5)　資料Ⅲは，鉄鋼の製造に利用するおもな資源の自給率を表したものであり，略地図中の●は，わが国のおもな製鉄所の分布を示している。製鉄所がこれらの場所に立地している理由を，「輸入」という語句を用いて書きなさい。

(　　　　　　　　　　　　　　　　　　　　　　　　　)

資料Ⅲ

資源	自給率(%)
鉄鉱石	0.0
石炭	0.4

(「日本国勢図会」2023／24 年版ほかより作成)

4　次の略地図や資料を見て，(1)～(5)に答えなさい。

略地図

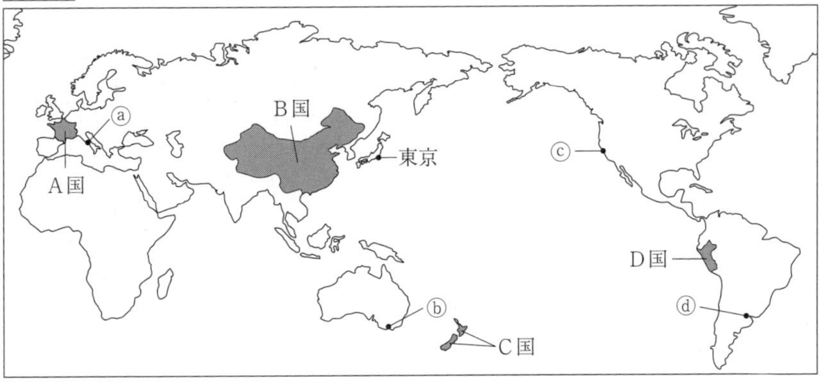

(1)　略地図中のA国とB国は，地球上に分布する六つの大陸のうち，面積が最大の大陸にある。この大陸の名前を書きなさい。(　　　　大陸)

(2)　略地図中のⓐ～ⓓの都市を，東京との時差が大きい順に並べたとき，最も大きい都市はどれか，ⓐ～ⓓから１つ選びなさい。ただし，サマータイム制度は考えないものとする。(　　　)

(3)　資料Ⅰは，略地図中のC国の国旗であり，次の文は，C国における移民の歴史と多文化に配慮した取り組みについて述べたものの一部である。正しい文になるように，文中の（ ① ）には国名を，（ ② ）には先住民の名称をそれぞれ書きなさい。①(　　　)　②(　　　)

資料Ⅰ

資料Ⅰからわかるように，C国は（ ① ）の植民地だった。そのため，おもに（ ① ）からの移民によって国づくりが進められたが，英語と共に，（ ② ）とよばれる先住民の言語が公用語とされるなど，多文化に配慮した取り組みが進められている。

(4)　略地図中のD国の高地に暮らす人々の衣服の特色として最も適切なものはどれか，ア～エから選びなさい。(　　　)

ア　アザラシなどの毛皮を身につけ，厳しい寒さから身を守っている。

イ　アルパカの毛で作った衣服を重ね着して帽子をかぶり，寒さと強い紫外線を防いでいる。

ウ　長袖や丈の長い衣服を身につけ，日中の強い日ざしや砂あらしから身を守っている。

エ　昼間の気温が高い日が一年中続くので，汗を吸いやすく風通しのよい衣服を身につけている。

(5)　資料Ⅱは，略地図中のA～D国の2021年の総人口に対する年少人口の割合，国土面積に占める農地面積の割合，一人あたりの国民総所得を表したものである。B国にあてはまるものはどれか，資料Ⅱ中のア～エから１つ選びなさい。

(　　　)

資料Ⅱ

国	総人口に対する年少人口の割合（%）	国土面積に占める農地面積の割合（%）	一人あたりの国民総所得（ドル）
ア	17.4	52.0	45,535
イ	18.9	37.9	47,876
ウ	17.7	55.2	12,324
エ	26.3	19.0	6,446

(「世界国勢図会」2023／24年版より作成)

5　次の(1)～(5)に答えなさい。

(1)　資料Ⅰは，国民審査の用紙の一部である。国民審査によって，辞めさせるかどうかを審査されるのはどの裁判所の裁判官か，ア～エから1つ選びなさい。

(　　　)

ア　家庭裁判所　　イ　地方裁判所

ウ　高等裁判所　　エ　最高裁判所

資料Ⅰ

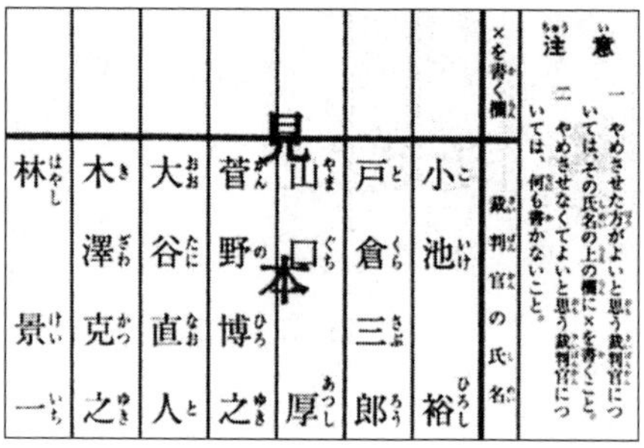

注意
一　やめさせた方がよいと思う裁判官については、その氏名の上の欄に×を書くこと。
二　やめさせなくてよいと思う裁判官については、何も書かないこと。
×を書く欄
裁判官の氏名
小《こ》池《いけ》裕《ひろし》
戸《と》倉《くら》三《さぶ》郎《ろう》
山《やま》口《ぐち》厚《あつし》
菅《かん》野《の》博《ひろ》之《ゆき》
大《おお》谷《たに》直《なお》人《と》
木《き》澤《ざわ》克《かつ》之《ゆき》
林《はやし》景《けい》一《いち》
見本

(2)　資料Ⅱは，1948年に国際連合が採択した，人権はすべての人に保障すべき権利であることを明らかにしたものの一部である。この名称を書きなさい。(　　　)

資料Ⅱ

> 第1条　すべての人間は，生《うま》れながらにして自由であり，かつ，尊厳と権利とについて平等である。人間は，理性と良心とを授けられており，互いに同胞の精神をもつて行動しなければならない。

(3)　次の文は，労働者を守る法律について述べたものの一部であり，文中の(　　)には，同じ語句があてはまる。(　　)にあてはまる語句を書きなさい。(　　　)

労働者の権利は法律で守られているが，労働者は企業に比べて弱い立場にある。そこで，労働者が(　　)を結成し，賃金の引き上げなどの労働条件の交渉を，企業と対等に行う権利が(　　)法によって認められている。

(4)　次の文は，国際社会のしくみについて述べたものの一部である。(a)・(b)に答えなさい。

国際社会は，主権をもつ主権国家によって構成され，国家は，主権，住民（国民），領域の要素から成り立っている。領域とは，国家の主権が及ぶ範囲のことで，領土，領海，領空の三つから構成され，日本の領海は，海岸線から(　　)海里の範囲と定められている。

(a)　文中の(　　)にあてはまる数字として正しいものはどれか，ア～エから1つ選びなさい。

(　　　)

ア　12　　イ　20　　ウ　120　　エ　200

(b)　国家間の平和と秩序を守るために，国家はお互いにさまざまなきまりをつくってきた。このような国家間のきまり，または合意を何というか，**漢字3字**で書きなさい。(　　　)

(5)　次の文は，わが国の税金の一つである所得税について説明したものの一部である。正しい文になるように，文中の(①)には，累進課税の制度の内容について，「所得」という語句を用いてあてはまる言葉を書き，②は，ア・イのいずれかを選びなさい。

①(　　　　　　　　　　　　　　　　　　　　　　　　　　　　)　②(　　　)

所得税は，累進課税の制度が適用されている。この制度は(　　①　　)ため，税金を納めた後の所得の差を②[ア　小さく　　イ　大きく]する役割がある。

6 中学生のかずまさんのクラスでは，総合的な学習の時間に，自立した消費者になるための消費生活の在り方について，各班でテーマを決め，クラスで発表することになった。次は，かずまさんたちの班が発表するために作成したスライドの一部である。(1)～(6)に答えなさい。

テーマ 「まだ食べることができるのに捨てられてしまう食品ロスを削減するために」

〈生産者の取り組みの例〉
①生産した②農産物について，店で販売することができない大きさや形の農産物でも捨ててしまうのではなく，インターネットを利用して販売する。

〈流通の取り組みの例〉
消費者が③商品を購入する方法を選択できるように，商品が，生産者から消費者へ届くまでの④流通の経路の多様化をめざす。

〈政府の取り組みの例〉
食品ロスを削減するための⑤法律や制度を整え，生産者や消費者などのさまざまな立場で取り組むことができる事例を紹介する。

〈⑥消費者の取り組みの例〉
買い物に出かける前には，冷蔵庫の中身を確認し，食べきることができないほどの野菜や肉などの食材を買わないようにする。

(1) 下線部①に関して，19世紀になると，働き手を工場に集め，製品を分業で大量に仕上げる新しい生産の方法が生まれたが，資料Ⅰは，その方法による生産のようすである。資料Ⅰのような生産方法を何というか，書きなさい。(　　　)

資料Ⅰ

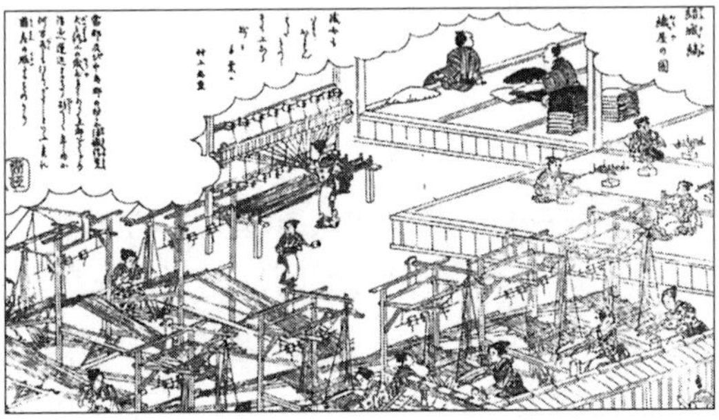

(2) 下線部②に関して，次の文は，気候の特色を生かした九州南部の農業について述べたものである。正しい文になるように，文中の①は，ア・イのいずれかを選び，(②)には，あてはまる語句を書きなさい。①(　　　) ②(　　　)

九州は，暖流である①[ア 黒潮（日本海流） イ 親潮（千島海流）]と対馬海流が近くを流れているため，冬でも比較的温暖である。九州南部では，そのような気候を生かし，野菜の成長を早めて出荷時期をずらす工夫をした栽培方法である(②)を行っている。

(3)　下線部③について，商品を売買するときには，それぞれに価格が必要になる。資料Ⅱは，需要量と供給量と価格の関係について表したものであり，次の文は，資料Ⅱについて述べたものの一部である。正しい文になるように，文中の(　①　)・(　②　)にあてはまる言葉を，ア～エからそれぞれ１つずつ選びなさい。ただし，資料Ⅱ中のA，Bの曲線は，需要曲線，供給曲線のいずれかを表している。

①(　　　　)　②(　　　　)

資料Ⅱ

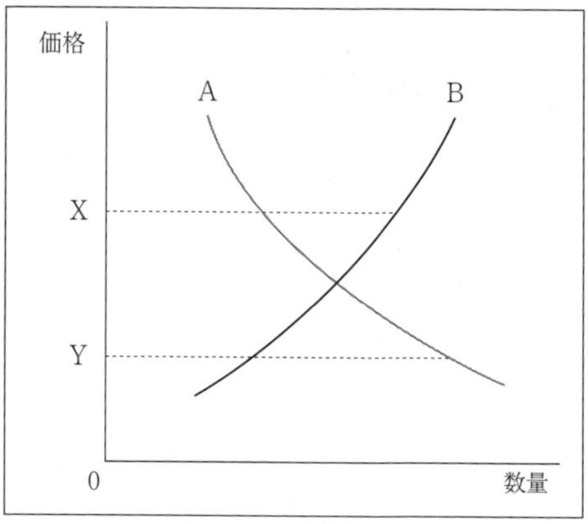

商品の価格がXのときには，(　①　)。商品の価格がYのときには，(　②　)。

ア　商品の需要量が供給量より多く，商品は不足する
イ　商品の需要量が供給量より多く，商品は売れ残る
ウ　商品の供給量が需要量より多く，商品は不足する
エ　商品の供給量が需要量より多く，商品は売れ残る

(4)　下線部④について，資料Ⅲは，生産された商品が消費者に届くまでの流れである流通を模式的に表したものの一部である。また，次の文は，かずまさんが資料Ⅲを見て，アとイの流通の違いに着目し，考えたことである。(　　)にあてはまる言葉を，「費用」という語句を用いて，書きなさい。

資料Ⅲ

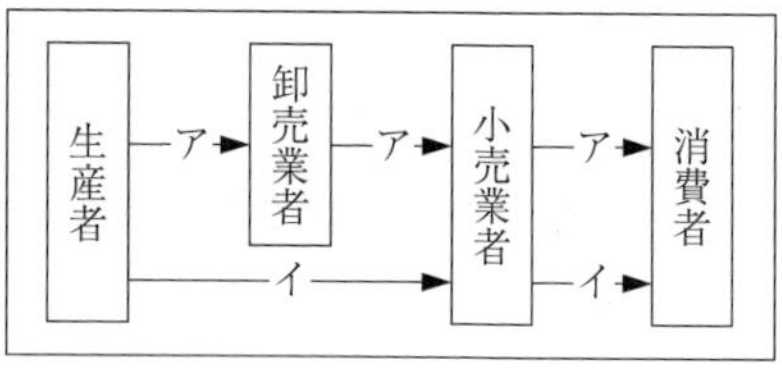

(　　　　　　　　　　　　　　　　　　　　　　　　　　　　　　　)

イの流通は，アの流通と比べて，(　　　　　　　)ので，小売業者が，消費者に安く商品を販売することができると考えられる。

(5)　下線部⑤について，消費者を支援するための法律のうち，消費者が欠陥商品によって被害を受けた場合，消費者が製品を作った会社の過失を証明できなくても，損害賠償を受けられることを定めた法律を何というか，書きなさい。(　　　　法)

(6)　下線部⑥について，かずまさんは，食品ロスを削減するための取り組みについて調べていたところ，資料Ⅳと資料Ⅴを見つけた。資料Ⅳは，食品ロスを削減するための取り組みの一部について表し，資料Ⅴは，商品を購入する際に賞味期限や消費期限を意識する人の割合を表している。(a)・(b)に答えなさい。

(a)　次の文は，かずまさんが，資料Ⅳを見て気づいたことをまとめたものである。正しい文になるように，文中の(　　)にあてはまる言葉を書きなさい。

(　　　)

食品ロスを削減するための取り組みについて全体的な傾向を読み取ると，「取り組んでいることはない」と回答した人は少なく，(　　　　　　　)という結果になっている。

(b) かずまさんは，資料Ⅳ中の「商品棚の手前に並ぶ期限の近い商品を購入する」という取り組みに着目した。次の文は，かずまさんが，資料Ⅴを見て，食品ロスを削減するために，商品棚の手前に並ぶ期限の近い商品を購入することに取り組む必要があると考え，発表のためにまとめたものである。(　　)にあてはまる言葉を，「期限」，「廃棄」という語句を用いて，書きなさい。

(　　　　　　　　　　　　　　　　　　　　　　　　　　　　　　)

期限の長い商品ばかりを購入する消費者が多いと，(　　　　　　)。だから，食品ロスを削減するために，消費予定が近いなら，商品棚の手前に並ぶ期限の近い商品を購入することに取り組む必要がある。

資料Ⅳ

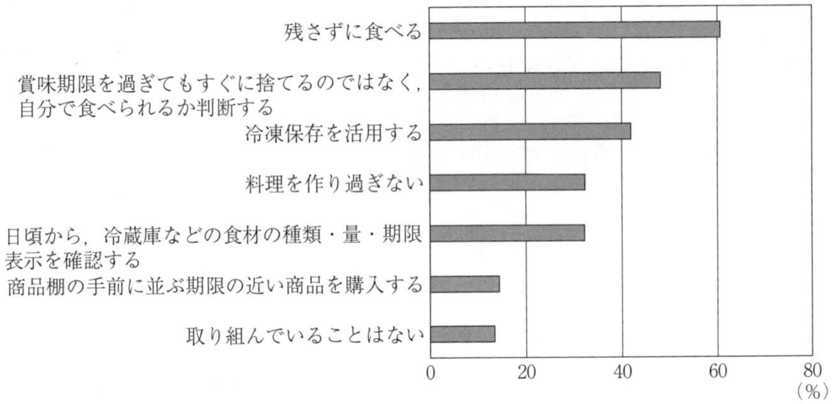

(注1) 調査対象は，全国の15歳以上の男女である。
(注2) 調査方法は，インターネットを利用したアンケート調査であり，複数回答可とする。
(消費者庁「令和4年度第2回消費生活意識調査」より作成)

資料Ⅴ

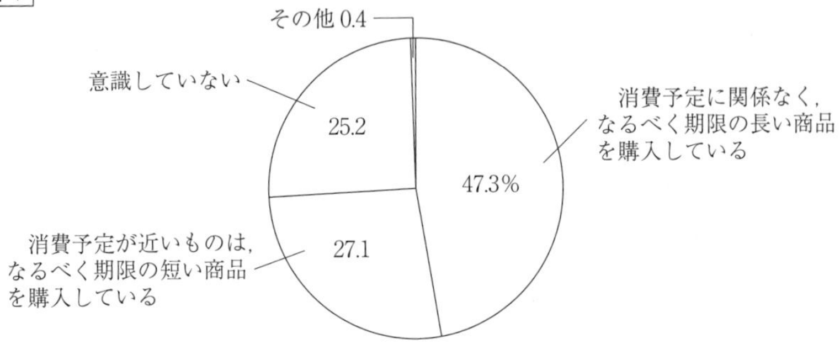

(注1) 調査対象は，全国の15歳以上の男女である。
(注2) 調査方法は，インターネットを利用したアンケート調査である。
(消費者庁「令和4年度第2回消費生活意識調査」より作成)

理科

時間　50分　　　満点　100点

1　次の(1)～(4)に答えなさい。

(1)　表は，ある場所で発生した震源が浅い地震で，観測点A～DにP波とS波が届いた時刻をそれぞれ記録したものである。(a)・(b)に答えなさい。

表

観測点	P波が届いた時刻	S波が届いた時刻
A	8時43分52秒	8時43分58秒
B	8時43分57秒	8時44分07秒
C	8時43分50秒	8時43分54秒
D	8時43分56秒	8時44分05秒

(a)　P波が届くと起こるはじめの小さなゆれを初期微動という。S波が届くと起こる後からくる大きなゆれを何というか，書きなさい。

(　　　)

(b)　表の観測点A～Dを，震源距離が短い順に並べなさい。ただし，P波とS波はそれぞれ一定の速さで伝わるものとする。(　　→　　→　　→　　)

(2)　細胞分裂について，(a)・(b)に答えなさい。

(a)　1つの細胞が2つに分かれることを，細胞分裂といい，植物では，おもに根や茎の先端近くでさかんに行われている。その部分を何というか，書きなさい。(　　　)

(b)　次の文は，体細胞分裂について述べたものである。正しい文になるように，文中の①・②について，ア・イのいずれかをそれぞれ選びなさい。①(　　　)　②(　　　)

植物の細胞も，動物の細胞も，1つの細胞が体細胞分裂をして，2つの細胞ができる。染色体の数は分裂前に①[ア　2倍にふえ　　イ　半分になり]，分裂によって2つに分けられるので，1つの細胞の染色体の数は，体細胞分裂を②[ア　くり返しても同じになる　　イ　くり返すたびに半減する]。

(3)　物体にはたらく力について，(a)・(b)に答えなさい。

(a)　水平な机の上に置いた本には重力がはたらいているが，重力とつり合うもう1つの力もはたらいているため，本は静止している。このとき，机から本にはたらく，重力とつり合うもう1つの力を何というか，ア～エから1つ選びなさい。(　　　)

ア　磁力　　イ　弾性力　　ウ　電気力　　エ　垂直抗力

(b)　図1は，水平な机の上に置いた本を指で押したときのようすを模式的に表したものである。本が動かなかったときの，本と机がふれ合う面からはたらく摩擦力の向きとして正しいものはどれか，ア～エから1つ選びなさい。(　　　)

図1

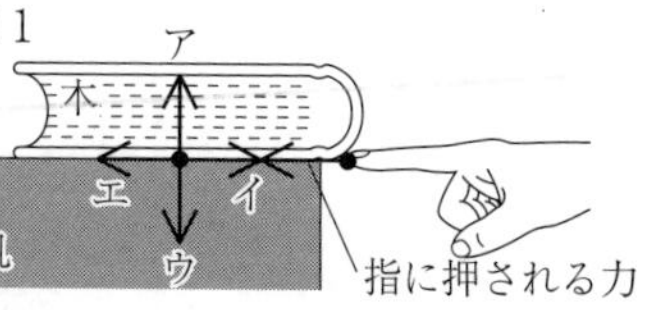

(4)　アンモニアについて，(a)・(b)に答えなさい。

(a)　アンモニアは，水に非常にとけやすく，空気より密度が小さい。アンモニアの性質に合った気体の集め方を何というか，書きなさい。(　　　)

(b) 図2のような装置で，アンモニアを満たしたフラスコ内に，スポイトで水を入れると，ビーカーの水がフラスコの中に勢いよく上がって，赤色の噴水となった。噴水を赤色にしたアンモニアの性質を書きなさい。

(　　　　　　　　　　　　　　　　　　　　　　)

図2

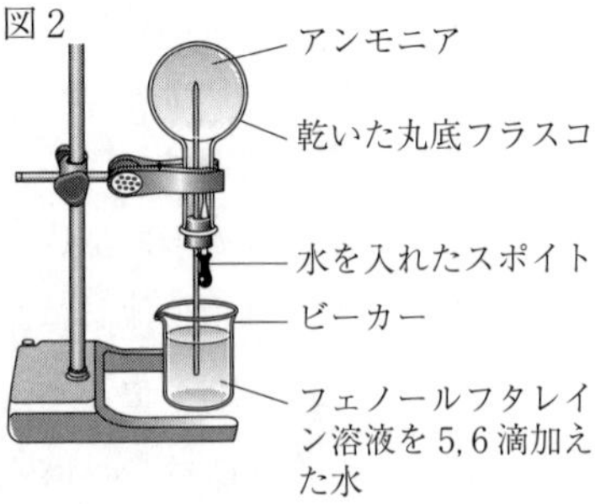

2　あつしさんたちは，理科の授業で，ヒトの心臓と血液について学習した。(1)～(5)に答えなさい。

あつしさん　血液は，(　　)という液体成分と，酸素を運ぶ赤血球や，病原体を分解する白血球などの固形成分からなっていることを学習しましたね。

みちこさん　血液の流れは，心臓のはたらきによるものであることも学習しました。

あつしさん　図は，ヒトの心臓を正面から見た模式図です。A～Dは，心臓につながる血管で，心臓から送り出された血液は，これらの血管を流れて，また心臓にもどってくるのでしたね。①この道すじは大きく2つに分けられますね。

図

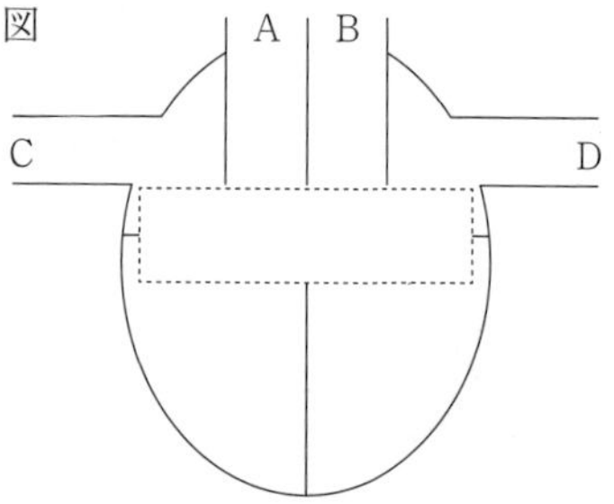

みちこさん　そのおかげで全身の細胞に必要な物質が供給され，細胞から出た不要な物質を運び去ることができるのですね。

あつしさん　そうですね。②その必要な物質の1つである酸素は，血液によって全身に運ばれています。

みちこさん　心臓と血液は，ヒトの生命の維持に重要な役割を果たしているのですね。

(1)　文中の(　　)にあてはまる言葉を書きなさい。(　　　)

(2)　図で，心臓の心室が収縮しているときのようすとして，［　　］に入る正しい模式図を，ア～エから1つ選びなさい。ただし，○の部分は弁を表している。(　　　)

ア

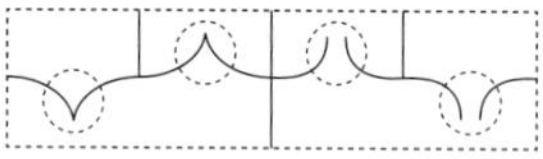

イ

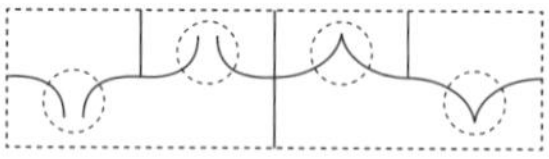

ウ

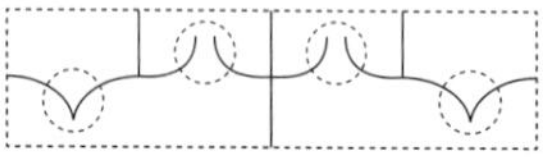

エ

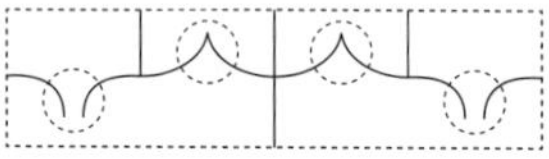

(3)　次の文は，下線部①の一方の道すじについて述べたものである。正しい文になるように，文中のⓐ・ⓑは，ア・イのいずれかをそれぞれ選び，(ⓒ)にはあてはまる言葉を書きなさい。

ⓐ(　　　)　ⓑ(　　　)　ⓒ(　　　)

2つの道すじのうち，酸素を多く含む血液が心臓にもどる道すじでは，心臓から血液がⓐ［ア　A　イ　B］の血管を流れ出て，再びⓑ［ア　C　　イ　D］の血管を流れて心臓にもどる。この道すじのことを(ⓒ)という。

(4)　静脈のつくりは，動脈と比べると大きな違いが2つある。その2つの違いに着目して，静脈の特徴を書きなさい。(　　　　　　　　　　　　　　)

(5)　下線部②について，ヒトの場合，肺から心臓に流れた血液100mlあたり20cm^3の酸素が含まれる。1回の拍動で，安静時では70ml，運動後は100mlの血液が，心臓から全身に送り出されている。1分間の拍動の回数が，安静時は70回であったのが，運動後には120回になったとき，運動後は，安静時と比べて，1分間に心臓から全身に送り出される酸素の量は何cm^3増えたか，求めなさい。(　　　cm^3)

3　徳島県で，ある年の5月から10月にかけて金星の観測をした。(1)～(5)に答えなさい。

観測

① 5月20日から10月20日までの間，約1か月ごとに，明け方と夕方，真夜中に，同じ場所で，倍率を固定して，望遠鏡で観測した金星をスケッチし，形や大きさを調べた。

② ①で観測した日の太陽に対する金星と地球の位置を調べ，図のように，地球の位置を固定して，それぞれの位置を○で示した模式図をかいた。

図

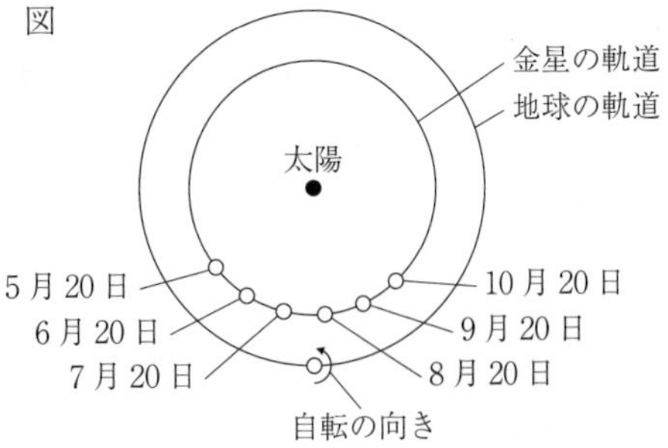

(1) 観測 ①で，いずれの日も，真夜中に金星を見ることはできなかった。真夜中には見えない金星以外の太陽系の惑星を1つ書きなさい。(　　　)

(2) 観測 ①で，5月20日の夕方に観測した金星の輝いて見える部分はどのような形か，最も適切なものをア～エから選びなさい。ただし，ア～エは，肉眼で見たときの向きに直している。

(　　　)

(3) 次の文は，観測 ①で調べた8月20日から10月20日までの金星の見かけの大きさについて，述べたものである。正しい文になるように，文中のⓐはア・イのいずれかを選び，(ⓑ)にはあてはまる言葉を書きなさい。ⓐ(　　　)　ⓑ(　　　　　　　　　)

日がたつにつれて，金星の見かけの大きさがⓐ［ア　大きく　　イ　小さく］なっていったのは，8月20日から10月20日にかけて(ⓑ)からである。

(4) 観測 ①で，金星の近くに月が見えた日があった。観測した日と見えた月について述べた文として，最も適切なものをア～エから選びなさい。(　　　)

ア　6月20日に，金星の近くに下弦の月が見えた。

イ　7月20日に，金星の近くに三日月が見えた。

ウ　8月20日に，金星の近くに満月が見えた。

エ　9月20日に，金星の近くに上弦の月が見えた。

(5) 観測 と同じ場所で，2年後の5月20日に金星を観測すると，いつごろ，どの方位の空に見えるか，最も適切なものをア～エから選びなさい。ただし，地球の公転周期は1年，金星の公転周期は0.62年とする。(　　　)

ア　明け方の東の空　　イ　明け方の西の空　　ウ　夕方の東の空　　エ　夕方の西の空

4　ダニエル電池のしくみについて考えるために，金属のイオンへのなりやすさを調べた。(1)～(5)に答えなさい。

実験

①　図1のように，3種類の水溶液と3種類の金属片の組み合わせの表をかいた台紙の上に，マイクロプレートを置いた。

②　プラスチックのピンセットを用いて，マイクロプレートのそれぞれの穴に金属片を入れた。

③　それぞれの穴に金属片がひたる程度に水溶液を加えて，変化のようすを観察した。表は，金属片のようすを観察した結果を示したものである。

図1

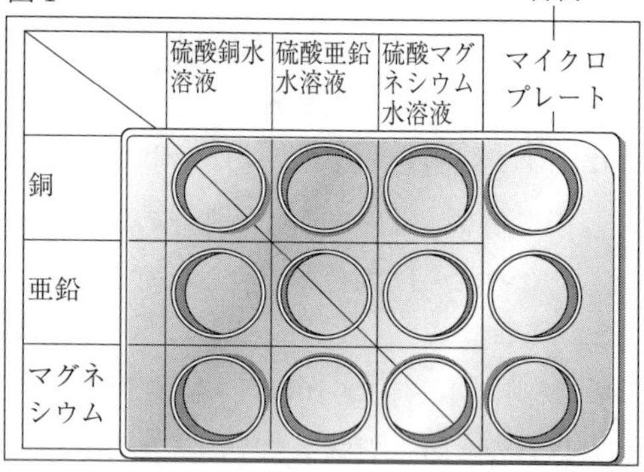

表

	硫酸銅水溶液	硫酸亜鉛水溶液	硫酸マグネシウム水溶液
銅	——	変化が起こらなかった	変化が起こらなかった
亜鉛	赤色の固体が現れた	——	変化が起こらなかった
マグネシウム	赤色の固体が現れた	灰色の固体が現れた	——

(1)　実験 ③で現れた灰色の固体は何か，ア～エから1つ選びなさい。(　　　)

ア　銅　　イ　亜鉛　　ウ　マグネシウム　　エ　硫酸

(2)　図2は，ダニエル電池を模式的に表したものであり，つないでいる光電池用のプロペラつきモーターは回転している。このとき図2の銅板は，+《プラス》極・−《マイナス》極のどちらになるか，書きなさい。また，電子が移動する向きはどちらになるか，ア・イのいずれかを選びなさい。

銅板(　　　)　電子が移動する向き(　　　)

図2

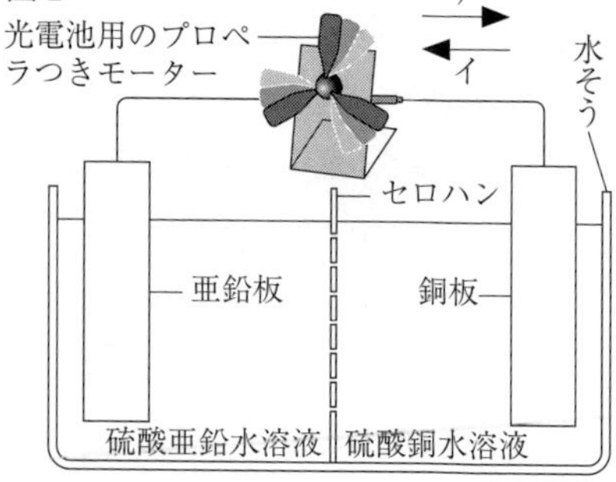

(3)　図2のセロハンには小さな穴があいており，電池のはたらきを長く保たせる役割がある。セロハンの穴を通って水溶液中のイオンが少しずつ移動することで，どのようなことを解消するか，書きなさい。

(　　　　　　　　　　)

(4)　図2のダニエル電池の反応がこのまま進むと，硫酸銅水溶液側からセロハンを通って硫酸亜鉛水溶液側に移動するイオンが現れる。そのイオンを化学式で書きなさい。(　　　)

(5)　図2の銅板をマグネシウム板に，硫酸銅水溶液を硫酸マグネシウム水溶液にかえると，つないでいる光電池用のプロペラつきモーターは回転し，電池のはたらきをした。しばらくつないだとき

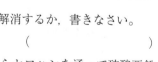

の亜鉛板について述べた文として，正しいものはどれか，ア～エから１つ選びなさい。(　　　)

ア　亜鉛板は電池の＋極となり，表面に新たな亜鉛が付着した。

イ　亜鉛板は電池の＋極となり，表面がぼろぼろになり細くなった。

ウ　亜鉛板は電池の－極となり，表面に新たな亜鉛が付着した。

エ　亜鉛板は電池の－極となり，表面がぼろぼろになり細くなった。

5　てるみさんたちは，様々な回路をつくり，実験をしている。(1)～(6)に答えなさい。

てるみさん　私の家の２階に上がる階段には途中に電球があるのですが，階段の上のスイッチでも下のスイッチでも，つけたり消したりできます。どのような回路になっているのでしょうか。

えいたさん　図１のようになっていると予想しました。

てるみさん　これでは，一方のスイッチで電球を消したら，もう一方のスイッチでは電球がつけられません。

図１

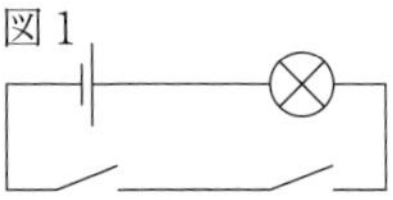

先生　階段の照明の回路には，図２のような切りかえ式スイッチが使われています。切りかえ式スイッチが図３のようになっていると，Ａの電球だけが点灯します。また，図４のようになっていると，Ｂの電球だけが点灯します。

図２

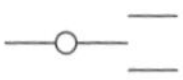

切りかえ式スイッチ

図３

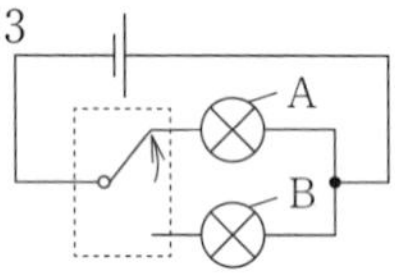

図４

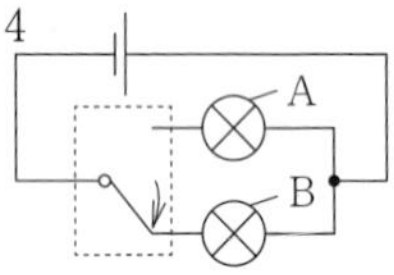

てるみさん　図１のスイッチを図２の切りかえ式スイッチにすれば，どちらかの切りかえ式スイッチを１回押すごとに回路がつながって電球がついたり，回路がつながらなくなって電球が消えたりする回路をつくれそうです。回路図をかいて確認してみます。

(1)　回路に用いる導線には，電気抵抗が非常に小さい銅が使われることが多い。銅のような電気抵抗が小さく，電流が流れやすい物質を何というか，書きなさい。(　　　　)

(2)　てるみさんは，図１の回路のスイッチを図２の切りかえ式スイッチにかえ，どちらかを１回押すごとに電球がついたり，消えたりする回路をつくった。どのような回路をつくったか，回路図をかきなさい。

こうきさん　回路には電流が流れているほかに，電圧が加わっています。電流の大きさと電圧には，どのような関係があるのでしょうか。

てるみさん　電源装置や抵抗器を使って回路をつくり，実験して調べてみましょう。

実験１

①　電源装置，抵抗器，スイッチ，電流計，電圧計を使い，図５のような回路をつくった。

図５

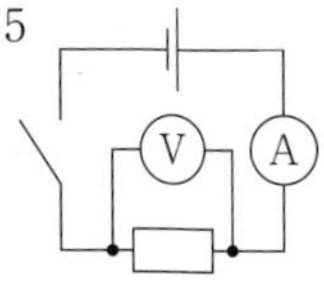

②　スイッチを入れ，電源装置の電圧を０Ｖから８Ｖの範囲で変化させ，抵抗器に加える電圧と流れる電流を測定した。

③　図6は，このときの結果をグラフに表したものである。

こうきさん　実験1 の結果から，抵抗器を流れる電流は，加える電圧に比例することがわかります。

図6

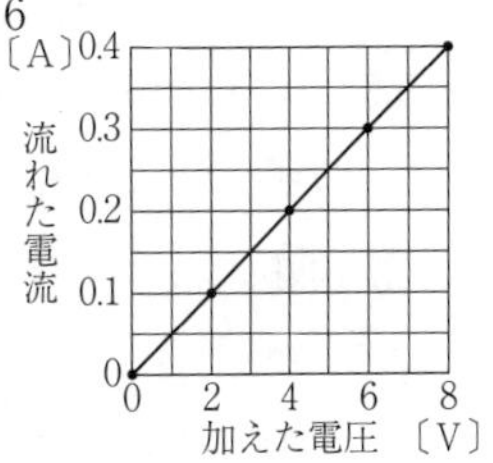

(3)　下線部について，抵抗器を流れる電流は，加える電圧に比例する。この関係を何というか，書きなさい。(　　　)

(4)　実験1 の結果から，抵抗器の電気抵抗は何Ωか，求めなさい。(　　　Ω)

いつきさん　電球に流れる電流と加える電圧の関係も，抵抗器と同じようになるのでしょうか。

てるみさん　抵抗器を電球にかえて回路をつくり，実験して調べてみましょう。

実験2

①　電源装置，電球，スイッチ，電流計，電圧計を使い，図7のような回路をつくった。

図7

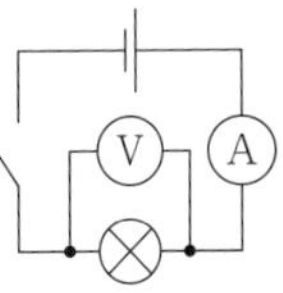

②　スイッチを入れ，電源装置の電圧を0Vから8Vの範囲で変化させて電球を点灯させ，電球に加える電圧と，流れる電流を測定した。

③　図8は，このときの結果をグラフに表したものである。

図8

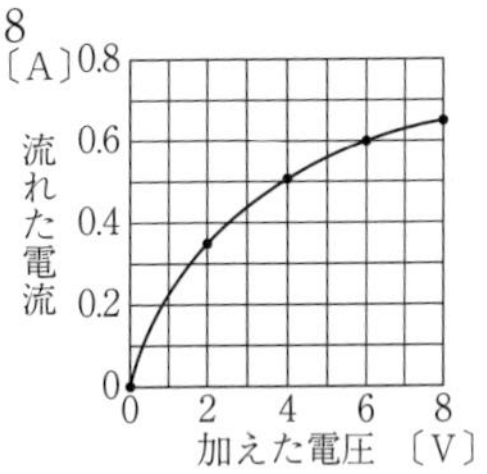

いつきさん　電球の場合も抵抗器と同じような結果になると予想しましたが，結果は違いましたね。

てるみさん　実験2 の結果から，電球の電気抵抗について考察すると(　　)ということがいえます。

えいたさん　はじめは電流計と電圧計を逆につないでしまい，指針が振れず，はかれませんでした。その後，正しくつなぎ直したところ，はかれました。

てるみさん　測定器具のしくみをきちんと理解して，実験することが大切ですね。これからも，生活の中で不思議に思ったことは，みんなで探究していきましょう。

(5)　文中の(　　)にあてはまるてるみさんの考察として正しいものを，ア～エから1つ選びなさい。(　　　)

ア　電球の電気抵抗は，加える電圧に関係なく常に一定である

イ　電球の電気抵抗は，加える電圧に関係なく変化する

ウ　電球の電気抵抗は，加える電圧が大きいほど小さくなる

エ　電球の電気抵抗は，加える電圧が大きいほど大きくなる

(6)　次の文は，電流計と電圧計について述べたものである。正しい文になるように，文中のⓐ～ⓒについて，ア・イのいずれかをそれぞれ選びなさい。ⓐ(　　　)　ⓑ(　　　)　ⓒ(　　　)

電流計は，測定したい点に直列につなぐので，電流計が回路に与える影響が小さくなるように，電流計自体の電気抵抗はⓐ［ア　大きく　　イ　小さく］つくられている。また，電圧計は，測定したい区間に並列につなぐので，電圧計が回路に与える影響が小さくなるように，電圧計自体の電気抵抗はⓑ［ア　大きく　　イ　小さく］つくられている。このため，電流計を回路に並列につないだときや電圧計を回路に直列につないだときに，こわれることがあるのはⓒ［ア　電流計　イ　電圧計］である。

験や見聞を書くこと。後の段落では、前の段落を踏まえて、どのように生活に生かしていきたいかについてのあなたの考えを書くこと。

(C) 全体が筋の通った文章になるようにすること。

(D) 漢字を適切に使い、原稿用紙の正しい使い方に従って、十～十三行の範囲におさめること。

記号（　　）

山とは比べものにならない大きさを、具体的に「（　あ　）」と表現していますね。

なおとさん　文章Ⅰでは、（　い　）を示す語句を文中にちりばめ、視覚的な感動を鮮やかに描いていますね。

ちなつさん　そうですね。また、両作品とも比喩表現を効果的に使っていますね。私は、山頂に（　う　）様子を、「白い衵を着ている」や「白い頭巾をかぶっている」とたとえているところがおもしろいと感じました。

(a)　（　あ　）にあてはまる適切な言葉を、文章Ⅱの中から**十四字**で抜き出して書きなさい。

(b)　（　い　）にあてはまる適切な言葉を、文章Ⅰの中から**一字**で抜き出して書きなさい。（　　）

(c)　（　う　）にあてはまる適切な言葉を、**十字以内**の**現代語**で書きなさい。

(3)　「更級日記」は平安時代に成立したが、同じ時代に書かれた作品をア～エから一つ選びなさい。（　　）

ア　おくのほそ道　　イ　竹取物語　　ウ　徒然草　　エ　万葉集

5　次の資料のア～ウは、「論語」の中にある言葉である。これらの中から、生活に生かしていきたい言葉を一つ選び、その言葉についてのあなたの考えを〈条件〉(A)～(D)に従って書きなさい。

資料

ア　子曰《い》はく、「己の欲《ほっ》せざる所は、人に施すこと勿《な》かれ。」と。

現代語訳　先生が言われるには、「自分がしてほしくないことを他人にしてはならない。」と。

イ　子曰はく、「過《あやま》ちて改めざる、是《こ》れを過ちと謂《い》ふ。」と。

現代語訳　先生が言われるには、「間違ったことを改めないこと、これを本当の過ちというのだ。」と。

ウ　子曰はく、「君子は和して同ぜず、小人は同じて和せず。」と。

現代語訳　先生が言われるには、「徳のある立派な人物は、心から人とうちとけあうが、大した考えもなしに相手に調子を合わせたりはしない。徳のないつまらない人物は、何も考えず調子を合わせることはあるが、心から相手に親しみはしない。」と。

〈条件〉

(A)　解答欄には、ア～ウから選んだ記号を書き、題名などは書かないで、本文を一行目から書き始めること。

(B)　二段落構成とし、前の段落では、選んだ言葉に関するあなたの体勉強や読書は、自分では持ちえない他の時間を持つということでもある。過去の多くの時間に出会うということでもある。過去の時間を所有する、それもまた、自分だけでは持ちえなかった自分への視線を得ることでもあるだろう。そんな風にして、それぞれの個人は世界と向き合うための基盤を作ってゆく。

（永田《ながた》和宏《かずひろ》「知の体力」より。一部省略等がある。）

はるなさんのノートの一部

私は、勉強することに、人間の歴史的な知的活動に連なっていくという意味があることを知った。今の私たちがあるのは、人間の探究心や努力が受け継がれてきたからなのだ。その上で、私は、勉強するとは、（　ⓐ　）こと、つまり、人生の先輩である先人たちが苦労して見つけ出し、作り上げてきた成果を学ぶことだと理解した。先人たちの成果を学ぶことで、知的世界を広げることができる。また、自分を客観的に眺めるための、複数の視線を得ることができる。それにより、世界と向き合うために必要とされる、（　ⓑ　）を作ることができるのである。

4　次の文章Ⅰは「更級日記《さらしな》」の一部、文章Ⅱは「海道記《かいどう》」の一部である。(1)～(3)に答えなさい。

【文章Ⅰ】

その山（富士山）のさま、いと世に見えぬ（世に比類なき）さまなり。さまことなる山の姿の、紺青《こんじやう》（鮮やかな青色）を塗りたるやうなるに、雪の消ゆる世もなくつもりたれば、色濃き（濃い紫色）衣《きぬ》に、白き衵《あこめ》（丈の短い衣服）着たらむやうに見えて、山のいただきのすこし平らぎたるより、煙は立ち上る。夕暮《ゆふぐれ》は火の燃えたつも見ゆ。

【文章Ⅱ】

富士の山を見れば、都にて空に聞きしるしに（都で聞いていたとおり）、半天（空の中ほど）にかかりて群山（多くの山々）に越えたり。峰は鳥路《てうろ》たり、麓は蹊《けい》（獣の通る道）たり。人跡（人の足跡）歩み絶えて独りそびけあがる（高くそびえる）。雪は頭巾《ときん》（布製のずきん）に似たり、頂に覆《おほ》ひて白し。雲は腹帯の如《ごと》し、腰に囲《めぐ》りて長し。高き事は天に階《はし》（はしご）立てたり、登る者は還《かへ》りて（登り切れずに）下る。長き事は麓に日を経たり（巡るのに幾日もかかり）、過ぐる者は山を負ひて（背負うようにして）行く。

(1)　〰〰線部「覆ひて」を、現代仮名遣いに改めて、全てひらがなで書きなさい。（　　　）

(2)　次は、ちなつさんとなおとさんが、文章Ⅰと文章Ⅱを読んで対話した内容の一部である。(a)～(c)に答えなさい。

ちなつさん　文章Ⅰの作者は、圧倒的な富士山の様子を「いと世に見えぬさまなり」と表現しています。文章Ⅱの作者も、他の階があるという言葉に納得しました。学校で勉強するのは、長い人生で［A］を身につけるためなのだとわかりました。すぐに役立てるためだけではないのですね。

ゆうたさん　先ほど、けいたさんが、「必要になったときに困って後悔しないように、勉強している」と話していましたが、私は、生活で必要に迫られたときに勉強すればよいと思っていました。そのほうが、必要なことがわかっているので、吸収が早くて、むだがないと思っていたからです。しかし、筆者は、「『いざ』勉強しようとしても間に合わない」と述べています。勉強しようとしても、何を勉強すればよいのかわからず、間に合わなくなるので、そうならないように［B］も大切なのだと気づかされました。

はるなさん　勉強は、単に知識を身につけるだけではないということなのですね。

(1)　本文において、～～線部「理知的」とあるが、これと同様の意味を表す熟語として、最も適切なものをア～エから選びなさい。（　）

ア　快活　　イ　屈強　　ウ　賢明　　エ　柔和

(2)　話し合いの一部について書かれたものとして、最も適切なものをア～エから選びなさい。（　）

ア　一定の結論を導き出すために、譲り合いながら話している。
イ　疑問を解決するために、思いついたことを自由に話している。
ウ　相手を説得するために、質疑応答を繰り返しながら話している。
エ　自分の考えを深めるために、相手の考えに結びつけて話している。

(3)　話し合いの一部の［A］・［B］にあてはまる適切な言葉を書きなさい。ただし、［A］は**十五字以上二十字以内**、［B］は**十字以上十五字以内**でそれぞれ本文中の言葉を用いて書くこと。

A

B

(4)　次の一文は、本文中から抜き出したものである。本文中〈1〉～〈5〉のどこに入れるのが最も適切か、1～5の番号を書きなさい。（　）

そのため、教科書には、生じた事象には必ず原因があり、さまざまな事柄と関連し合い、そして必然的にある結果に結びついているという繋がりが記述されており、全体像がすんなり頭に入ってくるように工夫されています。

(5)　はるなさんは、さらに考えを深めるために補足資料を用意し、本文と補足資料を用いて、「何のために勉強するのか」ということについてまとめた。次は、その補足資料とはるなさんのノートの一部である。ただし、（ⓐ）・（ⓑ）にあてはまる適切な言葉を書きなさい。（ⓐ）は補足資料から**十二字**で抜き出し、（ⓑ）は、補足資料の言葉を用いて**十字以上十五字以内**で書くこと。

ⓐ

ⓑ

補足資料

読書にしても、勉強にしても、それは知識を広げるということも確かにその通りだが、もっと大切なことは、自分を客観的に眺めるための、新しい場所を獲得するという意味のほうが大きい。私たちは自己をいろいろな角度から見るための、複数の視線を得るために、勉強をし、読書をする。それを欠くと、ひとりよがりの自分を抜け出すことができない。他者との関係性を築くことができない。

学校で学ぶ時代なのです。だから、むしろすぐに役に立たなくてもいいのです。だって、すぐに役に立つことは、すぐに役に立たなくなる、ということなのですから。〈2〉

「いざ」ってときになってから習えばいいと思うかもしれません。しかし、その「いざ」ってときにどんな本を読んだらいいのか、インターネット情報のどれが正しいのか、誰に相談したら信用できるのか、というようなことを正しく判断できるでしょうか? 勉強というのは、「いざ」というときに何を読めばよいか、どんな対策をすればよいか、を予《あらかじ》め学んでおくことでもあるのです。何も学んでいなければ、肝心なときになって、「いざ」勉強しようとしても間に合わないでしょう。勉強する仕方を知らないからです。学校で勉強するということは、何を参考にして調べたらいいか、どう考えていったらいいか、そんな「勉強の仕方を勉強する」という意味もあるのです。このことはすべての科目に共通していますが、理科は特に範囲が広いので、学校で「学び方を学ぶ」のは重要なのです。それがないまま一人で机に向かって勉強しようとしても、何を勉強すればいいのかわからないでしょう。〈3〉

それだけでなく、たとえ一生に一度も使うことがなくても、知っておいた方がいいってことはたくさんあります。人生の先輩である先人たちが苦労して見つけ出し、作り上げてきた成果を学べば、人間の想像力と創造力の素晴らしさを味わい、自分もちょっぴり豊かになったような気になると思います。私たちの知的世界が広がるからです。また、むずかしい漢字を学ぶのも、いつか役に立つためだけでなく、漢字が発明されて以来、さまざまに工夫されて多様に発展してきたことを学び、人間の探究心や努力が次々と受け継がれて現在があるということを実感する目的もあります。学ぶということは、自分もそのような人間の歴史的な知的活動に連なっていくという意味があるのです。〈4〉

さらに勉強というのは、それぞれの科目が対象とする問題について、いろんな原因があり、それらが引き起こす事柄がさまざまに繋《つな》がり合い、最終的にある一つの形を取って現象している、ということを学ぶ過程と言えるでしょう。〈5〉

また、漢字の読み書きや九九や計算法などの基礎的な実力を養う一方、文学や歴史や芸術や社会や理科の科目において、具体的な作品、歴史的・社会的事象、過去の人々の努力の蓄積などに接して応用的な能力を身につけていくことも、学習の重要な要素です。スポーツにおいて、基礎的な訓練を反復しつつ、実戦的な形式で練習試合が用意されているのと似ています。(池内《いけうち》 了《さとる》「なぜ科学を学ぶのか」より。一部省略等がある。)

[話し合いの一部]

はるなさん　それでは、「何のために勉強するのか」ということについて、話し合いたいと思います。私は、テストで点をとるなど、役に立つから勉強していると思っていました。だから、すぐに使わないことやすぐに忘れてしまうことは、役に立たないので、勉強しても意味がないのではないかと思っていました。それなのに、この文章では、「すぐに役に立たなくてもいい」と書かれているので、驚きました。

けいたさん　私たちは、すぐに役立てるためだけに勉強しているのではなく、「いざ」というときに思い出せるように、必要になったときに困って後悔しないように、勉強しているということなのですね。

まなみさん　筆者の、スポーツを使った説明がわかりやすいと思いました。実力を蓄える練習の段階と蓄えた力を発揮する実戦の段

ⓑ［　　　　　　　　　　　　　　］

かなたさん　この表現は、幼いアリスが拍手しているように、アリス自身が感じたということですね。

ひなこさん　そういえば、アリスにとって今回のコンサートは特別で、幼い頃の自分自身に（　ⓐ　）という気持ちで臨んでいました。

かなたさん　そうでしたね。この表現から、アリスが（　ⓑ　）ことがわかりますね。

(4)　本文について述べたものとして、最も適切なものをア～エから選びなさい。（　　）

ア　アリスと美森の心の声を交互に挿入して、二人の心が揺れ動く様子をわかりやすく表現している。

イ　響の見事なソロパートの演奏を対比的に描くことで、アリスの緊張感の高まりをきわ立たせている。

ウ　子どもたちの声援がきっかけとなって、アリスが落ち着きを取り戻した様子が克明に描かれている。

エ　ユニゾンやロングトーンなどの音楽用語を用いて、吹奏楽部の演奏技術の高さを鮮明にしている。

3　はるなさんのクラスでは、「何のために勉強するのか」ということについて、班で話し合うことになった。次は、はるなさんたちが班での話し合いのために読んだ文章と、話し合いの一部である。(1)～(5)に答えなさい。

理科で地球や宇宙の歴史を習っても何の役にも立たないし、原子や分子のことを教わっても生活とは直接関係しないから勉強する必要がない、と言う人がいます。数学で対数を覚えても使い道がないとか、円周率は3・1と知っているだけでいい、というのと同じ意見です。すぐに使わないから、詳しく知っていても役に立たないというわけです。また、理科の知識は習ってもすぐに忘れてしまうし、忘れても別に問題がないのだから、習う意味がないという意見があります。「いざ」っていうときに習えばいいのだから、その方がムダがなくて合理的だという人もいます。

しかし、すぐに忘れても、頭のどこかで覚えていて、「いざ」ってときに思い出すということがよくあります。あるいは、必要になったときにやっと大事であることがわかり、もっと勉強しておけばよかったと悔やむこともあるでしょう。勉強というのは、さまざまな科目を習うことで頭の中を活性化し、いろんな知識を吸収するなかで自然や社会の仕組みをおのずと理解していく過程と言えます。それによって、健康的で豊かな生き方ができ、理知的な力（真偽・善悪を見抜き、知的に物事を認識する能力）を養う準備をしているのです。〈1〉

これからの長い人生ですから、どんなことにぶつかるかわかりません。そのときに慌てないよう、自信をもって対処できる強さを育てるために勉強している、と言えるかもしれません。スポーツで、実力を蓄える練習の段階と蓄えた力を発揮する実戦の段階がありますね。人生という実戦段階を生きていくためには、練習を積み上げる段階が必要で、それが

「がんばれ！」
「お姉ちゃん、がんばれ！」
(頑張れって言われたって……指は動かないし、頭の中はもう真っ白なんだよ……！)
　アリスは目を閉じて現実から逃げようとした。もう少しで「本気で頑張っていないスイッチ」を押しそうになった。
　そのときだ。不意に響き始めたのは――トランペットの音だった。マットの上で美森が立ち上がり、楽器を奏で始めていた。それは、クラリネットソロそのものだった。美森はアリスの練習を聴きながらソロをすべて覚えてしまっていたのだ。
　園児たちはもちろん、響やその場にいる部員たちも美森の突然の演奏に驚いていた。
　②<u>いちばん驚いていたのはアリスだった。</u>
(あの美森って子……！)
　美森はトランペットを吹きながらアリスのほうへ歩み出ていった。すると、まるでその音に手を引かれるかのように、アリスの音に力が戻ってきた。美森のトランペットにアリスのクラリネットが重なる。ふたりの目が合い、かすかに微笑《ほほえ》み合った。音はぴたりと揃《そろ》って、美しいユニゾンを描いた。
　残り十八小節。高音へと駆け上がるフレーズの途中で美森はトランペットの音を小さくしていき、吹くのをやめた。再びソロはクラリネットだけになった。運指の難しい複雑な八分音符を、アリスの指と息が的確にとらえる。そして、最後の四小節、超高音のロングトーン。アリスは十三年間の思いを込めてその音を吹き鳴らした。
　アリスが両手を広げ、お辞儀をすると、子どもたちがワッと歓声を上げた。目の前で星のようにまたたく笑顔の数々。③<u>幼いアリス自身もその中で拍手していた。</u>

(オザワ部長《ぶちょう》「空とラッパと小倉トースト」より。一部省略等がある。)

(注)　ドラムセット＝打楽器をまとめて一人で演奏できるように組み立てたセット。
フレーズ＝音楽で、旋律の一区切り。
スウィングジャズ＝躍動的なリズムが印象的なジャズのジャンルの一つ。
リフレイン＝楽曲の中で、各節最後の部分を繰り返すこと。
ユニゾン＝複数の楽器で、同じ旋律を演奏すること。
運指＝楽器を演奏する時の指の使い方。
ロングトーン＝一つの音を長く伸ばすこと。

(1)　――線部①「夢」とあるが、具体的にはどのようなことか、本文中の言葉を用いて書きなさい。ただし、答えの末尾が「こと」に続く形になるように、**十字以内**で書くこと。

□□□□□□□□□□こと

(2)　――線部②「いちばん驚いていたのはアリスだった」とあるが、その理由について、本文中の言葉を用いて**二十五字以上三十字以内**で書きなさい。

□□□□□□□□□□□□□□□□□□□□□□□□□□□□□□

(3)　――線部③「幼いアリス自身もその中で拍手していた」とあるが、次は、かなたさんとひなこさんがこの表現について対話した内容の一部である。(ⓐ)・(ⓑ)にあてはまる適切な言葉を書きなさい。ただし、(ⓐ)は本文中の言葉を用いて**十字以上十五字以内**で書き、(ⓑ)は「自分の演奏」という言葉を用いて**十字以上十五字以内**で書くこと。

ⓐ □□□□□□□□□□□□□□□

2　次の文章を読んで、(1)～(4)に答えなさい。

> 全国に名だたる名晋《めいしん》高校吹奏楽部で、クラリネットを担当する三年生のアリスは、今年も全国大会をめざすAチームのメンバーに選ばれず、美森《みもり》や響《きょう》など一年生中心のBチームのリーダーを任されても、やる気が出なかった。しかし、近所の保育園児を招待するミニコンサートの開催が決まってからは、真剣に練習に取り組み始めた。かつて、保育園児だったアリス自身が初めて名晋の音楽にふれた思い出深いコンサートである。次は、コンサート当日、アリスがソロパートを担当する最終曲が始まる場面である。

曲の冒頭、ドラムセットがソロで独特のリズムを奏《かな》で始めた。子どもたちはまた立ち上がってそれぞれに手拍子を始めた。きらきらした幼い目を見て、アリスは思った。

（あのとき、きっと私もあんな目をしてたんだ。ううん、あれは私自身だ。）

アリスは幼いころに憧れていた場所に来た。けれど、自分が思うような存在にはなれなかった。Aのメンバーとして、全国大会のステージでまぶしいライトを浴びながら演奏する――そんな夢はもう一生叶《かな》うことがない。それを認めたくなかった。

①夢は破れた。なのに、部活をやめなかったのは、やっぱり名晋の音楽が好きだったからだ。あのころ、名晋に憧れ、寂しい心を名晋の演奏でいっぱいにした幼い女の子が、まだアリスの中に住んでいる。

（私に聴かせてあげるんだ、名晋の音楽を！）

アリスは指揮をする尾藤《びとう》先生の横に進み出ると、一回目のソロを奏でた。まったくミスのない見事なソロ。子どもたちと美森は拍手喝采を送った。アリス自身、ホッとしていた。

（問題は二回目のほうだ。五十二小節ミスなく吹いて、最後の超高音をちゃんと出せるかな……。）

踊りながら手拍子する子どもたちの前で演奏は続いていった。

途中、トランペットのソロが始まった。前に出て演奏するのは響だ。とても一年生とは思えない落ち着き払った様子できらびやかな音を響かせる。ときに強く、ときに繊細に音を吹き分ける抑揚も見事で、「天才少年」と呼ばれたその実力を見せつけた。

響がソロを終えて元の場所に戻ると、ドラムセットのソロとともに再びアリスが前に出た。その表情は明らかに緊張していた。

まるで囁《ささや》き声で話すように静かな音でソロの冒頭が始まった。アリスは何度も繰り返し練習してきたフレーズを奏でていった。スウィングジャズならではの奏法を維持しながら、次々と音を繰り出す。伴奏はドラムセットのリフレインだけだ。緊張感から手に汗がにじみ、キーを押さえる指が滑った。

（ダメだ！　やっぱりダメだ！　なんで私はうまくできないんだろう！）

徐々にテンポが遅れ始め、焦《あせ》ると指が絡《から》まった。

（いままで本気で練習してこなかった罰だ。私は自分に罰せられてるんだ……。）

いくつも音符が飛び、いまにもクラリネットの音が止まりかけた。と、どこかから「がんばれ。」という声が聞こえてきた。アリスの様子に気づいたひとりの子どもが声を上げたのだ。すると、まるで小さなロウソクの炎が次々とまわりのロウソクを灯《とも》していくかのように「がんばれ！」の声が子どもたちの間に広がり、やがて大合唱になった。

国語

時間　五五分
満点　一〇〇点

1 次の(1)〜(4)に答えなさい。

(1) 次の(a)〜(d)の各文の——線部の読み方を、ひらがなで書きなさい。

(a) ボールが弾む。（　　む）

(b) 新入生歓迎会を催す。（　　す）

(c) 緩急をつけて演奏する。（　　）

(d) 頻繁に連絡をとる。（　　）

(2) 次の(a)〜(d)の各文の——線部のカタカナを漢字になおし、楷書《かいしょ》で書きなさい。

(a) 不思議な輝きをハナつ。（　　つ）

(b) 信頼をヨせる。（　　せる）

(c) 包装をカンイにする。（　　）

(d) 彼のテイアンに同意する。（　　）

(3) 行書の特徴の一つに、筆順の変化がある。部首の部分にこの特徴を用いて、次の漢字を行書で書きなさい。

荷

(4) 次の文の——線部の文節どうしの関係と同じものを、ア〜エから一つ選びなさい。（　　）

別の　方法を　考えて　みる。

ア　明日の　予定に　変更は　ない。

イ　ノートを　じっくりと　見る。

ウ　図書館までは　遠く　ない。

エ　この　桃は　甘くて　やわらかい。

2024年度／解答

数　学

1 【解き方】(1) 与式＝$-(5+2)=-7$

(2) 与式＝$3a+3b-2a+2b=a+5b$

(3) 与式＝$(4\times 2)\times\sqrt{2\times 3}=8\sqrt{6}$

(5) 与式＝$(2x)^2-(3y)^2=(2x+3y)(2x-3y)$

(6) $y=-3x+1$ 上の点$(1,\ -2)$と y 軸について対称な点は，$(-1,\ -2)$だから，求める直線は，$(-1,\ -2)$，$(0,\ 1)$を通る。傾きは，$\dfrac{1-(-2)}{0-(-1)}=3$ で，切片は 1 だから，求める直線の式は，$y=3x+1$

(7) 関数 $y=5x^2$ は，x の絶対値が大きいほど y の値が大きくなるから，y の値は $x=3$ のとき最大で，$y=5\times 3^2=45$　$x=0$ のとき最小で，$y=0$　よって，y の変域は，$0\leqq y\leqq 45$

(8) $1+5+a+b+3=20$ より，$a+b=11$　最頻値が 12.5m だから，10.0m 以上 15.0m 未満の度数が最も多く，a は 6 以上。よって，$(a,\ b)=(6,\ 5)$，$(7,\ 4)$，$(8,\ 3)$，$(9,\ 2)$，$(10,\ 1)$，$(11,\ 0)$の 6 通り。

(9) AB が斜辺のとき，三平方の定理より，$x=\sqrt{8^2-6^2}=2\sqrt{7}$　CA が斜辺のとき，$x=\sqrt{8^2+6^2}=10$

(10) さいころを 2 回投げたときの目の出方は，全部で，$6\times 6=36$ (通り)　A，B，C が 1 つの直線上に並ぶのは，$(a,\ b)=(4,\ 2)$，$(5,\ 4)$，$(6,\ 6)$の 3 通りだから，求める確率は，$\dfrac{3}{36}=\dfrac{1}{12}$

【答】(1) -7　(2) $a+5b$　(3) $8\sqrt{6}$　(4) 6 (本)　(5) $(2x+3y)(2x-3y)$　(6) $y=3x+1$　(7) $0\leqq y\leqq 45$
(8) 6 (通り)　(9) $2\sqrt{7}$，10　(10) $\dfrac{1}{12}$

2 【解き方】(1) グラフより，20 秒後に追いついているので，$y=6x$ に $x=20$ を代入して，$y=6\times 20=120$ より，120m。

(2) $y=\dfrac{3}{10}x^2$ に $x=10$ を代入して，$y=\dfrac{3}{10}\times 10^2=30$　$x=20$ のとき，$y=120$ より，平均の速さは秒速，$\dfrac{120-30}{20-10}=9$ (m)

(3) $0\leqq x\leqq 20$ のとき，自転車が電車の前方を走っている。t 秒後に 30m 離れるとすると，$6t-\dfrac{3}{10}t^2=30$ が成り立つ。両辺を 10 倍して整理すると，$t^2-20t+100=0$ だから，$(t-10)^2=0$ より，$t=10$　よって，10 秒後。

【答】(1) 120 (m)　(2) (秒速) 9 (m)　(3) 10 (秒後)

(4) $y=150$ を $y=6x$ に代入して求めた x の値から，$y=150$ を $y=\dfrac{3}{10}x^2$ に代入して求めた正の x の値をひいて求める。

3 【解き方】(1) (a) ア．各段の棒の本数は 3 本ずつ増えるから，$8+3+3=14$ (本)　イ．n 段目で，横向きの棒は，$(n-1)$本。(b) 1 段目は 2 枚，2 段目は 5 枚，3 段目は 8 枚，4 段目は 11 枚，5 段目は 14 枚，6 段目は 17 枚で，5 段目までは合計 40 枚，6 段目までは合計 57 枚だから，最大 5 段のタワーをつくることができる。

(2) (a) ウ．1 段目は 2 本，4 段目は 11 本だから，$2+11=13$ (本)　エ．タワーの n 段目は，横向きの棒の本数が$(n-1)$本で，斜め向きの棒の本数が $2n$ 本だから，n 段目の棒の本数は，$(n-1)+2n=3n-1$ (本)　よって，まことさんの考えで，各段の棒の本数は，$2+(3n-1)=3n+1$ (本)　(b) n 段のタワーをつくるために必要なトランプの枚数は，$\dfrac{n\times(3n+1)}{2}$ 枚だから，20段つくるには，$\dfrac{20\times(3\times20+1)}{2}=610$(枚)必要。

【答】(1)(a) ア．14　イ．$n-1$　(b) 5(段)　(2)(a) ウ．13　エ．$3n+1$　(b) 610(枚)

4 【解き方】(1) $y=-x$ に $x=3$ を代入して，$y=-3$ より，E(3，−3)

(2) $y=3x$ に $x=3$ を代入して，$y=3\times3=9$ より，A(3，9)　AE $=9-(-3)=12$ より，正方形AEFGの一辺の長さは12だから，点Fの x 座標は，$3+12=15$ で，F(15，−3)　直線AFの傾きは，$\dfrac{-3-9}{15-3}=-1$ だから，式を $y=-x+b$ とおき，$x=3$，$y=9$ を代入して，$9=-3+b$ より，$b=12$　よって，$y=-x+12$

(3) $C\left(t,\ \dfrac{1}{2}t\right)$ とおくと，$B\left(3,\ \dfrac{1}{2}t\right)$ より，AB $=9-\dfrac{1}{2}t$，BC $=t-3$ だから，AB＝BCより，$9-\dfrac{1}{2}t=t-3$ が成り立ち，$t=8$　よって，C(8，4)となり，AB $=$ BC $=8-3=5$　したがって，求める立体は底面の半径が5で高さが5の円柱だから，体積は，$\pi\times5^2\times5=125\pi$

(4) OAの長さは一定なので，AP＋OPの長さが最小になればよい。右図のように直線GFに対してAと対称な点Qをとると，AP＋OP＝QP＋OPだから，点Pが直線OQ上にあるとき，AP＋OPは最小になる。G(15，9)だから，Q(27，9)　よって，直線OQは $y=\dfrac{1}{3}x$ で，$x=15$ を代入して，$y=\dfrac{1}{3}\times15=5$ より，P(15，5)

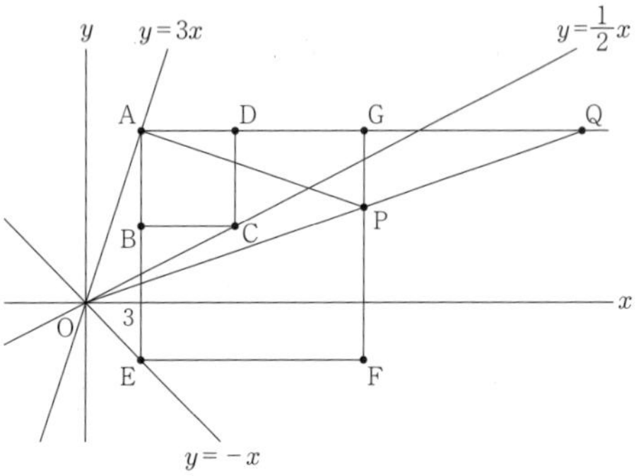

【答】(1) (3，−3)　(2) $y=-x+12$　(3) 125π　(4) (15，5)

5 【解き方】(1) 半円の弧に対する円周角だから，∠AEB＝90°

(3) △AED：△OEB $=5^2:3^2=25:9$ だから，△OEB $=\dfrac{9}{25}$△AED $=18\ (\mathrm{cm}^2)$　また，AB：OB＝2：1で，△AEBと△OEBの底辺をそれぞれAB，OBとしたとき，高さは等しいから，△AEB＝2△OEB＝$36\ (\mathrm{cm}^2)$

(4) AE＝AD＝8cmだから，△AEBで三平方の定理より，AB $=\sqrt{8^2+4^2}=\sqrt{80}=4\sqrt{5}$ (cm)　ここで，△AEB $=\dfrac{1}{2}\times8\times4=16\ (\mathrm{cm}^2)$ より，△AEBの底辺をABとすると，$\dfrac{1}{2}\times4\sqrt{5}\times\mathrm{CE}=16$ が成り立ち，CE $=\dfrac{8\sqrt{5}}{5}$ cm。△AEB∽△ACEより，AE：AC＝EB：CEが成り立ち，$8:\mathrm{AC}=4:\dfrac{8\sqrt{5}}{5}$　よって，$4\mathrm{AC}=\dfrac{64\sqrt{5}}{5}$ より，AC $=\dfrac{16\sqrt{5}}{5}$ cm　したがって，BC $=4\sqrt{5}-\dfrac{16\sqrt{5}}{5}=\dfrac{4\sqrt{5}}{5}$ (cm)より，AC：CB $=\dfrac{16\sqrt{5}}{5}:\dfrac{4\sqrt{5}}{5}=4:1$

【答】(1) 90°

(2)(a) 2組の辺とその間の角　(b) △AEDと△OEBで，$\overset{\frown}{\mathrm{AE}}$ に対する円周角だから，∠ADE＝∠OBE……①　△DAC≡△EACだから，∠DAE＝2∠BAE……②　$\overset{\frown}{\mathrm{BE}}$ に対する中心角と円周角だから，∠BOE＝2∠BAE……③　②，③から，∠DAE＝∠BOE……④　①，④から，2組の角がそれぞれ等しいので，△AED∽△OEB　(3) $36\ (\mathrm{cm}^2)$　(4) 4：1

英　語

1 **【解き方】** (1) (a)「机の上に1つのコップがあります」,「また，3本の鉛筆と1冊のノートがあります」と言っている。(b)「吹奏楽団で演奏します」,「そのイベントは7月5日にあります」と言っている。

(2) (a) クリスはまずバスで大阪へ行き，そこから東京まで新幹線に乗った。(b) サリーの「今週の土曜日は忙しいです。日曜日はどうですか，ユウジ？」というせりふに対して，ユウジが「私はサッカーの練習がありますが，午後は暇になる予定です」と答えている。

(3)「『コアラミーティング』は11時20分に始まります」,「ドリームフォレストに来てください」,「このイベントは20分間だけです」と言っている。

【答】 (1) (a) ア　(b) ウ　(2) (a) ウ　(b) エ　(3) エ

◀全訳▶　(1)

(a) 机の上に1つのコップがあります。また，3本の鉛筆と1冊のノートがあります。

(b) このポスターを見てください。私は吹奏楽団で舞台に立って演奏する予定です。そのイベントは7月5日にあります。

(2) (a)

女性：東京への旅行はどうでしたか，クリス？　あなたは徳島空港から飛行機で行ったのですか？

男性：いいえ。まず，私はバスで大阪へ行き，それからそこで新幹線に乗りました。それはとても速かったので，私は驚きました。

女性：わくわくしそうですね。

質問：クリスは大阪から東京までどのように旅行しましたか？

(b)

男性：こんにちは，サリー。今週末，私といっしょに映画に行きたいですか？

女性：はい，でも今週の土曜日は忙しいです。日曜日はどうですか，ユウジ？

男性：私はサッカーの練習がありますが，午後は暇になる予定です。

女性：よさそうですね。私たちが映画館で何を見ることができるのか調べましょう。

質問：いつユウジはサリーといっしょに映画を見るでしょうか？

(3) ABC動物園にようこそ。これは本日の特別イベントの情報です。10時20分から11時まで，あなたたちはハッピーフィールドで赤ちゃんライオンを見て，彼らの写真を撮ることができます。私たちの最も人気のあるイベント「コアラミーティング」は，11時20分に始まります。もし私たちのかわいいコアラの1頭に会って触れたければ，ドリームフォレストに来てください。このイベントは20分間だけだということを覚えておいてください。私たちは，あなたたちが私たちの動物と素晴らしい時間を過ごすことを願っています！

2 **【解き方】** ルイーズさんは「もし町中に様々な言語で書かれた掲示や地図がもっとたくさんあれば，それらはとても役立つだろう」,「もしより多くのウェブサイトがいくつかの言語で書かれていれば，私たちにとって町に関する重要な情報を得るのがとても簡単だろう」と言っている。イの「様々な言語で掲示や地図，ウェブサイトを作ることが必要だ」が適する。

【答】 イ

◀全訳▶　こんにちは，私はフランス出身のルイーズです。私は国際交流の日に参加できてとてもわくわくしています。今から，今日のテーマに関する私の考えを共有させてください。外国人にとって友好的な町を作るためには，言語の問題を解決することが必要であると私は思います。海外出身のほとんどの人にとって，日本語を読んだり理解したりするのはとても困難です。だから，もし町中に様々な言語で書かれた掲示や地図がもっとたくさんあれば，それらはとても役立つでしょう。また，もしより多くのウェブサイトがいくつかの言語で書かれていれば，私たちにとって町に関する重要な情報を得るのがとても簡単でしょう。あなたたちはどう思いますか？

3 【解き方】最後の「私は(日本の)どこに行くべきでしょうか？」という質問に対する返答を考える。雪を見たことがなくて，スキーに行きたがっていることから，「あなたは北海道に行くべきです」などの文が考えられる。

【答】(例) You should go to Hokkaido.

◀全訳▶ 私は12月に日本を訪れることについて考えています。私の国ではいつも暑くて，私は一度も雪を見たことがありません。私はスキーに行きたいです。私はどこに行くべきでしょうか？

4 【解き方】(1) (a)「1年には12か月あります。私は5月が最も好きです」。「月」= month。(b)「私の父は昨日魚釣りに行きましたが，彼は魚を1匹も捕まえませんでした」。「～を捕まえる」= catch。

(2) (a)「あなたは私のスマートフォンがどこにあるのか知っていますか？」に対する返答。空欄の直後に「私はそれをコンピュータのそばで見ました」と言っていることから，返答はYesになる。時制が現在の疑問文に対する返答なので，アのYes, I do.が入る。(b) Aの「私はフルーツがのったチョコレートのが食べたいです」という返答に着目する。エの「あなたはどのケーキがほしいですか？」が入る。(c)「将来あなたは何になりたいですか？」に対する返答。ケンは空欄の直後に「それについて考えなければならないことはわかっています」と言っていることに着目する。イの「私はまだ決めていません」が入る。

(3)「私があの音楽家のようにギターを演奏することができたらいいのに」という仮定法の文。「私が～できたらいいのに」= I wish I could ～。I wish I could play the guitar like that musician.となる。

【答】(1) (a) エ (b) イ (2) (a) ア (b) エ (c) イ (3) イ→エ→ア→ウ

5 【解き方】(1) ① スミス先生がBecauseを使って理由を答えていることに着目する。「なぜあなたは英語の先生として働くために日本を選んだのですか？」という文になる。理由を尋ねる疑問詞はwhy。②「それは約100年前に建てられました」という文になる。「～された」は受動態〈be動詞＋過去分詞〉で表す。buildの過去分詞はbuilt。

(2) ア.「ともきはより多くの外国の人々に日本の古民家について知ってほしい」とは述べられていない。イ. スミス先生の3番目のせりふを見る。スミス先生が見せた写真はニューヨークではなく日本の自宅の写真。ウ.「スミス先生は彼女の家の近くに住んでいる人々とコミュニケーションがとれてうれしい」。スミス先生の4番目のせりふの内容と合う。エ. スミス先生は5番目のせりふで訪れたい場所があると言っているが，「ともきが彼の町のいくつかの美しい場所にスミス先生を連れていくつもりだ」とは述べられていない。

(3) 直後のせりふでスミス先生が生徒たちへのメッセージを述べていることに着目する。「生徒たちに対するメッセージはありますか？」などの文が入る。「～に対するメッセージ」= a message for ～。

【答】(1) ① Why did you choose ② was built (2) ウ (3) (例) Do you have a message for the students?

◀全訳▶

ともき　：新しい生活はいかがですか，スミス先生？

スミス先生：素晴らしいです！　私は英語を教え，美しい自然の中で暮らすことを楽しんでいます。私はニューヨーク出身なので，田舎で暮らすことは私にとって全てが新鮮です。

ともき　：なぜあなたは英語の先生として働くために日本を選んだのですか？

スミス先生：古民家と呼ばれる日本の古い家に住みたかったからです。

ともき　：なるほど。古民家に滞在することが外国の人々の間で人気になっていると聞いたことがあります。私はなぜかわかりません。

スミス先生：伝統的な日本の家は美しく，そして田舎での生活を経験するのはとても特別だと思います。この写真を見てください！　私は今，この家に住んでいます。それは約100年前に建てられました。

ともき　：うわあ，なんてかっこいいのでしょう！　あなたは私たちの町についてどう思いますか？

スミス先生：人々がとても優しいです。私の隣人たちはしばしば私に野菜を持ってきてくれますし，私たちは英語や日本語で話すことを楽しんでいます。私は地域の一員のように感じています。私はそれのことについてとても幸せです。

ともき　　：それはすてきですね。滞在中にあなたが訪れたい場所はどこかありますか？

スミス先生：そうですね，私は伝統的な日本の家を見るために多くの場所を訪れたいです。

ともき　　：面白そうですね！　今，もう1つのことをあなたに質問したいと思います。生徒たちに対するメッセージはありますか？

スミス先生：もちろんです。私はあなたたち全員についてをもっと知りたいと思っています。だからみなさん，いつでも私と話しに来てください。英語を学ぶことを楽しみましょう！

ともき　　：ありがとうございます。私はいい記事が書けると思います。

6 **【解き方】** (1)「人々はしたいときにごみを捨てることができます」という意味の文。「シンガポールでは，通りにごみ箱がたくさんあります」の直後のアに入る。

(2) 観光地をきれいな場所にするための考えを述べた文章。イの「観光地をきれいに保つこと」が適切。

(3) ルークさんの考えに対する自分の意見を述べる。最初に「私はあなたに賛成です」,「私はあなたに同意しません」などの文で自分の立場を明確にし，次にその理由や自分の考えを述べるとよい。賛成の場合は「あなたたちはたくさんのお金を集め，通りにより多くのごみ箱を設置することができる」，反対の場合は「もしごみ箱を使うためにお金を払わなければならなければ，ごみを通りに置く人もいるかもしれない」,「お金を払いたくないのでごみを持ち帰るためのかばんを持っていく」などの理由が考えられる。

【答】 (1) ア　(2) イ

(3) (例1) I think it's a good idea. You can collect a lot of money and put more garbage cans on the streets. (21語)

(例2) I don't agree with you. Some people may leave their garbage on the streets if they have to pay money to use garbage cans. (24語)

(例3) I think it's an interesting idea, but I don't want to pay money. So, I will bring my own bag to take my garbage home. (25語)

◀全訳▶

日本は清潔な国として知られています。しかし，私がヒバリ市の人気の観光地の近くに住み始めたあと，私はある問題を見つけました。

週末や長期休暇中に，多くの観光客がヒバリ市を訪れることが私はうれしいのですが，通りに多くのごみが残されているとき，そのことは私を悲しくします。シンガポールでは，通りにごみ箱がたくさんあります。人々はしたいときにごみを捨てることができます。しかしここ日本では，通りで食べたり飲んだりしたあと，人々は簡単にごみ箱を見つけることができません。実際，私の友人の何人かは，日本への旅行の間にどこにごみを捨てればいいのかわからないと私に言いました。私は人気の観光地はもっと多くのごみ箱を必要としていると思います。しかし，私たちには多くのお金が必要なので，私はもっと多くのごみ箱を設置するのは簡単でないとわかっています。

そこで私に考えがあります。観光客がヒバリ市の観光地でごみ箱を利用するとき，私たちは彼らに10円払うように頼むべきだと私は思います。あなたは私の考えについてどう思いますか？

7 **【解き方】** (1) (a) 問いは「スピーチの中で，めぐみはクラスメートに対する質問がありましたか？」。第1段落の4文目で「あなたたちにとってどの単語や表現が大切ですか？」と質問している。(b) 問いは「めぐみのホームステイ先の家族には何人いましたか？」。第2段落の2文目を見る。めぐみのホームステイ先の家族は，ジャック，ケイト，ハリー，アリスの4人家族だった。

(2) 英語があまり上手ではないため，とても緊張していためぐみに対するジャックとケイトの言葉。アの「あなたは完璧な英語を話す必要はありません」が入る。

(3) 第4段落の3・4文目に，イギリスと比較すると，日本では「ありがとう」と言うことがあまりないと述べられていることから，Noが入る。

(4) 第5段落の2文目の「それは私たちを温かく幸せな気持ちにさせる」という文に着目する。「イギリスで，めぐみは『人々を温かく幸せな気持ちにさせる表現がある』ことに気づきました」という文になる。

(5) ⓐ 最終段落の最後から2文目の提案を見る。「あなたはクラスのみんなにもっと『ありがとう』と言ってほしい」という文になる。ⓑ「あなたの意見では，最も大切な日本の単語や表現は何ですか？」という文になる。「最も大切な～」= the most important ～。

(6) ア．めぐみのスピーチはイギリスで「ありがとう」がとても大切な表現であると気づいたことについてで，「世界の様々な言語について」ではない。イ．第2段落の1文目を見る。めぐみがイギリスの家族のところに滞在した期間は「2週間」だった。ウ．「めぐみのホームステイ先の家族は，家で頻繁にお互いに『ありがとう』と言った」。第3段落の2文目の内容と合う。エ．第4段落の3文目を見る。日本でも「ありがとう」という表現は使われる。オ．「イギリスで，めぐみは周囲の人々とよい関係を持っていた」。第5段落の5・6文目の内容と合う。カ．めぐみが日本の家族に，お互いに優しくするよう頼んだという記述はない。

【答】 (1) (例) (a) Yes, she did. (b) There were four people in her host family. (2) ア (3) No (4) エ
(5) ⓐ イ ⓑ most important (6) ウ・オ

◀全訳▶ 私たちはお互いにコミュニケーションをとるために言語を使います。世界中で様々な言語が使われており，それぞれの言語にはとても多くの単語があります。さて，あなたたちにいくつかの質問をさせてください。あなたたちにとってどの単語や表現が大切ですか？ もしどの単語や表現が最も大切であるか選ぶように求められたら，それは何になるでしょうか？ 今日，私は自分のものについてお話しします。

昨年の夏，私はイギリスに行き，ある家族のところに2週間滞在しました。ジャックとケイトが私のホームステイ先の両親で，彼らにはハリーとアリスという2人の子どもがいました。私は初めての海外訪問についてとてもわくわくしていたのですが，私の英語はあまり上手ではなかったので，最初はとても緊張してもいました。しかし，私がジャックとケイトにそのことについて話したとき，彼らは私に「あなたは完璧な英語を話す必要はありません」と言いました。ハリーとアリスも「あなたが英語で何と言えばいいかわからないときには私たちがあなたを助けます」と言いました。だから，私は安心して，英語を使うのを楽しみました。

ホームステイ先の家族といっしょに数日間過ごしたあとで，私は1つのことに気づきました。彼らは「ありがとう」という表現をとても頻繁に使いました。誰かが家族の他のメンバーのために何かをしたとき，みんながその表現を使いました。小さなことに対してさえも，彼らはいつも「ありがとう」と言いました。例えば，ジャックがアリスのために電気を消したとき，彼女は「ありがとう，お父さん」と言い，ハリーが母親のためにドアを押さえていたとき，ケイトは彼に「ありがとう，ハリー」と言いました。私は「日本で私は家族または友だちに対してさえも，それほど頻繁に『ありがとう』と言っているだろうか？」と考えました。その答えは「いいえ」でした。

その状況は家の外でも同じでした。レストランで，お店で，あるいはバスの中で，みんながお互いに「ありがとう」と言っていました。もちろん，日本でも従業員や運転手は彼らの客に対してその表現を使いますが，日本では人々が従業員や運転手によく「ありがとう」と言うとは私は思いません。その表現は日本でよりもイギリスの方でよく使われていると私は思います。

ホームステイ中に，私は「ありがとう」が素晴らしい表現であると気づきました。それは私たちを温かく幸せな気持ちにさせます。それが使われるとき，私たちはしばしばほほえみ，私たちの周囲の人々に親切にするべきだと感じます。「ありがとう」はただの1つの表現ですが，それは私たちが他人とよい関係を築くのを助ける大きな力を持つと私は思います。実際に，私が周囲の人々により多く「ありがとう」と言い始めたとき，彼らはしばしばほほえみ，私と話してくれました。私はイギリスでたくさんの友だちを作り，本当に楽しい時間

を過ごしました。このようにして，「ありがとう」は私にとって最も大切な表現になりました。

日本に帰って以来，私は日常生活の中でその表現を多く使おうとしてきました。私が以前よりも多く「ありがとう」と言うので，最初は私の家族全員が驚いていました。しかし今では，彼らもまたその表現を多く使っています。家族のみんながお互いにとても優しくなり，家でより多くの笑顔を見ることができるので，私はとてもうれしいです。だから，私たちのクラスでこの素晴らしい表現をもっと使い，いっしょに温かい雰囲気を作りませんか？　聞いていただいてありがとうございました。

社　　会

1 【解き方】(1) 中国からは絹織物などが，西洋からはブドウや馬などが運ばれた。
(2) 天皇の命令には従うこと，仏教を厚く信仰することなどが定められた。
(3) 大輪田泊（現在の神戸市にある）を整備して貿易を行った。アは室町時代，イは戦国時代～，エは主に江戸時代初期に行われた。
(4) 資料Ⅰは鎌倉文化の建築物。アは室町文化，イは桃山文化，エは天平文化の特色。
(5) 布教を進めようとしたスペインやポルトガルは，来航を禁止された。
(6) アは室町，イは鎌倉，ウは江戸の各幕府のしくみ。
【答】(1) シルクロード　(2) エ　(3) ウ　(4) ウ
(5) オランダはキリスト教を布教しない国であったから。(同意可)　(6) イ→ア→ウ

2 【解き方】(1) これにより鎖国政策が終了した。貿易は，1858年に日米修好通商条約が結ばれた後に始まった。
(2) 江戸時代末に函館につくられた城郭。
(3) 津田梅子は，現在の津田塾大学の創設者。「樋口一葉」は『たけくらべ』などを著した文学者。
(4) アは国際連合についての説明。
(5) 近衛文麿内閣のもとで制定された法律。
(6) アは1910年，イは1950年，ウは1919年，エは1894年のできごと。
【答】(1) 日米和親(条約)　(2) ア　(3) イ　(4) ア　(5) 国家総動員(法)　(6) エ→ア→ウ→イ

3 【解き方】(1) ① 日本列島では，北海道地方と南西諸島以外のほとんどの地域が温帯に属する。② イは畑作がさかんな平野。
(2) 粒が大きめの土砂が堆積することで，水はけがよい傾斜地が形成されるため，果樹栽培が行われることが多い。
(3) 淀川（上流は瀬田川と呼ばれる）は，琵琶湖から流れ出る唯一の河川。
(4) 新潟県の越後平野では米の生産がさかん。また，シラス台地の広がる鹿児島県では，豚や鶏などを飼育する畜産業がさかん。
(5) 輸入される鉄鉱石や石炭は，海外から船で運ばれてくることに注目。
【答】(1) ① ア　② ア　(2) 扇状地　(3) イ　(4) エ
(5) 鉄鋼の製造に利用する，鉄鉱石や石炭を輸入するのに便利だから。(同意可)

4 【解き方】(1) ヨーロッパ州とアジア州を含む大陸。A国はフランス，B国は中国。
(2) 日付変更線の東側に最も近い地点が，東京との時差が最も大きくなる。
(3) C国はニュージーランド。資料Ⅰの左上にはユニオンジャック，右側には南十字星が描かれている。
(4) D国はペルー。高山地域のため，昼と夜の気温差が大きい。
(5) 中国は，かつて行われていた一人っ子政策の影響から年少人口の割合は低くなっている。また，国民総所得は多いものの，人口も多いので一人あたりの国民総所得は少なくなる。アはA国，イはC国，エはD国。
【答】(1) ユーラシア(大陸)　(2) ⓒ　(3) ① イギリス　② マオリ　(4) イ　(5) ウ

5 【解き方】(1) 国民審査は衆議院議員総選挙と同時に行われる。
(2) 世界人権宣言には法的拘束力がなかったため，1966年には法的拘束力を持つ国際人権規約が採択された。
(3) 労働者を守る法律として，他に労働基準法，労働関係調整法などがある。
(4) (a) 国連海洋法条約に定めがある。
(5) 累進課税制度は，相続税などにも適用されている。
【答】(1) エ　(2) 世界人権宣言　(3) 労働組合　(4) (a) ア　(b) 国際法
(5) ① 所得の高い人ほど所得に占める税金の割合が高い（同意可）　② ア

6 **【解き方】**(1) マニュファクチュアともいう。それまでは問屋制家内工業が行われていた。

(2) ①「親潮（千島海流）」は太平洋側を北から南へと流れる寒流。② 温度を保つためにビニルハウスなどが用いられている。

(3) 需要曲線は A，供給曲線は B。その交点が均衡価格となる。

(4) イは卸売業者を通す際の費用がかからない。

(5) PL 法ともいう。

(6) (a)「取り組んでいることはない」人はおよそ 15 %しかいないことに注目する。(b) 消費期限には安全に食べられる期限という意味があるが，賞味期限はおいしさの目安を示したもので，二つの言葉には違いがあることを周知させる取り組みなども行われている。

【答】(1) 工場制手工業　(2) ① ア　② 促成栽培　(3) ① エ　② ア

(4) 流通にかかる費用を引き下げることができる（同意可）　(5) 製造物責任(法)

(6) (a) 多くの人が具体的な取り組みを行っている　(b) 期限の短い商品が売れ残り，廃棄されてしまう（それぞれ同意可）

理　科

1 【解き方】(1)(b) ゆれ始める時刻（P 波が届いた時刻）が早いほど，震源距離が短い。

(3)(b) 本が動かないとき，摩擦力は本が指に押される力と逆向きで同じ大きさ。

(4)(b) フェノールフタレイン溶液を赤色に変化させるのはアルカリ性。

【答】(1)(a) 主要動　(b) C → A → D → B　(2)(a) 成長点　(b) ① ア　② ア　(3)(a) エ　(b) イ

(4)(a) 上方置換法　(b) 水溶液がアルカリ性を示す。(同意可)

2 【解き方】(2) 心室が収縮すると，心室内の血液が肺や全身に送られるので，肺に送られる血液が流れる A の血管と，全身に送られる血液が流れる B の血管につながる弁は開き，心房内に血液が逆流しないように，心房と心室をつなぐ弁は閉じる。

(5) 安静時に 1 分間に心臓から全身に送り出される血液の量は，70 (mL) × 70 (回) = 4900 (mL) なので，その血液に含まれる酸素の量は，$20\,(\mathrm{cm}^3) \times \dfrac{4900\,(\mathrm{mL})}{100\,(\mathrm{mL})} = 980\,(\mathrm{cm}^3)$　運動後に 1 分間に心臓から全身に送り出される血液の量は，100 (mL) × 120 (回) = 12000 (mL) なので，その血液に含まれる酸素の量は，$20\,(\mathrm{cm}^3) \times \dfrac{12000\,(\mathrm{mL})}{100\,(\mathrm{mL})} = 2400\,(\mathrm{cm}^3)$　よって，$2400\,(\mathrm{cm}^3) - 980\,(\mathrm{cm}^3) = 1420\,(\mathrm{cm}^3)$

【答】(1) 血しょう　(2) ウ　(3) ⓐ ア　ⓑ イ　ⓒ 肺循環　(4) 壁は動脈よりうすく，弁がある。(同意可)

(5) 1420 (cm^3)

3 【解き方】(1) 地球より太陽に近いところを公転する内惑星は真夜中に見ることができない。

(2) 図の太陽と 5 月 20 日の金星を結ぶ直線と，地球と 5 月 20 日の金星を結ぶ直線のなす角が約 90° で，地球から金星を見るとその右側に太陽があることから，金星は右半分が輝いて見える。

(4) 6 月 20 日に金星の近くに見える月は新月から上弦の月の間なので，下弦の月は見えない。8 月 20 日に金星の近くに見える月は新月前後の月なので，満月は見えない。9 月 20 日に金星の近くに見える月は下弦の月と新月の間なので，上弦の月は見えない。

(5) 2 年の間に金星は，$\dfrac{2\,(\text{年})}{0.62\,(\text{年})} \fallingdotseq 3.2\,(\text{周})$ 公転するので，2 年後の 5 月 20 日の金星は図の金星の位置から，$360° \times 0.2\,(\text{周}) = 72°$ 反時計回りに移動したところにある。よって，図の 9 月 20 日の金星の位置あたりになり，明け方の東の空で観察できる。

【答】(1) 水星　(2) エ　(3) ⓐ イ　ⓑ 金星が遠ざかっていった（同意可）　(4) イ　(5) ア

4 【解き方】(1) 硫酸亜鉛水溶液にマグネシウムを入れたときに現れているので，マグネシウムが電子を失ってマグネシウムイオンになり，その電子を受け取って亜鉛イオンが亜鉛になって現れたと考えられる。

(2) 亜鉛と銅では亜鉛の方がイオンになりやすいので，亜鉛が亜鉛イオンになって放出した電子が銅板の方に移動する。よって，電子が移動する向きはアになる。電流の向きと電子が移動する向きは逆になるので，電流は銅板から亜鉛板の向きに流れ，銅板は＋極。

(3)・(4) 硫酸亜鉛水溶液では亜鉛が亜鉛イオン（Zn^{2+}）になるので，陰イオンの数に比べて陽イオンの数が多くなる。硫酸銅水溶液では銅イオン（Cu^{2+}）が電子を受け取って銅になるので，陽イオンの数に比べて陰イオンの数が多くなる。その電気的なかたよりを解消するため，セロハンの穴を通って，亜鉛イオンが硫酸銅水溶液側に移動し，硫酸イオン（SO_4^{2-}）が硫酸亜鉛水溶液側に移動する。

(5) 亜鉛とマグネシウムではマグネシウムの方がイオンになりやすいので，マグネシウムが電子を失ってマグネシウムイオンになり，その電子を亜鉛イオンが受け取って亜鉛になる。よって，亜鉛板が＋極になり，亜鉛板の表面に新たな亜鉛が付着する。

【答】(1) イ　(2)（銅板）＋極　（電子が移動する向き）ア　(3) 電気的なかたより。(同意可)　(4) SO_4^{2-}　(5) ア

5 **【解き方】** (4) 図6のグラフより，抵抗器に2Vの電圧を加えると0.1Aの電流が流れるので，オームの法則より，$\dfrac{2\,(\mathrm{V})}{0.1\,(\mathrm{A})} = 20\,(\Omega)$

(5) 図8のグラフより，電球に2Vの電圧を加えると0.35Aの電流が流れるので，電気抵抗の大きさは，$\dfrac{2\,(\mathrm{V})}{0.35\,(\mathrm{A})} \fallingdotseq 5.7\,(\Omega)$　4Vの電圧を加えると0.5Aの電流が流れるので，$\dfrac{4\,(\mathrm{V})}{0.5\,(\mathrm{A})} = 8\,(\Omega)$　8Vの電圧を加えると0.65Aの電流が流れるので，$\dfrac{8\,(\mathrm{V})}{0.65\,(\mathrm{A})} \fallingdotseq 12.3\,(\Omega)$になる。よって，電球の電気抵抗は，加える電圧が大きいほど大きくなる。

(6) 直列につなぐ電流計の抵抗が大きくなると，回路全体の抵抗が大きくなり，回路に流れる電流が小さくなるので，回路に与える影響を小さくするには電流計の抵抗を小さくする必要がある。並列につなぐ電圧計の抵抗が小さくなると，電圧計に流れる電流が大きくなり，回路に流れる電流が小さくなってしまう。そのため，回路に与える影響を小さくするには電圧計の抵抗を大きくする必要がある。よって，抵抗の小さな電流計を並列につなぐと，電流計に大きな電流が流れてこわれることがある。

【答】 (1) 導体　(2) (右図)　(3) オームの法則　(4) 20 (Ω)　(5) エ　(6) ⓐ イ　ⓑ ア　ⓒ ア

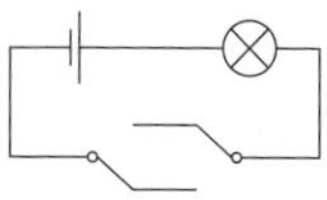

国　語

1 【解き方】(4) 補助の関係。アは，主語・述語の関係。イは，修飾・被修飾の関係。エは，並立の関係。

【答】(1) (a) はず(む)　(b) もよお(す)　(c) かんきゅう　(d) ひんぱん

(2) (a) 放(つ)　(b) 寄(せる)　(c) 簡易　(d) 提案　(3) (右図)　(4) ウ

2 【解き方】(1)「夢は破れた」という表現が「そんな夢はもう一生叶うことがない」の言い換えであることをふまえ，三年生のアリスが「もう一生叶うことがない」と思っている夢をおさえる。

(2) アリスは，「不意に響き始めた」美森のトランペットが「クラリネットソロそのもの」の演奏をするのを聴いて，「美森はアリスの練習を聴きながらソロをすべて覚えてしまっていたのだ」と気づいている。そのために，アリスの驚きが他の誰よりも大きかったことをとらえる。

(3) ⓐ ひなこさんの発言に「幼い頃の自分自身」とあることに着目し，今回のコンサートにアリスがどんな「気持ちで臨んで」いたか考える。アリスは，保育園の子どもたちの「きらきらした幼い目」を見て「あれは私自身だ」と感じ，「私に聴かせてあげる…音楽を！」と思っている。ⓑ 曲の冒頭，演奏を聴く保育園の子どもたちを見たアリスが「名晋に憧れ…幼い女の子が，まだアリスの中に住んでいる」と感じていることから，演奏後の「幼いアリス」の「拍手」が自分の演奏に向けられていることをとらえる。

(4) 響のソロの演奏について「落ち着き払った様子」で「きらびやかな音を響かせる」「ときに強く…実力を見せつけた」とあるのに対し，アリスの二回目のソロについては，「明らかに緊張していた」「緊張感から…指が滑った」「いくつも音符が飛び…止まりかけた」とあり，二人のソロ演奏の様子が対照的であることをとらえる。

【答】(1) 全国大会で演奏する(こと)(同意可)

(2) 突然演奏を始めた美森が，アリスのソロをすべて覚えていたから。(30字)(同意可)

(3) ⓐ 名晋の音楽を聴かせてあげる(13字)　ⓑ 自分の演奏に満足している(12字)(それぞれ同意可)　(4) イ

3 【解き方】(2) はるなさんの「この文章では…驚きました」という意見の後に，けいたさんが「『いざ』というときに…勉強しているということなのですね」と，はるなさんの意見に補足するかたちで話を進めている。また，ゆうたさんが「先ほど，けいたさんが…話していましたが」と，けいたさんの話をふまえて自分の意見を述べた後，はるなさんが「勉強は…なのですね」と，ゆうたさんの意見を引き継いでまとめていることをつかむ。

(3) A. まなみさんが「筆者の，スポーツを使った説明」でわかったことについて話していることから，「スポーツ」に触れている部分に着目し，勉強して身につけるものをとらえる。B. 本文で，「『いざ』勉強しようとしても間に合わない」ことについて，その理由を「勉強する仕方を知らないから」だと述べ，学校での勉強には「『勉強の仕方を勉強する』という意味」があると言っていることをおさえる。

(4) 抜けている一文に，「そのため，教科書」に「原因」と「結果」の「繋がりが記述されており」とあるので，「原因」と「結果」の「繋がり」に焦点を当てた記述の後に入れる。

(5) ⓐ 勉強することについて「つまり，人生の先輩である…先人たちの成果を学ぶこと」と言い換えていることから，補足資料に「勉強や読書は…ということ」とあることに着目する。ⓑ はるなさんが，「勉強すること」で「作ることができる」とまとめたものを補足資料から探す。勉強と読書をしないと「他者との関係性を築くことができない」とあることや，勉強や読書をすることで「世界と向き合うための基盤を作ってゆく」とあることに着目してまとめる。

【答】(1) ウ　(2) エ

(3) A. どんなことにも自信をもって対処できる強さ(20字)　B. 勉強の仕方を勉強しておくこと(14字)(それぞれ同意可)

(4) 5　(5) ⓐ 過去の多くの時間に出会う　ⓑ 他者との関係性を築く基盤(12字)(同意可)

4 【解き方】⑴ 語頭以外の「は・ひ・ふ・へ・ほ」は「わ・い・う・え・お」にする。

⑵ (a)「他の山」との比較を表す「群山に越えたり」という表現に注目。「半天にかかりて」が，空に占める広さを示すことで富士山の大きさを伝えようとした表現であることをとらえる。(b)「視覚的な感動」を「鮮やかに描」く語句であることや，「文中にちりばめ」とあり，複数回使われていることから考える。「紺青」「色濃き」「白き」などの語句に注目。(c) Ⅰには，「雪の消ゆる世もなくつもりたれば」「白き衵着たらむよう」とあり，Ⅱには「雪は頭巾に似たり，頂に覆ひて白し」とある。

⑶ アは江戸時代，ウは鎌倉時代，エは奈良時代。

【答】⑴ おおいて　⑵ (a) 半天にかかりて群山に越えたり　(b) 色　(c) 雪が積もっている（同意可）　⑶ イ

◀口語訳▶　【文章Ⅰ】富士山の様相は，非常に世に比類なき様相である。格別な山の姿の，鮮やかな青色を塗ってあるような姿に，雪が消える時もなく降りつもっているので，濃い紫色の着物に，白い丈の短い衣服を着ているように見えて，山の頂の少し平らになっている所から，煙が立ち上る。夕暮には火が燃え上がっているのも見える。

【文章Ⅱ】富士の山を見ると，都で聞いていたとおり，空の中ほどにかぶさって多くの山々より抜きん出ている。峰は鳥の通る道で，麓は獣の通る道だ。人の足跡は歩みが途中で切れて，（富士山は）単独で高くそびえる。雪は布製のずきんに似ていて，頂にかぶさっていて白い。雲は腹帯のようだ，腰にまきついていて長い。高い事といえば，天にはしごを立てていて，登る者は登り切れずに下る。長い事といえば，麓に巡るのに幾日もかかり，通り過ぎる者は山を背負うようにして行く。

5 【答】（例）（記号）ア

中学一年生のとき，授業中，うまく発表できなかった友達を笑ってしまうことがあった。しかし，自分自身が，部活動の試合で失敗を笑われたとき，悔しい気持ちでいっぱいになり，自分も友達に同じような思いをさせていたのだと気がついた。

このような経験から，自分がしてほしくないことは決して人にもしないと決めた。自分の何気ない行動が，人を傷つけているということを意識しなくてはならない。学校でも社会でも，相手を思いやった行動が増えると，誰もが安心して生活できる。これからも，相手の気持ちを考えて生活していきたい。(13 行)

徳島県公立高等学校
（育成型選抜・連携型選抜）

2024年度
入学試験問題

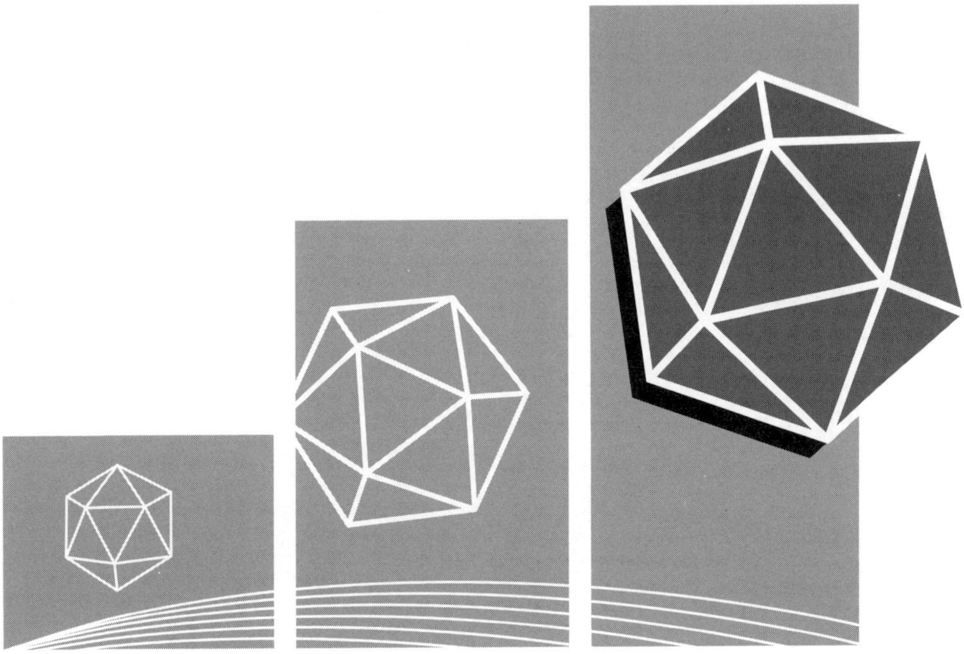

3　次のA・Bの短歌と対話の一部を読んで、(1)〜(3)に答えなさい。

A　くれなゐの二尺伸びたる薔薇《ばら》の芽の針やはらかに春雨《はるさめ》のふる　　正岡子規《まさおかしき》

B　観覧車回れよ回れ想《おも》ひ出は君には一日《ひとひ》我には一生《ひとよ》　　栗木京子《くりききょうこ》

対話の一部

かんなさん　短歌は、千三百年以上前から受け継がれてきた日本の詩で、（あ）音から成っています。同様の詩の形として、十七音から成る俳句があります。短歌や俳句の五と七のリズムはとても親しみやすく、口ずさんでみたくなる魅力がありますね。

ゆうとさん　そうですね。Aの歌は、助詞「（い）」を繰り返し用いることで、リズムが生まれ、歌全体が柔らかく優しい雰囲気になっていますね。

かんなさん　Bは恋の歌で、歌の終わりに（う）を用いて余韻を残したり、（え）を用いて相手と自分の思いの違いを印象づけたりする工夫が見られます。

(1)　（あ）にあてはまる言葉を**漢数字**で書きなさい。（　　　）

(2)　（い）にあてはまる助詞を書きなさい。（　　　）

(3)　（う）・（え）にあてはまる言葉をア〜オからそれぞれ選びなさい。

う（　　　）え（　　　）

ア　省略　　イ　対句　　ウ　反復　　エ　擬人法　　オ　体言止め

※4の問題は五ページにあります。

「経験のものさし」が、焦《あせ》らずに進んでいくためのひとつの武器になる。そのものさしをもっていることで、努力の見込みといったものが立つ。成果が出るようになるまでに必要な努力の量と質が、なんとなく見極められるようになるのである。

急がば回れ——何事であれ、すぐに成果を出すことのできる特効薬などない。年齢を重ね、大小さまざまな「経験のものさし」を携えることで、そういったことも、なんとなく分かっていくということだろう。

（羽生《はぶ》善治《よしはる》「直感力」より。一部省略等がある。）

(1) 〰〰線部「簡単な」の品詞名として、適切なものをア～エから一つ選びなさい。（　）

ア　動詞　イ　形容詞　ウ　形容動詞　エ　副詞

(2) ＝＝線部「年齢」と、同じ構成の熟語をア～エから一つ選びなさい。（　）

ア　雷鳴　イ　縮小　ウ　帰郷　エ　善悪

(3) ——線部「『経験のものさし』」について、(a)・(b)に答えなさい。

(a) 次の文は、「経験のものさし」とは、どのようなものかについて、ある生徒が本文をもとにまとめたものである。（　）にあてはまる適切な言葉を、本文中から**八字**で抜き出して書きなさい。

何かを成し遂げた経験等を通してつくられるもので、成果が出るまでに必要な（　）の量と質をはかることができるもの。

(b) 次の文は、「経験のものさし」をもつことで、どのようなことができるようになるのかについて、ある生徒が本文をもとにまとめたものである。（　）にあてはまる適切な言葉を書きなさい。ただし、「不安」という言葉を用いて**二十字以上二十五字以内**で書くこと。

何か事に当たるときに、努力の見込みが立つようになり、（　）ができるようになる。

(4) 本文の内容に合うものとして、最も適切なものをア～エから選びなさい。（　）

ア　より長い「経験のものさし」をたくさんもつことが重要だ。

イ　成果が出ないときは、自分のやり方がよくない場合が多い。

ウ　「経験のものさし」が多くあると、迷うことが全くなくなる。

エ　何事も、すぐに結果につながるような効果的な方法はない。

検査Ⅰ

時間　五〇分
満点　一〇〇点

1　次の(1)～(3)に答えなさい。

(1)　次の(a)～(d)の各文の——線部の読み方を、ひらがなで書きなさい。

(a)　全力を傾ける。（　　ける）

(b)　意見が一致する。（　　）

(c)　初戦に挑む。（　　む）

(d)　恒例の行事に参加する。（　　）

(2)　次の(a)～(d)の各文の——線部のカタカナを漢字になおし、楷書《かいしょ》で書きなさい。

(a)　手紙がトドく。（　　く）

(b)　成長のカテイを記録する。（　　）

(c)　ニワに木を植える。（　　）

(d)　エンドウに立って声援を送る。（　　）

(3)　次の(a)・(b)の各文は、——線部の敬語の使い方に誤りがある。それぞれ、適切な敬語に改めて書きなさい。

(a)　私が、先生におっしゃる。（　　）

(b)　お客様が、昼食をいただく。（　　）

2　次の文章を読んで、(1)～(4)に答えなさい。

成果が出ないときに、自分のやっていることが正しいと信じるというのは非常に難しい。ひょっとしたら間違っているのではないかと、自分で自分を疑うこともある。成果が出ないだけでなく、三回も続けて負けたりすると、やはりやり方が悪いのではないかと、自分の歩み自体を疑ってかかるようになるのだ。

そのとき大きな助けとなるのが、「経験のものさし」だ。

それは、自分が生まれ育ってきた時間の中でつくられる。幼い頃からのさまざまな経験、見聞きしたこと、学んできたことによって、人はそれぞれのものさし、定規をもっている。何かを成し遂げた経験や、あれこれのことをマスターした経験から「経験のものさし」はつくられる。

どんなことでもいい。たとえば竹馬ができるようになった——二週間くらい練習して乗れるようになったこととか、車の運転免許を取るために教習所へ二か月通ったこと。受験勉強には丸々二年かかったこと——。いずれも、これくらいの時間と労力と情熱を注いだらこれくらいのことができるようになった、というものさしだ。

それが、何か事に当たるときのひとつの基準になる。

当然、簡単なものは短い時間でできるから、短いものさしとなるし、途方もない努力と時間を費やさなくてはできないようなものであれば、非常に長いものさしということになる。

そして、それら自分が学んでつくりだした「経験のものさし」によって、人は何か事に当たるとき、その時間の不安に耐えられるようになる。そのものさしの種類が豊富であればあるほど、人は自信をもって進むことができる。これから取り組むことの不安に耐え、余分な思案や迷いに時間も労力も費やさずに済むようになれるのだ。

4 右の表や資料を見て，(1)～(5)に答えなさい。

時代	できごと
飛鳥	①小野妹子が中国に派遣される
奈良	(　　)が東大寺を建てる
鎌倉	源頼朝が②鎌倉幕府を開く
室町	足利義政が③銀閣を建てる
江戸	④『解体新書』が出版される

(1) 下線部①が派遣された当時の中国は，何とよばれていたか，ア～エから1つ選びなさい。(　　　)

ア 漢　イ 隋　ウ 宋　エ 明

(2) 表中の(　　)には，仏教の力によって社会の不安を除き，国家を守ろうとした天皇が入る。(　　)にあてはまる天皇は誰か，ア～エから1つ選びなさい。(　　　)

ア 推古天皇　イ 天智天皇　ウ 聖武天皇　エ 桓武天皇

(3) 下線部②の将軍と御家人は，御恩と奉公という主従関係によって結ばれていた。将軍が御家人に対して行った御恩とはどのようなことか，いくつかあるうちの1つを，「領地」という語句を用いて，次の書き出しに続けて書きなさい。

将軍が(　　　　　　　　　　　　　　　)。

(4) 資料Ⅰは，下線部③と同じ敷地内にある東求堂同仁斎である。この部屋には，床の間を設けるなどの特徴がみられる。このような特徴の建築様式を何というか，書きなさい。(　　　)

資料Ⅰ

(5) 資料Ⅱは，江戸幕府の政治に関するできごとをまとめたものである。下線部④が出版され，蘭学が盛んになったのは，資料Ⅱ中のア～エのどの期間か，最も適切なものをア～エから選びなさい。

(　　　)

資料Ⅱ

年代	できごと	
1603	徳川家康が江戸幕府を開く	ア
1641	オランダ商館が出島に移される	イ
1716	徳川吉宗が享保の改革を始める	ウ
1854	日米和親条約が結ばれる	エ
1867	幕府が政権を朝廷に返す	

5　右の略地図を見て，(1)・(2)に答えなさい。

略地図

(1)　略地図中のコロンビアやエクアドルなどの熱帯の海岸地域では，輸出用のバナナの栽培が大規模な農園で行われている。主に熱帯にみられる，大規模な農園のことを何というか，カタカナで書きなさい。(　　　)

(2)　略地図中のA国について述べた文として正しいものを，ア～エから1つ選びなさい。(　　　)

ア　アンデス山脈の太平洋側に国土が南北にのびており，世界最大の銅の産出国である。

イ　長い間コーヒー豆の輸出に依存してきたが，近年では大豆やさとうきびなどの生産も増えている。

ウ　インカ帝国の遺跡であるマチュピチュがあり，じゃがいもの栽培やアルパカの放牧が行われている。

エ　ラプラタ川の河口付近にパンパとよばれる大草原が広がり，小麦の栽培や肉牛の放牧が行われている。

6　右の略地図や資料を見て，(1)～(3)に答えなさい。

(1)　略地図は，日本を７つの地方に区分したものである。次のうち，中部地方に含まれる県はどれか，ア～エから１つ選びなさい。(　　　)

ア　山梨県　　イ　福島県　　ウ　滋賀県　　エ　群馬県

略地図

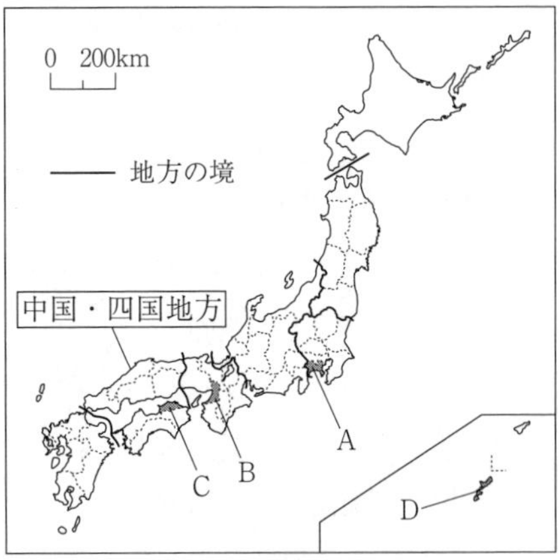

(2)　次の文は，略地図中の中国・四国地方の気候について説明したものの一部であり，文中の（　　）には，同じ語句があてはまる。(　　)にあてはまる語句を書きなさい。(　　　)

日本海に面する山陰では，冬に吹く北西からの（　　）という風の影響で，雪や雨の日が多い。また，太平洋に面する南四国では，夏から秋にかけて吹く南東からの（　　）や台風の影響を受けて，多くの雨が降る。

(3)　資料は，略地図中のA～Dの府県における，2020年の人口密度，産業別人口に占める第３次産業の就業者割合，昼夜間人口比率を表したものである。略地図中のAにあてはまるものはどれか，資料中のア～エから１つ選びなさい。(　　　)

資料

府県	人口密度（人/km^2）	第３次産業の就業者割合（％）	昼夜間人口比率（％）
ア	4,638.4	77.0	104.4
イ	3,823.2	79.0	89.9
ウ	642.9	81.7	100.0
エ	506.3	70.0	100.1

（注）昼夜間人口比率＝ $\frac{\text{昼間人口}}{\text{夜間人口}} \times 100$

（「データでみる県勢」2023年版より作成）

7　次の(1)～(4)に答えなさい。

(1)　日本国憲法で労働者に保障されている労働基本権（労働三権）のうち，労働組合をつくる権利を何というか，書きなさい。(　　　)

(2)　次の文は，弾劾裁判所について述べたものの一部である。文中の（　　）にあてはまる語句を，**漢字2字**で書きなさい。(　　　)

弾劾裁判所は，裁判官の身分にふさわしくない行為をしたり，職務上の義務に違反したりして訴えられた裁判官を辞めさせるかどうかを判断する裁判所であり，日本国憲法に基づき，(　　)は，弾劾裁判所を設けることができる。

(3)　経済活動は，家計，企業，政府の3者の間で，商品と貨幣が交換され，循環している。資料は，経済活動における，この3者の関係を模式的に表したものである。資料中のア～カの矢印のうち，公共サービスにあたるものはどれか，ア～カから**2つ**選びなさい。

(　　　)(　　　)

資料

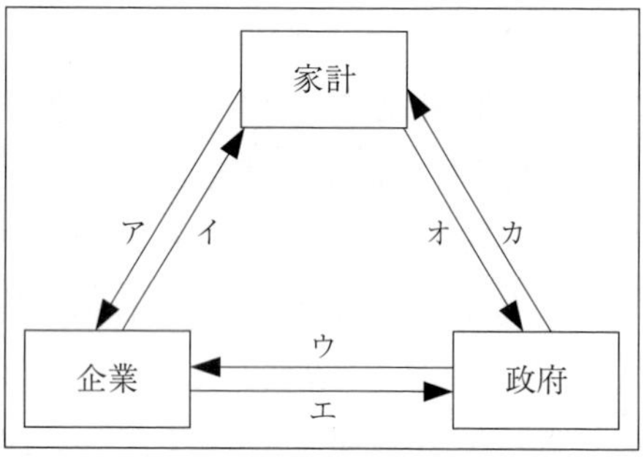

(4)　現代の代表的な企業のかたちに株式会社がある。株式会社は，事業や経営に必要な多くの資金をどのような方法で集めるのか，「少額」という語句を用いて書きなさい。

(　　　　　　　　　　　　　　　　　　　　　　　　　　　　　　)

8　次の英文は，中学生のみさと（Misato）さんが，ALT の先生に紹介したいことについて，英語の授業でスピーチをするために書いた原稿である。これを読んで，(1)～(4)に答えなさい。

My grandparents live in a small mountain village. I like their house the best, and I especially enjoy going there during the spring vacation because I can see beautiful cherry blossoms.

There is a big cherry tree in my grandparents' garden. Having lunch under the tree is one of our family events every spring. We can enjoy beautiful cherry blossoms and delicious food □ by my grandmother.

The big cherry tree was planted fifty years ago, and now it's the biggest tree in the garden. My grandfather loves cherry blossoms, so he started to plant more cherry trees around the house ten years ago. Now, there are so many cherry trees around my grandparents' house, and it has become a famous place in the village. I'm very glad that my grandparents' cherry trees are loved by many people.

The other day, my grandfather said, "I'm going to light up the big cherry tree in the garden next time. I want everyone to see our cherry blossoms at night." His plan sounds exciting, and I'm sure my grandparents' house will become more special to me. I want to take my friends there to see cherry blossoms together next spring!

（注）grandparents　祖父母　　cherry tree(s)　桜の木　　plant(ed)　～を植える
the other day　先日　　light up　～をライトアップする

(1)　次の(a)・(b)の問いに対する答えを，それぞれ主語と動詞を含む英文1文で書きなさい。

(a)　Does Misato live in a small mountain village with her grandparents?
(　　　　　　　　　　　　　　　　　　　　　　　　　　　　)

(b)　When was the biggest tree in Misato's grandparents' garden planted?
(　　　　　　　　　　　　　　　　　　　　　　　　　　　　)

(2)　□ に最も適するものをア～エから選びなさい。(　　　)

ア　helped　　イ　eating　　ウ　cooked　　エ　buying

(3)　本文の内容と合うものをア～エから1つ選びなさい。(　　　)

ア　Misato's family enjoys having lunch under the big cherry tree in each season.
イ　There are so many cherry trees all over Misato's grandparents' village.
ウ　Misato's grandfather has already started to light up the big cherry tree.
エ　Misato wants to visit her grandparents' house with her friends next spring.

(4)　このスピーチのタイトルとして最も適するものをア～エから選びなさい。(　　　)

ア　My Favorite Place　　イ　My Exciting Plan　　ウ　My Best Memory
エ　My Cherry Trees

検査Ⅱ

時間　50分　　　　満点　100点

1　次の(1)～(10)に答えなさい。ただし，答えは，特に指示するもののほかは，できるだけ簡単な形で表し，答えに無理数が含まれるときは，無理数のままで示しなさい。

(1)　$(-10) \div (-2)$ を計算しなさい。(　　　)

(2)　等式 $4a + b = 7$ を，b について解きなさい。(　　　)

(3)　$(a-1)(a+8)$ を展開しなさい。(　　　)

(4)　二次方程式 $x^2 - 3x + 1 = 0$ を解きなさい。(　　　)

(5)　円周率を π とする。半径が 6 cm，面積が $12\pi\,\mathrm{cm}^2$ のおうぎ形の中心角の大きさを求めなさい。
(　　　)

(6)　あたり 2 本，はずれ 3 本からできている 5 本のくじがある。このくじを同時に 2 本ひくとき，1 本があたりでもう 1 本がはずれである確率を求めなさい。ただし，どのくじをひくことも同様に確からしいものとする。(　　　)

(7)　右の図の直線 ℓ の式を求めなさい。(　　　)

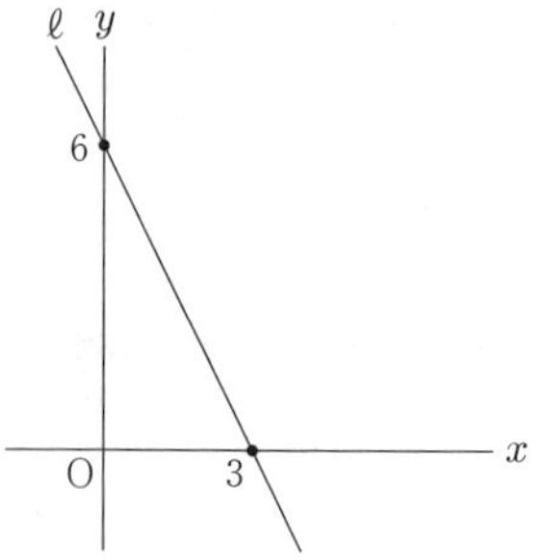

(8)　右の図は，視力検査に使われるランドルト環とよばれるものである。視力はランドルト環のすき間に反比例し，5 mm のすき間を見分けられたときの視力は 0.3 である。2.5mm のすき間を見分けられたときの視力を求めなさい。(　　　)

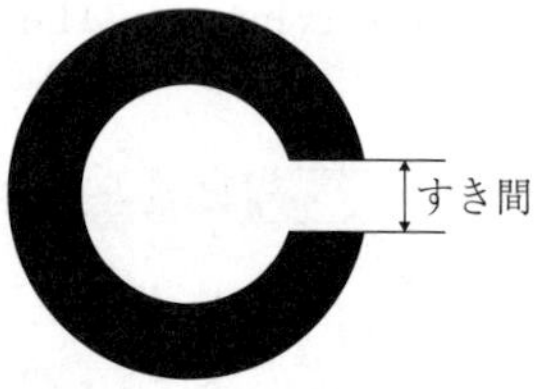

(9)　右の表は，ある中学校の生徒 20 人が受けた 10 点満点のテストの結果を表している。そのテスト問題は1～3の 3 問あり，配点は1，2が 3 点，3が 4 点である。3を正解した生徒の人数を求めなさい。(　　　人)

テストの結果

得点	相対度数
3	0.20
4	0.25
6	0.40
7	0.10
10	0.05
計	1.00

⑽　右の図のように，AB ＝ AD ＝ 2 cm，BF ＝ 4 cm の正四角柱がある。辺 BF，辺 DH の中点をそれぞれ M，N とすると，四角形 AMGN はひし形になる。このひし形の面積を求めなさい。(　　　　cm^2)

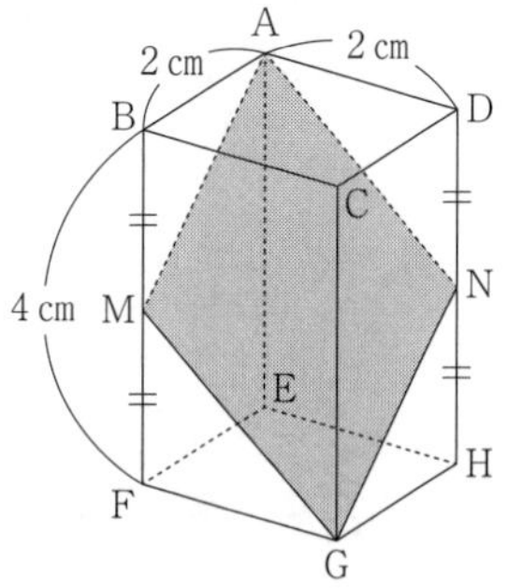

2　次の(1)・(2)に答えなさい。

(1)　堆積岩について，(a)・(b)に答えなさい。

(a)　地層をつくっている堆積物が押し固められてできた岩石を堆積岩という。次の岩石のうち，堆積岩はどれか，ア～エから1つ選びなさい。(　　　　)

ア　砂岩　　イ　流紋岩　　ウ　花こう岩　　エ　せん緑岩

(b)　チャートの特徴について述べた文として，最も適切なものをア～エから選びなさい。(　　　　)

ア　炭酸カルシウムを多く含み，うすい塩酸をかけるととけて二酸化炭素が発生する。

イ　生物の遺骸が固まったもので，うすい塩酸をかけるととけて二酸化炭素が発生する。

ウ　火山灰や火山れきが固まったもので，うすい塩酸をかけても二酸化炭素は発生しない。

エ　鉄くぎで傷がつけられないほどかたく，うすい塩酸をかけても二酸化炭素は発生しない。

(2)　次の文は，光年という単位について述べたものである。正しい文になるように，文中の(　　)にあてはまる言葉を書きなさい。(　　　　　　　　　　)

光が(　　)を1光年という。1光年は約9兆5000億 km である。

3　次の(1)・(2)に答えなさい。

(1)　アメーバの分裂やヒドラの出芽，ジャガイモの栄養生殖など，雌雄の親を必要とせず，親の体の一部が分かれて，それがそのまま子になる生殖を何というか，書きなさい。(　　　)

(2)　図のように，タンポポの葉を入れた試験管 A と葉を入れない試験管 B の両方にゴム栓をして光の当たらない暗いところに置き，葉を入れた試験管 C と葉を入れない試験管 D の両方には息をふきこんでゴム栓をして光を当てた。30 分後，それぞれの試験管に石灰水を少し入れ，ゴム栓をしてよく振った。表は，試験管 A～D の石灰水のようすをまとめたものである。(a)・(b)に答えなさい。

図

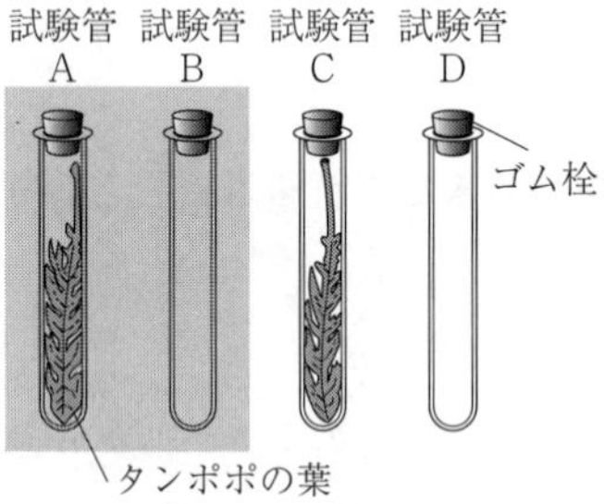

表

試験管	石灰水のようす
A	白くにごった
B	変化しなかった
C	変化しなかった
D	白くにごった

(a)　試験管 A と B，試験管 C と D のように，生物を入れたものと入れないものを用意し，ほかの条件は同じにして実験を行うのは，どのようなことを明らかにするためか，書きなさい。

(　　　　　　　　　　　　　　　　　　　　　　　　　　　　　　　　)

(b)　次の文は，試験管 C の石灰水が変化しなかった理由について述べたものである。正しい文になるように，文中の(①)・(②)にあてはまるものを，ア～エからそれぞれ選びなさい。

①(　　　)　②(　　　)

試験管 C の石灰水が変化しなかったのは，(①) 二酸化炭素の量が，(②) 二酸化炭素の量より多かったからである。

ア　タンポポの葉が呼吸でとり入れる　　イ　タンポポの葉が呼吸で出す

ウ　タンポポの葉が光合成でとり入れる　　エ　タンポポの葉が光合成で出す

4 次の(1)・(2)に答えなさい。

(1) 雷は，雲にたまった静電気が，ふつうは電気が流れない空気中を一気に流れる自然現象である。このように，電気が空間を移動したり，たまっていた電気が流れ出したりする現象を何というか，書きなさい。(　　　)

(2) 光について，(a)・(b)に答えなさい。

(a) 次の文は，青の水彩絵の具が青色に見える理由について述べたものである。正しい文になるように，文中の①・②について，ア・イのいずれかをそれぞれ選びなさい。

①(　　　) ②(　　　)

青の水彩絵の具が青色に見えるのは，白色光に混ざっている青色の光が，水彩絵の具の表面で強く①［ア 吸収　イ 反射］され，それ以外の色の光の多くは水彩絵の具の表面で②［ア 吸収　イ 反射］されるからである。

(b) 図は，底にコインを置いたカップに水を入れ，点Xの位置から見たときのようすを模式的に表したものであり，⟶は，コインから点Xに届くまでの光の道すじと，光の進む向きを示している。このときのコインの像の位置として最も適切なものはどれか，ア～エから選びなさい。

(　　　)

図

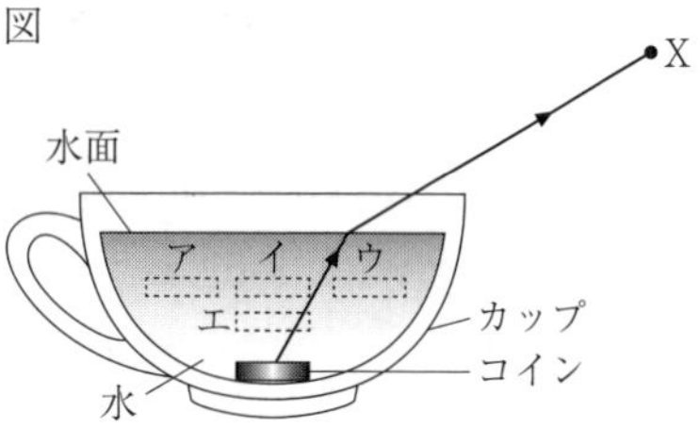

5 次の(1)・(2)に答えなさい。

(1) 原子はふつうの状態では電気的に中性であるが，電子を失ったり，受けとったりすると，電気を帯びた粒子になる。ヘリウム原子がふつうの状態で，陽子の数が2個，中性子の数が2個であるとき，電子の数は何個か，書きなさい。(　　　個)

(2) かいとさんは，ミョウバンの飽和水溶液について，水の温度と100gの水にとけるミョウバンの結晶の質量の関係を調べ，表にまとめた。(a)・(b)に答えなさい。

表

水の温度〔℃〕	10	20	30	40	50
100gの水にとけるミョウバンの結晶の質量〔g〕	8	11	16	24	36

(a) 水のように溶質をとかしている液体を何というか，書きなさい。(　　　)

(b) かいとさんは，表の値をもとにミョウバンの飽和水溶液をつくり，それを冷やすことで，再びミョウバンの結晶をとり出すことができた。次の文は，つくった飽和水溶液の質量と，とり出したミョウバンの結晶の質量について述べたものである。正しい文になるように，文中の(　　)にあてはまる数字を書きなさい。(　　　)

ミョウバンの結晶を50℃の水にとけるだけとかして水溶液をつくり，この飽和水溶液(　　)gを30℃まで冷やして40gのミョウバンの結晶をとり出した。

6 次の(1)〜(4)に答えなさい。

(1) 次の英文の意味が通るように，（　）に最も適するものをア〜エから選びなさい。

Mr. Sato likes to travel, but I don't know how many (　　) he has been to.

ア pictures　イ shoes　ウ countries　エ languages

(2) 次の対話文(a)〜(c)が成り立つように，[　　] に最も適するものを，それぞれア〜エから1つずつ選びなさい。(a)(　　) (b)(　　) (c)(　　)

(a) *A:* Wow, what a cool bike! Is it yours?

B: [　　] It's Hiroki's. He bought it last week.

ア Yes, it is.　イ No, it isn't.　ウ Yes, he is.　エ No, he isn't.

(b) *A:* [　　] We're in the library and people are reading.

B: Oh, I'm sorry. I'll stop talking now.

ア Speak faster, please.　イ Don't be shy.　ウ Be quiet, please.

エ Don't eat here.

(c) *A:* Kanako's birthday is April 23, and I want to do something for her.

B: Why don't we have a surprise party?

A: [　　] Let's find more people to join us!

ア She agrees with me.　イ You are so surprised.　ウ I don't think so.

エ That's a good idea.

(3) 次の対話が成り立つように，（　）にあてはまる1語の英語を書きなさい。

A: I studied for the math test from 6 o'clock to 10 o'clock last night.

B: You studied for 4 (　　)? I have to study hard like you.

(4) あなたは，オーストラリアにある姉妹校の生徒とオンラインで交流しています。初めて交流する相手に自分のことをよく知ってもらうため，次の対話が成り立つように，（　）にあてはまるあなた自身の答えを，**10語以上15語以内**の英語で書きなさい。ただし，数を書く場合は数字ではなく英語で書くこととし，文の数はいくつでもよい。また，符号は語数に含めない。

------- ------- ------- ------- ------- ------- ------- ------- ------- ------- ------- -------

------- ------- -------

A: What are you interested in? Please tell me one thing you like.

B: (　　)

A: Sounds interesting!

〈解答欄の書き方について〉

次の（例）に従って____に1語ずつ記入すること。

（例） Really ?　I'm　from　America,　too .

2024年度／解答

検査 I

1 **【解き方】** (3) (a)「先生」に敬意を示すので,「言う」という「私」の動作には謙譲語を使う。(b)「お客様」に敬意を示すので,「食べる」の尊敬語を使う。

【答】 (1) (a) かたむ(ける) (b) いっち (c) いど(む) (d) こうれい (2) (a) 届(く) (b) 過程 (c) 庭 (d) 沿道
(3) (a) 申しあげる (b) 召しあがる

2 **【解き方】** (1) 活用のある自立語で,言い切りの形が「～だ」となる形容動詞。

(2) 同意の漢字の組み合わせ。アは主述の関係。ウは上の漢字が動作を表し,下の漢字がその対象を表している。エは反意の漢字の組み合わせ。

(3) (a)「何かを成し遂げた経験…マスターした経験」から「経験のものさし」はつくられると述べた後,「竹馬が…二週間くらい」「車の運転免許…二か月」「受験勉強…丸々二年」という具体例を挙げ,「これくらいの…というものさしだ」とまとめている。(b)「『経験のものさし』によって…耐えられるようになる」「『経験のものさし』が…努力の見込みといったものが立つ」とあるのに着目し,「できるようになる」ことをまとめる。

(4)「経験のものさし」は「短いものさし」や「非常に長いものさし」など,その長さが何かを成し遂げるまでの時間であり,その種類が豊富なほど「不安に耐え…労力も費やさずに済むようになれる」と説明していることから,色々な長さの「経験のものさし」が必要であることをつかむ。そのうえで,「何事であれ…特効薬などない」ということが,「大小さまざまな…携えること」で分かっていくとまとめていることに着目する。

【答】 (1) ウ (2) イ
(3) (a) 時間と労力と情熱 (b) 時間の不安に耐えられ,焦らずに進んでいくこと (22字) (同意可) (4) エ

3 **【解き方】** (1) 短歌とは,五音・七音・五音・七音・七音の合計三十一音で構成される和歌のことである。

(2)「くれなゐの」「薔薇の芽の」「春雨の」と,「の」が四回使われている。

(3) う.「歌の終わり」に注目。「一生」という名詞で歌が終わっている。え.「相手と自分の思いの違い」は,短歌の「君には一日我には一生」の部分を指している。「君には一日」と「我には一生」が,対応する語を同じ構成で並べていることをおさえる。

【答】 (1) 三十一 (2) の (3) う. オ え. イ

4 **【解き方】** (1) 小野妹子は遣隋使として中国に派遣された。

(2) アとイは飛鳥時代,エは平安時代の天皇。

(3)「御恩」には先祖代々引き継がれてきた領地の支配権を認めるという意味もある。

(4) 畳,ふすま,違い棚などがみられることが特徴。

(5) 徳川吉宗がキリスト教に関係のない洋書の輸入禁止のきまりをゆるめたことがきっかけとなった。

【答】 (1) イ (2) ウ (3) 新しい領地を与えること (同意可) (4) 書院造 (5) ウ

5 **【解き方】** (1) かつては植民地に多く,南北アメリカ大陸では,労働力としてアフリカから連れてこられた黒人奴隷が強制的に働かされていた。

(2) A国はアルゼンチン。アはチリ,イはブラジル,ウはペルーの説明。

【答】 (1) プランテーション (2) エ

6 **【解き方】** (1) イは東北地方,ウは近畿地方,エは関東地方に含まれる県。

(2) モンスーンともいわれる。

(3) Aは神奈川県。首都である東京都に隣接しており,昼間は都内に通学・通勤し,夜は神奈川県の自宅に戻る人が特に多い。アはBの大阪府,ウはDの沖縄県,エはCの香川県。

【答】(1) ア　(2) 季節風　(3) イ

7 【解き方】(1) 労働基本権には，そのほかに団体行動権，団体交渉権がある。

(2) 国会議員の中から選ばれた衆議院議員 7 人，参議院議員 7 人が裁判官の役割を果たす。

(3) アは代金や労働力など。イは財やサービス，賃金など。エは財やサービス，税金など。オは労働力や税金などにあたる。

(4) 株式を購入した株主は，もし会社が倒産しても，出資額以上の負担を負わなくてよい。これを株主の有限責任という。

【答】(1) 団結権　(2) 国会　(3) ウ・カ　(4) 少額に分けた株式を大量に発行する。(同意可)

8 【解き方】(1) (a) 質問は「みさとは祖父母と一緒に小さな山の村に住んでいますか？」。第 1 段落の 2 文目に「私は春休みの間にそこに行くことを特に楽しむ」とあるので，No で答える。(b) 質問は「みさとの祖父母の庭の最も大きな木は，いつ植えられましたか？」。第 3 段落の 1 文目を見る。fifty years ago =「50 年前」。

(2)「祖母によって作られるおいしい食べ物」となる。過去分詞 cooked が後ろから delicious food を修飾する。

(3) ア．第 2 段落の 2 文目を見る。みさとの家族が大きな桜の木の下で昼食をとるのは春である。イ．第 3 段落の 3 文目を見る。とてもたくさんの桜の木があるのはみさとの祖父母の家の周りであり，村中にあるとは述べられていない。ウ．第 4 段落の祖父のせりふを見る。「次は庭の大きな桜の木をライトアップする予定だ」と言っているので，まだライトアップは始めていない。have/has already started to ～＝「すでに～することを始めた」。エ．「みさとは来年の春に友達と一緒に祖父母の家を訪れたい」。第 4 段落の最終文の内容と合う。

(4) 第 1 段落の 2 文目に「私は彼ら（祖父母）の家が最も好きだ」，第 4 段落の最後から 2 文目に「私は祖父母の家が私にとってより特別になるだろうと確信している」とある。みさとの「大好きな場所」について説明している文である。

【答】(1) (a) No, she doesn’t.　(b) It was planted fifty years ago.　(2) ウ　(3) エ　(4) ア

◀全訳▶　私の祖父母は小さな山の村に住んでいます。私は彼らの家が最も好きで，美しい桜を見ることができるので春休みの間にそこに行くことを特に楽しみます。

祖父母の庭には大きな桜の木があります。その木の下で昼食をとることは毎年の春私たちの家族のイベントの 1 つです。私たちは美しい桜と祖母によって作られるおいしい食べ物を楽しむことができます。

その大きな桜の木は 50 年前に植えられ，そして今それは庭の中で最も大きな木です。私の祖父は桜を愛しているので，彼は 10 年前により多くの桜の木を家の周りに植え始めました。今，私の祖父母の家の周りにはとてもたくさんの桜の木があり，それは村の中で有名な場所になっています。私は祖父母の桜の木が多くの人々に愛されてとてもうれしいです。

先日，私の祖父が「次は庭の大きな桜の木をライトアップする予定だよ。私はみんなに私たちの桜を夜に見てほしいんだ」と言いました。彼の計画はわくわくするように聞こえ，私は祖父母の家が私にとってより特別になるだろうと確信しています。私は来年の春に桜を一緒に見るために友達をそこに連れていきたいです。

検査 Ⅱ

1 【解き方】(1) 与式＝＋(10 ÷ 2)＝5

(2) $4a$ を右辺に移項して，$b = 7 - 4a$

(3) $a^2 + (-1 + 8)a + (-1) \times 8 = a^2 + 7a - 8$

(4) 解の公式より，$x = \dfrac{-(-3) \pm \sqrt{(-3)^2 - 4 \times 1 \times 1}}{2 \times 1} = \dfrac{3 \pm \sqrt{5}}{2}$

(5) おうぎ形の中心角を $x°$ とおくと，$\pi \times 6^2 \times \dfrac{x}{360} = 12\pi$ から，$x = 120$

(6) あたりをあ 1，あ 2，はずれをは 1，は 2，は 3 とおくと，2 本のひき方は，(あ 1，あ 2)，(あ 1，は 1)，(あ 1，は 2)，(あ 1，は 3)，(あ 2，は 1)，(あ 2，は 2)，(あ 2，は 3)，(は 1，は 2)，(は 1，は 3)，(は 2，は 3)の 10 通りで，1 本があたりで 1 本がはずれなのは，下線の 6 通りだから，求める確率は，$\dfrac{6}{10} = \dfrac{3}{5}$

(7) 2 点(3，0)，(0，6)を通ることより，直線 ℓ の傾きは，$\dfrac{0-6}{3-0} = -2$ で，切片は 6 だから，$y = -2x + 6$

(8) 反比例の式を $y = \dfrac{a}{x}$ とおき，$x = 5$，$y = 0.3$ を代入して，$0.3 = \dfrac{a}{5}$ より，$a = 1.5$　よって，$y = \dfrac{1.5}{x}$ に $x = 2.5$ を代入して，$y = 1.5 \div 2.5 = 0.6$

(9) 3を正解した生徒の得点は，4 点，7 点，10 点。それぞれの人数は，4 点が，20 × 0.25 = 5（人），7 点が，20 × 0.10 = 2（人），10 点が，20 × 0.05 = 1（人）だから，5 + 2 + 1 = 8（人）

(10) 四角形 ABCD は正方形だから，$AC = BD = \sqrt{2}AB = 2\sqrt{2}$ (cm)より，$MN = BD = 2\sqrt{2}$ cm　△ACG で三平方の定理より，$AG = \sqrt{(2\sqrt{2})^2 + 4^2} = \sqrt{24} = 2\sqrt{6}$ (cm)　よって，ひし形の面積は，$\dfrac{1}{2} \times 2\sqrt{2} \times 2\sqrt{6} = 4\sqrt{3}$ (cm^2)

【答】(1) 5　(2) $b = 7 - 4a$　(3) $a^2 + 7a - 8$　(4) $x = \dfrac{3 \pm \sqrt{5}}{2}$　(5) 120°　(6) $\dfrac{3}{5}$　(7) $y = -2x + 6$　(8) 0.6　(9) 8（人）　(10) $4\sqrt{3}$ (cm^2)

2 【答】(1) (a) ア　(b) エ　(2) 1 年間に進む距離（同意可）

3 【答】(1) 無性生殖　(2) (a) 結果の違いが，生物のはたらきによるものであること。（同意可）　(b) ① ウ　② イ

4 【解き方】(2) (a) 青色の光が反射して目に届き，それ以外の色の光は絵の具の表面で吸収されて目に届かない。
(b) 点 X と水面で屈折している点を結ぶ直線を水中に向かう方に伸ばしたところにコインの像が見える。

【答】(1) 放電　(2) (a) ① イ　② ア　(b) イ

5 【解き方】(1) ＋の電気を帯びた陽子の数と，－の電気を帯びた電子の数が等しい。

(2) (b) 表より，50 ℃の水 100g にミョウバンは最大 36g とけ，30 ℃の水 100g には 16g とけるので，50 ℃のミョウバンの飽和水溶液，100（g）+ 36（g）= 136（g）を 30 ℃までとかしたときに析出する結晶の量は，36（g）－ 16（g）= 20（g）　よって，40g の結晶をとり出せる飽和水溶液の質量は，136（g）× $\dfrac{40\,(\mathrm{g})}{20\,(\mathrm{g})}$ = 272（g）

【答】(1) 2（個）　(2) (a) 溶媒　(b) 272

6 【解き方】(1)「佐藤さんは旅行をすることが好きですが，彼がいくつの『国』に行ったことがあるのか，私は知りません」。「いくつの国に行ったことがあるのか」は間接疑問を使い，〈how many ＋複数名詞＋主語＋動詞〉で表す。

(2) (a)「それはあなたのものですか？」に対する返答。直後で「それはヒロキのものです」と続けているので No

で答える。(b) 直後の「私たちは図書館にいて，人々は読書しています」と次の応答の「今，私は話すのをやめます」から，ウの「静かにしてください」が適切。(c)「サプライズパーティーをしてはどうですか？」に対する返答。直後に「私たちに加わってくれる人々をもっと探しましょう！」から，エの「それはよい考えですね」が適切。

(3)「私は昨夜 6 時から 10 時まで数学のテストのために勉強しました」とあるので「あなたは 4『時間』勉強したの？」となる。直前が 4 なので，複数形になることに注意。

(4) Please tell me one thing you like. =「あなたが好きなことを 1 つ私に教えてください」。解答例 1 は「私はサッカーに興味があります。私はよく友人と放課後にそれをします」，解答例 2 は「私は音楽，特に K-pop が好きです。私は暇なときに歌ったり踊ったりして楽しみます」。

【答】 (1) ウ　(2) (a) イ　(b) ウ　(c) エ　(3) hours

(4)（例 1）I'm interested in soccer. I often play it with my friends after school.（13 語）

（例 2）I like music, especially K-pop. I enjoy singing and dancing in my free time.（14 語）

徳島県公立高等学校
（一般選抜）

2023年度
入学試験問題

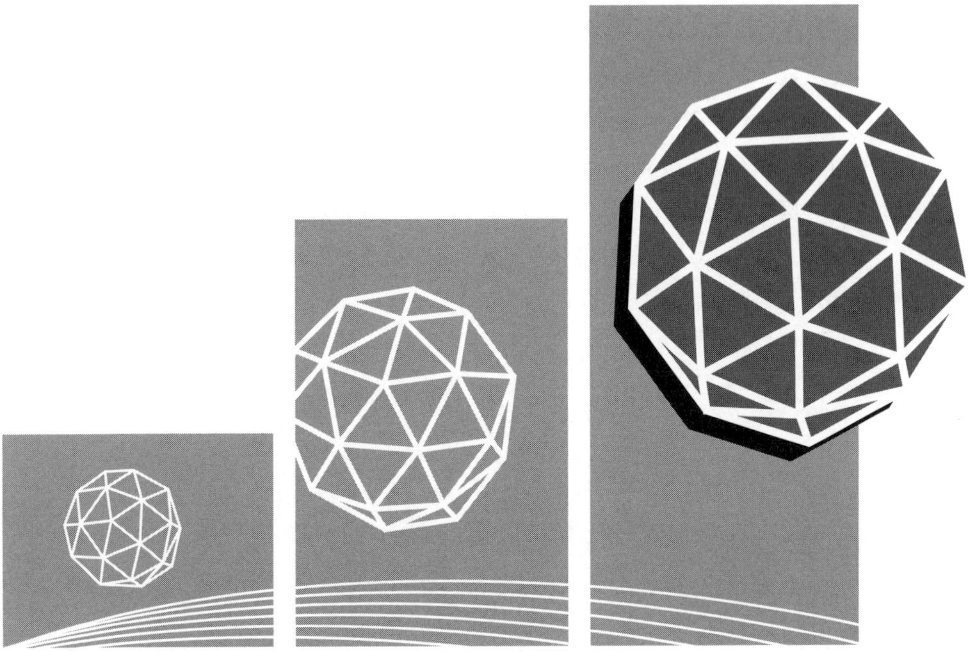

数学

時間　50分　　　　満点　100点

(注)　答えに無理数が含まれるときは，無理数のままで示しなさい。

1　次の(1)～(10)に答えなさい。

(1)　$(-4)\times 2$ を計算しなさい。(　　　)

(2)　$5\sqrt{3}-\sqrt{27}$ を計算しなさい。(　　　)

(3)　二次方程式 $x^2-14x+49=0$ を解きなさい。(　　　)

(4)　y は x に比例し，$x=-2$ のとき $y=10$ である。x と y の関係を式に表しなさい。(　　　)

(5)　関数 $y=\frac{1}{4}x^2$ について，x の値が 2 から 6 まで増加するときの変化の割合を求めなさい。

(　　　)

(6)　赤玉 3 個，白玉 2 個，青玉 1 個がはいっている箱から，同時に 2 個の玉を取り出すとき，取り出した 2 個の玉の色が異なる確率を求めなさい。ただし，どの玉の取り出し方も，同様に確からしいものとする。(　　　)

(7)　ある式に $3a-5b$ をたす計算を間違えて，ある式から $3a-5b$ をひいてしまったために，答えが $-2a+4b$ となった。正しく計算をしたときの答えを求めなさい。(　　　)

(8)　右の図のように，$\angle C=90^\circ$，$\angle D=120^\circ$ の四角形 ABCD がある。同じ印をつけた角の大きさが等しいとき，$\angle x$ の大きさを求めなさい。

(　　　)

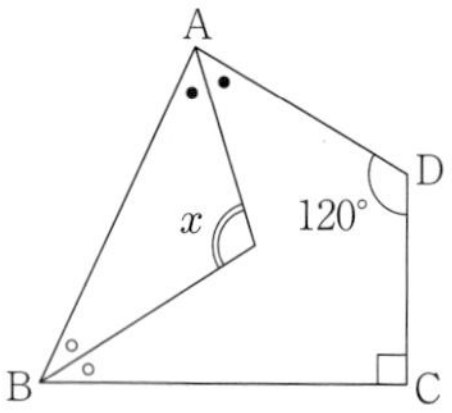

(9)　1 から 9 までの 9 つの自然数から異なる 4 つの数を選んでその積を求めると，810 になった。この 4 つの数をすべて書きなさい。(　　　　　)

(10)　右の図のように，円柱と，その中にちょうどはいる球がある。円柱の高さが 4 cm であるとき，円柱の体積と球の体積の差を求めなさい。ただし，円周率は π とする。(　　　　cm^3)

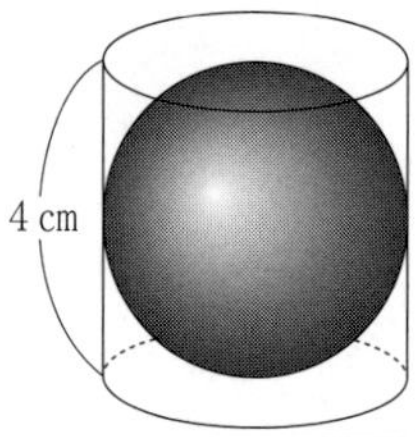

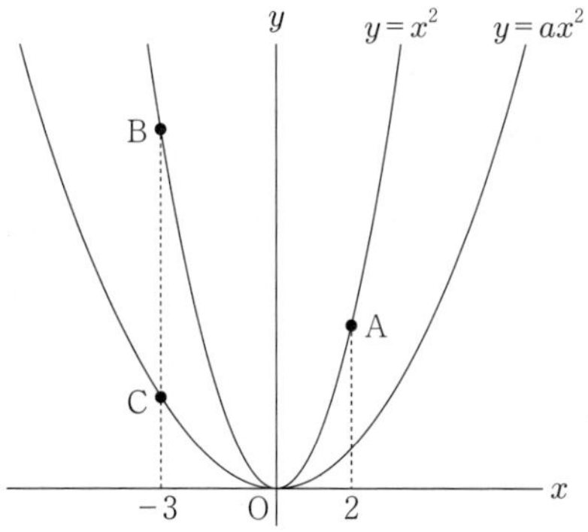

2 右の図のように，2つの関数 $y = x^2$ と $y = ax^2$ $(0 < a < 1)$ のグラフがある。関数 $y = x^2$ のグラフ上に2点A，B，関数 $y = ax^2$ のグラフ上に点Cがあり，点Aの x 座標は2，点B，Cの x 座標は -3 である。(1)〜(4)に答えなさい。

(1) 関数 $y = x^2$ のグラフと x 軸について線対称となるグラフの式を求めなさい。(　　　)

(2) 2点A，Bを通る直線の式を求めなさい。(　　　)

(3) △ABCの面積を a を用いて表しなさい。(　　　)

(4) 線分ACと線分OBとの交点をDとし，点Eを y 軸上にとる。四角形BDAEが平行四辺形となるとき，a の値を求めなさい。(　　　)

3　ゆうきさんとひかるさんは，桜の開花日予想に興味をもち，数学の授業で学んだことを利用して，今年の桜の開花日を予想しようと話し合っている。(1)・(2)に答えなさい。

【話し合いの一部】

ゆうきさん　気象庁のホームページには，徳島県の桜の開花日のデータがあります。それを使って過去 40 年間の桜の開花日をヒストグラムに表すと，図 1 のようになりました。

図 1

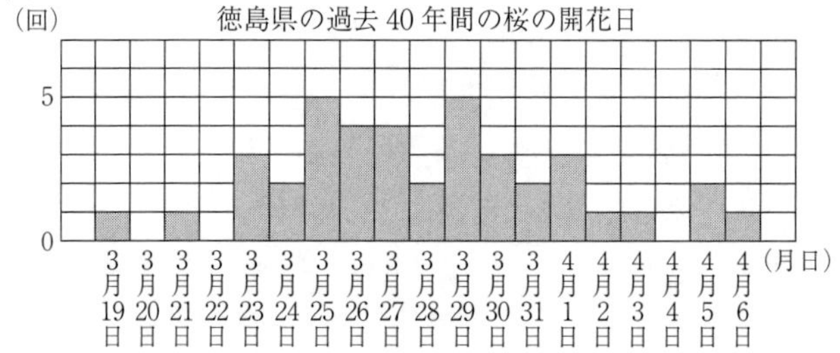

ひかるさん　開花日が 4 月 1 日以降になった年が，(①)回ありますね。

ゆうきさん　そうですね。ほかにも，3 月 25 日から 29 日の 5 日間に開花する回数が多いことが読みとれます。この 5 日間に開花した割合を求めると(②)%ですね。

ひかるさん　もっと開花日を正確に予想したいですね。

ゆうきさん　開花日には気温が関係しているかもしれませんね。

ひかるさん　インターネットで調べてみると，気温を用いた予想方法が 2 つ見つかりました。400 ℃の法則と 600 ℃の法則という予想方法です。

ゆうきさん　それは，どんな法則ですか。

ひかるさん　どちらも 2 月 1 日を基準とする考え方です。400 ℃の法則は，2 月 1 日以降その日の平均気温を毎日たしていき，合計が 400 ℃以上になる最初の日を開花予想日とします。600 ℃の法則は，2 月 1 日以降その日の最高気温を毎日たしていき，合計が 600 ℃以上になる最初の日を開花予想日とします。

ゆうきさん　どちらの法則の方が正確に予想できるのでしょうか。

ひかるさん　それぞれの法則で過去の開花予想日を求め，実際の開花日と比べてみましょう。その誤差をまとめると，どちらの法則の方が正確に予想できるかを調べることができます。

ゆうきさん　なるほど。気象庁のホームページには，日々の気温のデータもあります。そのデータを用いて 2022 年の開花予想日を求めると，いつになりますか。

ひかるさん　平均気温の合計が 400 ℃以上になる最初の日は，3 月 24 日でした。だから，400 ℃の法則を使えば，開花予想日は 3 月 24 日となります。また，600 ℃の法則を使えば，開花予想日は 3 月 22 日となります。

ゆうきさん　実際の開花日は 3 月 25 日だったので，400 ℃の法則での誤差は 1 日，600 ℃の法則での誤差は 3 日ですね。

ひかるさん　ほかの年ではどうなっているのでしょうか。2人で手分けして40年間分の誤差を求め，それをヒストグラムに表して，どちらの法則の方が正確に予想できるか考えてみましょう。

(1)　【話し合いの一部】の(①)・(②)にあてはまる数を，それぞれ書きなさい。

①(　　　)　②(　　　)

(2)　図2，図3は，40年間の気温のデータを用いて各法則で求めた開花予想日と，実際の開花日との誤差をヒストグラムに表したものである。(a)・(b)に答えなさい。ただし，誤差は絶対値で表している。

図2

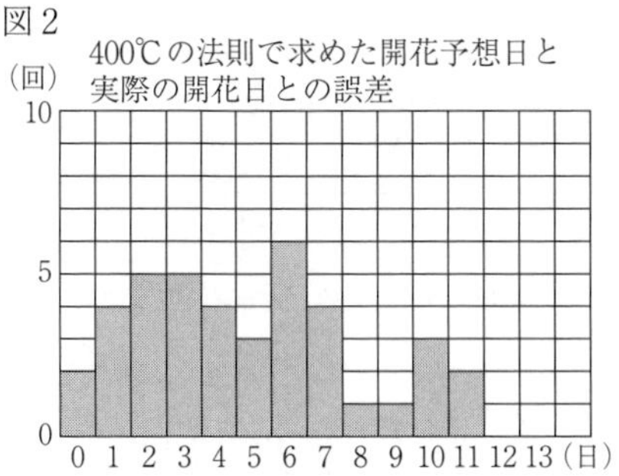

図3

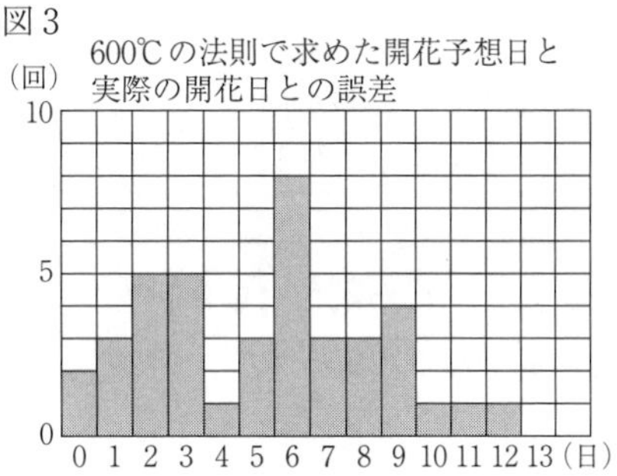

(a)　この2つのヒストグラムから読みとれることとして正しいものを，ア～エからすべて選びなさい。(　　　)

ア　最頻値は，図2より図3の方が大きい。

イ　予想が的中した回数は，図2，図3とも同じである。

ウ　誤差が10日以上になる割合は，図2より図3の方が小さい。

エ　誤差が3日までの累積相対度数は，図2，図3とも同じである。

(b)　ゆうきさんとひかるさんは，図2，図3のヒストグラムだけでは，どちらの法則の方が正確に開花日を予想できるのかを判断することが難しいと考え，箱ひげ図で比較することにした。図4は，図2，図3を作成するためにもとにしたデータを，箱ひげ図に表したものである。

ゆうきさんとひかるさんは，この2つの箱ひげ図から「400℃の法則の方が正確に開花日を予想できそうだ」と判断した。そのように判断した理由を，2つの箱ひげ図の特徴を比較して説明しなさい。

(　　　)

図4

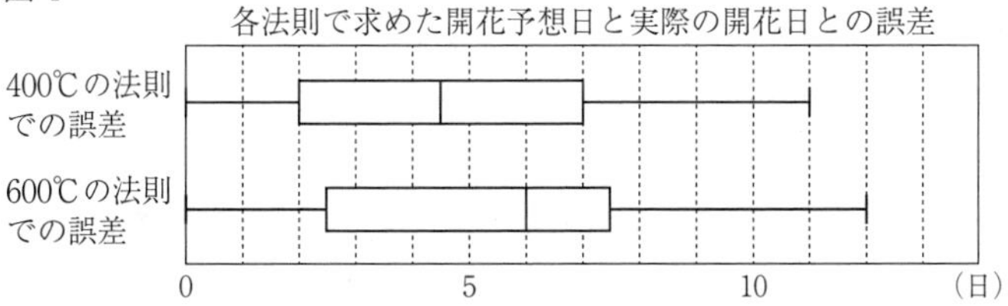

4　生徒会役員のはるきさんたちは，次の【決定事項】をもとに文化祭の日程を考えている。(1)・(2)に答えなさい。

【決定事項】

・文化祭は学級の出し物から始まり，学級の出し物の時間はすべて同じ長さとする。
・学級の出し物の間には入れ替えの時間をとり，その時間はすべて同じ長さとする。
・すべての学級の出し物が終わった後に昼休みを60分とり，その後，吹奏楽部の発表とグループ発表を行う。
・グループ発表の時間はすべて同じ長さとする。
・昼休み以降の発表の間には，入れ替えの時間をとらず，発表の時間に含める。

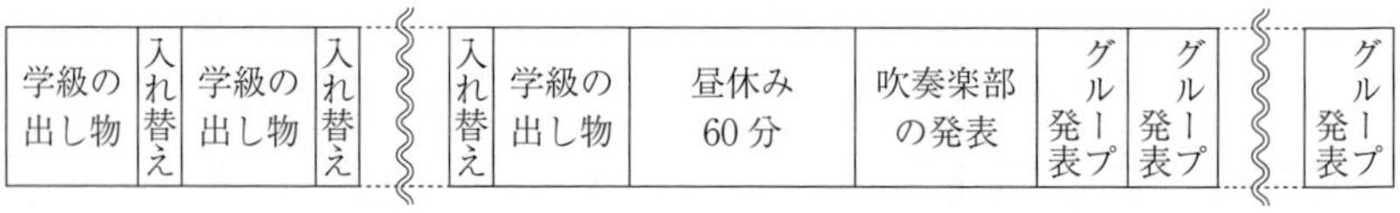

(1)　はるきさんたちは，次の【条件】をもとに文化祭のタイムスケジュールをたてることにした。(a)・(b)に答えなさい。

【条件】

・学級の出し物を5つ，グループ発表を10グループとする。
・学級の出し物の時間は，入れ替えの時間の4倍とし，吹奏楽部の発表の時間を40分とする。
・最初の学級の出し物が午前10時に始まり，最後の学級の出し物が正午に終わるようにする。
・最後のグループ発表が午後3時に終わるようにする。

(a)　学級の出し物の時間と入れ替えの時間は，それぞれ何分か，求めなさい。
学級の出し物の時間(　　　分)　入れ替えの時間(　　　分)

(b)　グループ発表の時間は何分か，求めなさい。(　　　分)

(2)　はるきさんたちは，学級の出し物の数を変更し，条件を見直すことにした。次の【見直した条件】をもとに，受け付けできるグループ発表の数について検討をしている。(a)・(b)に答えなさい。

【見直した条件】

・学級の出し物は7つとし，学級の出し物の入れ替えの時間は8分とする。
・吹奏楽部の発表の時間は，学級の出し物の時間の3倍とする。
・グループ発表の時間は7分とする。
・最初の学級の出し物が午前9時40分に始まる。
・最後のグループ発表が午後3時20分までに終わる。

(a)　最後のグループ発表が午後3時20分ちょうどに終わるとき，学級の出し物の時間をa分，グループ発表の数をbグループとして，この数量の関係を等式で表しなさい。(　　　)

(b)　学級の出し物の時間を15分とするとき，グループ発表は，最大何グループまで受け付けできるか，求めなさい。(　　　グループ)

5　右の図のように，すべての辺の長さが6cmの正三角錐OABCがある。辺OB上に点Dをとり，辺BCの中点をMとする。OD = 4cmのとき，(1)～(4)に答えなさい。

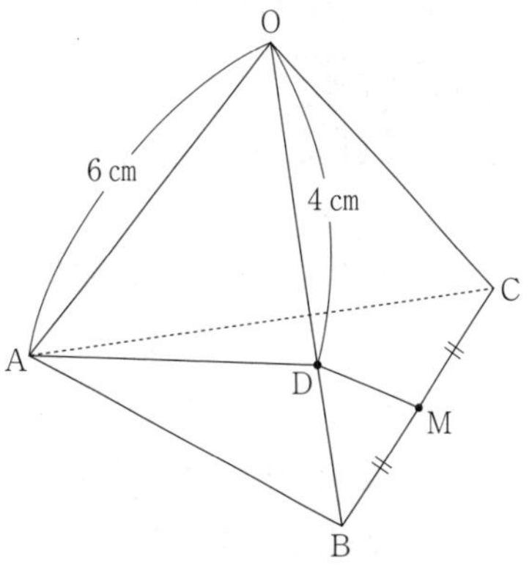

(1)　正三角錐OABCで，辺ABとねじれの位置にある辺はどれか，書きなさい。(　　　)

(2)　△OAD ∽ △BMDを証明しなさい。

(3)　AD + DMの長さを求めなさい。(　　　cm)

(4)　辺OC上に点Pをとる。4点O，A，D，Pを頂点とする立体OADPの体積が正三角錐OABCの体積の $\frac{2}{7}$ 倍であるとき，線分OPの長さを求めなさい。(　　　cm)

英語

時間　50分　　　　満点　100点

(編集部注)　放送問題の放送原稿は英語の末尾に掲載しています。

(注)　最初に，放送によるリスニングテストがあるので，その指示に従いなさい。

1　次の(1)～(3)に答えなさい。

(1)　場面A・Bにおける対話を聞いて，それぞれの質問に対する答えとして最も適するものを，ア～エから１つずつ選びなさい。場面A(　　　)　場面B(　　　)

場面A　ア　いぬ　　イ　ねこ　　ウ　とり　　エ　うさぎ

場面B　ア　7:00　　イ　8:00　　ウ　8:15　　エ　8:30

(2)　質問１・質問２のそれぞれにおいて，英語の短い質問とその後に読まれるア～エを聞いて，質問に対する答えとして最も適するものを，ア～エから１つずつ選びなさい。

質問１(　　　)　質問２(　　　)

(3)　次のスライドは，クラスで実施したアンケートの結果について，そうたさんが英語の授業で発表するために用意したものである。そうたさんの発表を聞いて，発表で使用した順にア～ウを並べて書きなさい。(　　→　　→　　)

ア

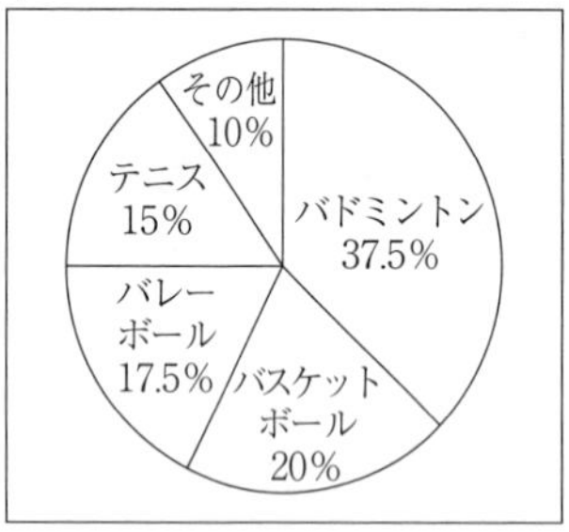

イ

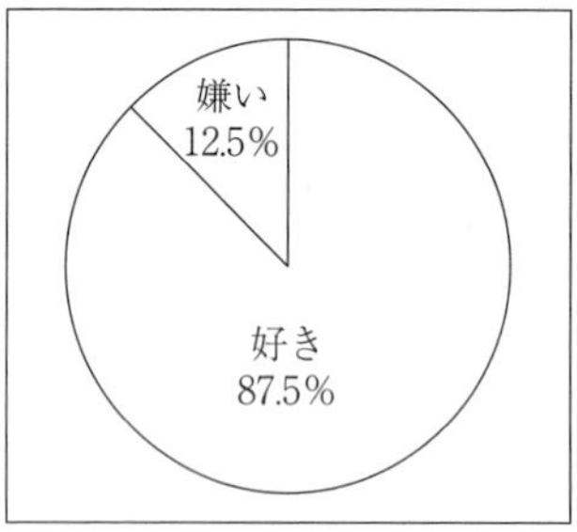

ウ

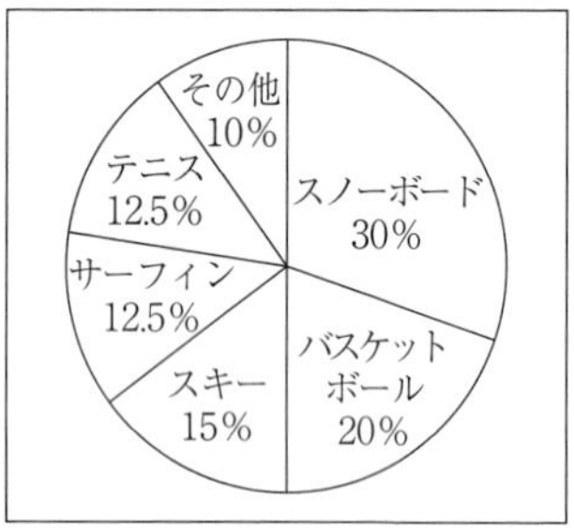

2　フィリピンから家族旅行で神戸を訪れている高校生のアンジェラ（Angela）さんは，徳島に住む友達のさおり（Saori）さんの携帯電話に伝言を残しました。その伝言を聞いて，アンジェラさんが伝えていることとして最も適するものを，ア～エから選びなさい。(　　　)

ア　Angela is going to see her mother's friend.　　イ　Angela is going to visit Tokushima.

ウ　Angela is going to return to her country.　　エ　Angela is going to call Saori again.

3　あなたの学校に着任したばかりのALTの先生が英語の授業中に話したことを聞いて，あなたの答えを英文１文で書きなさい。

(　　　　　　　　　　　　　　　　　　　　　　　　　　　　　　　　　　　　　　)

4　次の(1)～(3)に答えなさい。

(1)　次の英文(a)・(b)の意味が通るように，(　　)に最も適するものを，それぞれア～エから1つずつ選びなさい。

(a)　The Midori Festival is the biggest (　　　) in our town.

ア　event　　イ　forest　　ウ　park　　エ　school

(b)　I had a great time with my friends in Kyoto. I'll never (　　　) about it.

ア　know　　イ　hear　　ウ　enjoy　　エ　forget

(2)　次の対話文(a)～(c)を読んで，[　　]に最も適するものを，それぞれア～エから1つずつ選びなさい。(a)(　　　)　(b)(　　　)　(c)(　　　)

(a)　*A:*　Do you and your brother play baseball?

B:　[　　　　]　We play on the same team.

ア　Yes, I do.　　イ　No, I don't.　　ウ　Yes, we do.　　エ　No, we don't.

(b)　*A:*　If you have any questions about history, you should ask Emma. She is a walking dictionary.

B:　A walking dictionary?　[　　　　]

A:　A walking dictionary is someone who knows a lot. Emma knows a lot about history.

ア　What do you think?　　イ　What do you mean?　　ウ　What do you have?

エ　What do you need?

(c)　*A:*　Why don't we eat lunch at the new Chinese restaurant? I hear we can try various kinds of noodles.

B:　I'm sorry.　[　　　　]　How about tomorrow?

A:　OK. Let's meet in front of Aoba Station at eleven thirty.

ア　I've just finished my lunch.　　イ　I don't usually make my lunch.

ウ　I don't like eating noodles.　　エ　I've never been to China before.

(3)　次の対話が成り立つように，(　　)の中のア～エを並べかえなさい。

(　　→　　→　　→　　)

A:　Do you know (ア　your mother　　イ　talking　　ウ　with　　エ　the man)?

B:　Yes, he's my uncle.

5 次の英文は，中学生のけんた（Kenta）さんと，先月来日したばかりの留学生のマーク（Mark）さんが，学校の掲示板に貼られたポスター（poster）を見ながら交わしている対話の一部である。これを読んで，(1)～(3)に答えなさい。

いっしょに劇をつくろう！

☆９月の文化祭で上演します。

☆出演者，スタッフ募集：合計20名

☆興味がある人は，今週金曜日の３時に，音楽室に来てください！

生徒会

Mark: Hey, Kenta. This poster says, "Let's make something." Is that right?

Kenta: Yes, you can read Japanese!

Mark: A little. I can read *hiragana* and *katakana*, but ①[I] *kanji*. Can you tell me more about the poster?

Kenta: Sure. I made this poster as a member of the student council. We're planning to make a drama and perform it at the school festival in September.

Mark: That's interesting!

Kenta: We're looking for ten students who will perform on the stage, and another ten students to be the staff. The staff members need to prepare a lot of things, such as clothes, music, and a script.

Mark: Oh, I'm very interested in it.

Kenta: Really? Do you want to perform on the stage?

Mark: No, I want to be a staff member and create music with a computer.

Kenta: Can you do that? Wow!

Mark: My father taught me how to do it. How about you, Kenta? ②[going] to perform?

Kenta: No, I want to write a script. I hope our drama will make everyone smile.

Mark: Sounds exciting! Can I join, too?

Kenta: Of course you can!

（注） student council 生徒会 drama(s) 劇 perform ～を上演する，演じる prepare ～を準備する script 台本

(1) 対話が成り立つように，①[I]・②[going]にそれぞれ不足している語を補って，正しい語順で英文を完成させなさい。

①（ ） ②（ ）

(2) けんたさんとマークさんの対話の内容と合うものをア～エから１つ選びなさい。（ ）

ア Kenta made the poster in easy Japanese for Mark.

イ Kenta needs twenty students who can make clothes.

ウ Mark wants to perform on the stage at the school festival.

エ Mark learned how to create music from his father.

(3) ポスターに書かれていることのうち，けんたさんとマークさんの対話でふれられていない情報がある。あなたがけんたさんなら，そのふれられていない情報について，マークさんに何と伝えるか，英文１文で書きなさい。ただし，数を書く場合は数字ではなく英語で書くこと。

（ ）

6　次の英文は，フィンランド（Finland）からの留学生である高校生のオリビアさんが，ブログに投稿した文章の一部である。これを読んで，(1)〜(3)に答えなさい。

> I have been staying with a Japanese family for two months. I was surprised to learn our ways of life are so different. Let me tell you about the differences I've found during my stay.
>
> In Finland, my parents come home at around four-thirty. We eat dinner together and talk about things at school. After dinner, my father runs in the park and my mother enjoys reading. I usually practice the guitar, watch anime, or play video games with my brother. We have a lot of time to spend at home.
>
> In Japan, many people look busy. [ア] For example, my host parents sometimes come home after seven. [イ] My Japanese friends study hard both at school and at home. [ウ] I spend my time in the same way here and I feel very busy. However, I'm enjoying my school life in Japan because I have more time to spend with my friends. [エ]
>
> We have very different ways of life, and it's very important to learn about them. I believe we should understand the differences between our countries to build friendships.

（注）　way(s) of life　生活様式　　difference(s)　違い　　host　ホームステイ先の

friendship(s)　友好関係

(1)　次の英文は，本文中から抜き出したものである。この英文を入れる最も適切なところを，本文中の [ア] 〜 [エ] から選びなさい。(　　　)

They have club activities after classes, too.

(2)　オリビアさんが本文中で一番伝えたいことはどのようなことか，最も適するものを，ア〜エから選びなさい。(　　　)

ア　Living in other countries is the best way to learn about Japan.

イ　Spending a lot of time at home is important for Japanese students.

ウ　Having new experiences in other countries is always difficult.

エ　Understanding differences is necessary to build friendships.

(3)　右は，オリビアさんの投稿に対するコメントの1つである。これを読んだあなたは，返事を投稿することにした。質問に対するあなたの答えを**15語以上30語以内**の英語で書きなさい。ただし，数を書く場合は数字ではなく英語で書くこととし，文の数はいくつでもよい。また，符号は語数に含めない。

> I want to know what Japanese students think. If you had more free time after school, what would you do? Tell me about your ideas.

〈解答欄の書き方について〉

次の（例）に従って＿＿に1語ずつ記入すること。

（例）　Really ?　I'm　from　America,　too .

7　次の英文は，中学生のさやか（Sayaka）さんが，留学生のリアム（Liam）さんを迎えるまでの間に取り組んだことについて，スピーチコンテストで発表するために書いた原稿である。これを読んで，(1)〜(6)に答えなさい。

"We'll have a new student from abroad after summer vacation. His name is Liam, and he'll be a member of this class." When our teacher Ms. Tanaka told us the news, we were all very surprised. We asked her a lot of questions to learn about the new student.

Then Ms. Tanaka said to us, "Now, here's my question. It's his first time to come and live in a foreign country. If you were Liam, how would you feel before leaving your country?" Eita answered, "I would be very excited, but also worry about living abroad without my family." Ms. Tanaka continued, "Then, is there anything we can do for Liam? I want you to think about it and decide what to do."

We had various good ideas, but Wataru's idea was the [　　　]. He said, "Let's take videos to introduce our school life and send them to Liam in America! He can watch them and get some information about our school before coming to Japan." "Sounds great! I'm sure it will help him start his school life smoothly," said Chiho. Everyone agreed with Wataru's idea too.

We thought about what to tell Liam, such as the schedules, rules, school buildings, and club activities. Ms. Tanaka told us to work in groups, and each group had to choose a different topic to introduce. My group decided to introduce the school buildings. First, we chose some of the rooms or places in our school, and wrote the explanations in Japanese. However, it was very difficult for us to say everything in English. Then our ALT Grace gave us a hint. She said, "I know you have a lot to tell Liam, but try to give him only the most important information." So, we wrote shorter explanations for each place and took videos. All the groups tried hard to make useful videos for Liam, and we hoped he would like them.

After sending our videos, Liam also sent a video to us. We were glad to know that he enjoyed watching our videos. He wanted to know about the town too, so we took more videos to introduce our favorite shops and restaurants, the park, and the station near our school, and sent them to Liam.

Now Liam is in Japan and has been enjoying his school life with us. The other day, he said, "Your videos gave me a lot of information about the school and the town. They were really helpful, and now I have nothing to worry about. You're all very kind and I'm so happy to be a member of this class." His words made us happy too.

It was great to think about Liam and work together with my group members. We could actually help him start his new life smoothly. Through this experience, I learned helping others makes us happy. So, I hope we will always keep trying to find something we can do for others.

（注）smoothly　スムーズに　　schedule(s)　時間割　　school building(s)　校舎
explanation(s)　説明　　the other day　先日

(1)　次の(a)・(b)の問いに対する答えを，それぞれ**3語以上**の英文1文で書きなさい。ただし，符号は語数に含めない。

(a)　Is it Liam's first time to live abroad?

(　　　　　　　　　　　　　　　　　　　　　　　　　　　　　　　　　　　　)

(b)　What did Sayaka and her group members decide to introduce in their video?

(　　　　　　　　　　　　　　　　　　　　　　　　　　　　　　　　　　　　)

(2)　下線部について，あなたがさやかさんのクラスメートならどのような質問をするか，あなたから田中先生（Ms. Tanaka）への質問の形で，英文1文で書きなさい。

(　　　　　　　　　　　　　　　　　　　　　　　　　　　　　　　　　　　　　)

(3)　本文の内容に合うように，[　　　]に最も適する1語の英語を書きなさい。(　　　)

(4)　本文の内容に合うように，次の英文の[　　　]に最も適するものをア～エから選びなさい。

(　　　)

Sayaka and her classmates sent the second videos to Liam because [　　　].

ア　Wataru wanted Liam to know more about club activities

イ　everyone wanted to watch another video from Liam

ウ　each group got a hint from their ALT to make useful videos

エ　Liam asked them to give him information about the town

(5)　次の英文は，さやかさんとALTのグレイス（Grace）先生が，スピーチのタイトル（title）について交わしている対話の一部である。対話が成り立つように，[ⓐ]には最も適するものをア～エから選び，[ⓑ]には最も適する1語の英語を本文中から抜き出して書きなさい。

ⓐ(　　　)　ⓑ(　　　)

Sayaka:　I can't think of a good title for my speech. Could you help me?

Grace:　Sure. Try to use the words from the most important part. How about "[ⓐ]", for example? In the last part of your speech, you say thinking about [ⓑ] and doing something for them is great. That's the thing you really wanted to tell, right?

Sayaka:　Yes! That title can tell people what I'm going to talk about in my speech too. Thanks for your idea.

ア　Sending our videos to America　　イ　Working together for our new friend

ウ　Introducing our school in English　　エ　Enjoying our school life together

(6)　本文の内容と合うものをア～カから**2**つ選びなさい。(　　　)(　　　)

ア　Everyone in Sayaka's class was so surprised to hear about a new student.

イ　Ms. Tanaka's first question made her students think about Eita's feelings.

ウ　Chiho thought introducing their school life to Liam was a very good idea.

エ　All the groups in Sayaka's class had to choose the same topic to introduce.

オ　Grace told Sayaka's group to write more explanations in English for Liam.

カ　Liam is glad to be in Sayaka's class, but he still worries about living in Japan.

〈放送原稿〉

2023年度徳島県公立高等学校入学試験英語リスニングテストを行います。英文はすべて2回繰り返します。

1　次の(1)～(3)に答えなさい。

(1)　場面A・Bにおける対話を聞いて，それぞれの質問に対する答えとして最も適するものを，ア～エから1つずつ選びなさい。では，始めます。

場面A

M:　Do you have any pets, Yuriko?

F:　Yes, I have a dog and three cats. How about you, George?

M:　I've never had any pets, but I want a bird.

F:　Oh, you can ask Hiromi about birds. She has two birds and a rabbit.

Question　What does George want to have as a pet?

(対話と質問を繰り返す)

場面B

F:　What time does your school start in the morning, Tom?

M:　At 8:30, so I get up at 7:00.

F:　When do you leave home, then?

M:　Usually at 8:00, and it takes about 15 minutes by bike.

Question　What time does Tom usually leave home?

(対話と質問を繰り返す)

(2)　質問1・質問2のそれぞれにおいて，英語の短い質問とその後に読まれるア～エを聞いて，質問に対する答えとして最も適するものを，ア～エから1つずつ選びなさい。では，始めます。

質問1　How's the weather in New York today?

ア　It's a big city.　　イ　It's very old.　　ウ　It's snowing a lot.

エ　It's Monday today.

(質問と答えを繰り返す)

質問2　Do you know whose book this is?

ア　I think it's Ken's.　　イ　I have my notebook.　　ウ　Ken is in the library.

エ　My hobby is reading.

(質問と答えを繰り返す)

(3)　次のスライドは，クラスで実施したアンケートの結果について，そうたさんが英語の授業で発表するために用意したものである。そうたさんの発表を聞いて，発表で使用した順にア～ウを並べて書きなさい。では，始めます。

Hello, everyone. Now, let me share your answers to my questions about sports. First, look at this graph. Most of the students in this class like sports. The second graph shows your favorite sports. Badminton is the most popular and basketball comes next. I think this is because we often play them in class at school. The last one is about the sports you want to try. I'm surprised to know that 45% of my classmates are interested in winter sports. I hope we can try them during our school trip to Hokkaido. Thank you for listening.

（繰り返す）

2　フィリピンから家族旅行で神戸を訪れている高校生のアンジェラ（Angela）さんは，徳島に住む友達のさおり（Saori）さんの携帯電話に伝言を残しました。その伝言を聞いて，アンジェラさんが伝えていることとして最も適するものを，ア～エから選びなさい。では，始めます。

Hi, Saori. It's Angela. Listen! We went to see one of my mother's friends today. I told him about you, and he said he could take my family to Tokushima by car this Saturday. We have to return to Kobe at night, but if you are free, I want to come and see you during the day. Can you call me back and let me know your plans for this Saturday? Thanks. Bye.

（繰り返す）

3　あなたの学校に着任したばかりのALTの先生が英語の授業中に話したことを聞いて，あなたの答えを英文1文で書きなさい。では，始めます。

I like eating and I've already had *sushi*, *tempura*, and *sukiyaki* since I came to Japan. They were all delicious, but I want to eat something different next time. What Japanese food should I try?

（繰り返す）

これでリスニングテストを終わります。

社会

時間　50分　　　　満点　100点

1　あきらさんのクラスでは，原始・古代から近世について，班ごとにテーマを決め，調べたことを発表することになった。右の表は各班のテーマについて示したものである。(1)～(5)に答えなさい。

	テーマ
1班	縄文時代の遺跡と出土品
2班	日本に影響を与えた大陸文化
3班	摂関政治から①院政へ
4班	②織田信長の全国統一事業
5班	江戸幕府の政治と世界の動き

(1)　次の文は，1班の発表原稿の一部である。正しい文になるように，文中のⓐ・ⓑについて，ア・イのいずれかをそれぞれ選びなさい。ⓐ(　　　)　ⓑ(　　　)

> ⓐ[ア　三内丸山　　イ　吉野ヶ里]遺跡は青森県にある縄文時代を代表する遺跡です。この遺跡からは，自然の豊かな実りを願い，まじないにも使われたとされるⓑ[ア　土偶　イ　埴輪]が数多く出土しています。

(2)　2班は，自分たちの班のテーマをもとに，発表に用いる次のア～ウのカードを作成した。時代の古いものから順にア～ウを並べなさい。(　　→　　→　　)

ア	イ	ウ
唐に渡った最澄と空海は，帰国後にそれぞれ天台宗と真言宗を開いた。	宋に渡った栄西や道元は，座禅によって悟りを開こうとする禅宗を伝えた。	唐から日本に渡ってきた鑑真は，僧の守るべき生活の規律などを伝えた。

(3)　3班のテーマに関して，下線部①はどのような政治か，「天皇」，「上皇」という語句を用いて書きなさい。

(　　　　　　　　　　　　　　　　　　　　　　　　　　　　　　)

(4)　4班のテーマに関して，下線部②が全国統一事業の拠点として築いた，本格的な天守をもっていたとされる城の場所を，略地図中の あ～え から1つ選びなさい。(　　　)

略地図

(5)　資料Ⅰと資料Ⅱは，5班が発表のために用意したものである。(a)・(b)に答えなさい。

(a)　資料Ⅰ中の下線部に関して説明した文として，最も適切なものをア～エから選びなさい。(　　　)

資料Ⅰ

年代	幕府がおこなったこと	
1787	寛政の改革を始める	A
1825	異国船(外国船)打払令を出す	B
1854	日米和親条約を結ぶ	C
1867	幕府の政権を朝廷に返す	

ア　株仲間を増やして営業税を徴収し，長崎での貿易も活発におこなった。

イ　江戸や大阪周辺の土地などを，幕府の直接の支配地にしようとした。

ウ　急増する訴えに対し，裁判や刑の基準を定めた公事方御定書を制定した。

エ　江戸などに出てきていた者を村に帰し，凶作に備え村ごとに米を蓄えさせた。

(b)　資料Ⅱは，イギリスと清との戦いを描いたものであり，この戦いの後，清はイギリスと不平等な内容の条約を結んだ。この戦いが起こった期間を資料Ⅰ中のA～Cから1つ選びなさい。また，この戦いの名称も書きなさい。

記号(　　　)　名称(　　　)

資料Ⅱ

2 わが国の近代から現代までの歴史に関して，(1)～(3)に答えなさい。

(1) 次の文は，ある人物について述べたものの一部である。正しい文になるように，文中の①・②について，ア・イのいずれかをそれぞれ選びなさい。①(　　　) ②(　　　)

大久保利通らと意見が対立して政府を去った①［ア 大隈重信　イ 板垣退助］は，民撰議院設立の建白書を政府に提出し，国民が選んだ議員がつくる国会の早期開設を要求した。その後，政府が国会を開くことを約束すると，1881年，国会開設に備え，みずからを党首とする②［ア 自由党　イ 立憲改進党］を結成した。

(2) 資料は，わが国の財政支出に占める軍事費の割合の推移を表したものである。(a)・(b)に答えなさい。

資料

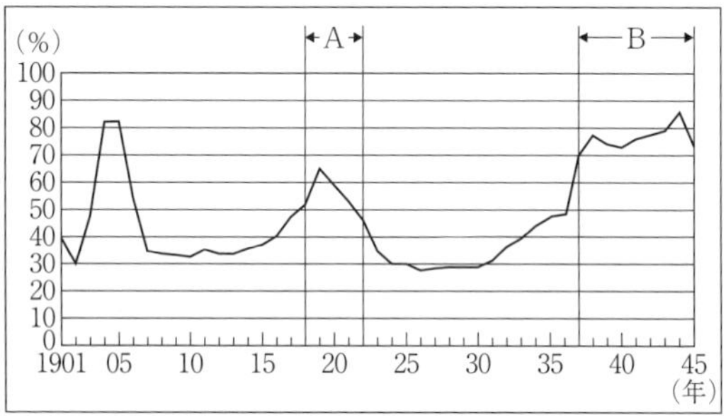

(「数字でみる日本の100年」改訂第7版より作成)

(a) 資料中のAの期間に，日本はアメリカやイギリスなどと共同して，ロシア革命に干渉するために軍隊を派遣した。このできごとを何というか，書きなさい。(　　　)

(b) 次のア～エは，資料中の時期に起こった，日本がアジアに勢力を拡大したできごとである。資料中のBの期間に軍事費の割合が増大しているが，その原因と考えられるできごととして最も適切なものを，ア～エから選びなさい。(　　　)

ア 日英同盟を理由にドイツに宣戦を布告し，中国の山東半島などに軍隊を送った。

イ 韓国や満州が主な戦場となり，旅順や奉天を占領し，日本海海戦でも勝利した。

ウ 盧溝橋での武力衝突をきっかけに，宣戦布告のないまま中国へ勢力を拡大した。

エ 柳条湖での鉄道爆破事件をきっかけに軍事行動を始め，満州の大部分を占領した。

(3) 次の各文は，20世紀のアメリカにおける，日本と関係の深いできごとをまとめたものの一部である。(a)～(c)に答えなさい。

- ①ワシントン会議が開かれ，海軍の軍備の制限や，中国の主権尊重などが確認された。
- ニューヨーク株式市場において株価の大暴落が起こり，②世界恐慌に発展した。
- アメリカを中心とする資本主義諸国は，日本と③サンフランシスコ平和条約を結んだ。

(a) 下線部①が行われていた時期と同じ頃に，日本国内で起こったできごととして適切なものを，ア～エから1つ選びなさい。(　　　)

ア 日比谷焼き打ち事件が起こる。　イ 原水爆禁止運動が起こる。

ウ　国会期成同盟が結成される。　　エ　全国水平社が結成される。

(b)　下線部②への対策として，アメリカのローズベルト（ルーズベルト）大統領はどのような政策を行ったのか，政策の名称を明らかにして，「公共事業」という語句を用いて，書きなさい。

(　　　　　　　　　　　　　　　　　　　　　　　　　　　　　　　　　　　　　)

(c)　下線部③より後に起こったできごとを，ア～エから**すべて**選びなさい。(　　　)

ア　財閥解体が始まる。　　イ　沖縄が日本に復帰する。　　ウ　日本国憲法が公布される。

エ　日中平和友好条約が結ばれる。

3 右の略地図や資料を見て，(1)〜(4)に答えなさい。

略地図

(1) 略地図中の東北地方について，(a)・(b)に答えなさい。

(a) 次の文は，東北地方の自然環境について述べたものの一部である。正しい文になるように，文中の①・②について，ア・イのいずれかをそれぞれ選びなさい。①(　　　) ②(　　　)

東北地方の中央には①[ア 越後山脈　イ 奥羽山脈] が南北にはしっている。山脈の合間には，大小さまざまな河川が流れており，このうち日本海へ流れこむ②[ア 北上川　イ 最上川] 下流部の庄内平野は，広大な稲作地域となっている。

(b) 東北地方では，おもに6月から8月にかけてふく冷たく湿った北東の風の影響で，稲が十分に育たず，収穫量が減ってしまう冷害が起こることがある。この対策として行われている稲作の工夫について，北東の風の名称を明らかにして，「品種」という語句を用いて書きなさい。

(　　　　　　　　　　　　　　　　　　　　)

(2) 資料ⅠのA〜Dは，略地図中の あ〜え の都市における，30年間の1月の平均気温と平均降水量を表したものである。資料Ⅰ中のAはどの都市のものか，略地図中の あ〜え から1つ選びなさい。(　　　)

資料Ⅰ

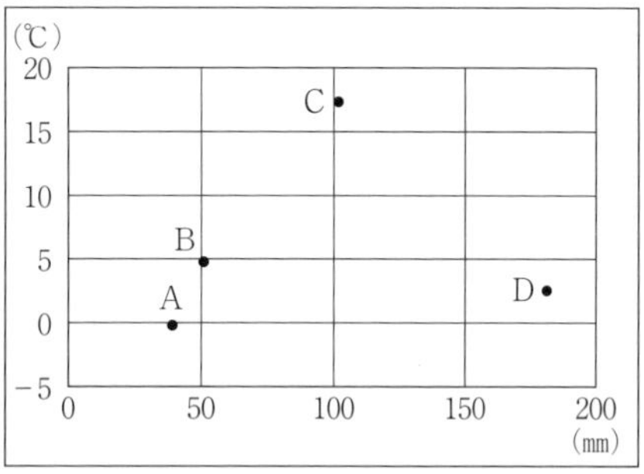

(注) 気温と降水量は1991年から2020年までの平均値。
(「理科年表」2022年版より作成)

(3) 略地図中の阿蘇山には，火山の爆発や噴火による陥没などによってできた，世界最大級のくぼ地がある。このくぼ地を何というか，カタカナで書きなさい。

(　　　)

(4) 資料Ⅱは，略地図中の で示した4府県における2019年の農業産出額と工業製造品出荷額，2022年の重要文化財指定件数，2018年の住宅の一戸建率を表している。兵庫県にあてはまるものはどれか，資料Ⅱ中のア〜エから1つ選びなさい。

(　　　)

資料Ⅱ

府県	農業産出額(億円)	工業製造品出荷額(億円)	重要文化財指定件数(件)	住宅の一戸建率(%)
ア	320	172,701	683	40.7
イ	403	21,494	1,328	67.6
ウ	666	57,419	2,200	55.3
エ	1,509	163,896	472	50.4

(注) 一戸建とは，集合住宅ではなく，一戸ごとに建てられた家のこと。
(「データでみる県勢」2022年版ほかより作成)

4　次の略地図や資料を見て，(1)～(5)に答えなさい。

略地図

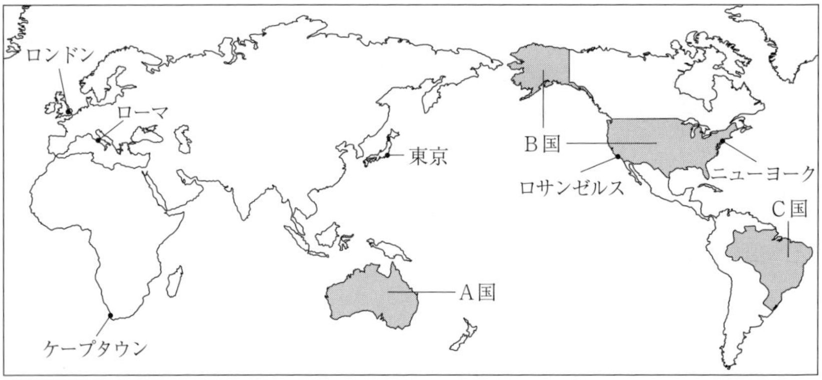

(1)　地球上に分布する三つの大洋のうち，略地図中のA国とB国の両方の国が，共通に面している海洋は何か，書きなさい。(　　　)

(2)　略地図中のローマとケープタウンは，同じ気候に属しており，次の文は，ケープタウンの気温と降水量の特色について説明したものである。正しい文になるように，文中のⓐ・ⓑについて，ア・イのいずれかをそれぞれ選びなさい。ⓐ(　　　)　ⓑ(　　　)

ケープタウンの1月と7月の平均気温を比較すると，7月の平均気温の方が，1月の平均気温よりⓐ[ア　低く　　イ　高く]なる。また，1月と7月の降水量を比較すると，7月の降水量の方が，1月の降水量よりⓑ[ア　少なく　　イ　多く]なる。

(3)　略地図中の世界の地域は，六つの州に分けることができる。資料Ⅰは，六つに分けられた州のうち，アジア州，アフリカ州，オセアニア州，ヨーロッパ州の人口密度と人口の高齢化率を表したものである。アジア州にあてはまるものはどれか，資料Ⅰ中のア～エから1つ選びなさい。(　　　)

資料Ⅰ

州	人口密度 (人/km^2)	人口 高齢化率(%)
ア	151	9.4
イ	46	3.5
ウ	34	19.4
エ	5	12.7

(注1)　ロシアは，ヨーロッパ州に含まれている。
(注2)　人口の高齢化率は，総人口に占める65歳以上の人口の割合。
(「日本国勢図会」2022／23年版ほかより作成)

(4)　略地図中のB国には，複数の標準時があり，資料Ⅱは，略地図中のロンドンが1月1日午前0時のときの東京，ロサンゼルス，ニューヨークの時刻を表したものである。略地図中のB国に複数の標準時がある理由を，時差が生じるしくみと関連付け，「国土」という語句を用いて書きなさい。(　　　　　　　　　　　　)

資料Ⅱ

都市	ロンドンが1月1日 午前0時のときの時刻
東京	1月　1日午前9時
ロサンゼルス	12月31日午後4時
ニューヨーク	12月31日午後7時

(5)　略地図中のC国では，さとうきびなど，おもに植物を原料としてつくられる燃料で走る自動車が普及している。この燃料を何というか，書きなさい。(　　　燃料)

5　次の(1)～(5)に答えなさい。

(1)　基本的人権の一つである自由権のうち，身体の自由（生命・身体の自由）について，警察が被疑者を逮捕するなどの身体を拘束する場合には，原則として令状が必要である。この令状を出すのはだれか，ア～エから1つ選びなさい。(　　　)

ア　知事　　イ　内閣総理大臣　　ウ　検察官　　エ　裁判官

(2)　次の文は，日本国憲法で保障されている社会権について述べたものである。正しい文になるように，文中の①は，ア・イのいずれかを選び，（ ② ）にはあてはまる語句を書きなさい。

①(　　　)　②(　　　)

日本国憲法で保障されている社会権の一つに生存権がある。この権利は，すべての国民に「健康で①［ア　文化的　　イ　社会的］な最低限度の生活を営む権利」として，憲法第25条で保障されている。また，憲法第26条では，国民の誰もが学習をする機会を等しく与えられる権利として（ ② ）が保障されている。さらに憲法第27条と第28条では，労働者の権利として，勤労の権利と労働基本権（労働三権）がそれぞれ保障されている。

(3)　次の文は，わが国の労働環境の変化について述べたものの一部である。文中の（　　）にあてはまる語句を書きなさい。(　　　)

かつては日本の多くの企業が，一つの企業で定年になるまで働く（　　）の制度や，勤続年数に応じて賃金が増える年功序列型の賃金制度を採用してきた。しかし近年，仕事の成果に応じて賃金を決めるなど，新たな制度を採用する企業も増えてきている。

(4)　わが国の国会は，衆議院と参議院からなる二院制をとっている。(a)・(b)に答えなさい。

(a)　現在の衆議院議員を選ぶ選挙で採用されている制度として最も適切なものを，ア～エから選びなさい。(　　　)

ア　小選挙区制　　イ　選挙区選挙　　ウ　小選挙区制と比例代表制を組み合わせたもの

エ　選挙区選挙と比例代表制を組み合わせたもの

(b)　資料は，2009年以降の衆議院と参議院の選挙の実施年月を表したものである。衆議院と参議院の選挙の違いについて，資料から読み取ることができる内容にふれて，「半数」という語句を用いて，次の文に続く形で書きなさい。

(　　　　　　　　　　　　　　　　　　　　　　　　　　)

参議院は，衆議院と異なり（　　　　）。

資料

衆議院	参議院
2009年 8月	2010年7月
2012年12月	2013年7月
2014年12月	2016年7月
2017年10月	2019年7月
2021年10月	2022年7月

(5)　次の文は，地域紛争によって起こるさまざまな問題について述べたものの一部であり，文中の（　　）には，同じ語句があてはまる。（　　）にあてはまる語句を**漢字2字**で書きなさい。(　　　)

紛争地域では，住んでいた自国をはなれて他国に逃れる（　　）が発生することがある。これらの人々を支援するための国際機関として，国連（　　）高等弁務官事務所（UNHCR）がある。

6　中学生のまさるさんのクラスでは，社会科の授業で，地域の活性化につながるようなまちづくりのアイデアについて，班ごとに発表することになった。次は，各班が発表しようとしているアイデアの一部をまとめたものである。(1)～(6)に答えなさい。

1班

〈①豊かな自然の保護〉
【行政や企業の取り組み】
○自然とふれ合ったり，自然環境の保護について学んだりできる施設や展示を整備する。
【私たちができること】
○森林や岸辺などでの清掃活動に取り組んでいる②ボランティア団体の活動に参加する。

2班

〈観光客の誘致〉
【行政や企業の取り組み】
○③歴史や文化など，特定のテーマに応じた観光地を巡る新しいツアーを企画する。
【私たちができること】
○地域の④観光地の魅力について学び，案内役として，観光客に魅力を紹介する。

3班

〈⑤地産地消の推進〉
【行政や企業の取り組み】
○地元で生産された野菜や果実などの農産物を，学校給食の食材として供給する。
【私たちができること】
○地元で生産された農産物を材料にした新しい商品の開発に協力し，⑥直売所などで販売する。

(1)　まさるさんは，下線部①のための条例を制定することが地域を活性化させる方法の一つと考えた。住民には，国政にはみられない権利が認められており，次の文は，その権利の一つである条例の制定や改廃の請求の手続きについて述べたものである。正しい文になるように，文中のⓐ・ⓑについて，ア・イのいずれかをそれぞれ選びなさい。ⓐ(　　　)　ⓑ(　　　)

住民には，直接民主制を取り入れた直接請求権が認められている。その権利の一つである条例の制定や改廃を求めるためには，住民は，有権者のⓐ［ア　3分の1　　イ　50分の1］以上の署名を集め，ⓑ［ア　首長　　イ　選挙管理委員会］に請求する。請求後は，議会が招集され，結果が報告される。

(2)　下線部②について，新たなまちづくりなどの多くの分野において，ボランティア活動などの社会貢献活動を行う非営利組織のことを何というか，その略称を**アルファベット3字**で書きなさい。
(　　　)

(3)　下線部③に関して，江戸時代の末期には，旅行が流行し，庶民の楽しみの一つとなった。江戸時代の末期に栄えた文化の特色と活躍した人物として正しいものを，ア～エから1つ選びなさい。
(　　　)

ア　大阪や京都の上方を中心に栄え，『おくのほそ道』の作者である松尾芭蕉が活躍した。
イ　大阪や京都の上方を中心に栄え，『東海道中膝栗毛』の作者である十返舎一九が活躍した。
ウ　幕府が置かれていた江戸を中心に栄え，『おくのほそ道』の作者である松尾芭蕉が活躍した。
エ　幕府が置かれていた江戸を中心に栄え，『東海道中膝栗毛』の作者である十返舎一九が活躍した。

(4)　下線部④に関して，近年，生態系の保全と観光の両立を目指した取り組みが進められている地域がある。このような観光の取り組みを何というか，カタカナで書きなさい。(　　　)

(5) 資料Ⅰは，3班が，下線部⑤による効果について発表するために，まとめたものの一部である。(a)・(b)に答えなさい。

資料Ⅰ

・地域の活性化につながる。
・食料自給率の向上につながる。
・環境への負荷を減らすことにつながる。

(a) 3班は，食料自給率の向上につながるという効果に着目した。資料Ⅱは，2019年のオランダ，フランス，ドイツ，日本の牛乳・乳製品と小麦の食料自給率を表したものである。資料Ⅱ中のA，Bには，オランダ，フランスのいずれかが，X，Yには牛乳・乳製品，小麦のいずれかがそれぞれ入る。A，Bの国とX，Yの農産物の組み合わせとして正しいものを，ア～エから1つ選びなさい。
(　　)

資料Ⅱ　単位(%)

国	農産物	
	X	Y
A	200	104
B	19	162
ドイツ	125	106
日本	16	59

(「令和3年度食料需給表」より作成)

ア　A―オランダ　B―フランス　X―牛乳・乳製品　Y―小麦
イ　A―フランス　B―オランダ　X―牛乳・乳製品　Y―小麦
ウ　A―オランダ　B―フランス　X―小麦　Y―牛乳・乳製品
エ　A―フランス　B―オランダ　X―小麦　Y―牛乳・乳製品

(b) 3班は，環境への負荷を減らすことにつながるという効果もあることを知り，さらに詳しく調べていたところ，資料Ⅲと資料Ⅳを見つけた。資料Ⅲは，2020年度の国内の貨物輸送における輸送手段別の割合を表し，資料Ⅳは，2020年度のそれぞれの輸送手段における，1tの貨物を1km運ぶ際に排出される二酸化炭素の質量を表している。

後の文は，地産地消の推進が二酸化炭素の排出量の削減につながる理由について，3班がまとめたものである。資料Ⅲと資料Ⅳを参考にして，(①)・(②)にあてはまる言葉を，それぞれ書きなさい。ただし，(①)には，資料Ⅲと資料Ⅳからわかることを書き，(②)には，地産地消の推進が二酸化炭素の排出量の削減につながる理由を，地産地消の特徴と関連付けて，「距離」という語句を用いて，書きなさい。

①(　　　　)
②(　　　　)

資料Ⅲ

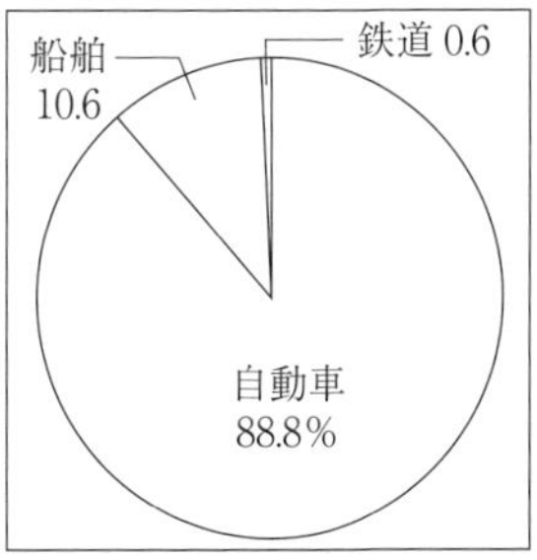

(「国土交通省資料」より作成)

資料Ⅳ

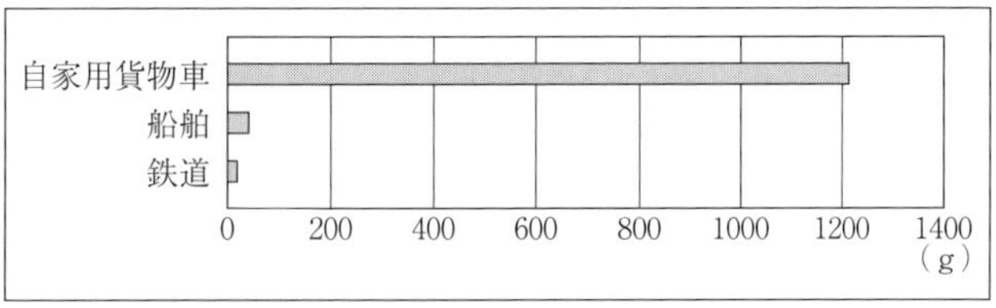

(注) 自家用貨物車とは，荷物などを運ぶための自動車のこと。
(「国土交通省資料」より作成)

輸送手段に着目して資料Ⅲと資料Ⅳを見ると，(　①　)ことがわかる。このことから，地産地消を推進することは，（　②　）ため，二酸化炭素の排出量の削減につながると考える。

(6)　下線部⑥について，近年，商品を販売する小売店の多くでは，バーコードやレジを使ったPOS（販売時点情報管理）システムが導入されている。POSシステムの導入によって，商品が売れた数量や時間などの情報を収集することができるが，このことは，小売店にとって，どのような利点があるのか，「効率的」という語句を用いて，次の文に続く形で書きなさい。

（　　　　　　　　　　　　　　　　　　　　　　　　　　　　　　　　　　　　）

小売店は，商品の売り上げ情報をもとにして，（　　　　　）。

理科

時間　50分　　　　満点　100点

1　次の(1)～(4)に答えなさい。

(1)　アブラナとツツジについて，(a)・(b)に答えなさい。

(a)　アブラナとツツジの花を比べると，形も大きさも違うが，各部分の並び方は共通している。花の各部分を，外側から順に並べたものとして正しいものはどれか，ア～エから1つ選びなさい。
(　　　)

ア　がく→花弁→めしべ→おしべ　　イ　がく→花弁→おしべ→めしべ

ウ　花弁→がく→めしべ→おしべ　　エ　花弁→がく→おしべ→めしべ

(b)　アブラナとツツジの花は，子房の中に胚珠とよばれる粒がある。このように，胚珠が子房の中にある植物を何というか，書きなさい。(　　　　植物)

(2)　エネルギーの変換について，(a)・(b)に答えなさい。

(a)　エネルギーは，さまざまな装置を使うことによってたがいに変換することができる。もとのエネルギーから目的のエネルギーに変換された割合を何というか，書きなさい。(　　　)

(b)　白熱電球やLED電球は，電気エネルギーを光エネルギーに変換しているが，光エネルギー以外のエネルギーにも変換されてしまう。何エネルギーに変換されるか，最も適切なものをア～エから選びなさい。(　　　)

ア　運動エネルギー　　イ　位置エネルギー　　ウ　熱エネルギー　　エ　化学エネルギー

(3)　図のように，酸化銀を加熱すると，酸素が発生し，銀が残った。(a)・(b)に答えなさい。

図

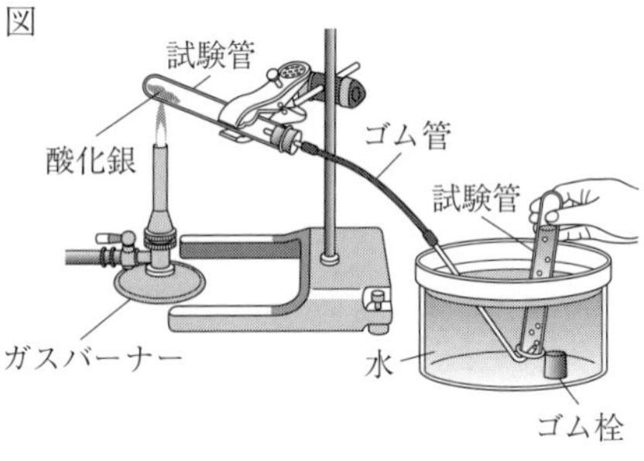

(a)　酸化銀を加熱したときのように，1種類の物質が2種類以上の物質に分かれる化学変化を何というか，書きなさい。(　　　)

(b)　図のような気体の集め方を水上置換法というが，この方法で酸素を集められるのは，酸素にどのような性質があるためか，書きなさい。

(　　　　　　　　　　　　　　　　　　　　　　　　　　　　　　)

(4)　風について，(a)・(b)に答えなさい。

(a)　次の文は，晴れた日の夜に海岸付近でふくことがある風について述べたものである。正しい文になるように，文中の①・②について，ア・イのいずれかをそれぞれ選びなさい。

①(　　　)　②(　　　)

陸上の気温が海上の気温より低くなったときに，陸上の気圧が海上の気圧より①［ア　高く　イ　低く］なることで，②［ア　海から陸に　　イ　陸から海に］向かう風がふく。

(b)　日本付近で，夏になると，あたたかく湿った季節風がふくのはなぜか，その理由を書きなさい。

(　　　　　　　　　　　　　　　　　　　　　　　　　　　　　　)

2　物質のすがたとその変化について実験を行った。(1)～(5)に答えなさい。

実験１

①　ポリエチレンの袋に少量のエタノールを入れ，内部の空気をぬいて袋の口を密閉した。

②　袋に 90 ℃の熱湯をかけ，変化を見た。

実験２

①　枝つき試験管にエタノール $10cm^3$ と沸とう石を２，３個入れ，図１のような装置を組んだ。

②　ガスバーナーで加熱し，１分ごとに温度をはかった。表は，このときの記録をまとめたものである。

③　全体が沸とうし始めた時間を確認した。

④　ガラス管の先が，試験管にたまった液体につかっていないことを確認してから火を消した。

図１

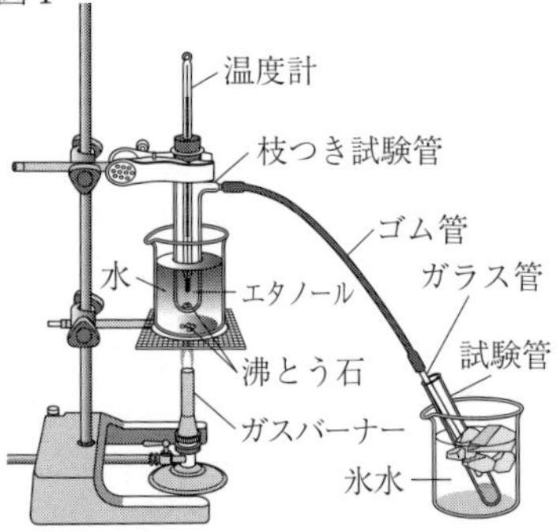

表

加熱した時間〔分〕	0	1	2	3	4	5	6	7	8	9	10
温度〔℃〕	24.5	26.4	31.8	39.9	50.7	60.2	69.5	77.2	78.0	78.0	78.0

(1)　物質が固体，液体，気体とすがたを変えることを何というか，書きなさい。(　　　)

(2)　実験１ ②の袋の体積とエタノールの分子のようすについて述べた文として，正しいものはどれか，ア～エから１つ選びなさい。(　　　)

ア　袋の体積は変化せず，エタノールの分子は，すきまなく規則正しく並んでいる。

イ　袋の体積は変化せず，エタノールの分子は，分子間の間隔が広く，自由に飛び回っている。

ウ　袋の体積は大きくなり，エタノールの分子は，すきまなく規則正しく並んでいる。

エ　袋の体積は大きくなり，エタノールの分子は，分子間の間隔が広く，自由に飛び回っている。

(3)　実験２ ④で，ガラス管の先が液体につかっていないことを確認してから火を消したのはなぜか，その理由を書きなさい。

(　　　　　　　　　　　　　　　　　　　　　　　　　　　　　　　)

(4)　実験２ の結果から，エタノールの沸点は何℃と考えられるか，書きなさい。また，そう考えた理由を書きなさい。

沸点(　　　℃)　理由(　　　　　　　　　　　　　　　　　　　　　　　)

(5)　石油は，さまざまな有機物などの混合物であり，石油からガソリンや灯油，軽油，重油，液化石油ガスなどがとり出される。石油蒸留塔は，沸点の違いを利用して蒸留する装置で，石油を用途に応じて分けたり，環境に有害な成分をとり除いたりしており，図２は，石油蒸留塔を模式的に表したものである。次の文は，石油蒸留塔について述べたものである。正しい文になるように，文中のⓐ・ⓑについて，ア・イのいずれかをそれぞれ選びなさい。ⓐ(　　　)　ⓑ(　　　)

図２

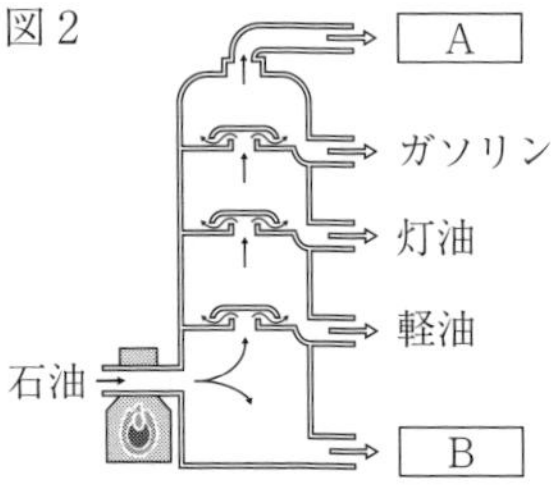

石油蒸留塔の高さは約50mで，塔の中は，上にいくほど温度が低くなるように設定されており，上段から順に，沸点がⓐ［ア　高い　　イ　低い］ものをとり出すことができる。液化石油ガスの主成分である液体のブタンを，試験管に少量入れて，指や手であたためると沸とうするが，灯油にはそのような現象は見られない。このことから，液化石油ガスは，図2のⓑ［ア　A　　イ　B］からとり出すことができる。

[3]　水中の物体にはたらく力を調べる実験を行った。(1)～(5)に答えなさい。ただし，100gの物体にはたらく重力の大きさを1Nとし，糸の質量は考えないものとする。

実験

① 図1のように，高さが6.0cmの物体をばねばかりにつるすと，ばねばかりは2.1Nを示した。

② 次に，水そうに底面から10.0cmの高さまで水を入れた。

③ 図2のように，物体を水面から3.0cmの深さまで沈め，ばねばかりの値を記録した。

④ ③の後，物体を水面から6.0cmの深さまで沈め，ばねばかりの値を記録した。

⑤ 表1は，このときの記録をまとめたものである。

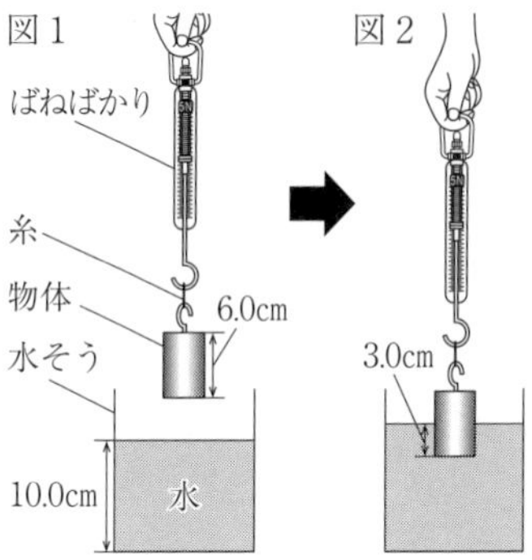

表1

物体を沈めた深さ〔cm〕	0	3.0	6.0
ばねばかりの値〔N〕	2.1	1.7	1.3

(1) 物体の質量は何gか，求めなさい。(　　　g)

(2) 物体を水面から3.0cmの深さまで沈めたとき，物体にはたらく浮力の大きさは何Nか，求めなさい。(　　　N)

(3) 物体を水面から6.0cmの深さまで沈めたとき，物体にはたらく水圧の大きさと向きを模式的に表したものとして，最も適切なものをア～エから選びなさい。ただし，矢印は，物体にはたらく水圧の大きさと向きを表している。(　　　)

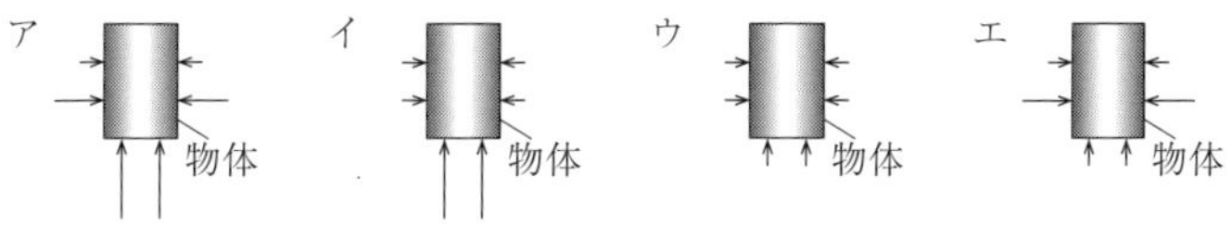

(4) 実験と同じ装置で物体を水面から10.0cmの深さまで沈めたとき，ばねばかりの値はどのように変化したと考えられるか，ア～エから1つ選びなさい。(　　　)

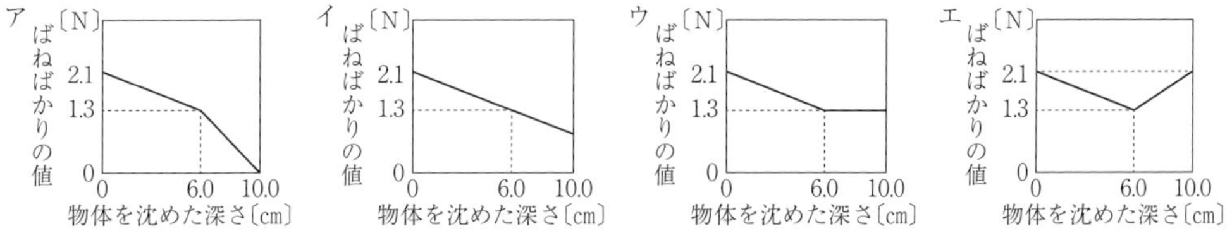

(5)　みづきさんは，学校のプールで泳いだときよりも，海で泳いだときの方が体がよく浮いたことを思い出した。このことを調べるため，水を塩化ナトリウム水溶液にかえ，実験と同じように物体を沈める実験を行った。表2は，このときの記録をまとめたものであり，表1に比べ物体にはたらく浮力が大きいことがわかった。水に沈めたときよりも，塩化ナトリウム水溶液に沈めたときの方が物体にはたらく浮力が大きいのはなぜか，その理由を書きなさい。ただし，水の密度を1.0g/cm^3，塩化ナトリウム水溶液の密度を1.2g/cm^{3}とし，物体の上面と下面にはたらく力をふまえ，「圧力の差」という語句を用いて書くこと。

表2

物体を沈めた深さ〔cm〕	0	3.0	6.0
ばねばかりの値〔N〕	2.1	1.6	1.1

(　　　　　　　　　　　　　　　　　　　　　　　　　　　　)

4 徳島県のある中学校で，太陽の動きについて調べた。(1)～(5)に答えなさい。

観測

① 図1のように，画用紙に透明半球のふちと同じ大きさの円をかき，その中心に×印をつけた。次に，透明半球を，かいた円に合わせて固定して水平な場所に置き，方位を画用紙に記入した。

図1

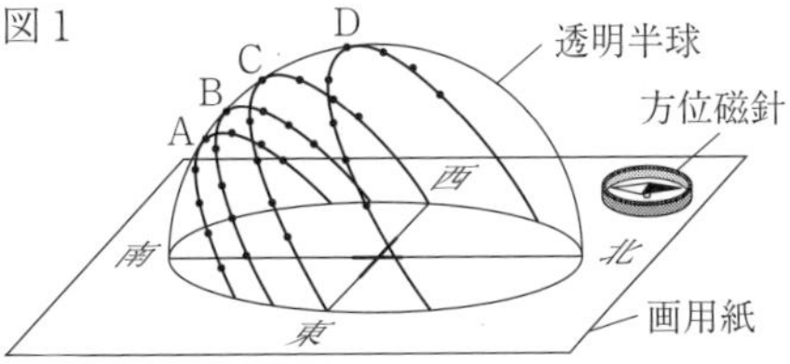

② 3月21日，6月21日，9月23日，11月22日，12月22日に，それぞれ午前8時から午後3時までおよそ1時間ごとに，太陽の位置を，透明半球の球面にペンで • 印をつけて記録した。• 印は，ペンの先の影が，画用紙にかいた円の中心にくる位置につけた。なお，9月23日の記録は，3月21日のものとほぼ同じであった。

③ 記録した • 印を，なめらかな曲線で結び，それを透明半球のふちまでのばした。

(1) 地球の自転による太陽の見かけの動きを，太陽の何というか，書きなさい。(　　　)

(2) 次の文は，観測の透明半球の記録からわかる地球の動きについて述べたものである。正しい文になるように，文中のⓐ・ⓑについて，ア・イのいずれかをそれぞれ選びなさい。

ⓐ(　　　) ⓑ(　　　)

透明半球上の太陽の1日の動きから，地球がⓐ［ア 東から西へ　イ 西から東へ］自転していることがわかる。また，それぞれの日で，1時間ごとに記録した • 印の間隔がすべて同じであることから，1時間ごとの太陽の動く距離は一定であり，地球が1時間あたりⓑ［ア 約15°　イ 約30°］という一定の割合で自転していることがわかる。

(3) 観測の3月21日の記録を，図1のA～Dから1つ選びなさい。(　　　)

(4) 図2は，日本付近の，太陽の光が当たっている地域と当たっていない地域を表したものであり，地点Xは観測を行った中学校の位置を示している。地点Xの日時として，最も適切なものをア～エから選びなさい。(　　　)

ア 6月21日午前5時　　イ 6月21日午後7時

ウ 12月22日午前7時　　エ 12月22日午後5時

図2

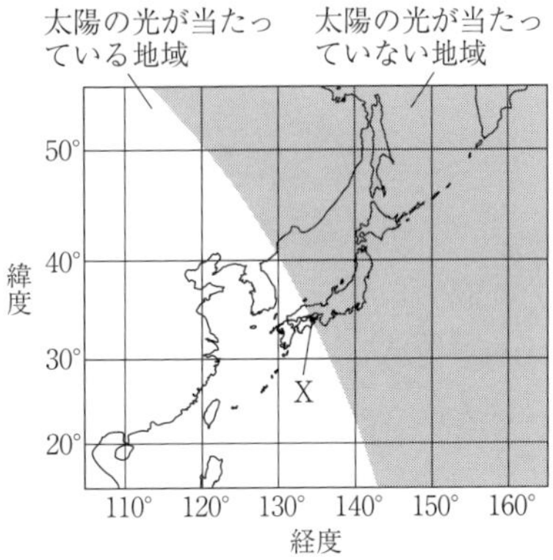

(5) 観測を行った中学校の屋上で，実験用の太陽光発電パネルを設置して，発電により得られる電力について調べることにした。使用するパネルは，太陽の光が当たる角度が垂直に近いほど得られる電力が大きいものである。夏至にパネルを真南に向けて設置するとき，得られる電力を最も大きくするには，パネルと水平な床面との角度を何度にすればよいか，求めなさい。ただし，パネルを設置する地点は北緯34°であり，地球の地軸は，公転面に垂直な方向に対して23.4°傾いているものとする。(　　　度)

5　しんやさんたちは，理科の授業でエンドウを用いたメンデルの研究について学習し，その内容をまとめた。(1)～(6)に答えなさい。

しんやさんたちのまとめ

・メンデルは，ⓐ親にあたる個体として，丸い種子をつくる個体と，しわのある種子をつくる個体をかけ合わせ，できる種子の形質を調べた。「丸」と「しわ」は対立形質である。

・ⓑその結果，子はすべて丸い種子になり，一方の親の形質だけが現れた。

・次に，この丸い種子（子にあたる個体）を育て，自家受粉させた。得られた種子（孫にあたる個体）は丸い種子としわのある種子の両方であった。表はその結果を示したものである。

表

親の形質	丸い種子	しわのある種子
子に現れた形質	すべて丸い種子	
孫に現れた形質の個体数の比	丸い種子：しわのある種子 = 5474：1850	

・メンデルはこの実験結果を説明するために，生物の体の中には，それぞれの形質を支配する要素があると仮定した。この要素は，のちに遺伝子とよばれるようになった。

しんやさん　違った形質の親の個体をかけ合わせたのに，子にあたる個体は一方の親の形質だけしか現れないのは興味深いですね。

あおいさん　この場合は丸い種子だけですね。種子をしわにする遺伝子は，子にあたる個体には伝わらなかったのでしょうか。

しんやさん　でも，孫にあたる個体には，しわのある種子が現れています。親から子，そして孫にあたる個体へと，種子をしわにする遺伝子が伝わっているのではないでしょうか。

あおいさん　子にしわのある種子は現れていませんが，種子をしわにする遺伝子は伝わっているはずですね。では，子と同じように，孫の丸い種子の個体にも必ず伝わっているのでしょうか。

しんやさん　形質を見るだけではわかりませんが，ⓒ孫の丸い種子の個体と，別の個体をかけ合わせて，できる種子の形質を見ればわかるのではないでしょうか。

(1)　下線部ⓐについて，メンデルが親に選んだ個体のように，同じ形質の個体をかけ合わせたとき，親，子，孫と世代を重ねても，つねに親と同じ形質であるものを何というか，書きなさい。(　　　)

(2)　次の文は，下線部ⓑの内容について述べたものである。正しい文になるように，文中の(あ)・(い)にあてはまる言葉をそれぞれ書きなさい。あ(　　　)　い(　　　)

丸い種子のように子に現れる形質を（ あ ）といい，しわのある種子のように子に現れない形質を（ い ）という。

(3)　次の文は，下線部ⓒについて，種子をしわにする遺伝子が伝わっているかどうかを調べるためのかけ合わせについて述べたものである。正しい文になるように，文中の①・②について，ア・イのいずれかをそれぞれ選びなさい。①(　　　)　②(　　　)

孫の丸い種子の個体に，しわのある種子の個体をかけ合わせて，丸い種子としわのある種子が①［ア　3：1　　イ　1：1］の割合で現れれば，しわにする遺伝子は伝わっており，すべてが

②［ア　丸い　　イ　しわのある］種子の個体になれば伝わっていないとわかる。

あおいさん　まとめた内容を理解するために，モデル実験を行ってみましょう。

モデル実験

図のようにA～Dの4つの袋と，白と黒の碁石を複数個用意する。Aに白い碁石を2個，Bに黒い碁石を2個入れておく。なお，碁石は遺伝子を表している。

① Aから1個，Bから1個碁石をとり出す。

② とり出した2個の碁石をCに入れる。DにはCと同じ組み合わせの碁石を入れる。

③ Cから1個，Dから1個碁石をとり出す。

④ とり出した2個の碁石の組み合わせをつくる。

⑤ この組み合わせを記録した後，それぞれの碁石を③でとり出したもとの袋に戻す。

⑥ ③から⑤の操作を200回繰り返す。

図

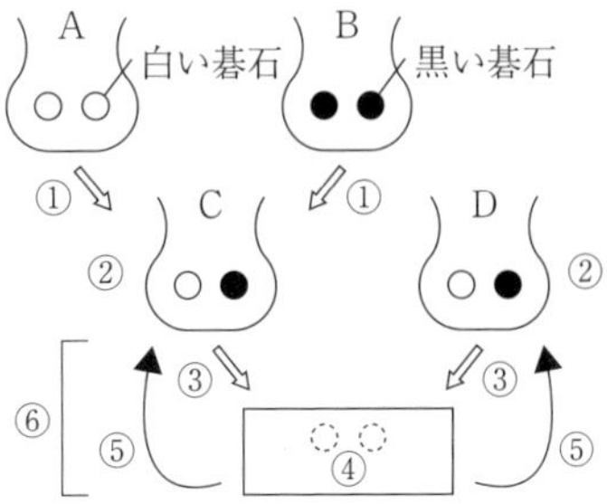

しんやさん　CとDからとり出す碁石は，それぞれ（ あ ）種類あります。それらの組み合わせは複数できますね。

あおいさん　できた組み合わせの割合も予想することができます。それは（ い ）になりますね。

先生　それでは実際に200回やってみましょう。

しんやさん　時間がかかりましたが，結果はあおいさんの予想どおりでしたね。

先生　モデル実験の結果から，メンデルの研究について，親，子，孫の形質の現れ方の規則性を説明することができましたね。

あおいさん　この規則性のとおり考えれば，メンデルの実験結果の，ⓓひ孫の代にあたる個体の割合も予想ができますね。

(4) いっぱんに，減数分裂の結果，対になっている遺伝子が分かれて別々の生殖細胞に入ることを，分離の法則という。モデル実験において，分離の法則を表している操作はどれか，①～④から**2**つ選びなさい。(　　　)(　　　)

(5) 文中の（ あ ）にあてはまる数字を書きなさい。また，（ い ）に入るあおいさんの予想として正しいものを，ア～カから1つ選びなさい。ただし，○は白い碁石を，●は黒い碁石を表している。あ(　　　)　い(　　　)

ア　○○：○●＝1：1　　イ　○○：○●＝1：3　　ウ　○○：○●＝3：1

エ　○○：○●：●●＝1：1：1　　オ　○○：○●：●●＝1：2：1

カ　○○：○●：●●＝1：3：1

(6) 下線部ⓓについて，メンデルの実験で得られた孫の個体をすべて育て，それぞれ自家受粉させたとき，得られるエンドウの丸い種子の数としわのある種子の数の割合はどうなると考えられるか，最も簡単な整数比で書きなさい。丸い種子：しわのある種子＝(　　：　　)

える」という読み方が若者の間で定着してきたのでしょうか。

あかりさん　若者言葉と呼ばれるような言葉も、最近では辞典に載るようになっています。時代とともに、言葉は変化するということですね。

ひなのさん　そう言えば、「映える」の話のときに、「やばい」という言葉についても話がでましたね。「やばい」は、不都合なことや危険なことを表す言葉として、辞典に載っていることを知りました。

はるとさん　でも、今、私たちの周りでは、「おいしい」とか「おもしろい」ときにも、「やばい」を使っていますよね。

いつきさん　それについて、興味深い資料を見つけたんですよ。これは、文化庁が行った世論調査の結果です。

あかりさん　資料を見ると、「やばい」という言葉を、「とてもすばらしい」という意味で使うことがあると答えた人の割合は、年代によってかなり違いますね。

〈条件〉

(A)　題名などは書かないで、本文を一行目から書き始めること。

(B)　二段落構成とし、前の段落では、資料から読み取ったことを書くこと。後の段落では、前の段落を踏まえて、どのようなことを意識して言葉を使うかについてのあなたの考えを書くこと。

(C)　全体が筋の通った文章になるようにすること。

(D)　漢字を適切に使い、原稿用紙の正しい使い方に従って、十～十三行の範囲におさめること。

つある。その記号を書きなさい。（　　）

(3) 次は、あやかさんとこうたさんが、本文を読んで対話をした内容の一部である。(a)～(c)に答えなさい。

あやかさん　「蜂飼の大臣」と呼ばれている藤原宗輔が蜂を飼っていることを、世間の人々は「（ あ ）」と言っていたみたいですね。

こうたさん　でも、鳥羽上皇のお屋敷で、（ い ）という方法で飛び回る蜂たちを集めたことで、評価も変わったのではないでしょうか。

あやかさん　鳥羽上皇も、宗輔が蜂の習性をよく理解しているところはもちろん、（ う ）にも、とても感心なさったのでしょうね。

(a) （ あ ）にあてはまる、世間の人々の発言部分を本文中から**五字**で抜き出して書きなさい。

(b) （ い ）にあてはまる適切な言葉を**十五字以上二十字以内の現代語**で書きなさい。

(c) （ う ）にあてはまる言葉として、最も適切なものをア～エから選びなさい。（　）

ア　飼っていた蜂たちが急に飛び回っても、慌てずに対応したところ
イ　突然の出来事にも驚かず、家来たちに騒ぎをおさめさせたところ
ウ　大切な蜂の巣が壊されても、冷静な判断で騒ぎをおさめたところ
エ　思いがけない場面でも、平然と機転のきいた行動をとったところ

5　いつきさんたちは、言葉の使い方について話し合っている。次は、いつきさんたちが参考にした資料と、話し合いの一部である。これらをもとに、言葉の使い方についてのあなたの考えを〈条件〉(A)～(D)に従って書きなさい。

資料

「やばい」という言い方を「とてもすばらしい（良い，おいしい，かっこいい等も含む）」という意味で使うことがあるか

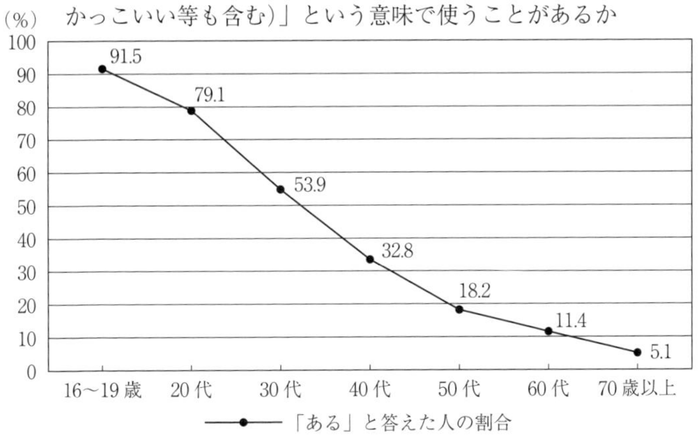

（文化庁「平成26年度国語に関する世論調査」より作成）

話し合いの一部

いつきさん　この間、先生が、「映《は》える」を「ばえる」と読む人が多くて驚いたとおっしゃっていましたね。

はるとさん　「インスタ映え」という言葉がよく使われているから、「ば

然と一体となることを至高の美とした民族を、私は他に知らない。

（三井《みつい》秀樹《ひでき》「かたちの日本美　和のデザイン学」より。一部省略等がある。）

ア　本文と同じような考えを示すことで、日本人の自然観が正しいと認めさせようとしている。

イ　本文と同じような考えを示すことで、日本人の自然観について理解を深めさせようとしている。

ウ　本文とは異なる考えを示すことで、日本人の自然観が間違っていると気づかせようとしている。

エ　本文とは異なる考えを示すことで、日本人の自然観について疑問をもたせようとしている。

4　次の文章は「十訓抄《じっきんしょう》」の一節で、蜂に名前を付けて飼い慣らしていた、太政大臣《だいじょうだいじん》（藤原宗輔《むねすけ》）の話である。(1)～(3)に答えなさい。

出仕《出勤》の時は車のうらうへの物見《もの み》に《牛車の両側の物見窓に》、はらめきけるを《ブンブンと乱れ飛んでいたのを》、「とまれ。」との《おっ》たまひければ《しゃったところ》、とまりけり。世には蜂飼《はちかひ》の大臣《おとど》とぞ申しける。不思議の徳、おはしける人なり。

この殿の蜂をア飼ひ給《たま》ふを、世人、無益《むやく》のことといひけるほどに、五月のころ、鳥羽殿にて、蜂の巣にはかに落ちて、御前に飛び散りたりければ、人々、刺されじ《刺されまい》とて、逃げさわぎけるに、相国《しやうこく》《太政大臣（宗輔）》、御前にありける枇杷《びは》を一房イ取りて、琴爪にて皮をむきて、さし上げられたりければ、あるかぎりウ取りつきて、散らざりければ、供人をエ召して、やをらた《そっとお渡し》びたりければ《になったところ》、院は「かしこくぞ、宗輔が候《さうら》ひて。」《鳥羽上皇は「折良く、宗輔がお仕えしていて。」》と仰《おほ》せられて《おっしゃって》、御《ぎょ》《大変》感《かん》ありけり《おほめになったということである》。

（注）　鳥羽殿＝現在の京都市伏見区にあった鳥羽上皇の邸宅。
御前＝貴人の目の前。
枇杷＝果実の一種。
琴爪＝琴を弾くときに指先にはめる道具。

(1)　～～～線部「おはしける」を、現代仮名遣いに改めて、全てひらがなで書きなさい。（　　　）

(2)　══線部ア～エには、その主語にあたるものが他と異なるものが一にとって花は「素材」ですから、ふんだんに使うことに意味を見出《みいだ》すのではないか、と私は思います。

（枡野俊明「日本人はなぜ美しいのか」より。一部省略等がある。）

（注）直截的＝まわりくどくなく、はっきりと言うこと。きっぱりした簡明な言い方。

(1) ゆうこさんのノートの A ・ B にあてはまる適切な言葉を書きなさい。ただし、 A ・ B は、本文中からそれぞれ**十四字**で抜き出して書くこと。

A

B

(2) 本文において、——線部「無我であるのに、素材の一つひとつにも、庭全体にも、私の心が息づいています」とあるが、どういうことか。最も適切なものをア～エから選びなさい。（　）

ア　自分から離れてつくったはずなのに、自分の心の在り様に合った庭ができること。

イ　図面のとおりにつくったはずなのに、図面とは違ったさまざまな庭ができること。

ウ　素材を使って自分をかたちにするので、心が映し出された庭ができること。

エ　素材にいざなわれてつくるので、意識せずに図面どおりの庭ができること。

(3) ゆうこさんは、庭づくり以外の日本文化の例も取り上げ、スピーチの内容に入れることにした。次は、スピーチ原稿の一部である。（ⓐ）・（ⓑ）にあてはまる適切な言葉を書きなさい。ただし、（ⓐ）は本文中から**二字**で抜き出し、（ⓑ）は、補足資料1の言葉を用いて**三十字以上三十五字以内**で書くこと。

ⓐ

ⓑ

日本文化といえば、いけばなをあげる人がいると思いますが、実は庭づくりといけばなには同じだと思われる点があります。一つ目は、庭づくりにおける石や水、いけばなにおける花を、「素材」や「（ⓐ）」として使うものではなく、命あるものと捉えている点です。だから、それらの一つひとつと向き合いながら、思いを表現していくのです。二つ目は、以心伝心のコミュニケーションが成立している点です。いけばなでは、花をいける側がおもてなしの心をもってさりげなくいけることに対して、（ⓑ）のです。

(4) ゆうこさんは、次の補足資料2を使って、スピーチの構成メモにある〰〰線部「日本人の自然観」について説明しようとしている。ゆうこさんが、補足資料2を準備した意図は何か、最も適切なものをア～エから選びなさい。（　）

補足資料2

日本人は昔から、季節とともに移ろう自然の色やかたちを愛《め》で、その中に暮らしのスタイルを求め、美意識を見出そうと感性を磨いてきたのである。世界中のどこの民族も昔から大自然の恵みを受け、はたまたその脅威に脅《おびや》かされながら生活をながらえてきた。しかし日本人ほど毎年のように天災地変に脅《おび》えながらも、その自然に対し敬意を払い、自然の恵みにも感謝しそこに美を求め、大自圧倒的な量感とあざやかな色彩で、見る人を感嘆させるのが西洋の庭なら、「禅の庭」は、静かな佇《たたず》まいで見る人を包み込み、心を清々《すがすが》しく、また、穏やかにする、といえるのではないでしょうか。

それは、静寂のなかで、つくり手の心が語る〝何か〟を、見る人の心が感じるからなのだ、と私は思っています。

(枡野《ますの》俊明《しゅんみょう》「日本人はなぜ美しいのか」より。一部省略等がある。)

(注)　禅＝仏教の一派の禅宗のこと。
往々にして＝そうなりやすい傾向があるようす。
彼我＝相手と自分。
営為＝営み。
いざなう＝誘う。
コンセプト＝芸術作品などを生み出すときに、下地となる考え。
佇まい＝そこから感じられる雰囲気。

ゆうこさんのノート

	作業のすすめ方	自然に対する考え方	かたちとしてあらわれるもの	完成した庭の魅力
「禅の庭」	現場の［A］作業をすすめる。	自然の営みに対して敬意を払う。	無我	静かな佇まい
西洋の庭	計画どおり、図面どおりに作業をすすめる。	自然をどのように使ってもよい。	自我	［B］

スピーチの構成メモ

日本文化について

1　庭づくり
　「禅の庭」と西洋の庭の比較
2　庭づくりといけばな
　共通点(二つ)
3　日本人の自然観
4　大切にしたい日本人の心

補足資料1

花の美しさに対する感覚は、東西ではっきりちがいがあるように思います。

西洋の花の飾り方、いわゆるフラワーアレンジメントは、ボリューム感と色彩に重きが置かれています。「わあ、私のためにこんなにたくさんの花を用意してくださって!」。おそらく、そんな反応が返ってくる。

一方で、日本の花のいけ方は、趣がまったくちがいます。季節の花がさりげなくいけてある。夏の真っ盛りの晴れた暑い日に昼食にお迎えするのであったら、「涼やかさ」がもっとも重要。そこで、見た目にも涼しさを感じさせる青い朝顔を一輪挿しに挿したり、むくげの一枝を飾って霧を吹いたり……といったいけ方をするのです。このとき、見る人も、「わあ、涼しそう!」といった直截的《ちょくせつてき》な反応は、通常、しません。心の内で思いを受けとり、和やかな表情で感謝の気持ちを伝えるのです。以心伝心のコミュニケーションがそこに成立しています。

日本人にとって、花は「命」あるものです。ですから、その大切な命におもてなしの心を載せることに心を砕きます。一方、西洋人

3　ゆうこさんのクラスでは、総合的な学習の時間に日本文化について調べ、スピーチをすることになった。次は、ゆうこさんが参考にした文章と、スピーチに向けてまとめたゆうこさんのノート、スピーチの構成メモ、補足資料1である。(1)～(4)に答えなさい。

「禅の庭」をつくるとき、私は図面というものを持ちません。もちろん、事前には綿密にデザインを描き、図面をつくりますし、それがすっかり頭には入っていますが、いざ、現場に立つときは〝手ぶら〟です。

図面から離れて、そのスペース、空間と相談しながら作業をすすめていくのです。手元に図面があると、それに縛られてしまう。「石を据える位置は？」と図面と照らし合わせ、「そうか、ここだったな。」ということになるわけです。

これでは〝図面どおり〟の庭はできても、私が〝つくりたい〟庭はできません。周辺の景観や風の通り道、光の当たり具合……などなど、その場で感じたことを大切にしながら、瞬時に判断して微調整を加えていく。一本の木を植えるのでも、葉のそよぎを活《い》かすには図面どおりではなく、少し位置をずらしたほうがいい、ということが往々にしてあるのです。

一方、西洋流はあくまで計画どおり、図面どおりに作業をすすめる。この彼我《ひが》の差異は、自然に対する考え方のちがいから生まれているのではないか、と私は考えています。ごく簡単にいえば、神が人間をつくりたもうた、その人間を支えるのが自然だ……というのが西洋の自然観。

ですから、人間は自然をいかように使ってもいい、ということになるわけです。建物を建てる場合も、斜面になっている土地は、まず、平らにならして、建てやすいかたちに変えるのです。

しかし、日本ではそうではありません。その土地が斜面になっているのは、何千年、何万年もかかってそうなっているのだから、それなりに理由のあることなのだ、と考えます。いわゆる、自然の営為に対して敬意を払うのです。

そこで、その斜面を活かした建て方を探ってゆく。私は「地心」を読むという言い方をしますが、自然と対話しながらさまざまな工夫をするのです。そこに主従関係はありません。西洋流が「建てる」という感覚なら、日本流は「建てさせていただく」感覚といったらいいでしょうか。

庭づくりもまったく同じです。私はそのときどきの自分のすべてをそこに表現しようとつとめますが、大地も、石も、植栽も、水も、白砂も、そのための〝道具〟ではありません。それらを〝道具〟として扱って「自分＝自我」をかたちにするのが西洋流ですが、私はそれらの一つひとつと向き合いながら、あるいは、一つひとつに心を寄せながら、庭をつくっていきます。

それは「自我から離れる過程」といってもいいでしょう。そうして、素材にいざなわれながら、庭はできあがっていく。そこにかたちとしてあらわれているのは「自我」ではなく、「無我」です。

まさしく禅的な世界です。素材を使って自我をかたちにするのではなく、素材と自分がひとつになることによって、もはや自分のない「無我」が、かたちとして展開してゆくのです。しかし、おもしろいことに、無我であるのに、素材の一つひとつにも、庭全体にも、私の心が息づいています。

仮に、まったく同じ土地に、まったく同じ素材を使い、まったく同じコンセプトで庭をつくったとしても、同じものにはなりません。そのときどきで私の心の在り様がちがうからです。無我になる（素材とひとつになる）からこそ、心が映し出され、ちがった庭のかたちがそこにあらわれるのです。

今それを見せてもらってるみたいで、私も嬉《うれ》しくなっちゃう。」

佳恵さんは目尻に皺《しわ》を作って笑った。

「ここに帰ってきたくなったら、またいつでも帰ってくればいいんじゃない。この町は、いつでも匠海くんを歓迎するよ。」

優しい言葉に、目の奥が熱くなる。ありがとうございます、と僕は言った。

ミーヤが、ミャーと同意をするように鳴く。

（河邉《かわべ》　徹《とおる》「蛍と月の真ん中で」より。一部省略等がある。）

（注）ニュアンス＝言葉などの微妙な意味合い。また、言外に表された話し手の意図。

インスタグラム＝SNSの一つで、写真や動画の投稿をメインとしているサービス。

(1) ――線部①「それ」の指す内容を本文中から**五字**で抜き出して書きなさい。

(2) ――線部②「匠海くんは、しばらく辰野でゆっくりしたらいいんじゃないかな」とあるが、次は、まさとさんとわかなさんがこの言葉に着目して対話した内容の一部である。（　）にあてはまる適切な言葉を、本文中の言葉を用いて**二十字以上二十五字以内**で書きなさい。

まさとさん　佳恵さんのこの言葉のおかげで、辰野町で過ごすことになった匠海くんは、その後考え方が大きく変わりましたね。

わかなさん　そうですね。だから、佳恵さんは、今、目の前にいる匠海くんの見違えるほど成長した姿に感心しているんですね。

まさとさん　佳恵さんは、（　）という自分の考えと匠海くんの成長が重なり、喜びでいっぱいになっていますね。

(3) ――線部③「僕にしか見えない景色がある」とあるが、次の文は、ある生徒が、匠海がこのように思うようになった気持ちの変化について、考えたことをまとめたものである。（ⓐ）・（ⓑ）にあてはまる適切な言葉を書きなさい。ただし、（ⓐ）は「人生」という言葉を用いて**十字以上十五字以内**で書き、（ⓑ）は「道」という言葉を用いて**十五字以上二十字以内**で書くこと。

ⓐ

ⓑ

（ⓐ）に気づき、（ⓑ）と思えるようになった。

(4) 本文について述べたものとして、適切でないものをア～エから一つ選びなさい。（　）

ア　会話を中心に展開することで、二人のやりとりをその場で見ているような印象を与えている。

イ　猫のミーヤの登場場面では、擬音語や直喩を使用して、ミーヤの存在を印象的に描いている。

ウ　三人称の視点で語ることで、匠海と佳恵さんそれぞれの気持ちを客観的に描写している。

エ　風鈴の透き通った音色は、涼しさの演出に加え、会話を次へとスムーズにつなげている。

だよ、覚えてる?」

　僕を見て、ミャーとタイミング良く声を出す。賢い。

「佳恵さん、あの時はありがとうございました。」

「何?」

「あの、最初に来た時です。どんな人か知らないのに、泊めてもらって。」

「いやいや、何言ってんの。今年こそ、ほたる祭りの写真撮れるといいね。去年は匠海くん、終わった後に来たから。」

「そうですね。」

　佳恵さんはミーヤを抱いたまま、縁側の手前に立った。風通しが良い。どこかから、チリンと透き通った風鈴の音がした。

「なんかさ、お祭り前の空気っていいよね。みんなそわそわしてる感じ。」

「わかります。」

「特にこの町には、①それしかないからね。一年に一度の大イベント。匠海くん、お祭りが終わったらどうするの?」

「東京に戻って、大学を卒業しようと思います。あとちょっとで卒業できるのに、もったいないってみんなに言われて。戻りたくない思いもあるんですが。」

「戻りたくなくなるようなものを、この町で見つけたんだね。」

　僕は頷《うなず》く。佳恵さんは、安心したような表情をした。

「ねぇ、どうだった?　この町での暮らしは。」

　佳恵さんは何気ない口調でそう尋ねた。

　――②匠海くんは、しばらく辰野でゆっくりしたらいいんじゃないかな。

　ここで、そう言われたことを思い出した。

「僕はこの町で、僕の知らない答えを持っている人とたくさん出会いました。」

　人の数だけ人生がある。僕はこれまで、一つの正解を見つけ出そうとしていた。だけど、そんなものは必要ないんだと思う。お金が有るとか無いとか、どこに住んでいるとか、出身がどこかも関係ない。

「僕は、一人で生きていく力が欲しかったんです。でも、それってそんなに重要なことじゃないんですよね。なんか、うまく言葉にできないですが。」

「わかるよ。」

　佳恵さんは、そのニュアンスまで受けとめてくれるように微笑《ほほえ》んだ。

「人生って、正しさが正解じゃないんですよね。僕はそれをわかっていなかった。だから周りと比べて、自分の進んだ道が正しくない気がして、怖くなっていました。僕は昨日、友達のインスタグラムを見たんです。僕はその友達とは別の道を選んだから、ずっと比べるのが怖かった。だけど昨日、彼の活躍を見て、何も思わなかったんです。いや、何も思わなかったと言うと嘘《うそ》になるかもしれないです。でも僕は、彼みたいになりたいとは思わなかった。」

　斉木には、正しさを信じて前に進める強さがある。そんな彼のことを否定はできない。成功する人にだけ、見える景色もあるだろう。でも僕には、③僕にしか見えない景色があると思う。

「匠海くん、えらいね。同じ場所に座ってるけど、一年前の匠海くんとは全然違うよ。顔つきも、ね。」

　言われて、僕は自分の頬に触れる。

「前も言ったけど、私は人が同じ場所に同じタイミングでいるという奇跡を信じてる。ここで匠海くんは私と出会って、それから金井くんとも出会った。そんな奇跡が、また新しい人生に変わっていく。匠海くんに

国語

時間　五五分
満点　一〇〇点

1　次の(1)～(4)に答えなさい。

(1)　次の(a)～(d)の各文の——線部の読み方を、ひらがなで書きなさい。

(a)　新しい靴を履く。（　　く）
(b)　誇りをもって働く。（　　り）
(c)　海底が隆起してできた島。（　　）
(d)　飛行機に搭乗する。（　　）

(2)　次の(a)～(d)の各文の——線部のカタカナを漢字になおし、楷書《かいしょ》で書きなさい。

(a)　机をナラべる。（　　べる）
(b)　年賀状をスる。（　　る）
(c)　朝晩のカンダン差が大きい。（　　）
(d)　センレンされた文章を読む。（　　）

(3)　行書の特徴の一つに、点画の省略がある。部首の部分にこの特徴を用いて、次の漢字を行書で書きなさい。

村

(4)　次の文の——線部「ない」と同じ働きをしているものを、ア～エから一つ選びなさい。（　　）

この小説の結末を知らない。

ア　この部屋には窓がない。　イ　少しのことで悩まない。
ウ　今回は参加者が少ない。　エ　今日はあまり暑くない。

2　次の文章を読んで、(1)～(4)に答えなさい。

僕（匠海《たくみ》）は、写真館を営んでいた父の影響でカメラマンをめざし、東京の大学へ進学したが、三年生の初夏に、友人の斉木《さいき》が進路変更したことをきっかけに、将来への迷いや経済的理由から一年間の休学を決意する。衝動的に、かつて父が蛍を撮影した長野県辰野《たつの》町を訪れた僕は、そのまま辰野町で休学期間を過ごすことになり、京都からの移住者、金井《かない》くんの家に住まわせてもらっている。次は、ゲストハウス（宿泊施設）の佳恵《よしえ》さんを久しぶりに訪ねた場面である。

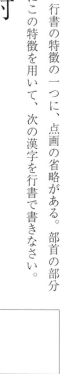

佳恵さんは玄関で僕を待っていてくれて、居間に通してくれた。
「久しぶりだね。写真で賞とったって話聞いたよ。おめでとう。どうぞ、座って。」
噂《うわさ》は聞いてくれているみたいだった。僕は促されて座布団に座る。
「ありがとうございます。この町のおかげだと思っています。」
「いやいや、匠海くんの腕だよ。そっかー。もうすぐあれから一年経つんだね。早いなぁ。」
去年の夏、僕はここに蛍を見にやってきた。たったそれだけの縁だった。そのはずが、こんなにも長居してしまった。
ミャー、と縁側から猫の声がした。
「あ、ミーヤ。珍しいね、見回り終わった？」
見ると、茶トラの猫、ミーヤが入ってきた。佳恵さんはゆっくり抱き上げる。
「ミーヤ、久しぶりに会いました。」
「普段外にいることが多いからね。誰か来ないか見張ってる。匠海くん

2023年度／解答

数学

1 【解き方】(1) 与式 $= -(4 \times 2) = -8$

(2) 与式 $= 5\sqrt{3} - 3\sqrt{3} = 2\sqrt{3}$

(3) 左辺を因数分解すると，$(x-7)^2 = 0$　よって，$x = 7$

(4) y は x に比例するから，$y = ax$ と表せる。この式に $x = -2$，$y = 10$ を代入すると，$10 = a \times (-2)$ より，$a = -5$　よって，$y = -5x$

(5) $x = 2$ のとき，$y = \frac{1}{4} \times 2^2 = 1$　$x = 6$ のとき，$y = \frac{1}{4} \times 6^2 = 9$　よって変化の割合は，$\frac{9-1}{6-2} = 2$

(6) 赤玉3個を R_1，R_2，R_3，白玉2個を W_1，W_2，青玉をBと表すと，2個の玉の取り出し方は，(R_1, R_2)，(R_1, R_3)，(R_1, W_1)，(R_1, W_2)，(R_1, B)，(R_2, R_3)，(R_2, W_1)，(R_2, W_2)，(R_2, B)，(R_3, W_1)，(R_3, W_2)，(R_3, B)，(W_1, W_2)，(W_1, B)，(W_2, B) の15通り。このうち，取り出した2個の玉の色が異なるのは下線を引いた11通り。よって，求める確率は，$\frac{11}{15}$。

(7) ある式をMとすると，$M - (3a - 5b) = -2a + 4b$ より，$M = -2a + 4b + 3a - 5b = a - b$　よって，正しく計算したときの答えは，$a - b + 3a - 5b = 4a - 6b$

(8) $\angle DAB = 2\angle a$，$\angle ABC = 2\angle b$ とすると，四角形ABCDの内角について，$2\angle a + 2\angle b + 120° + 90° = 360°$ より，$\angle a + \angle b = 75°$　よって，$\angle x = 180° - 75° = 105°$

(9) $810 = 2 \times 3^4 \times 5$ より，2を1個，3を4個，5を1個使って9以下の自然数を4つ作る。9以下の数であることから，まず，5が決まる。次に，2があるとすると，残り4個の3で異なる9以下の自然数を2つは作れないので，$2 \times 3 = 6$ が決まる。残り3が3個で，3と，$3 \times 3 = 9$ が決まる。

(10) 円柱の中に球がちょうどはいっているので，円柱の高さと球の直径は等しい。よって，球の半径は，$4 \div 2 = 2$ (cm)で，円柱の底面の円の半径も2cm。したがって，求める体積の差は，$\pi \times 2^2 \times 4 - \frac{4}{3}\pi \times 2^3 = \frac{16}{3}\pi$ (cm^3)

【答】(1) -8　(2) $2\sqrt{3}$　(3) $x = 7$　(4) $y = -5x$　(5) 2　(6) $\frac{11}{15}$　(7) $4a - 6b$　(8) 105°　(9) 3，5，6，9

(10) $\frac{16}{3}\pi$ (cm^3)

2 【解き方】(1) 比例定数が負となるから，$y = -x^2$

(2) 2点A，Bは関数 $y = x^2$ 上の点で，y 座標はそれぞれ，$y = 2^2 = 4$，$y = (-3)^2 = 9$ だから，A $(2, 4)$，B $(-3, 9)$　傾きが，$\frac{4-9}{2-(-3)} = -1$ より，直線ABの式を $y = -x + m$ とおいて，点Aの座標を代入すると，$4 = -2 + m$ より，$m = 6$　よって，$y = -x + 6$

(3) 点Cは関数 $y = ax^2$ 上の点で，y 座標は，$y = a \times (-3)^2 = 9a$ より，C $(-3, 9a)$　△ABCの底辺をBCとすると，$BC = 9 - 9a$ で高さは，$2 + 3 = 5$　よって，$\triangle ABC = \frac{1}{2} \times (9 - 9a) \times 5 = \frac{45 - 45a}{2}$

(4) 四角形BDAEは平行四辺形だから，ABの中点とDEの中点は一致する。ABの中点の x 座標は，$\frac{2 + (-3)}{2} = -\frac{1}{2}$　点Dの x 座標を t とすると，DEの中点の x 座標について，$\frac{t+0}{2} = -\frac{1}{2}$ が成り立

つから，$t=-1$　点Dは直線OB上の点だから，$y=-3x$ に $x=-1$ を代入して，$y=3$ より，D$(-1,\ 3)$　A$(2,\ 4)$とD$(-1,\ 3)$より，直線ADの式は $y=\dfrac{1}{3}x+\dfrac{10}{3}$　C$(-3,\ 9a)$は直線AD上の点だから，$9a=\dfrac{1}{3}\times(-3)+\dfrac{10}{3}$　よって，$a=\dfrac{7}{27}$

【答】 (1) $y=-x^2$　(2) $y=-x+6$　(3) $\dfrac{45-45a}{2}$　(4) $\dfrac{7}{27}$

3 **【解き方】** (1) ① $3+1+1+0+2+1=8$ (回)　② 3月25日から29日の5日間の開花する回数は，$5+4+4+2+5=20$ (回)　よって，求める割合は，$20\div40\times100=50$ (%)

(2) (a) ア．図2の最頻値は6日，図3の最頻値も6日だから正しくない。イ．図2の誤差0日は2回，図3の誤差0日も2回だから正しい。ウ．図2で誤差が10日以上になったのは，$3+2=5$ (回)，図3で誤差が10日以上になったのは，$1+1+1=3$ (回)　母数が等しいから，割合は図3の方が小さくなるので正しい。エ．図2で誤差が3日までの累積度数は，$2+4+5+5=16$ (回)，図3で誤差が3日までの累積度数は，$2+3+5+5=15$ (回)　母数が等しいから，累積相対度数は図3の方が小さくなるので正しくない。

【答】 (1) ① 8　② 50

(2) (a) イ，ウ　(b) 第2四分位数(中央値)を比べると，400℃の法則での誤差の方が左側にある。したがって，400℃の法則の方が誤差が小さい傾向にある。

4 **【解き方】** (1) (a) 学級の出し物の時間を x 分，入れ替えの時間を y 分とすると，入れ替えの回数は，$5-1=4$ (回)，午前10時から正午までは120分だから，$\begin{cases} x=4y\cdots\cdots① \\ 5x+4y=120\cdots\cdots② \end{cases}$ が成り立つ。①を②に代入して，$20y+4y=120$ より，$y=5$　これを①に代入して，$x=20$　(b) グループ発表の時間を z 分とすると，吹奏楽部の発表は午後1時に始まり，午後3時までは120分だから，$40+10z=120$　よって，$z=8$

(2) (a) 始まりから終わりまでにかかる時間は，午後3時20分－午前9時40分＝5時間40分より，340分。よって，$7a+8\times(7-1)+60+3a+7b=340$ が成り立つので，$10a+7b=232$　(b) (a)の式に $a=15$ を代入して，$10\times15+7b=232$ より，$7b=82$　よって，$b=11.7\cdots$ より，11グループ。

【答】 (1) (a) (学級の出し物の時間) 20 (分)　(入れ替えの時間) 5 (分)　(b) 8 (分)

(2) (a) $10a+7b=232$　(b) 11 (グループ)

5 **【解き方】** (1) 辺ABと，平行でなく交わらない辺だから，辺OC。

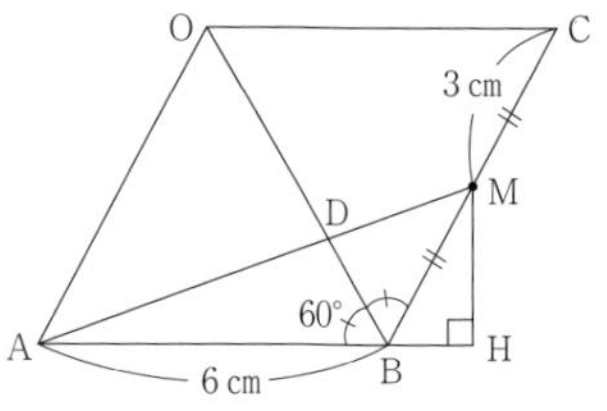

(3) △OAD ∽ △BMDより，正三角錐OABCの展開図の一部は右図のようになり，3点A，D，Mは一直線上に並ぶ。点Mから辺ABの延長上に垂線MHを引くと，$\angle\mathrm{MBH}=180^\circ-60^\circ\times2=60^\circ$ より，△MBHは30°，60°の直角三角形であり，$\mathrm{MH}=\dfrac{\sqrt{3}}{2}\mathrm{BM}=\dfrac{3\sqrt{3}}{2}$ (cm)，$\mathrm{BH}=\dfrac{1}{2}\mathrm{BM}=\dfrac{3}{2}$ (cm)　よって，△AMHで三平方の定理より，$\mathrm{AD}+\mathrm{DM}=\mathrm{AM}=$

$$\sqrt{\left(6+\frac{3}{2}\right)^2+\left(\frac{3\sqrt{3}}{2}\right)^2}=\sqrt{\frac{225}{4}+\frac{27}{4}}=\sqrt{\frac{252}{4}}=\sqrt{63}=3\sqrt{7}\ \text{(cm)}$$

(4) (立体OADP) $=\dfrac{\mathrm{OP}}{\mathrm{OC}}$ (立体OADC) $=\dfrac{\mathrm{OP}}{\mathrm{OC}}\times\dfrac{4}{6}\times$ (立体OABC)より，$\dfrac{\mathrm{OP}}{\mathrm{OC}}\times\dfrac{4}{6}=\dfrac{2}{7}$ が成り立つ。よって，$\dfrac{\mathrm{OP}}{\mathrm{OC}}=\dfrac{3}{7}$ より，$\mathrm{OP}=\dfrac{3}{7}\mathrm{OC}=\dfrac{18}{7}$ (cm)

【答】 (1) 辺OC

(2) △OADと△BMDで，$\mathrm{BM}=6\div2=3$ (cm)，$\mathrm{BD}=6-4=2$ (cm)だから，$\mathrm{OA}:\mathrm{BM}=6:3=2:$

1，OD：BD = 4：2 = 2：1　よって，OA：BM = OD：BD……①　△OAB と△OBC はともに正三角形であるから，∠AOD = ∠MBD……②　①，②から，2 組の辺の比とその間の角がそれぞれ等しいので，△OAD ∽△BMD

(3) $3\sqrt{7}$（cm）　(4) $\frac{18}{7}$（cm）

英　語

1 【解き方】(1) 場面A．ジョージがペットとして何を飼いたがっているかという質問。ジョージは「私は今までにペットを飼ったことはありませんが，とりがほしいです」と話している。場面B．トムが家を出る時間を尋ねている。トムは「たいてい8時です」と話している。

(2) 質問1．ニューヨークの今日の天気を尋ねている。ウの「たくさん雪が降っています」が適切。質問2．これがだれの本か知っているか尋ねている。アの「私はそれはケンのものだと思います」が適切。

(3) 最初のグラフは「スポーツが好きか？」という質問に対するグラフ，2つ目のグラフは一番好きなスポーツを答えたもの，3つ目のグラフはやってみたいスポーツを答えたものである。一番好きなスポーツは，1位がバドミントン，2位がバスケットボールであり，やってみたいスポーツはウインタースポーツが45％を占めていることが説明されている。

【答】(1) 場面A．ウ　場面B．イ　(2) 質問1．ウ　質問2．ア　(3) イ→ア→ウ

◀全訳▶　(1)

場面A.

男性：あなたは何かペットを飼っていますか，ユリコ？

女性：はい，私は1匹のいぬと3匹のねこを飼っています。あなたはどうですか，ジョージ？

男性：私は今までにペットを飼ったことはありませんが，とりがほしいです。

女性：ああ，あなたはとりについてヒロミに尋ねることができます。彼女は2羽のとりと1匹のうさぎを飼っています。

質問：ジョージはペットとして何を飼いたがっていますか？

場面B.

女性：あなたの学校は朝の何時に始まりますか，トム？

男性：8時30分です，なので私は7時に起きます。

女性：それでは，あなたはいつ家を出ますか？

男性：たいてい8時です，そして自転車でおよそ15分かかります。

質問：マイクはたいてい何時に家を出ますか？

(2)

質問1．ニューヨークの今日の天気はどうですか？

ア．そこは大きな都市です。　イ．そこはとても古いです。　ウ．たくさん雪が降っています。
エ．今日は月曜日です。

質問2．これがだれの本であるか知っていますか？

ア．私はそれはケンのものだと思います。　イ．私は自分のノートを持っています。
ウ．ケンは図書館にいます。　エ．私の趣味は読書です。

(3) こんにちは，みなさん。今から，スポーツについての私の質問に対するみなさんの回答を共有させてください。まず，このグラフを見てください。このクラスの大部分の生徒はスポーツが好きです。2つ目のグラフはみなさんが一番好きなスポーツを示しています。バドミントンが一番人気があって，バスケットボールが次に来ます。これは私たちがよく学校の授業でそれらをするからだと私は思います。最後のはみなさんがやってみたいスポーツについてです。私のクラスメイトの45％がウインタースポーツに興味をもっていることを知って私は驚いています。北海道への修学旅行の間に私たちがそれらをやってみることができればいいなと私は思います。お聞きいただきありがとうございます。

2 【解き方】アンジェラの話は，今度の土曜日に母親の友人が，彼女の家族を車で徳島に連れて行ってくれるというものである。

【答】イ

◀全訳▶ こんにちは，さおり。アンジェラよ。聞いて！ 私たちは今日，母の友人の一人に会いに行ったの。私は彼にあなたについて話して，彼は今週の土曜日に車で私の家族を徳島へ連れて行くことができると言った。私たちは夜に神戸へ戻らなければならないけれど，もしあなたが暇なら，私は日中にあなたに会いに行きたい。私に電話をかけ直して，今週の土曜日のあなたの計画を私に知らせてくれる？ ありがとう。さようなら。

3 【解き方】どんな日本食を食べてみたらいいかを紹介する。「あなたはお好み焼きを食べるべきです」などの文が考えられる。

【答】(例) You should try *okonomiyaki*.

◀全訳▶ 私は食べることが好きで，日本へ来てからすでにすし，てんぷら，すき焼きを食べました。それらは全ておいしかったですが，次回は何か違うものを食べたいと思っています。どんな日本食を試してみるべきですか？

4 【解き方】(1) (a)「ミドリフェスティバルは私たちの町の一番大きな行事だ」。「行事」= event。(b)「私は決してそれについて忘れないだろう」。「忘れる」= forget。

(2) (a)「あなたとあなたの弟は野球をしますか？」という質問。直後で「私たちは同じチームでやります」と話しているので，答えはYes，主語はweになる。(b) 次にAがwalking dictionaryという言葉の意味を説明しているので，Bは「どういうことを言っていますか？」と質問したことがわかる。「どういうことを言っていますか？」= What do you mean?。(c) Aにレストランへ昼食を食べに行こうと誘われたが，Bは「すみません」と言って断り，「明日はどうですか？」と話している。I've just finished my lunch. =「私はちょうど昼食を終えたところです」。

(3)「あなたはあなたのお母さんと話している男の人を知っていますか？」という文になる。現在分詞の後置修飾。talking with your motherが後ろからthe manを修飾する。Do you know the man talking with your mother?となる。

【答】(1) (a) ア (b) エ (2) (a) ウ (b) イ (c) ア (3) エ→イ→ウ→ア

5 【解き方】(1) ① 直後の「そのポスターについて僕にもっと教えてくれる？」から，「私はひらがなとカタカナを読むことはできますが，漢字を読むことはできません」という意味になる。②「あなたは演技をするつもりですか？」という意味になる。「～するつもりですか？」= Are you going to ～?。

(2) ア．ポスターには漢字も混じっていて，マークにとって簡単な日本語で書かれてはいない。イ．劇の出演者10名，スタッフ10名の計20名が必要で，衣装を作ることができる20名のスタッフだけを募集しているわけではない。ウ．マークは「私はスタッフになって，コンピュータで音楽を作りたいです」と話している。マークは出演者ではなく，スタッフになりたいと思っている。エ．「マークは彼の父親から音楽の作り方を学んだ」。コンピュータを使って音楽を作ることについて，マークは「私の父が私にそれのやり方を教えてくれました」と話している。正しい。

(3) けんたはマークに，ポスターの最後の文については話していない。「今週金曜日の3時に音楽室に来てください」などの文が考えられる。

【答】(1) ① I can't read ② Are you going (2) エ

(3) (例) Please come to the music room at three this Friday.

◀全訳▶

マーク：やあ，けんた。このポスターには「何かを作ろう！」と書いているね。正しいかい？

けんた：うん，君は日本語を読むことができるんだね！

マーク：少しね。僕はひらがなとカタカナを読むことができるけれど，漢字を読むことはできない。そのポスターについて僕にもっと教えてくれる？

けんた：いいよ。僕は生徒会の一員としてこのポスターを作った。僕たちは劇を作って，9月の文化祭でそれを上演することを計画しているんだ。

マーク：それはおもしろいね！

けんた：僕たちは舞台で演技をする生徒を 10 人とスタッフになる別の 10 人を探しているんだ。スタッフのメンバーは，衣装や音楽，台本のような，たくさんのものを準備する必要がある。

マーク：ああ，僕はそれにとても興味があるよ。

けんた：本当に？　君は舞台で演技をしたいのかい？

マーク：いいや，僕はスタッフになって，コンピュータで音楽を作りたい。

けんた：君はそれができるの？　わあ！

マーク：お父さんが僕にそれのやり方を教えてくれた。君はどうだい，けんた？　君は演技をするつもりなの？

けんた：いいや，ぼくは台本を書きたい。僕たちの劇がみんなを笑顔にしたらいいなと僕は思っている。

マーク：わくわくするね！　ぼくも参加していいかい？

けんた：もちろんかまわないよ！

6 **【解き方】**(1)「彼らには授業のあとに部活動もある」という意味である。ウの直前で「私の日本人の友人たちは家と学校の両方で熱心に勉強する」と生徒が忙しいことを説明していることに注目。

(2) 最終段落を見る。オリビアは最後に「私たちは友好関係を築くために，私たちの国の間にある違いを理解すべきだと私は信じている」と書いている。understanding differences =「違いを理解すること」。to build friendships =「友好関係を築くために」。

(3) コメントには「放課後により多くの自由な時間があれば，何をするでしょうか？」という質問文が書かれている。「友達とより多くの時間を過ごす」，「ダンスのレッスンに通う」，「家族と一緒にケーキやクッキーを作る」などの文が考えられる。

【答】(1) ウ　(2) エ

(3) (例 1) I would spend more time with my friends at school. We have a lot of things to talk about such as our favorite anime, sports, and music. (27 語)　(例 2) My brother is very good at making sweets, so I would make delicious cakes and cookies with him. (18 語)

◀全訳▶　私はある日本人の家族のところに 2 週間滞在しています。私たちの生活様式がとても違っていることを知って私は驚きました。私の滞在の間に私が見つけた違いについて，みなさんに話させてください。

フィンランドでは，私の両親は 4 時 30 分ごろに帰宅します。私たちは一緒に夕食を食べて，学校での出来事について話します。夕食のあと，私の父は公園で走り，母は読書を楽しみます。私はたいていギターの練習をするか，アニメを見るか，あるいは弟とテレビゲームをします。私たちには家で過ごす多くの時間があります。

日本では，多くの人たちが忙しそうに見えます。例えば，私のホームステイ先の両親はときどき 7 時以降に帰宅します。私の日本人の友人たちは家と学校の両方で熱心に勉強します。彼らには授業のあとに部活動もあります。私はここで同じように私の時間を過ごしていて，とても忙しく感じています。しかしながら，友人たちと過ごすより多くの時間があるので，私は日本での学校生活を楽しんでいます。

私たちにはとても違った生活様式があり，それらについて学ぶことはとても大切です。私たちは友好関係を築くために，私たちの国の間にある違いを理解すべきだと私は信じています。

7 **【解き方】**(1) (a)「海外で生活することはリアムにとって初めてのことか？」という質問。第 2 段落で田中先生が「外国に来て生活するのは彼にとって初めてのことです」と話している。(b)「さやかと彼女のグループのメンバーは彼らのビデオの中で何を紹介することに決めたか？」という質問。第 4 段落の前半を見る。「私のグループは校舎を紹介することを決めました」とある。

(2) 新しい留学生についての質問なので，「彼はどこの出身ですか？」などの文が考えられる。

(3) 前に the があることに注目。「私たちにはいろいろな良い考えがありましたが，ワタルの考えが一番良いものでした」という意味になる。「一番良い」= best。

(4) さやかと彼女のクラスメイトがリアムに2つ目のビデオを送った理由を考える。第5段落の3文目を見る。「彼は町についても知りたがっていた」とある。ask A to ～＝「Aに～するように頼む」。give A B＝「AにBをあげる」。

(5) ⓐ グレイス先生は，スピーチのタイトルに最も重要な部分の言葉を使うことを助言している。最終段落の1文目に「リアムについて考え，グループのメンバーと一緒に働いたことは素晴らしかった」とある。イの「新しい友人のために一緒に働くこと」が適切である。ⓑ「スピーチの最後の部分で，あなたは『他人』について考え，彼らのために何かをすることは素晴らしいと言っている」という意味になる。「他人」＝ others。

(6) ア.「さやかのクラスのみんなは新しい生徒のことを聞いてとても驚いた」。第1段落を見る。「私たちの教師の田中先生が私たちにその知らせを話したとき，私たちは全員とても驚きました」とある。「その知らせ」とは新しい生徒のことについてのことなので正しい。イ．第2段落を見る。田中先生の最初の質問は，生徒たちにリアムの気持ちを問うものだった。ウ.「リアムに彼らの学校生活を紹介するのはとても良い考えだとチホは思った」。第3段落を見る。学校生活を紹介するビデオを撮影するというワタルの考えについて，チホは「良さそうですね！」と言って賛成している。正しい。エ．第4段落の前半を見る。田中先生は，それぞれのグループは紹介する異なった話題を選ばなければならないと言った。オ．第4段落の中ごろを見る。グレイス先生は，「最も重要な情報だけを彼に与えるようにしてください」と言った。カ．第6段落を見る。リアムは「今，私は何も心配することがありません」と話している。

【答】 (1) (a) Yes, it is. (b) They decided to introduce the school buildings. (2)（例）Where is he from? (3) best (4) エ (5) ⓐ イ ⓑ others (6) ア・ウ

◀全訳▶ 「夏休みのあと，私たちは海外から新しい生徒を迎えます。彼の名前はリアムで，彼はこのクラスの一員になります」 私たちの教師の田中先生が私たちにその知らせを話したとき，私たちは全員とても驚きました。その新しい生徒について知るために，私たちは彼女にたくさんの質問をしました。

そのあと田中先生は私たちに，「今，ここに私の質問があります。外国に来て生活するのは彼にとって初めてのことです。もし，みなさんがリアムなら，自分の国を出発する前に，どのように感じるでしょうか？」と言いました。エイタは「私はとてもわくわくするでしょうが，家族がいない外国で暮らすことを心配もするでしょう」と言いました。田中先生は「それでは，私たちがリアムのためにできる何かはあるでしょうか？ 私はみなさんにそのことについて考え，何をするのかを決めてもらいたいと思います」と続けました。

私たちにはいろいろな良い考えがありましたが，ワタルの考えが一番良いものでした。彼は「私たちの学校生活を紹介するビデオを撮影して，アメリカにいるリアムにそれらを送りましょう！ 彼はそれらを見て，日本へ来る前に私たちの学校についての情報を得ることができます」と言いました。チホが「良さそうですね！ きっとそれは彼が学校生活をスムーズに始めるのを助けるでしょう」と言いました。みんなもワタルの考えに賛成しました。

私たちは，時間割，校則，校舎，部活動のような，彼に教えるべきことについて考えました。田中先生は私たちに，グループで作業して，それぞれのグループが紹介すべき異なった話題を選ばなければならないと言いました。私のグループは校舎を紹介することを決めました。まず，私たちは私たちの学校にあるいくつかの部屋や場所を選び，日本語で説明を書きました。しかしながら，英語で全てのことを言うのは私たちにはとても難しいことでした。すると私たちのALTのグレイス先生が私たちにヒントをくれました。彼女は「リアムに話すことがたくさんあることはわかりますが，最も重要な情報だけを彼に与えるようにしてください」と言いました。だから，私たちはそれぞれの場所に対してより短い説明を書いて，ビデオを撮影しました。リアムのために役立つビデオを作るために，全てのグループが一生懸命努力し，私たちは彼がそれらを気に入ってくれたらいいなと思いました。

私たちのビデオを送ったあと，リアムもまた私たちにビデオを送ってきました。彼が私たちのビデオを見て楽しんだことを知って，私たちは喜びました。彼は町についても知りたがっていたので，私たちは私たちのお

気に入りの店やレストラン，公園，そして学校の近くの駅を紹介するビデオをもっと撮影し，それらをリアムに送りました。

今，リアムは日本にいて，私たちと一緒に彼の学校生活を楽しんでいます。先日，彼は「みんなのビデオが私に学校や町についてたくさんの情報を与えてくれました。それらは本当に役に立ち，今，私は何も心配することがありません。あなたたちはみんなとても親切で，私はこのクラスの一員でとてもうれしいです」と言いました。彼の言葉は私たちも喜ばせました。

リアムについて考え，グループのメンバーと一緒に働いたことは素晴らしかったです。私たちは実際に彼が新しい生活をスムーズに始めるのを助けることができました。この体験を通して，私は他人を助けることが私たちを幸せにすることを学びました。だから，私たちはいつも他人のためにできる何かを見つけようと努力し続ければいいと私は思います。

社　会

1 **【解き方】**(1) ⓐ「吉野ヶ里遺跡」は，佐賀県にある弥生時代の大規模な環濠《かんごう》集落跡。ⓑ「埴輪」は，人などの形をした素焼きの土器で，古墳時代に作られた。

(2) アは9世紀前半，イは12世紀後半から13世紀前半，ウは8世紀半ばのできごと。

(3) 院政は，1086年に白河上皇が始めた。

(4) 織田信長は，1576年から琵琶湖のほとりに安土城を築きはじめた。

(5) (a) 松平定信は，寛政の改革の一環として旧里帰農令を出し，囲米《かこいまい》を行わせた。アは田沼意次の行った政治，イは天保の改革，ウは享保の改革の説明。(b) 清によるアヘンの取り締まりを口実に，イギリスが清へ宣戦布告したため，1840年にアヘン戦争が始まった。

【答】(1) ⓐ ア　ⓑ ア　(2) ウ→ア→イ　(3) 天皇の位をゆずったのちも，上皇として行う政治。(同意可)　(4) い

(5) (a) エ　(b) (記号) B　(名称) アヘン戦争

2 **【解き方】**(1) 国会の早期開設を主張していた大隈重信は，伊藤博文らによって1881年に政府を追われた後，1882年に立憲改進党を結成した。

(2) (a) 社会主義革命が世界に広まることを防ぐため，各国が軍隊を派遣した。(b) 盧溝橋事件をきっかけに，1937年に日中戦争が始まった。アは1914年に始まった第一次世界大戦，イは1904年に始まった日露戦争，エは1931年に始まった満州事変の説明。

(3) (a) ワシントン会議は1921年〜1922年にかけて開かれ，全国水平社は1922年に結成された。アは1905年，イは1954年の第五福竜丸事件以降，ウは1880年のできごと。(b) 農民の救済，労働者の保護，社会保障の充実などの政策を展開した。(c) サンフランシスコ平和条約は1951年に結ばれ，沖縄は1972年に日本に復帰し，日中平和友好条約は1978年に結ばれた。アは1945年，ウは1946年のできごと。

【答】(1) ① イ　② ア　(2) (a) シベリア出兵　(b) ウ

(3) (a) エ　(b) 公共事業を増やし，経済の回復をはかるニューディール政策を行った。(同意可)　(c) イ・エ

3 **【解き方】**(1) (a) ① 越後山脈は，福島県・新潟県・群馬県にまたがる山脈。② 北上川は，岩手県を水源とし，宮城県の石巻市で太平洋に注ぐ河川。(b) 日本では稲の品種改良が行われ，寒さに強い品種が開発されてきた。

(2) 長野県松本市は内陸に位置し，1月の平均気温は0度を下回る。また，周囲を山脈に囲まれているため，降水量が少ない。Bはう，Cはえ，Dはあ の都市があてはまる。

(3) 阿蘇山は熊本県の北東部に位置している。

(4) 兵庫県は，化学工業や鉄鋼業が発達しており，「工業製造品出荷額」が大きい。また，近郊農業が盛んなため，同じく「工業製造品出荷額」が大きい大阪府と比べると，「農業産出額」も大きい。アは大阪府，イは奈良県，ウは京都府。

【答】(1) (a) ① イ　② イ　(b) やませによる冷害に強い品種を栽培する。(同意可)　(2) い　(3) カルデラ　(4) エ

4 **【解き方】**(1) A国はオーストラリア，B国はアメリカ合衆国。

(2) ⓐ 南半球では日本と四季が逆になるため，7月は冬になり，1月は夏にあたる。ⓑ ケープタウンは南半球の地中海性気候に属しているので7月は雨季にあたる。

(3) アジア州には世界の人口の約60％が住んでおり，「人口密度」が高い。また，経済的に発展しているヨーロッパ州やオセアニア州と比べ，「人口の高齢化率」は低い。イはアフリカ州，ウはヨーロッパ州，エはオセアニア州。

(4) 各地の時刻は標準時子午線とする経線によって決まり，経度差15度ごとに1時間の時差が生じる。

(5) C国はさとうきびの生産が盛んなブラジル。

【答】(1) 太平洋　(2) ⓐ ア　ⓑ イ　(3) ア

(4) 国土が東西に長く，一つの標準時にすることは難しいから。(同意可)　(5) バイオ(燃料)

5 **【解き方】**(1) 現行犯逮捕の場合は，例外として令状が不要となる。

(2) 社会権は人が人間らしく生きるための権利として，20 世紀以降に認められるようになった権利。

(3) 近年は，非正規雇用労働者が増加し，転職する労働者も増えているため，終身雇用の制度も変化してきている。

(4) (a) 衆議院議員総選挙の選挙方式は，小選挙区比例代表並立制と呼ばれる。(b) 資料から参議院の選挙が規則正しく３年ごとに行われていることを読み取るとよい。

(5) 国際的な保護が必要とされる人々のこと。

【答】(1) エ　(2) ① ア　② 教育を受ける権利　(3) 終身雇用

(4) (a) ウ　(b) ３年ごとに半数が改選される（同意可）　(5) 難民

6 **【解き方】**(1) ⓐ 首長・議員・主要公務員の解職や議会の解散を請求する場合は，有権者の３分の１以上の署名が必要となる。ⓑ 首長・議員の解職や議会の解散を求める場合は，選挙管理委員会に請求する。

(2) 非営利団体ともいわれる。

(3) 江戸時代末期には，発展した江戸を中心に化政文化が栄えた。アは江戸時代前期に栄えた元禄文化の説明。

(4) エコツーリズムとは，地域の自然環境や歴史・文化などを観光客に伝え，その保全につなげる観光のしくみのこと。

(5) (a) 日本では小麦の自給率の方が牛乳・乳製品の自給率よりも低いので，X が小麦，Y が牛乳・乳製品となる。フランスは小麦の生産が盛んで，オランダは酪農が盛ん。よって，A がフランス，B がオランダとわかる。(b) ① 資料Ⅲより，国内での貨物輸送の大半は，自動車によって行われていることがわかる。また，資料Ⅳより，貨物を輸送する際の二酸化炭素排出量は，自動車（自家用貨物車）が船舶や鉄道の 20 倍以上であることがわかる。これらを合わせると，主要な輸送手段である自動車により，二酸化炭素が大量に排出されていることがわかる。② 地産地消とは，地域で生産された食料をその地域で消費すること。

(6) 売上情報を分析することで，どの時間帯にどのような商品が必要になるかを判断できるため，商品の補充が効率的に行える。

【答】(1) ⓐ イ　ⓑ ア　(2) NPO　(3) エ　(4) エコツーリズム

(5) (a) エ　(b) ① 貨物の輸送に最も利用される自動車が，二酸化炭素の排出量が最も多い　② 生産地から消費地までの距離が近くなる（それぞれ同意可）

(6) 効率的に商品を仕入れることができる（同意可）

理　科

1 【解き方】(4) (a) 気温が高い海上では上昇気流が生じ，気圧が低くなっているのに対して，気温が低い陸上では下降気流が生じ，気圧が高くなっている。風は気圧の高い方から低い方へふく。

【答】(1) (a) イ　(b) 被子(植物)　(2) (a) 変換効率　(b) ウ
(3) (a) 分解　(b) 水にとけにくい性質があるため。(同意可)
(4) (a) ① ア　② イ　(b) 太平洋高気圧が発達するため。(同意可)

2 【解き方】(2) 物質の体積は，ふつう，液体から気体になると大きくなる。
(4) 純粋な物質の沸点は物質によって決まっている。沸とう中の温度は一定で，物質がすべて状態変化を終えるまで温度は上がらない。
(5) ブタンの沸点は灯油より低いので，液化石油ガスをとり出すことができるのは灯油よりも上段の A。

【答】(1) 状態変化　(2) エ　(3) 液体が枝つき試験管の方に逆流するのを防ぐため。(同意可)
(4) (沸点) 78.0 (℃)　(理由) 加熱し続けても温度が一定であるため。(同意可)　(5) ⓐ イ　ⓑ ア

3 【解き方】(1) 質量 100g の物体にはたらく重力の大きさが 1 N なので，$100\,(\mathrm{g}) \times \dfrac{2.1\,(\mathrm{N})}{1\,(\mathrm{N})} = 210\,(\mathrm{g})$
(2) 浮力の大きさは，空気中での重さと水中での重さの差なので，$2.1\,(\mathrm{N}) - 1.7\,(\mathrm{N}) = 0.4\,(\mathrm{N})$
(3) 水圧はあらゆる方向からはたらき，水面からの深さが深いほど水圧は大きくなる。
(4) 物体が完全に水中にあるときには，浮力はどの深さにあっても一定なので，6.0cm～10.0cm の深さでは，ばねばかりの値も一定になり，グラフは横軸に平行。

【答】(1) 210 (g)　(2) 0.4 (N)　(3) ア　(4) ウ
(5) 塩化ナトリウム水溶液は，水より密度が大きく，物体の上面と下面にはたらく圧力の差が，水より大きいため。(同意可)

4 【解き方】(2) 地球は西から東へ自転しているので，太陽は東から西へ動いて見える。また，地球は 24 時間で 360° 回転するので，1 時間あたりでは，$360° \times \dfrac{1\,(\text{時間})}{24\,(\text{時間})} = 15°$
(3) 図 1 より，太陽が真東から出て真西に沈む C は春分・秋分。太陽が最も南寄りを通る A は冬至。太陽が最も北寄りを通る D は夏至。
(4) 図 2 より，太陽の光が当たっている地域と光が当たっていない地域の境界線の傾きから，南極側が明るいので，北極側の地軸が太陽と反対方向に傾いていると考えられる。北極側の地軸が太陽と反対方向に傾くのは冬至。また，地球は西から東へ自転していることから，図 2 の地点 X はこれから光が当たらなくなるので夕方。
(5) 北緯 34° 地点で，夏至の太陽の南中高度は，$90° - 34° + 23.4° = 79.4°$　太陽の光をパネルに垂直に当てるために必要なパネルと床面の角度は，$180° - (79.4° + 90°) = 10.6°$

【答】(1) 日周運動　(2) ⓐ イ　ⓑ ア　(3) C　(4) エ　(5) 10.6 (度)

5 【解き方】(3) 丸い種子をつくる親の遺伝子の組み合わせを AA，しわのある種子をつくる親の遺伝子の組み合わせを aa とすると，子の遺伝子の組み合わせはすべて Aa となる。子を自家受粉させると，Aa と Aa のかけ合わせで，孫の遺伝子の組み合わせは AA・Aa・Aa・aa となり，丸い種子は AA と Aa。AA と aa をかけ合わせるとすべて Aa となるので，しわにする遺伝子は伝わっていない。Aa と aa をかけ合わせると，Aa・Aa・aa・aa となり，丸い種子としわのある種子の割合は 1：1 より，しわにする遺伝子は伝わっている。
(4) 2 個の碁石から 1 個をとり出す操作を選ぶ。
(5) あ．白い碁石をとり出す場合と黒い碁石をとり出す場合の 2 種類。い．(3)の孫の遺伝子の組み合わせが AA・Aa・Aa・aa となった場合と同様に考える。
(6) AA と AA のかけ合わせで，AA・AA・AA・AA。Aa と Aa のかけ合わせで，AA・Aa・Aa・aa。ただ

し，孫の Aa は AA や aa の 2 倍。aa と aa のかけ合わせで，aa・aa・aa・aa。よって，ひ孫の遺伝子の組み合わせとその数の割合は，AA が 6 個，Aa が 4 個，aa が 6 個となり，丸い種子としわのある種子の数の割合は，(6 + 4)：6 = 5：3

【答】 (1) 純系　(2) あ．顕性形質　い．潜性形質　(3) ① イ　② ア　(4) ①・③　(5) あ．2　い．オ
(6) (丸い種子：しわのある種子＝) 5：3

国　語

1 【解き方】(4)「ず」「ぬ」に置き換えられるので助動詞。アは，「ず」「ぬ」に置き換えることができず，それだけで文節を作ることができるので形容詞。ウは，「少ない」という形容詞の一部。エは，「～ではない」という意味を補っているので補助形容詞。

【答】(1)(a) は(く)　(b) ほこ(り)　(c) りゅうき　(d) とうじょう

(2)(a) 並(べる)　(b) 刷(る)　(c) 寒暖　(d) 洗練　(3)(右図)　(4) イ

2 【解き方】(1)「この町」が指す辰野町に唯一あるもので，「一年に一度の大イベント」をおさえる。

(2) 佳恵さんが，「今，目の前にいる匠海くんの見違えるほど成長した姿に感心」して，「喜びでいっぱいになって」いるという対話の内容に注目。佳恵さんが「匠海くん，えらいね」と感心した後，「前も言ったけど，私は…匠海くんに今それを見せてもらってるみたいで，私も嬉しくなっちゃう」と，自分の考えを匠海が体現してくれたことを喜んでいる。

(3) ⓐ 友達の斉木の活躍を見ても，「成功する人にだけ，見える景色もあるだろう」と思えるようになったことについて，前で「人生って，正しさが正解じゃないんですよね。僕はそれをわかっていなかった」と話している。ⓑ「周りと比べて，自分の進んだ道が正しくない気がして，怖くなっていました…でも僕は，彼みたいになりたいとは思わなかった」と話しているように，「僕にしか見えない景色がある」ことを，今の匠海は怖いと感じていないことから考える。

(4) 本文は「僕」という一人称の視点で語られており，匠海の気持ちが主観的に描写されている。

【答】(1) ほたる祭り　(2) 人と人が出会う奇跡によって人生が新しく変わっていく（25字）(同意可)

(3) ⓐ 人生は正しさが正解ではないこと（15字）　ⓑ 周りと比べず，自分の選んだ道を進めばよい（20字）(それぞれ同意可)

(4) ウ

3 【解き方】(1) A.「禅の庭」をつくるとき，「図面から離れて…作業をすすめていくのです」と述べている。B.「西洋の庭」の「完成した庭の魅力」なので，「見る人を感嘆させるのが西洋の庭」として挙げている特徴をおさえる。「禅の庭」の「静かな佇まい」と対比している。

(2) 次の段落で，「仮に，まったく同じ土地に…つくったとしても，同じものにはなりません」「そのときどきで私の心の在り様がちがうからです…ちがった庭のかたちがそこにあらわれるのです」と説明している。

(3) ⓐ「として使うものではなく」という否定が続くことに注目。「素材」と同様に，「庭づくりにおける石や水」や「花」といったものを，「命あるもの」として捉えていない扱いを探す。本文では，「大地も，石も…白砂も」と例を挙げて説明している。ⓑ 直前に「以心伝心のコミュニケーションが成立している」「花をいける側がおもてなしの心をもって…いけることに対して」とあるので，花を見る人の反応が入る。補足資料1でも「以心伝心のコミュニケーションがそこに成立しています」と述べているように，花を「見る人」の反応について，「心の内で思いを受けとり…感謝の気持ちを伝えるのです」と説明している。

(4) 本文では，「禅の庭」と西洋の庭の比較から，日本人の自然観は「自然をどのように使ってもよい」のではなく，「自然の営みに対して敬意を払う」と述べている。補足資料2では，日本人の「自然に対し敬意を払い…至高の美とした」という自然観を述べており，本文と同様の考えを示していることから考える。

【答】(1) A. スペース，空間と相談しながら　B. 圧倒的な量感とあざやかな色彩　(2) ア

(3) ⓐ 道具　ⓑ 花を見る側も心の内で思いを受けとり，和やかな表情で感謝の気持ちを伝える（35字）(同意可)

(4) イ

4 【解き方】(1) 語頭以外の「は・ひ・ふ・へ・ほ」は「わ・い・う・え・お」にする。

(2) 枇杷に取りついたのは，飛び散っていた「蜂」。他は，蜂を飼っている太政大臣である藤原宗輔が主語。

(3)(a) 発言を表す「といひける」に着目する。「この殿の蜂を飼ひ給ふ」ことを，「世人」が「無益のこと」と言っ

ている。(b) 鳥羽上皇のお屋敷で飛び回る蜂たちを集めた方法なので，「あるかぎり取りつきて，散らざりければ」と事態を収束させた宗輔の行動をおさえる。(c) 蜂の巣が突然落ちてきて蜂が飛び散る中，人々は，刺されまいと逃げ騒いでいたのに対し，宗輔は「枇杷を一房…さし上げ」て冷静に対応していることから考える。

【答】 (1) おわしける　(2) ウ

(3) (a) 無益のこと　(b) 琴爪で枇杷の皮をむいて上へ高く上げる（18字）（同意可）　(c) エ

◀口語訳▶　出勤の時は牛車の両側の物見窓に，ブンブンと乱れ飛んでいたのを，「止まれ」とおっしゃったところ，止まった。世間では「蜂飼の大臣」と申し上げた。不思議な徳が，おありになる人である。

この殿が蜂をお飼いになることを，世間の人々は，「役に立たないこと」と言っていたが，五月のころ，鳥羽上皇のお屋敷で，蜂の巣が突然落ちて，上皇の前に飛び散っていたところ，人々は，刺されまいと思って，逃げ騒いだ時に，太政大臣（宗輔）が，上皇の前にあった枇杷を一房取って，琴爪で皮をむいて，上へ高くお上げになると，（蜂が）残らず全部取りついて，（飛び）散らなくなったので，お供の者を呼んで，そっとお渡しになったところ，鳥羽上皇は「折良く，宗輔がお仕えしていて」とおっしゃって，大変おほめになったということである。

5 **【解き方】** 資料には，「やばい」という言い方を「とてもすばらしい」という意味で使うことが「ある」と答えた人の割合は，16～19歳では9割以上あるのに対して，年齢が高くなるにつれて割合が減り，70歳以上では5％強しかいないことが示されている。話し合いの中の「『やばい』は，不都合なことや危険なことを表す言葉として，辞典に載っていることを知りました」「私たちの周りでは，『おいしい』とか『おもしろい』ときにも，『やばい』を使っています」という発言から，言葉の意味が正反対で使われることの可能性をふまえ，言葉を使うときに自分が意識するべきことをまとめる。

【答】（例）

資料を見ると，「やばい」という言い方を「とてもすばらしい」という意味で使うことがある人の割合は，若い年代になるほど，高くなっていることがわかる。特に十六歳から十九歳の年代では，九割を超えている。

私と同じ年代の人が「やばい」を使うとき，相手によっては，誤解されたり，自分の伝えたいことがうまく伝わらなかったりすることがあるかもしれない。気持ちのすれ違いを生まないために，何気なく使っている言葉について，この表現でよいかということを常に意識して使いたいと思う。相手や場面に応じて，伝えたいことが正確に伝わるようにしたい。（13行）

徳島県公立高等学校
(育成型選抜・連携型選抜)

2023年度
入学試験問題

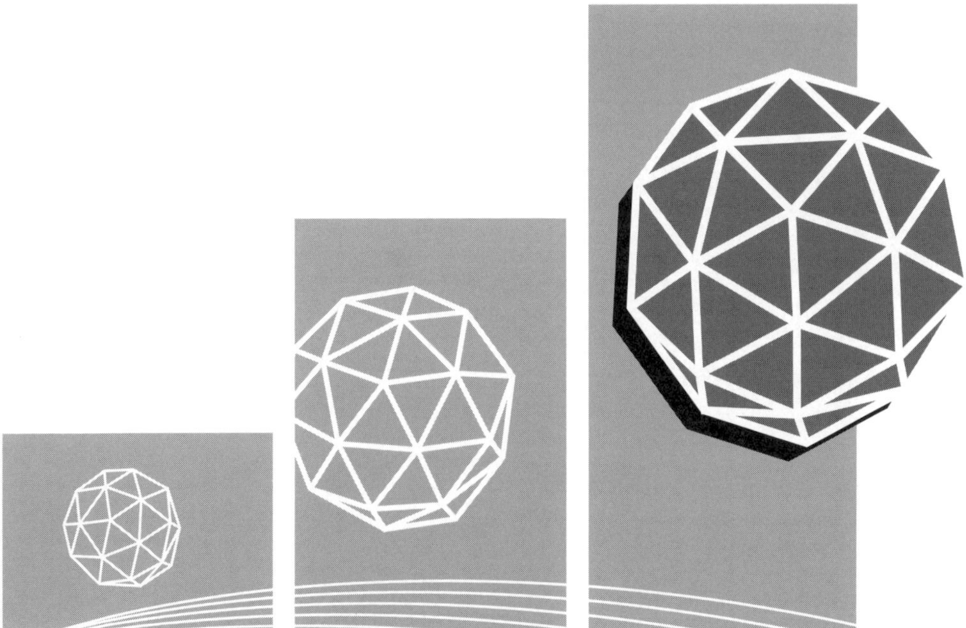

3　次の文章を読んで、(1)・(2)に答えなさい。

つれづれなるままに、日暮らし、硯《すずり》に向かひて、心にうつりゆくよしなし事を、そこはかとなく書きつくれば、あやしうこそものぐるほしけれ。

(1)　――線部「ものぐるほしけれ」について、(a)・(b)に答えなさい。

(a)　「ものぐるほしけれ」を現代仮名遣いに改めて、全てひらがなで書きなさい。（　　）

(b)　「ものぐるほしけれ」はその前にある「こそ」を受けて、文末がある決まった形に変化している。このような表現を何というか、ア～エから一つ選びなさい。（　　）

ア　係り結び　　イ　体言止め　　ウ　対句　　エ　枕詞

(2)　次は、この文章について説明したものである。A・Bのそれぞれにあてはまる言葉の組み合わせとして、最も適切なものをア～エから選びなさい。（　　）

この文章は A 時代の末に、兼好法師によって書かれた「徒然草」の冒頭部分である。「徒然草」は、自然や人間についての鋭い考えや感想、見聞が書きつづられ、無常観に基づく人生観や美意識が読み取れる、日本の代表的な B である。

ア　A　平安　　B　紀行文　　イ　A　鎌倉　　B　和歌集

ウ　A　平安　　B　物語　　エ　A　鎌倉　　B　随筆

※4の問題は五ページにあります。

できるのです。ただ私のようにそれを意識していないだけです。一つは自然から抜け出して、自然を外から眺めて、「自然を守る」「自然を破壊している」と語るあなたです。もう一人のあなたは、自然の外に出ることなく「今年も金鳳花《きんぽうげ》が花盛りになったね」「うわっー、こんなにいっぱい微塵子《みじんこ》が集まっている」と、生きものに眼《め》を細めているあなたです。

　一方だけではいけないのです。外からのまなざしである「自然保護」は、自然を意識しないときに感じる天地有情の感覚・感性・情愛・経験とつながっているのですから、つなげて語らないといけないのです。したがって現代社会でよく使われる「自然を保護する」という見方は、一面的です。やはり自分がそこにいる表現があってこそ、新しい自然にやさしい思想になるのではないでしょうか。

（宇根《うね》　豊《ゆたか》「日本人にとって自然とはなにか」より。一部省略等がある。）

(1) 〰〰線部「外から見ている」を、例にならって単語に区切りなさい。

（例）ギター／を／弾く

（外　か　ら　見　て　い　る）

(2) 本文中の［A］・［B］のそれぞれにあてはまる言葉の組み合わせとして、最も適切なものをア～エから選びなさい。（　　）

ア　A　また　　B　たとえ　　イ　A　しかし　　B　つまり

ウ　A　だから　B　さて　　　エ　A　たとえば　B　もし

(3) ――線部①「無自覚な自然へのやさしい対応」とあるが、これはどのようなことを表しているのか。末尾が「こと」に続く形になるように、本文中の言葉を用いて**十五字以内**で書きなさい。

［　　　　　　　　　　　　　　　］こと

(4) ――線部②「二つの見方」とあるが、どのような見方か。「自然を」に続けて書き出し、本文中の言葉を用いて**二十五字以上三十字以内**で書きなさい。ただし、「科学」と「一員」の**二語**を用いること。

［　　　　　　　　　　　　　　　］

自然を（　　　　　　　　）。

(5) 本文の内容に合うものとして、最も適切なものをア～エから選びなさい。（　　）

ア　筆者は、蛙や赤とんぼなどの虫たちを守るために田植えをしている。

イ　自然保護は、自分自身の体験などとつなげて語ることが大切である。

ウ　自然を保護することは、現代社会における日本の農業の課題である。

エ　人間と自然との関係については、切り離して考えなければいけない。

検査Ⅰ

時間　五〇分
満点　一〇〇点

1 次の(1)～(3)に答えなさい。

(1) 次の(a)～(d)の各文の――線部の読み方を、ひらがなで書きなさい。

(a) 山菜を摘む。（　　む）
(b) 苦手な科目を克服する。（　　）
(c) 転勤先に赴く。（　　く）
(d) 自由を享受する。（　　）

(2) 次の(a)～(d)の各文の――線部のカタカナを漢字になおし、楷書《かいしょ》で書きなさい。

(a) 毛糸でマフラーをアむ。（　　む）
(b) 道がコンザツする。（　　）
(c) 言葉をオギナう。（　　う）
(d) ソザイを生かした料理を作る。（　　）

(3) 次の(a)・(b)は四字熟語を使った文である。□にあてはまる最も適切な言葉をそれぞれア～エから選びなさい。

(a) 多数派に付和□する。
ア 雷同　イ 雷動　ウ 異同　エ 異動

(b) 今年から□一転して勉強に励む。
ア 新奇　イ 新規　ウ 心機　エ 心気

2 次の文章を読んで、(1)～(5)に答えなさい。

「自然を保護する」「自然にやさしい生き方をする」と言葉にするときには、すでに人間と自然の関係を意識しています。自然と人間（自分）を分けて考えていると言ってもいいでしょう。あるいは自然を外から見ている、とも言えるでしょう。ところが、自然の一員として、無意識に（経験的に、結果的に）自然を守っていたり、自然に配慮したりしていることもいっぱいあります。

A 私は今年も田植えをしましたが、その結果、蛙《かえる》も赤とんぼも源五郎《げんごろう》も子負い虫も卵を産むことができました。べつに私は蛙や虫たちのために田植えをしたわけではないのですが、結果的に、意図せずに、これらの自然の生きものを守ったのです。と言っても、「守った」という意識はありません。しかし、これも立派な「自然保護」に入るのではないでしょうか。内からのまなざしでは、「今年も蛙が鳴いているな、赤とんぼが生まれてきたな」と思うだけですが。

ところが、現代ではこれは「自然を守っている」とは言わないのです。言えないのです。本人に自覚がないから、「守っているの？」と聞かれても、気後れして「はい」とは言えないのです。かつての日本人のほとんどがこういう感覚でした。

B 、こういう①無自覚な自然へのやさしい対応を「自然保護」に入れないなら、日本の農業のほとんどは自然との関係を意識していない場合が多いのですから、自然とは関係がなくなります。私たちは自然を語れなくなるのです。私はそれをあえて語ろうとしています。内からのまなざしだけでは言葉が出てこないので、科学的な外からのまなざしも借りながら、表現しようとしているのです。

でも、現代の日本人は誰でもほんとうは、私のような②二つの見方が

4 右の年表や資料を見て，(1)～(5)に答えなさい。

年代	できごと	
1221	①後鳥羽上皇が兵をあげる	A
1404	②明との貿易が始まる	B
1543	ポルトガル人が鉄砲を伝える	C
1603	徳川家康が征夷大将軍となる	D
1772	田沼意次が老中となる	
1873	③地租改正が行われる	
1914	④第一次世界大戦が始まる	

(1) 下線部①は，鎌倉幕府を倒して朝廷の権力を回復させようと考え兵をあげた。このできごとを何というか，書きなさい。(　　　)

(2) 資料Ⅰは，朝鮮半島や中国の沿岸をおそうなどの海賊行為をしていた集団と，明軍との戦いを描いた図である。下線部②において，明はどのようなことを室町幕府に求めたか，資料Ⅰの集団の名称を明らかにして，書きなさい。

(　　　　　　　　　　　　　　　　　　　　　　　　　　　　　　)

資料Ⅰ

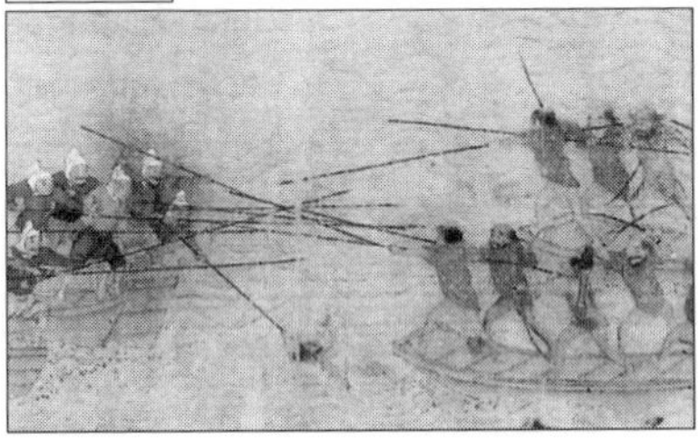

(3) 下線部③の内容として，誤っているものはどれか，ア～エから１つ選びなさい。(　　　)

ア 地価を定め，土地所有者に地券を発行する。　イ 土地所有者を地租の納税者とする。

ウ 地租の税率は収穫高の３％とする。　エ 地租は土地所有者が現金で納める。

(4) 下線部④の講和条約として，正しいものはどれか，ア～エから１つ選びなさい。(　　　)

ア 下関条約　イ ポーツマス条約　ウ ベルサイユ条約　エ サンフランシスコ平和条約

(5) 資料Ⅱは，俵屋宗達が描いた「風神雷神図屛風」の一部である。この装飾画は，年表中Ａ～Ｄのどの期間の作品か，１つ選びなさい。(　　　)

資料Ⅱ

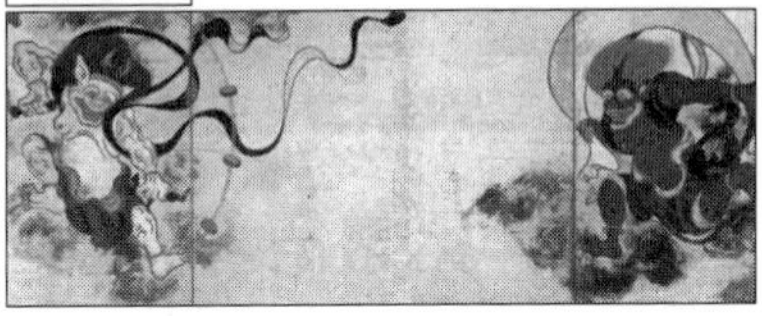

5　右の略地図を見て，(1)・(2)に答えなさい。

(1)　略地図中の あ～え の県のうち，次に示す〈条件〉①・②の両方にあてはまる県はどれか，あ～え から1つ選び，その記号と県名を書きなさい。記号(　　　)　県名(　　　県)

〈条件〉

①　沿岸にリアス海岸が広がる地域があり養殖がさかんに行われている。

②　石油化学コンビナートがつくられ，プラスチック製品などが生産されている。

略地図

(2)　略地図中の愛知県と沖縄県は，全国でも有数の菊の産地である。菊は，日光があたる時間が短くなると開花する特性があるため，これらの地域では夜も人工的に光をあてることで開花を遅らせ，出荷時期を調整している。このような栽培方法を何というか，書きなさい。(　　　)

6　次の略地図や資料を見て，(1)～(3)に答えなさい。

略地図

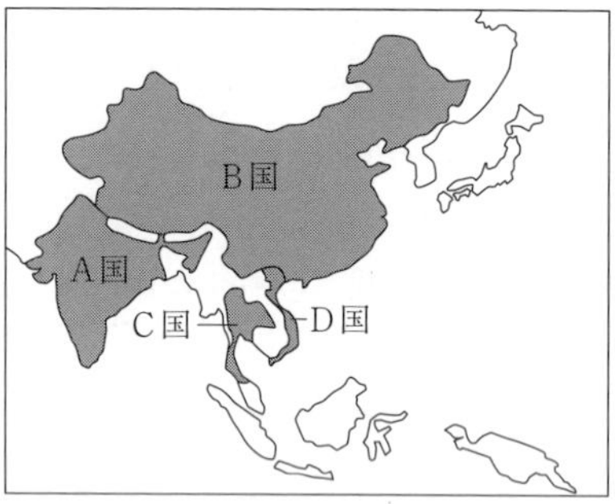

資料

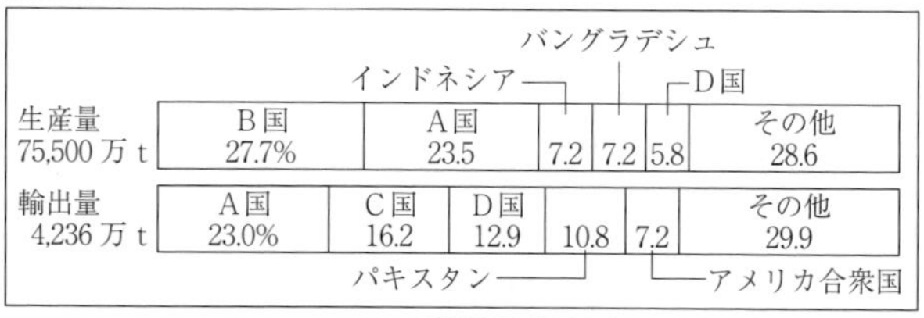

(「世界国勢図会」2021／22 年版より作成)

(1)　略地図中のA国において，最も多くの人が信仰している宗教は何か，ア～エから1つ選びなさい。(　　　)

ア　仏教　　イ　ヒンドゥー教　　ウ　イスラム教　　エ　キリスト教

(2)　資料は，世界における，ある農産物の2019年の生産量と輸出量に占める各国の割合を表したものである。この農産物は何か，ア～エから1つ選びなさい。(　　　)

ア　米　　イ　大豆　　ウ　綿花　　エ　とうもろこし

(3)　略地図中のC国とD国は，貿易や人の交流をさらに活発にして，いっそうの経済発展をめざす国際的な組織に加盟している。1967年に結成され，2022年12月現在，10か国が加盟しているこの組織を何というか，書きなさい。(　　　)

7　次の(1)〜(3)に答えなさい。

(1)　資料は，わが国の国会と内閣の関係について模式的に表したものの一部である。(a)・(b)に答えなさい。

(a)　資料中の（　　）には，任期満了前に議員の資格を失わせる行為の名称が入る。この名称を，**漢字 2 字**で書きなさい。(　　　)

(b)　下線部①の議員の任期と被選挙権の年齢の組み合わせとして正しいものを，ア〜エから 1 つ選びなさい。

(　　　)

ア　4 年，満 25 歳以上　　イ　4 年，満 30 歳以上

ウ　6 年，満 25 歳以上　　エ　6 年，満 30 歳以上

資料

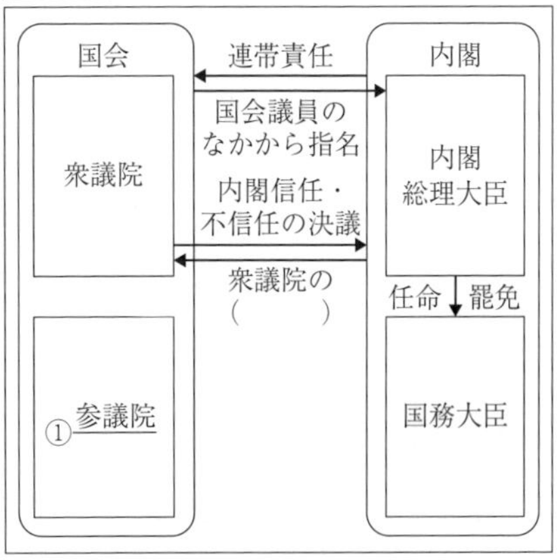

(2)　消費税のように，負担する人と納める人が異なる税金を何というか，書きなさい。(　　　)

(3)　情報化が進む現代社会において，企業がインターネットを利用して販売を行うことは，多くの利点がある一方，企業側が果たさなければならない責任も重くなってきている。インターネットを利用した販売に関わる企業は，消費者に対して，どのような責任を果たさなければならないか，「防止」という語句を用いて書きなさい。

(　　　　　　　　　　　　　　　　　　　　　　　　)

8　次の英文は，高校生のだいき（Daiki）さんが，だいきさんの家にホームステイをしている留学生のリリー（Lily）さんと，クリスマスカード（Christmas card）について交わしている対話の一部である。これを読んで，(1)～(4)に答えなさい。

Daiki:　Hi, Lily. Here's the mail.

Lily:　Thanks. Oh, there's a Christmas card from my grandma! I'm so happy to receive a card from her even in Japan. Look, Daiki.

Daiki:　Wow, □ Do people in your country send Christmas cards like this every year?

Lily:　Yes. Many people buy various kinds of cards at shops, but my grandma never buys them. She's very good at making things with paper, and always decorates her cards. She also changes the design every year, so opening her cards is always a lot of fun.

Daiki:　That's amazing! In Japan, we have New Year's cards, but I don't send them. I use my smartphone to exchange messages with my friends on New Year's Day because it's easier and faster.

Lily:　Smartphones are convenient, but it's also nice to exchange cards with your friends and family.

Daiki:　That's true. If I got something like your grandma's card, I would feel very happy.

Lily:　Hey, Daiki. I have an idea! Why don't we make a New Year's card together and send it to my grandma in the U.K.? I'm sure she'll be happy and surprised to get our card from Japan.

Daiki:　Sounds great. Let's (　　) first!

（注）mail　郵便物　　grandma　おばあちゃん　　decorate(s)　～を飾る，装飾する
design　デザイン　　New Year's card(s)　年賀状

(1)　次の(a)・(b)の問いに対する答えを，それぞれ主語と動詞を含む英文1文で書きなさい。

(a)　Is Lily happy to get a Christmas card from her grandma?
(　　　　　　　　　　　　　　　　　　　　)

(b)　What does Daiki use to send messages to his friends on New Year's Day?
(　　　　　　　　　　　　　　　　　　　　)

(2)　□ に最も適するものをア～エから選びなさい。(　　　)

ア　don't worry!　　イ　how beautiful!　　ウ　see you!　　エ　you're welcome!

(3)　本文の内容と合うものをア～エから1つ選びなさい。(　　　)

ア　Lily's grandma buys various kinds of Christmas cards at shops every year.

イ　Lily is very good at decorating her Christmas cards with paper.

ウ　Daiki thinks that writing New Year's cards is easy and fast.

エ　Daiki and Lily are going to send a New Year's card to Lily's grandma.

(4)　下線部について，あなたがだいきさんなら，リリーさんに対してまず最初に何をしようと提案するか，対話が成り立つように，(　　)に**3語以上**の英語を入れて，英文を完成させなさい。
(　　　　　　　　　　　　　　　　　　　　)

検査Ⅱ

時間　50分　　　　満点　100点

1　次の(1)〜(10)に答えなさい。ただし，答えは，特に指示するもののほかは，できるだけ簡単な形で表し，答えに無理数が含まれるときは，無理数のままで示しなさい。

(1)　$-6+3$ を計算しなさい。(　　　)

(2)　$2ax+7ay-5a$ を因数分解しなさい。(　　　)

(3)　$\sqrt{18}\div\sqrt{2}$ を計算しなさい。(　　　)

(4)　連立方程式 $\begin{cases} 2x-3y=1 \\ x+y=3 \end{cases}$ を解きなさい。(　　　　)

(5)　一次関数 $y=2x+5$ について，x の変域が $-3\leqq x\leqq 2$ のときの y の変域を求めなさい。

(　　　)

(6)　右のように，1 から 5 までの数字が書かれた 5 枚のカードがある。このカードを箱に入れ，箱からカードを 1 枚ずつ 2 回続けて取り出す。1 回目に取り出したカードを左に，2 回目に取り出したカードを右に並べて 2 けたの整数をつくるとき，2 けたの整数は全部で何通りできるか，求めなさい。(　　　通り)

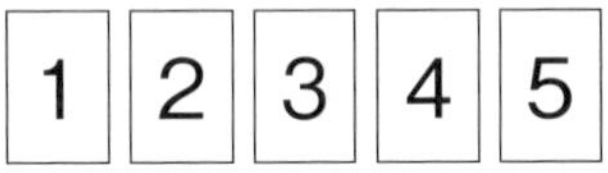

(7)　右の図のように，円 O の周上に 3 点 A，B，C があり，AB = AC である。∠ABO = 35° であるとき，∠x の大きさを求めなさい。

(　　　)

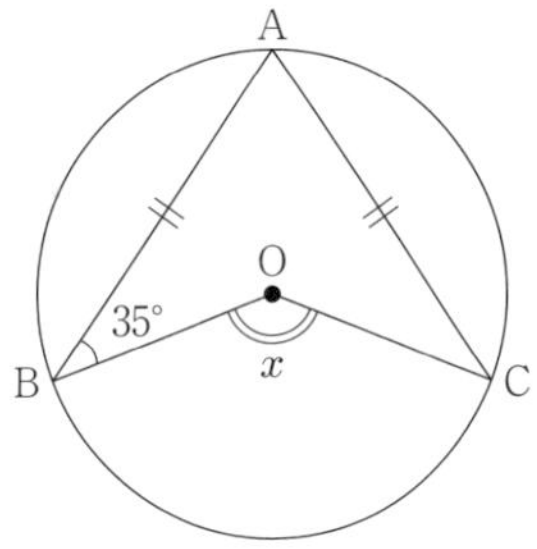

(8)　2 つの水そう A，B に同じ量の水がはいっている。水そう A から水そう B に 16L の水を移したところ，水そう A と水そう B にはいっている水の量の比が 3 : 7 になった。最初に水そう A にはいっていた水の量は何 L か，求めなさい。ただし，水があふれることはないものとする。

(　　　L)

(9)　右の表は，12 人がおこなった上体起こしの記録である。この記録の中央値が 26 回のとき，a の値を求めなさい。(　　　)

(単位：回)

23,	29,	28,	20,	25,	32,
24,	18,	30,	28,	21,	a

⑽　右の図は，円錐の展開図であり，底面の部分は半径 6 cm の円である。この展開図を組み立てたときにできる円錐の母線の長さが 8 cm であるとき，円錐の体積を求めなさい。ただし，円周率は π とする。

(　　　　cm^3)

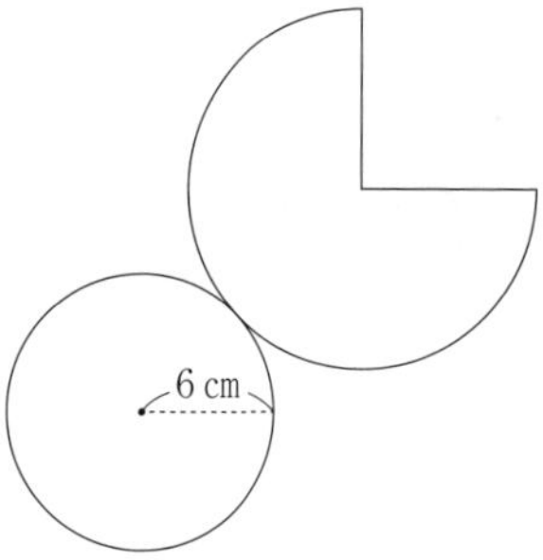

2　次の(1)・(2)に答えなさい。

(1)　ヒトの体内に多くたまると有害であるアンモニアを，害の少ない尿素に変える器官はどれか，ア～エから1つ選びなさい。(　　　)

ア　腎臓　　イ　すい臓　　ウ　肝臓　　エ　小腸

(2)　図は，バフンウニの発生を模式的に表したものである。X は，精子が卵の中に入り，精子の核と卵の核が合体することによってできた新しい1つの細胞であり，A～C は，X が成体になるまでの過程における異なった段階の胚である。(a)・(b)に答えなさい。

図

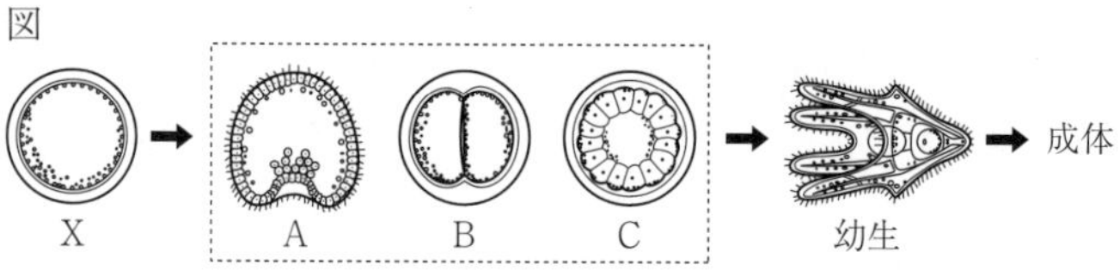

(a)　精子が卵の中に入り，精子の核と卵の核が合体することを何というか，書きなさい。

(　　　)

(b)　図の□のA～Cを，発生の順に並べなさい。(　　→　　→　　)

③ 次の(1)・(2)に答えなさい。

(1) 図1は，質量200gのおもりを，1Nの力で机から持ち上げようとしたときのようすを表したものである。(a)・(b)に答えなさい。ただし，質量100gの物体にはたらく重力の大きさを1Nとし，空気の抵抗や摩擦は考えないものとする。

図1

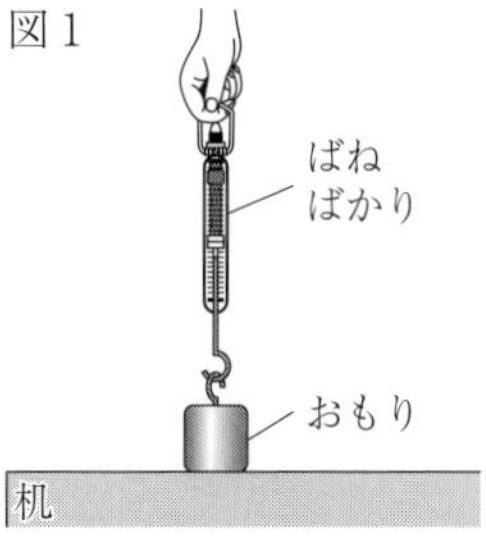

(a) 力の三要素は，力の大きさと向き，もう1つ何を合わせたものか，書きなさい。(　　　)

(b) 図1のおもりにはたらく重力は何Nか，求めなさい。(　　　N)

(2) 図2は，水平な机の上に棒磁石と方位磁針を置き，真上から見たようすと，真横から見たようすを表したものである。Aの位置の方位磁針のN極のさす向きは，図2のようになった。次の文は，方位磁針をA，B，C，D，Eの順に，AからEの位置までゆっくり動かしたときの方位磁針のN極が回転するようすと，棒磁石の真上にある点Fでの磁界の向きについて述べたものである。正しい文になるように，文中の①・②について，ア・イのいずれかをそれぞれ選びなさい。①(　　　)　②(　　　)

図2

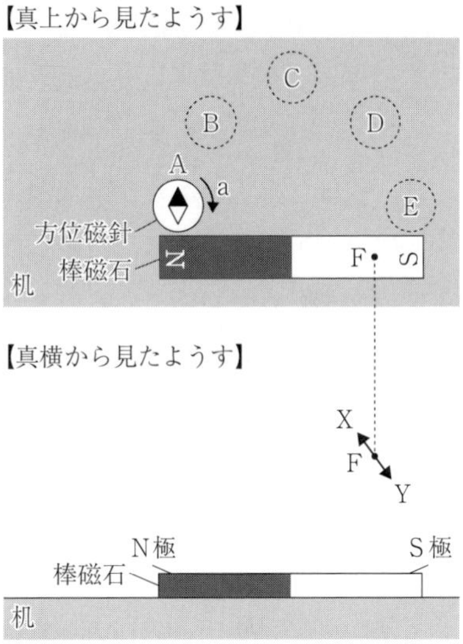

方位磁針のN極は，図2のaの向きに少しずつ動き，①［ア　約180°　　イ　約360°］回転する。また，棒磁石の真上にある点Fでの磁界の向きは，図2の②［ア　X　イ　Y］である。

④ 次の(1)・(2)に答えなさい。

(1) 次の文は，ある物質について述べたものである。この物質は何か，ア～エから1つ選びなさい。(　　　)

熱をよく伝え，電気をよく通す。たたいて広げたり，引きのばしたりすることができる。磁石につく。みがくと特有の光沢が出る。

ア　アルミニウム　　イ　ガラス　　ウ　銅　　エ　鉄

(2) 質量23.0gの木炭をガスバーナーで加熱すると，赤くなり，白い灰になった。この白い灰になった木炭の質量を測定すると19.6gであった。(a)・(b)に答えなさい。

(a) 木炭を加熱したときのように，物質が激しく熱や光を出しながら酸化される変化を何というか，書きなさい。(　　　)

(b) 加熱する前の木炭の質量より，白い灰になった木炭の質量が減少したのはなぜか，「酸素」という語句を用いて，その理由を書きなさい。

(　　　　　　　　　　　　　　　　　　　　　　　　)

5　次の(1)・(2)に答えなさい。

(1)　図は，安山岩をルーペで観察し，スケッチしたものである。(a)・(b)に答えなさい。

図

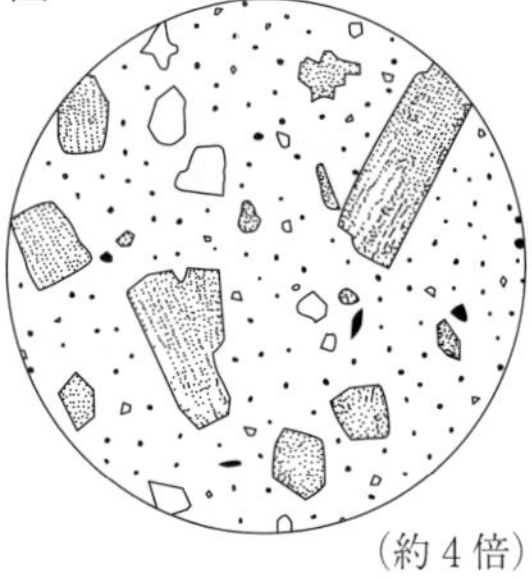

(約4倍)

(a)　図の安山岩は，比較的大きな鉱物である斑晶が，細かい粒などでできた石基に囲まれている。このような岩石のつくりを何というか，書きなさい。(　　　)

(b)　石基のでき方を述べた文として正しいものはどれか，ア～エから1つ選びなさい。(　　　)

ア　マグマが，地下深くで，急に冷え固まってできた。

イ　マグマが，地下深くで，ゆっくり冷え固まってできた。

ウ　マグマが，地表や地表近くで，急に冷え固まってできた。

エ　マグマが，地表や地表近くで，ゆっくり冷え固まってできた。

(2)　表は，はるかさんが，太陽系の地球以外の惑星の赤道半径，質量，自転周期，公転周期についてまとめたものである。また，【会話の一部】は，はるかさんとかけるさんが，表をもとに交わした会話の一部である。表のWにあてはまるものはどれか，ア～エから1つ選びなさい。

(　　　)

ア　赤道半径　　イ　質量　　ウ　自転周期　　エ　公転周期

表

	W	X	Y	Z
水星	0.06	0.24	0.38	58.65
金星	0.82	0.62	0.95	243.02
火星	0.11	1.88	0.53	1.03
木星	317.83	11.86	11.21	0.41
土星	95.16	29.46	9.45	0.44
天王星	14.54	84.02	4.01	0.72
海王星	17.15	164.77	3.88	0.67

【会話の一部】

はるかさん　表のW～Zには，赤道半径，質量，自転周期，公転周期のどれがあてはまると思いますか。それぞれの値は，地球の値を1.00としたときのものです。

かけるさん　W，X，Yは，地球型惑星の値より木星型惑星の値が大きいですね。

はるかさん　それぞれの惑星の特徴だけでなく，惑星と太陽の関係も考えるといいと思います。

かけるさん　太陽の赤道半径は地球の約109倍ですよね。それらのことから考えてみます。

6　次の(1)～(4)に答えなさい。

(1)　次の英文の意味が通るように，(　　)に最も適するものをア～エから選びなさい。

Look at those birds in the sky! I wish I could (　　　) like them.

ア　run　　イ　swim　　ウ　talk　　エ　fly

(2)　次の対話文(a)～(c)を読んで，［　　　］に最も適するものを，それぞれア～エから１つずつ選びなさい。(a)(　　　)　(b)(　　　)　(c)(　　　)

(a)　*A:*　Did you have breakfast this morning?

B:　［　　　　　］ My father cooked miso soup for me. It was delicious.

ア　Yes, I did.　　イ　No, I didn't.　　ウ　Yes, I have.　　エ　No, I haven't.

(b)　*A:*　It's sunny, so I'll wash my car in the afternoon. Can you help me?

B:　［　　　　　］ I'm going to study with my friend at the library after lunch.

ア　That's right.　　イ　You can't help me.　　ウ　Of course.　　エ　Sorry, I can't.

(c)　*A:*　Excuse me. Do you know where the history museum is?

B:　Yes, but it's a little far from here.

A:　Really? ［　　　　　］

B:　Take the train to Hikari Station. It'll take about 15 minutes.

ア　Why do I have to go?　　イ　How can I get there?

ウ　When are you going to leave?　　エ　What time will the museum open?

(3)　次の対話が成り立つように，(　　)にあてはまる１語の英語を書きなさい。

A:　About 70 percent of my classmates like dogs better than cats.

B:　So, you can say that dogs are more (　　　) than cats in your class.

(4)　あなたは，先週あなたの学校にニュージーランドから留学してきた中学生と話をしています。次の対話が成り立つように，(　　)にあてはまるあなた自身の答えを，**10語以上15語以内**の英語で書きなさい。ただし，数を書く場合は数字ではなく英語で書くこととし，文の数はいくつでもよい。また，符号は語数に含めない。

A:　I want to speak Japanese well. What should I do?

B:　(　　　　　)

A:　Thank you! I'll try.

〈解答欄の書き方について〉

次の（例）に従って＿＿に１語ずつ記入すること。

（例）　Really ?　I'm　from　America,　too .

2023年度／解答

検査 I

1 【解き方】(3) (a) やたらに人の意見に同調すること。(b) 何かをきっかけにして，気持ちを切りかえること。

【答】(1) (a) つ(む)　(b) こくふく　(c) おもむ(く)　(d) きょうじゅ

(2) (a) 編(む)　(b) 混雑　(c) 補(う)　(d) 素材　(3) (a) ア　(b) ウ

2 【解き方】(1) 単語は，意味をもつ最小の単位の語に区切ったもの。

(2) A では，「自然の一員」として「無意識に」自然を保護していることについて，筆者のことを例に挙げている。B では，「『自然保護』に入れないなら」の「なら」と呼応して，仮定を表す言葉が入る。

(3)「自然の一員として…自然を守っていたり，自然に配慮したりしている」ことを表し，具体的には，「『守った』という意識」がないのに，田んぼの生きものを守ったという筆者の行動を示している。

(4)「一つは」として，「自然から抜け出して，自然を外から眺めて…と語るあなた」を挙げ，「もう一人のあなた」として，「自然の外に出ることなく…生きものに眼を細めているあなた」を挙げている。

(5) 外から眺める「自然保護」は，「自然を意識しないときに感じる…情愛・経験」とつながっているから，「つなげて語らないといけない」と述べている。さらに「自分がそこにいる表現」があることで，「新しい自然にやさしい思想になるのではないでしょうか」という考えを示している。

【答】(1) 外／から／見／て／いる　(2) エ　(3) 無意識に自然を守っている(こと)（12 字）(同意可)

(4) 科学的に外から見る見方と自然の一員として内から見る見方（27 字）(同意可)　(5) イ

3 【解き方】(1) (a) 語頭以外の「は・ひ・ふ・へ・ほ」は「わ・い・う・え・お」にする。(b)「ぞ・なむ・や・か」という係助詞に呼応して結びが連体形に，「こそ」という係助詞に呼応して結びが已然形になる修辞法。

(2) 平安時代の中期に清少納言によって書かれた「枕草子」，鎌倉時代の初期に鴨長明によって書かれた「方丈記」とともに，三大随筆の一つである。

【答】(1) (a) ものぐるおしけれ　(b) ア　(2) エ

◀口語訳▶　することもなく手持ちぶさたなのにまかせて，一日中硯に向かい，心に浮かんでは消えていくたわいもないことを，とりとめもなく書きつけていると，不思議と正気を失った気分になることだ。

4 【解き方】(1) 承久の乱に敗れた後鳥羽上皇は，隠岐《おき》へと流された。

(2) 13 世紀から 16 世紀にかけて，中国や朝鮮半島の沿岸部を倭寇と呼ばれる海賊《かいぞく》が荒らしまわった。足利義満は，明からの求めに応じて倭寇を取りしまり，日明貿易を開始した。

(3)「収穫高」ではなく，地価が正しい。

(4) アは日清戦争，イは日露戦争，エは第二次世界大戦の講和条約。

(5) 俵屋宗達は，江戸時代の初期に京都で活躍した画家。

【答】(1) 承久の乱　(2) 倭寇を取りしまること。(同意可)　(3) ウ　(4) ウ　(5) D

5 【解き方】(1) 三重県東部の志摩半島には，リアス海岸が広がっている。また，三重県の四日市市には，石油化学コンビナートが立地している。あ は岩手県，い は茨城県，え は島根県。

(2) このような菊は，「電照菊」と呼ばれる。

【答】(1)（記号）う　(県名) 三重(県)　(2) 抑制栽培

6 【解き方】(1) A 国はインド。ヒンドゥー教は，インドで信仰する人が多い宗教で，牛を聖なる生き物であるとして，牛肉を食べることを禁じている。

(2) B 国は中国，C 国はタイ，D 国はベトナム。アジアには米を主食とする国が多く，生産・輸出量の上位もアジアの国々となっている。

(3) インドネシア，カンボジア，シンガポール，タイ，フィリピン，ブルネイ，ベトナム，マレーシア，ミャンマー，ラオスが加盟する地域統合で，略称は ASEAN。

【答】 (1) イ　(2) ア　(3) 東南アジア諸国連合

7 **【解き方】** (1) (a) 参議院には解散はない。(b) 衆議院議員の任期は 4 年で，被選挙権は満 25 歳以上。

(2) 負担する人と納める人が同じ税金は，直接税という。

(3) インターネットを利用した経済活動を行う企業は，クレジットカードの番号などのさまざまな個人情報を扱うことになるため，そうした情報が流出しないようにしなければならない。

【答】 (1) (a) 解散　(b) エ　(2) 間接税　(3) 消費者に関する情報の流出を防止する責任。(同意可)

8 **【解き方】** (1) (a) 質問は「リリーはおばあちゃんからクリスマスカードをもらってうれしいですか？」。リリーの最初のせりふに「日本にいても彼女からカードを受け取れて私はとても幸せだわ」とあるので，Yes で答える。(b) 質問は「だいきは元旦に友達にメッセージを送るのに何を使いますか？」。だいきの 3 番目のせりふに「僕は元旦に友達とメッセージを交換するのにスマートフォンを使う」とある。

(2) おばあちゃんからリリーに送られてきたクリスマスカードをだいきが見たときの言葉。how beautiful! =「なんてきれいなんだ！」。

(3) ア．リリーの 2 番目のせりふの 2 文目を見る。リリーのおばあちゃんはお店でクリスマスカードを買わない。イ．リリーの 2 番目のせりふの 3 文目を見る。紙を使ってクリスマスカードを装飾するのが得意なのはリリーではなく，リリーのおばあちゃん。ウ．だいきの 3 番目のせりふを見る。だいきは年賀状を書くよりも，友達とメッセージを交換するのにスマートフォンを使う方が簡単で速いと思っている。エ.「だいきとリリーは，リリーのおばあちゃんに年賀状を送るつもりだ」。リリーとだいきの最後の対話を見る。正しい。

(4) リリーのおばあちゃんに年賀状を送ることにした 2 人が最初にすることを考える。

【答】 (1) (a) Yes, she is.　(b) He uses his smartphone.　(2) イ　(3) エ　(4)（例）think about the design

◀全訳▶

だいき：やあ，リリー。郵便物があるよ。

リリー：ありがとう。ああ，おばあちゃんからクリスマスカードが来たわ！　日本にいても彼女からカードを受け取れて私はとても幸せだわ。見て，だいき。

だいき：わあ，なんてきれいなんだ！　あなたの国の人たちは，毎年このようなクリスマスカードを送るの？

リリー：そうよ。お店でいろいろな種類のカードを買う人が多いけれど，おばあちゃんは決してそれらを買わないの。彼女は紙を使ってものを作るのがとても得意で，いつもカードを装飾するの。彼女はデザインも毎年変えるので，彼女のカードを開くのがいつもとても楽しみなの。

だいき：すごいね！　日本では年賀状があるけれど，僕は送らないよ。より簡単で速いから，僕は元旦に友達とメッセージを交換するのにスマートフォンを使うよ。

リリー：スマートフォンは便利だけれど，友人や家族とカードを交換するのもいいわよ。

だいき：その通りだね。あなたのおばあちゃんのカードのようなものをもらえたら，とてもうれしく感じるだろうな。

リリー：ねえ，だいき。私に考えがあるの！　一緒に年賀状を作ってイギリスのおばあちゃんにそれを送らない？　日本から私たちのカードを受け取ったら，きっと彼女は喜ぶし驚くわ。

だいき：いいね！　まず（デザインを考え）よう！

検査Ⅱ

1 【解き方】(1) 与式 $= -(6-3) = -3$

(2) 与式 $= a(2x + 7y - 5)$

(3) 与式 $= \sqrt{9} = 3$

(4) 与式を順に①，②とする。①−②×2より，$-5y = -5$　よって，$y = 1$　これを②に代入して，$x + 1 = 3$より，$x = 2$

(5) 一次関数 $y = 2x + 5$ のグラフは右上がりだから，$x = -3$ のとき y は最小で，$y = 2 \times (-3) + 5 = -1$　$x = 2$ のとき y は最大で，$y = 2 \times 2 + 5 = 9$　よって，$-1 \leqq y \leqq 9$

(6) 1回目のカードの取り出し方は5通り，2回目は4通りなので，$5 \times 4 = 20$ (通り)

(7) 点Aと中心Oを結ぶ。OAは共通，$\mathrm{OB} = \mathrm{OC}$，$\mathrm{AB} = \mathrm{AC}$ より，$\triangle\mathrm{OAB} \equiv \triangle\mathrm{OAC}$　△OABと△OACはそれぞれ，$\mathrm{OA} = \mathrm{OB}$，$\mathrm{OA} = \mathrm{OC}$ の二等辺三角形だから，$\angle\mathrm{OAB} = \angle\mathrm{OAC} = \angle\mathrm{OBA} = 35^\circ$　よって，$\angle\mathrm{BAC} = 35^\circ + 35^\circ = 70^\circ$ だから，中心角と円周角の関係より，$\angle x = 70^\circ \times 2 = 140^\circ$

(8) 最初に水そうAにはいっていた水の量を x Lとすると，$(x - 16) : (x + 16) = 3 : 7$ が成り立つ。これを解くと，$7(x - 16) = 3(x + 16)$ より，$7x - 112 = 3x + 48$ だから，$4x = 160$　よって，$x = 40$

(9) a 以外の記録を小さい順に並べると，18，20，21，23，24，25，28，28，29，30，32で，この場合の中央値は25回。12人の記録の中央値は6番目と7番目の平均値なので，$a = 25$ のとき中央値は25回となり，$a \leqq 25$ は適さない。$a = 26$ のとき中央値は，$(25 + 26) \div 2 = 25.5$ (回)となるので適さない。$a = 27$ のとき中央値は，$(25 + 27) \div 2 = 26$ (回)となる。$a = 28$ のとき中央値は，$(25 + 28) \div 2 = 26.5$ (回)となり，$a \geqq 28$ は適さない。よって，$a = 27$

(10) 展開図を組み立ててできる円錐は右図のようになるので，円錐の高さは，三平方の定理より，$\sqrt{8^2 - 6^2} = 2\sqrt{7}$ (cm)　よって，求める体積は，$\frac{1}{3} \times \pi \times 6^2 \times 2\sqrt{7} = 24\sqrt{7}\pi$ (cm^3)

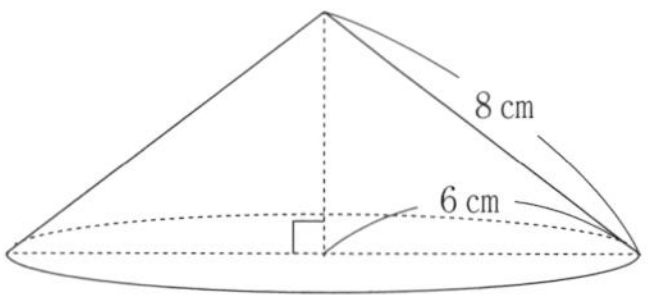

【答】(1) -3　(2) $a(2x + 7y - 5)$　(3) 3　(4) $x = 2$，$y = 1$
(5) $-1 \leqq y \leqq 9$　(6) 20 (通り)　(7) 140°　(8) 40 (L)　(9) 27　(10) $24\sqrt{7}\pi$ (cm^3)

2 【解き方】(1) 尿素は腎臓でこしとられて尿として排出される。すい臓は消化酵素を含むすい液を排出する。小腸は食物を消化し，栄養分を吸収する。

(2)(b) 受精卵は細胞分裂をくり返し，細胞は数がふえるとともに小さくなっていく。

【答】(1) ウ　(2)(a) 受精　(b) B→C→A

3 【解き方】(1)(b) 質量100gの物体にはたらく重力の大きさが1Nなので，質量200gの物体にはたらく重力の大きさは，$1\,(\mathrm{N}) \times \frac{200\,(\mathrm{g})}{100\,(\mathrm{g})} = 2\,(\mathrm{N})$

(2) 方位磁針のN極がさす向きは，Cの位置では水平に右方向，Eの位置では棒磁石のS極をさす。磁界の向きは，方位磁針のN極がさす向きであり，棒磁石のN極から出てS極へ向かう。

【答】(1)(a) 作用点　(b) 2 (N)　(2) ① ア　② イ

4 【解き方】(1) 金属の性質が挙げられているが，磁石につくのは，鉄などの一部の金属。

【答】(1) エ　(2)(a) 燃焼　(b) 炭素と酸素が結びついて発生した二酸化炭素が，空気中に逃げたため。(同意可)

5 【解き方】(2) 太陽系の惑星は太陽に近い方から，水星，金星，地球，火星，木星，土星，天王星，海王星。地球型惑星は太陽に近い，水星，金星，地球，火星。太陽から遠いほど公転周期が長くなるので，Xは公転周期。内惑星はすべて地球よりも自転周期が長いので，Zは自転周期。木星は最も大きい惑星で赤道半径は地球の約11倍，質量も惑星中最大なので，Yは赤道半径，Wは質量。

【答】(1)(a) 斑状組織 (b) ウ (2) イ

6 【解き方】(1)「空にいるあの鳥たちを見て！ 私は彼らのように『飛ぶ』ことができたらいいのにな」。仮定法の文。

(2)(a) 今朝，朝食を食べたかを尋ねられている。Did you ～?と聞かれているので，Yes, I did.か No, I didn't. で答える。「私の父が私にみそ汁を作ってくれました。それはおいしかったです」と続いているので，Yes で答える。(b) 午後に車を洗うのを手伝ってくれないかと尋ねられている。「昼食のあと，図書館で友達と勉強する予定です」と続いているので，「すみません，できません」と答える文が入る。(c)「ヒカリ駅行きの電車に乗ってください」と答えているので，歴史博物館への行き方を尋ねる文が入る。How can I get there? =「そこへはどうやって行けますか？」。

(3)「私のクラスメートの約 70 パーセントが猫よりも犬が好きだ」を「あなたのクラスでは猫よりも犬の方が『人気がある』」と言い換えている。more popular than ～=「～よりも人気である」。

(4) 日本語を上手に話せるようになるにはどうすればよいかをアドバイスする英文を考える。解答例 1 は「あなたはたくさんの友達を作って彼らと話すためにクラブに入るとよい」，解答例 2 は「あなたは日本のアニメを見るとよい。あなたはたくさんの新しい単語を覚えることができる」。

【答】(1) エ (2)(a) ア (b) エ (c) イ (3) popular

(4)（例 1）You should join a club to make a lot of friends and talk with them.（15 語）

（例 2）You should watch Japanese anime. You can learn many new words.（11 語）

~MEMO~

徳島県公立高等学校
(一般選抜)

2022年度
入学試験問題

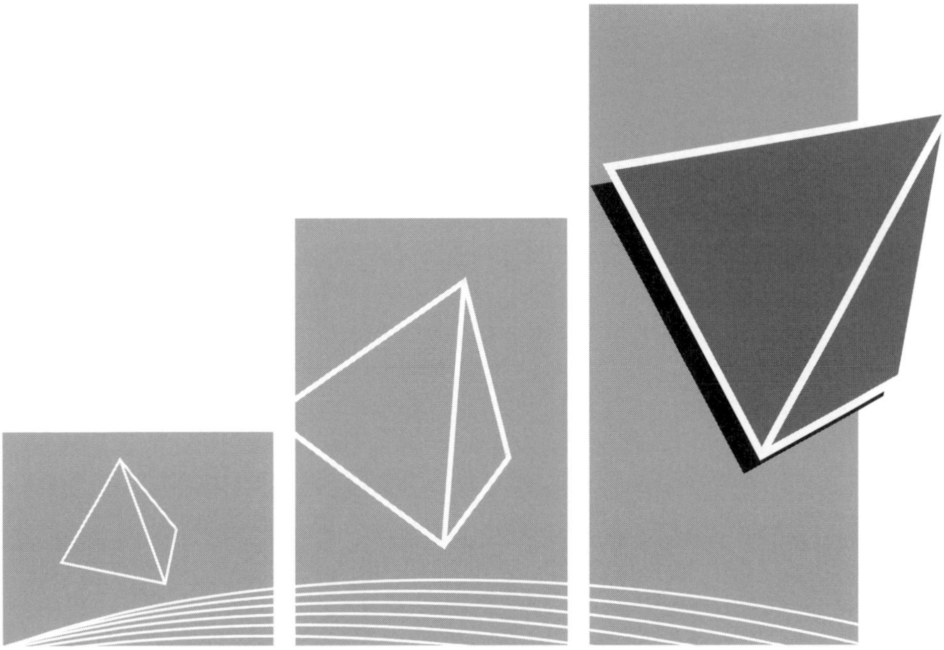

数学

時間　45分　　　　満点　100点

(注)　答えに無理数が含まれるときは，無理数のままで示しなさい。

1　次の(1)〜(10)に答えなさい。

(1)　$-7-(-3)$ を計算しなさい。(　　　)

(2)　$18 \times \dfrac{5x-2y}{6}$ を計算しなさい。(　　　)

(3)　$a < \sqrt{30}$ となる自然数 a のうち，最も大きいものを求めなさい。(　　　)

(4)　二次方程式 $3x^2-36=0$ を解きなさい。(　　　)

(5)　1個 a g のゼリー6個を，b g の箱に入れたときの全体の重さは800g未満であった。この数量の関係を不等式で表しなさい。(　　　)

(6)　y は x に反比例し，$x=4$ のとき $y=\dfrac{5}{4}$ である。x と y の関係を式に表しなさい。(　　　)

(7)　右の表は，クイズ大会に参加した11人の得点である。この表をもとにして，箱ひげ図をかくと，右の図のようになった。a，b の値をそれぞれ求めなさい。$a=$(　　　)　$b=$(　　　)

表　　　　　　　(単位：点)

13，7，19，10，5，11，
14，20，7，8，16

図

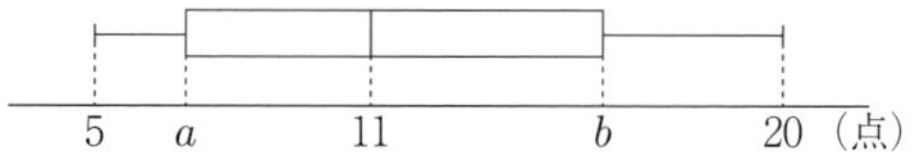

(8)　右の図のように，平行な3つの直線 ℓ，m，n がある。x の値を求めなさい。(　　　)

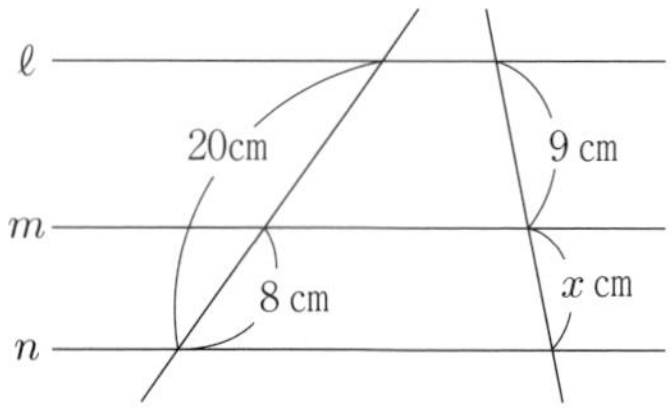

(9)　1から6までの目が出る大小2つのさいころを同時に投げるとき，出る目の数の和が素数になる確率を求めなさい。ただし，それぞれのさいころについて，どの目が出ることも同様に確からしいものとする。(　　　)

(10) 右の図のように，直線ℓと直線ℓ上の点A，直線ℓ上にない点Bがある。点Aで直線ℓに接し，点Bを通る円の中心Oを，定規とコンパスの両方を使って作図しなさい。ただし，作図に使った線は消さずに残しておくこと。また，定規やコンパスを持っていない場合は，作図の方法を文章で書きなさい。

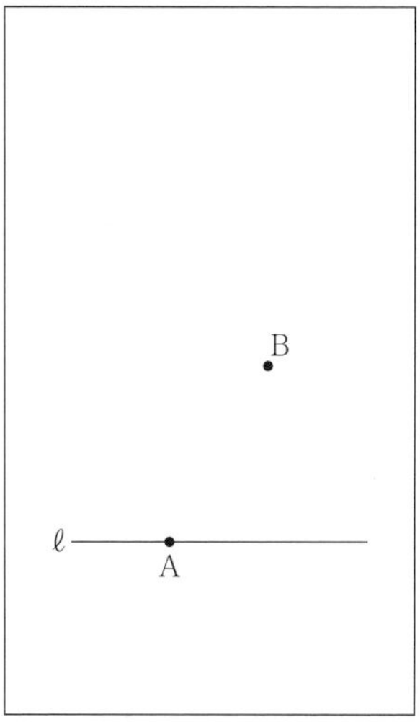

2 かずきさんとみさきさんは，厚紙を切って，3種類の図形A，B，Cをたくさんつくっている。図形Aは正方形，図形Bは1辺の長さが図形Aの1辺の長さと等しく，他方の辺の長さが1cmの長方形，図形Cは1辺の長さが1cmの正方形である。(1)・(2)に答えなさい。

(1) 厚紙は，赤，青，白，黄，緑の5色ある。この5色から3色を選ぶとき，その選び方は全部で何通りあるか，求めなさい。(　　　通り)

(2) 2人は，図形A，B，Cを何枚か組み合わせて，重ならないようにすき間なくしきつめ，いろいろな四角形をつくろうと考えている。図形Aの1辺の長さを$x$cmとして，(a)〜(c)に答えなさい。

(a) 図形Aを1枚，図形Bを3枚，図形Cを2枚の合計6枚を組み合わせると，1つの長方形をつくることができる。$x = 3$のとき，この長方形の2辺の長さは，それぞれ何cmか，求めなさい。(　　　cm)(　　　cm)

(b) かずきさんは，図形Aを1枚，図形Bを6枚，図形Cを8枚の合計15枚を組み合わせて，1つの長方形をつくった。この長方形の周の長さをxを用いて表しなさい。(　　　cm)

(c) みさきさんは，図形A，B，Cを何枚か組み合わせて，1辺の長さが$(x + 7)$cmの正方形を1つつくった。この正方形の面積は，図形Aを1枚，図形Bを6枚，図形Cを8枚の合計15枚を組み合わせてかずきさんがつくった1つの長方形の面積より105cm^{2}大きかった。このとき，xの値を求めなさい。(　　　)

3　高校生のあおいさんは，部活動でおそろいのTシャツをつくることになり，どの会社に注文するかについて，まことさんと相談している。次は，2人の会話の一部である。(1)・(2)に答えなさい。ただし，消費税は考えないものとする。

【会話の一部】

あおいさん　料金がどのくらいかかるかを先生からもらったパンフレットで調べ，A社とB社について表1にまとめました。どちらに注文した方が安くなるでしょうか。

表1

A社		B社	
基本料金	3500円	基本料金	7000円
Tシャツ代	1枚につき　900円	Tシャツ代	1枚につき　800円
プリント代	1枚につき　600円	プリント代	1枚につき　400円

まことさん　A社もB社も基本料金とそのほかに，Tシャツ代とプリント代が注文する枚数分かかりますね。

あおいさん　例えば，5枚注文するときの代金は，A社の場合は，基本料金3500円とTシャツ代4500円，プリント代3000円で，合計11000円になりますね。B社の場合は，合計(ア)円だから，A社の方が安くなりますね。

まことさん　注文する枚数によっては，B社の方が安くなる場合もあるのでしょうか。

あおいさん　Tシャツをx枚注文するときの代金をy円として考えてみましょう。A社についてxとyの関係を式に表すと，y = [イ] となります。この式から，yはxの一次関数とみることができますね。

まことさん　B社についても同じように考えることができるので，A社とB社のxとyの関係をそれぞれグラフに表すと図1のようになりますね。

図1

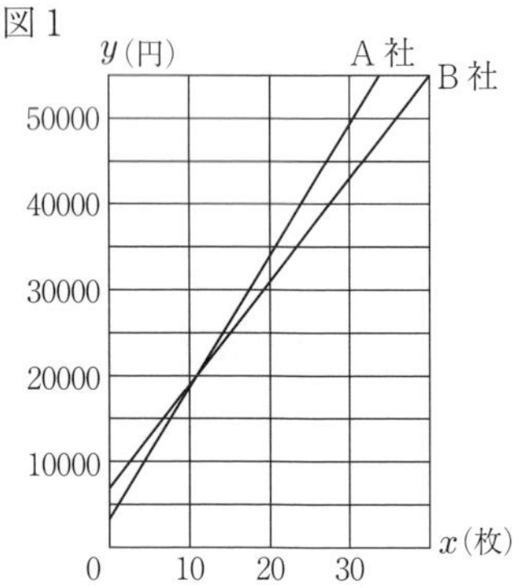

あおいさん　2つのグラフの交点のx座標を求めると，x =(ウ)となるので，12枚以上注文すると，代金はB社の方がA社より安くなることがわかりますね。

まことさん　みんなに購入希望枚数を聞いてから，A社とB社のどちらにするかを決めることにしましょう。

(1)　【会話の一部】の(ア)・(ウ)にあてはまる数を，[イ] にはあてはまる式を，それぞれ書きなさい。ア(　　　)　イ(　　　)　ウ(　　　)

(2)　相談した結果，あおいさんたちはB社に注文しようと考えていたが，インターネットでC社を見つけた。次の表2は，C社の料金についてまとめたものである。(a)・(b)に答えなさい。

表2

C社	
基本料金	11000円
Tシャツ代	1枚につき　800円
プリント代	1枚につき　400円 ※21枚以上注文すると，20枚を超えた枚数分のプリント代は無料

(a)　C社に25枚注文するときの代金を求めなさい。(　　　円)

(b)　まことさんは，何枚以上注文するとC社の方がB社より代金が安くなるかについて，次のように説明した。図2には，B社のグラフがかかれている。C社のグラフを考え，【まことさんの説明】の［　エ　］・［　オ　］にあてはまる言葉を，(　カ　)・(　キ　)にはあてはまる数を，それぞれ書きなさい。

エ(　　　)　オ(　　　)　カ(　　　)　キ(　　　)

図2

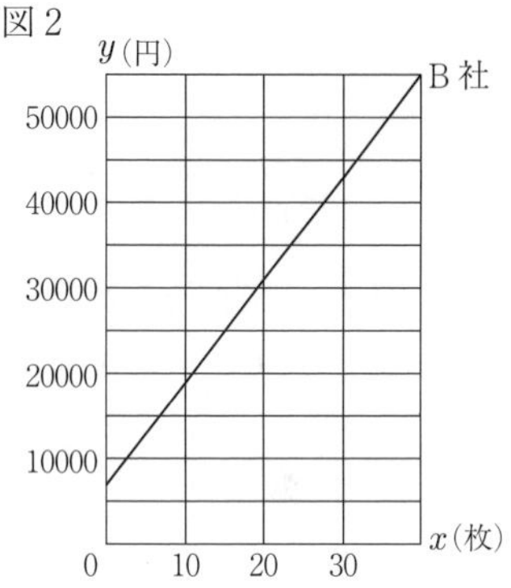

【まことさんの説明】

B社とC社のグラフを比較すると，$0 \leqq x \leqq 20$では，2つのグラフは［　エ　］で，C社のグラフがB社のグラフより常に［　オ　］側にある。$x > 20$では，2つのグラフはx座標が(　カ　)である点で交わるので，$20 < x <$(　カ　)のとき，C社のグラフがB社のグラフより上側にあり，$x >$(　カ　)のとき，C社のグラフがB社のグラフより下側にある。

したがって，(　キ　)枚以上注文するとC社の方がB社より代金が安くなるといえる。

[4]　右の図のように，関数$y = ax^2$　$(a > 0)$のグラフ上に2点A，Bがあり，点Aのx座標は-4，点Bのx座標は2である。また，直線ABとy軸との交点をCとする。(1)〜(3)に答えなさい。

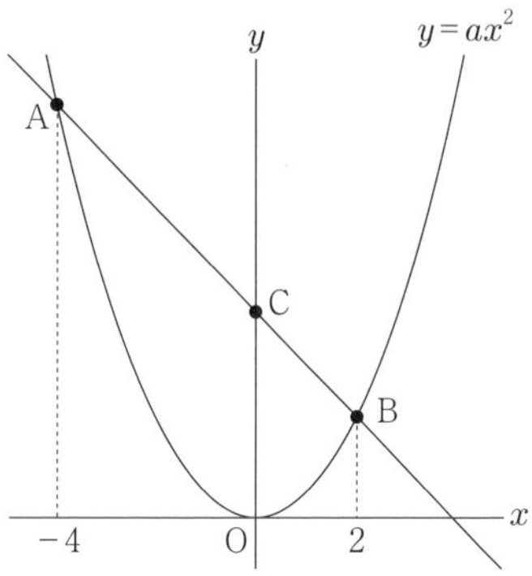

(1)　点Aのy座標が6のとき，点Oを回転の中心として，点Aを点対称移動した点の座標を求めなさい。(　　　)

(2)　$a = \dfrac{1}{2}$のとき，線分ABの長さを求めなさい。(　　　)

(3)　$a = 1$のとき，(a)・(b)に答えなさい。

(a)　△OABの面積を求めなさい。(　　　)

(b)　線分ACの中点をPとし，点Qを関数$y = ax^2$のグラフ上にとる。△OABと△OPQの面積が等しくなるときの点Qのx座標を求めなさい。ただし，点Qのx座標は正とする。

(　　　)

5　図1，図2のように，AB ＝ 4 cm，AB ＜ AD である長方形ABCDを，ある線分を折り目として折り返したものがある。(1)・(2)に答えなさい。

図1

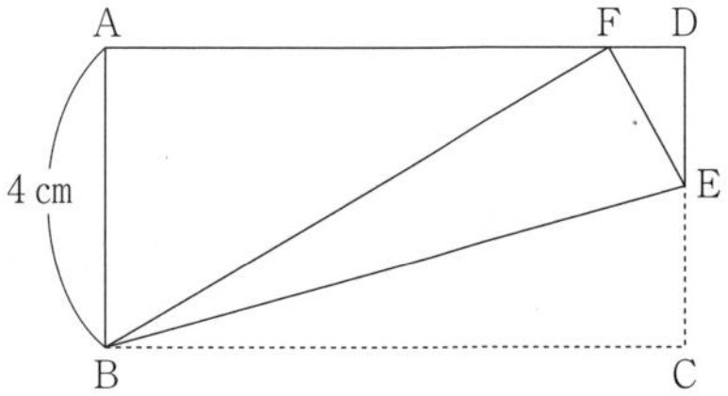

(1)　図1のように，長方形ABCDを，辺CD上の点Eと頂点Bを結んだ線分BEを折り目として，頂点Cが辺AD上にくるように折り返したとき，頂点Cが移る点をFとする。(a)・(b)に答えなさい。

(a)　∠ABF ＝ 50°のとき，∠BEFの大きさを求めなさい。(　　　　)

(b)　DE：EC ＝ 7：9のとき，線分EFの長さを求めなさい。(　　　　cm)

(2)　図2のように，長方形ABCDを，対角線BDを折り目として折り返したとき，頂点Cが移る点をP，辺ADと線分BPとの交点をQとする。(a)・(b)に答えなさい。

図2

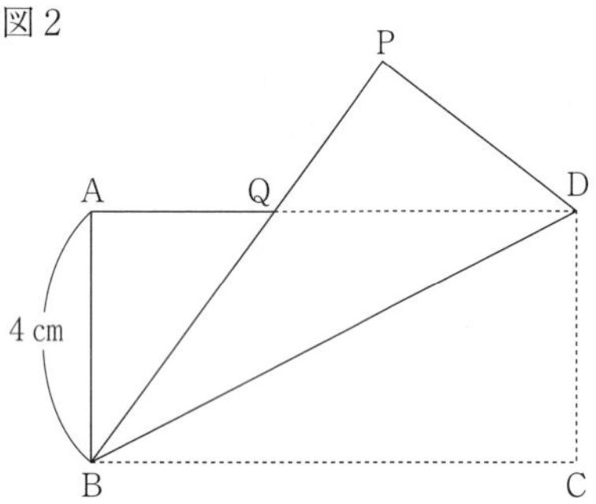

(a)　△ABQ ≡ △PDQを証明しなさい。

(　　　　　　　　　　　　　　　　　　　　)

(b)　対角線BDの中点をR，線分ARと線分BPとの交点をSとする。AD ＝ 12cmのとき，四角形RDPSの面積は△BRSの面積の何倍か，求めなさい。(　　　　倍)

英語

時間　50分　　　　　満点　100点

(編集部注)　放送問題の放送原稿は英語の末尾に掲載しています。

(注)　最初に，放送によるリスニングテストがあるので，その指示に従いなさい。

1　次の(1)～(3)に答えなさい。

(1)　場面A・Bにおける対話を聞いて，それぞれの質問に対する答えとして最も適するものを，ア～エから1つずつ選びなさい。場面A(　　　)　場面B(　　　)

場面A　ア　花屋　　イ　駅　　ウ　病院　　エ　公園

場面B　ア　自転車の鍵　　イ　マンガ本　　ウ　かばん　　エ　ソファー

(2)　質問1・質問2のそれぞれにおいて，英語の短い質問とその後に読まれるア～エを聞いて，質問に対する答えとして最も適するものを，ア～エから1つずつ選びなさい。

質問1(　　　)　質問2(　　　)

(3)　次のスライドは，ピクトグラム(pictogram)と呼ばれる案内用図記号について，さとしさんが英語の授業で発表するために用意したものである。さとしさんの発表を聞いて，発表で使用した順にア～ウを並べて書きなさい。(　　→　　→　　)

ア

イ

ウ

(公益財団法人交通エコロジー・モビリティ財団「標準案内用図記号ガイドライン2021」より作成)

2　ALTの先生による校内放送を聞いて，ALTの先生が一番伝えたいことはどのようなことか，最も適するものを，ア～エから選びなさい。(　　　)

ア　She wants to learn how to make Christmas cards.

イ　She wants to sing Christmas songs in English.

ウ　She wants the students to join their special activity.

エ　She wants the students to become members of the club.

3　英語の授業中にオンラインで交流しているオーストラリアの中学生からの質問を聞いて，あなたの答えを英文1文で書きなさい。

(　　　　　　　　　　　　　　　　　　　　　　　　　　　　　　　　　　　　　　)

4　次の(1)～(3)に答えなさい。

(1)　次の英文(a)・(b)の意味が通るように，(　　)に最も適するものを，それぞれア～エから1つずつ選びなさい。

(a)　My sister likes curry and rice very much, (　　　) I don't.

ア　so　　イ　or　　ウ　and　　エ　but

(b)　Mr. Brown often washes his car when he (　　　) free time.

ア　has　　イ　feels　　ウ　saves　　エ　studies

(2)　次の対話文(a)～(c)を読んで，□に最も適するものを，それぞれア～エから1つずつ選びなさい。(a)(　　　)　(b)(　　　)　(c)(　　　)

(a)　*A:*　Are you using your dictionary now?

B:　□　You can use it.

A:　Oh, thank you. I forgot mine at home.

ア　Yes, I am.　　イ　Yes, I can.　　ウ　No, I'm not.　　エ　No, I can't.

(b)　*A:*　Did you watch the weather report? It will be rainy this afternoon.

B:　Oh, no. □

A:　Well, why don't we watch a movie at home?

B:　OK. Then let's play tennis next Sunday.

ア　We have to leave home soon.

イ　We should play tennis at the park.

ウ　We should cook at home.

エ　We have to change our plans.

(c)　*A:*　I read a very exciting book last weekend.

B:　Did you? □

A:　It's a true story about a doctor who saved a lot of people.

ア　Where can you get it?　　イ　Who wrote the book?　　ウ　What kind of book is it?

エ　Which one is your favorite?

(3)　次の対話が成り立つように，(　　)の中のア～エを並べかえなさい。ただし，文頭の語も小文字で示してある。(　　→　　→　　→　　)

A:　From tomorrow, I have summer vacation for one week.

B:　Great. (ア　were　　イ　you　　ウ　if　　エ　I), I would go abroad.

5　中学生のたろう（Taro）さんは，総合的な学習の時間にあこがれの職業について発表するために，フィリピンに住む写真家のティム（Tim）さんに，話を聞くことにした。次の英文は，たろうさんとティムさんがオンラインで交わしている対話である。これを読んで，(1)～(3)に答えなさい。

Taro:　Thank you for your time today.

Tim:　You're welcome. I'm glad to hear that you are interested in my job.

Taro:　Yes. I was really impressed by the pictures you took. Your pictures showed the insects' energy well.

Tim:　Oh, thank you. Do you like insects, Taro?

Taro:　Yes, very much. Why did you decide to take pictures of small insects?

Tim:　Because I've loved insects since I was a child like you.　Their colors, shapes, and movements are so attractive to me.

Taro:　①[so], too. They're amazing. How do you take such great pictures of them?

Tim:　Well, I spend much time near insects and wait for my chance to take a good picture.

Taro:　I see.　Actually, I want to be a photographer like you because I want more people to become interested in insects through my pictures.　And I want to protect their environment.

Tim:　Great! Pictures give everyone strong messages. I'll support your dream, Taro. Please let me know if you have any questions.

Taro:　Thank you. ②[I] my best.

（注）　was impressed　感動した　　insect(s)　虫　　attractive　魅力的な

(1)　対話が成り立つように，①[so]・②[I]にそれぞれ不足している語を補って，正しい語順で英文を完成させなさい。

①(　　　　　　　　　　　　　　　)　②(　　　　　　　　　　　　　　　)

(2)　たろうさんとティムさんの対話の内容と合うものをア～エから1つ選びなさい。(　　　)

ア　Tim loves to draw pictures of interesting insects for children.

イ　Taro feels the insects' energy in Tim's pictures, so he likes them.

ウ　Tim is interested in Taro's dream, so he wants to ask questions.

エ　Taro hopes that many people can get Tim's strong messages.

(3)　右の【メモ】は，たろうさんがティムさんとの対話に向けて事前に用意したものである。【メモ】に書かれていることのうち，たろうさんとティムさんの対話でふれられていないことがある。あなたがたろうさんなら，そのふれられていないことについてティムさんに何と尋ねるか，英文1文で書きなさい。

(　　　　　　　　　　　　　　　　　　　　　　　　　　　)

【メモ】

～ティムさんに質問すること～

☐　撮る対象を決めた理由

☐　これまでに撮った写真の数

☐　良い写真を撮る方法

6　次の英文は，中学生のほのかさんが，英字新聞のウェブサイトに投稿した文章の一部である。これを読んで，(1)～(3)に答えなさい。

To create a better life

Yesterday I found an article about the opening ceremony of the museum in our town. When I read it, I felt happy. So let me share it with you. [ア]

Our town had a plan to build a new museum. Then young, old, foreign people, and people using wheelchairs were chosen as members to think about it. [イ] Their ideas were needed to make the museum comfortable for everyone. Some of their ideas were used. [ウ] For example, we can get information in many languages. Also, some works of art are put in lower places for children or people using wheelchairs. [エ] So, the new museum became friendly for everyone. From this article, I learned important things about creating a better life.

Thinking about each other is wonderful. We are all different, so we can share various ideas to live together. Look around. There are many things we can change to make each life more comfortable.

(注)　article　記事　　share　～を共有する　　comfortable　心地よい

(1)　次の英文は，本文中から抜き出したものである。この英文を入れる最も適切なところを，本文中の[ア]～[エ]から選びなさい。(　　　)

Do you know why?

(2)　ほのかさんが本文中で一番伝えたいことはどのようなことか，最も適するものを，ア～エから選びなさい。(　　　)

ア　It's important to talk with various people to get ideas to make life better.

イ　It's necessary to know various differences to make our world cleaner.

ウ　It's important to help each other to create the new museum in our town.

エ　It's necessary to look around each place to find the people who need help.

(3)　右のようなほのかさんの投稿の続きを読んだあなたは，返事を投稿することにした。質問に対するあなたの答えを，**15語以上30語以内**の英語で書きなさい。ただし，数を書く場合は数字ではなく英語で書くこととし，文の数はいくつでもよい。また，符号は語数に含めない。

> Now I want various people who visit my school to feel comfortable. How about you? What can you do to change your school like this museum? Tell me about your ideas.

------- ------- ------- ------- ------- 30

〈解答欄の書き方について〉

次の（例）に従って____に１語ずつ記入すること。

（例）　Really ?　I'm　from　America,　too .

7　次の英文は，高校生のたくみ（Takumi）さんが，ある留学生との出会いを通して考えたことについて英語の授業中に発表したものである。これを読んで，(1)～(6)に答えなさい。

One day in February, I joined a study tour. It was planned for high school students to visit different places in Tokushima and learn about its culture. When I was getting on the bus, a boy came to me. He smiled at me and said, "Good morning. Is this bus for the study tour?" in English. I said, "Yes," and got on the bus with him. We soon became friends, and enjoyed the tour together.

His name was Adam. He was a student from Malaysia studying at a high school in Tokushima. I was interested and wanted to know about him. So I asked Adam, "Why did you join this tour?" He said, "Because I wanted to find out more about Tokushima and make more friends before going home next month." Then I asked, "［　①　］" He answered, "Yes, of course! People are kind and friendly here. The fish and vegetables are fresh and delicious. You have beautiful mountains and rivers. Tokushima is wonderful!" I was very glad to hear that, but also surprised because he knew more good sides of Tokushima than I did.

When Adam found something new during the tour, he asked me many questions. I knew how to say some of the places, traditional things, or food in English, such as a vine bridge for *Kazura-bashi*, indigo dye for *Aizome*, or Naruto sweet potatoes, but I couldn't explain them well. That's because I didn't know much about Tokushima. However, Adam was different. He had ［　②　］ information about Malaysia. For example, he talked about famous islands, popular dishes, and exciting festivals we can enjoy there. Though I knew almost nothing about his country, listening to him was fun and I understood Malaysia well. I found I should learn more about Tokushima and various things around me. If I had enough information, communication would be more interesting.

I was also surprised because Adam was using Japanese when he talked to the local people at each place. His Japanese was not perfect, but he was never afraid of making mistakes. Both Adam and the local people enjoyed communicating with each other by using not only Japanese and English but also gestures. I asked Adam, "How can you talk to people like that? Sometimes I stop talking in English because I don't want to make mistakes." He answered, "When you are learning a foreign language, making mistakes is OK. I think it's more important to use the language. Talking to people is an especially good way to improve it. If you try hard to communicate with people, they will also try to understand you, and you can become friends with them." Since I met Adam, I've been trying to use English more without worrying about mistakes. I believe a foreign language can be helpful to communicate with more people in the world and understand them better.

Adam's dream is to become a bridge between Japan and Malaysia. I think that's so cool. So I want to be more active like him to build friendships with people from different countries in the future.

(注)　study tour　スタディツアー，研修旅行　Malaysia　マレーシア　fresh　新鮮な
vine　かずら　bridge　橋，懸け橋　indigo dye　藍染め　was afraid of　～を恐れた
communicate　意思を伝える　gesture(s)　ジェスチャー　active　積極的な，活発な

(1)　次の(a)・(b)の問いに対する答えを，それぞれ3語以上の英文1文で書きなさい。ただし，符号は語数に含めない。

(a)　Did Takumi start talking to Adam when he was getting on the bus?
(　　　　　　　　　　　　　　　　　　　　)

(b)　What did Adam do when he saw new things during the tour?
(　　　　　　　　　　　　　　　　　　　　)

(2)　たくみさんとアダム（Adam）さんの対話が，自然なやり取りになるように，［①］に4語以上の英語を入れて，質問文1文を完成させなさい。ただし，符号は語数に含めない。
(　　　　　　　　　　　　　　　　　　　　)

(3)　本文の内容に合うように，［②］に最も適する3語の英語を書きなさい。(　　　　)

(4)　本文の内容に合うように，次の英文の［　　］に最も適するものをア～エから選びなさい。
(　　)

Takumi was surprised because ［　　］.

ア　the local people told Adam how to say traditional things in English
イ　Adam knew more good points of Tokushima than the local people did
ウ　the local people enjoyed listening to Adam's perfect Japanese
エ　Adam tried to communicate with the local people in Japanese

(5)　次の英文は，たくみさんとALTのソフィア（Sophia）先生の対話の一部である。対話が成り立つように，［ⓐ］には最も適するものをア～エから選び，［ⓑ］には最も適する1語の英語を本文中から抜き出して書きなさい。ⓐ(　　　)　ⓑ(　　　)

Sophia:　I really liked your speech. You've learned some important things from your new friend, right?

Takumi:　Oh, yes. First, I should ［ⓐ］ to make communication more interesting. Second, I should ［ⓑ］ worrying about making mistakes. So, I've been trying to check local news every day and use English more to improve it.

Sophia:　Sounds great!

ア　visit different countries　イ　answer many questions　ウ　know various things
エ　speak several languages

(6)　本文の内容と合うものをア～カから2つ選びなさい。(　　　)(　　　)

ア There were some junior high school students in the study tour in February.
イ Adam wanted to make more friends before leaving Tokushima in March.
ウ Takumi knew much about Malaysia, so he enjoyed listening to Adam.
エ Only the local people used gestures when they were talking to Adam.
オ Thanks to Adam, Takumi got some hints about learning a foreign language.
カ Takumi wants to be like Adam and become friends with people in Malaysia.

〈放送原稿〉

2022年度徳島県公立高等学校入学試験英語リスニングテストを行います。英文はすべて2回繰り返します。

1　次の(1)～(3)に答えなさい。

(1)　場面A・Bにおける対話を聞いて，それぞれの質問に対する答えとして最も適するものを，ア～エから1つずつ選びなさい。では，始めます。

場面A

F:　Excuse me. Is there a flower shop around here?

M:　Yes. Can you see that small shop over there?

F:　Oh, the building between the station and the hospital?

M:　Yes. It's new and they sell many kinds of flowers.

Question　Where does the woman want to go?

(対話と質問を繰り返す)

場面B

M:　Are you looking for your bike key again, Kate?

F:　No. I can't find my comic book. I think I put it in my bag.

M:　You left it on the sofa last night after reading it.

F:　Oh, now I remember! Thanks, Dad.

Question　What is Kate looking for?

(対話と質問を繰り返す)

(2)　質問1・質問2のそれぞれにおいて，英語の短い質問とその後に読まれるア～エを聞いて，質問に対する答えとして最も適するものを，ア～エから1つずつ選びなさい。では，始めます。

質問1　You don't look well. What's the matter?

ア　That's good.　　イ　My mother is well.　　ウ　How nice!　　エ　I have a headache.

(質問と答えを繰り返す)

質問2　May I borrow your pen?

ア　Sure.　　イ　Yes, I can.　　ウ　That's right.　　エ　You're welcome.

(3)　次のスライドは，ピクトグラム（pictogram）と呼ばれる案内用図記号について，さとしさんが英語の授業で発表するために用意したものです。さとしさんの発表を聞いて，発表で使用した順にア～ウを並べて書きなさい。では，始めます。

Look at the first pictogram. You can see a person and something like a box. This shows that you can buy a ticket there. Next, if you see this pictogram, you can enjoy a great view from that place. In the last one, two people are sitting. This means that you can rest or wait for someone there. When you travel next time, try to find these pictograms. Thank you for listening.

(繰り返す)

2　ALTの先生による校内放送を聞いて，ALTの先生が一番伝えたいことはどのようなことか，最も適するものを，ア～エから選びなさい。では，始めます。

Hello, everyone. The English club is going to have a special week from December 6th to 10th. We're planning to teach you how to write Christmas cards in English. We have pens and paper you can use, so after school, please come to the English room when you are free. We will also listen to Christmas songs. Why don't you send Christmas cards to your friends and family this year? We hope many people come. Thank you.

（繰り返す）

3 英語の授業中にオンラインで交流しているオーストラリアの中学生からの質問を聞いて，あなたの答えを英文１文で書きなさい。では，始めます。

I go straight home from school and walk my dog almost every day. What do you usually do after school?

（繰り返す）

これでリスニングテストを終わります。

社会

時間　45分　　　　満点　100点

1　次の年表は，わが国の古代から近世までのできごとをまとめたものである。(1)～(7)に答えなさい。

年代	できごと
645	①大化の改新が始まる
743	（ A ）が定められる
794	②平安京へ都が移される
1192	③源頼朝が征夷大将軍に任命される
1428	④正長の土一揆が起こる
1467	⑤応仁の乱が起こる
1603	⑥徳川家康が征夷大将軍に任命される

(1)　下線部①は，中大兄皇子らによって始められた政治の改革である。この改革の中心人物であった中大兄皇子はのちに即位して天皇となった。この天皇を何というか，ア～エから1つ選びなさい。
（　　　）

ア　推古天皇　　イ　天智天皇　　ウ　天武天皇　　エ　聖武天皇

(2)　年表中の（ A ）は，新たに開墾した土地であれば，永久に自分の土地にしてもよいことを認めた法令である。この法令を何というか，書きなさい。(　　　法)

(3)　下線部②ののち，約400年間を平安時代という。資料Ⅰは，阿弥陀如来（座）像が納められた平安時代を代表する建物である。この建物を何というか，ア～エから1つ選びなさい。(　　　)

ア　法隆寺五重塔　　イ　中尊寺金色堂

ウ　平等院鳳凰堂　　エ　東大寺南大門

資料Ⅰ

(4)　下線部③が開いた鎌倉幕府には，荘園・公領の管理や年貢の取り立てを行う職がおかれていた。この職を何というか，ア～エから1つ選びなさい。(　　　)

ア　守護　　イ　地頭　　ウ　六波羅探題　　エ　侍所

(5)　下線部④について，資料Ⅱは，奈良市にある岩に刻まれた正長の土一揆の成果を記した碑文と，その現代語であり，次の文は，資料Ⅱについて述べたものである。〰〰で示した「ヲヰメ（負い目）」の意味を明らかにし，（　　）にあてはまる言葉を書きなさい。(　　　)

農民たちは(　　)を要求し，酒屋や土倉などを襲った。

資料Ⅱ

正長《しょうちょう》元年ヨリ
サキ者《は》、カンヘ《(べ)》四カン
カウ《(こう)》ニヲヰ《い》メアル
ヘ《(べ)》カラス《(ず)》

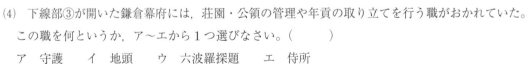

(6)　資料Ⅲは，下線部⑤によって一時中断したが，都市の豪商や京都の富裕な商工業者らによって復興した祇園祭のようすである。これらの人々は，町の自治を行い，町内の争いごとの解決などを行っていたが，これらの人々を何というか，ア～エから１つ選びなさい。(　　　)

資料Ⅲ

ア　町衆　　イ　馬借　　ウ　問（問丸）　　エ　五人組

(7)　下線部⑥は，外国と貿易をする商人や大名に海外へ渡ることを許可する書状を与えて貿易をすすめた。この貿易がさかんになると，東南アジアに移住する日本人が増え，各地に日本町（日本人町）ができた。この貿易を何というか，**漢字**で書きなさい。(　　　貿易)

2　次の表は，たかしさんが，社会科の授業で，興味をもった江戸後期から昭和までの外交や政治の動きを，A～Cの三つの時期に分け，まとめたものである。(1)～(5)に答えなさい。

時期	外交や政治の動き
A 江戸後期	・①間宮林蔵が樺太を島であると確認する ・ペリーが浦賀に来航する
B 明治	・樺太・千島交換条約が結ばれる ・②日清戦争の講和条約が結ばれる
C 大正・昭和	・③第一次世界大戦の講和条約が結ばれる ・（ ⓐ ）が結ばれる

(1)　次のア～ウは，A～Cのいずれかの時期に起こったできごとである。ア～ウが起こった時期を，それぞれA～Cから１つずつ選びなさい。ア(　　　)　イ(　　　)　ウ(　　　)

ア　米の安売りなどを求める騒動が，米騒動となって全国に広がった。

イ　蝦夷地を北海道と改称し，開拓使をおいて統治や開拓を進めた。

ウ　多くの外国船が日本に近づくようになり，異国船（外国船）打払令を出した。

(2)　資料Ⅰは，下線部①が幕府の命令で樺太を調査していたころ，同じく幕府の命令で全国の沿岸を歩いて測量した人物が作成した日本地図の一部である。西洋の測量術を用いて正確な日本地図を作成したこの人物は誰か，書きなさい。(　　　)

資料Ⅰ

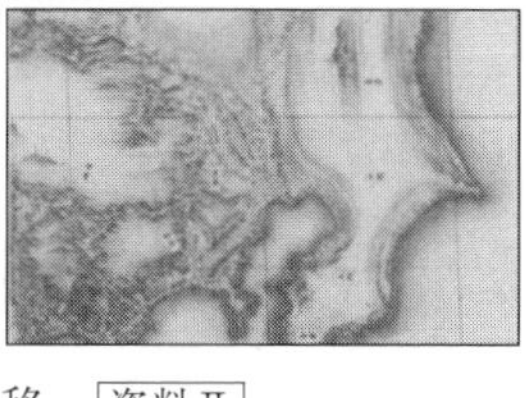

(3)　下線部②の前後の時期に関して，資料Ⅱは，わが国の紡績工場数の推移を表したものであり，資料Ⅲは，1885年と1899年における品目別の輸入割合を表している。資料Ⅲにおいて，輸入品の第１位の品目がかわった理由として考えられることを，資料Ⅱと関連づけ，「原料」，「生産」という語句を用いて，あとの文の（　　）に入れる形で書きなさい。

(　　　　　　　　　　　　　　　　　　　　　　　　　　　　　　)

資料Ⅱ

年	紡績工場数
1885	511
1890	510
1895	3,842
1900	4,298

（「数字でみる日本の100年」改訂第６版より作成）

資料Ⅲ

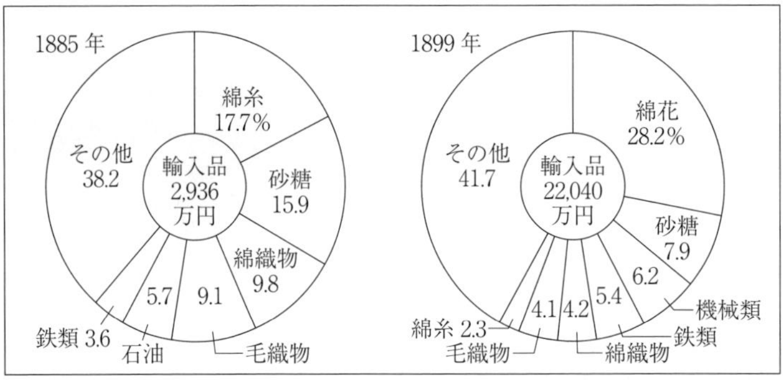

(「日本貿易精覧」ほかより作成)

下線部②の前後の時期は，わが国において主に軽工業の分野で産業革命がおこった時期である。1885年には綿糸を多く輸入していたが，その後，わずか10年あまりのうちに紡績工場が多く設立されたことで，(　　　　　)からと考えられる。

(4)　下線部③の後に起こったできごととして誤っているものはどれか，ア～エから1つ選びなさい。

(　　　)

ア　ニューヨークの株式市場で，株価が大暴落したことをきっかけに，世界恐慌が始まった。

イ　アメリカの提案で，海軍の軍備の制限などについて話し合うワシントン会議が開かれた。

ウ　オーストリアの皇太子夫妻が，サラエボでセルビアの青年に暗殺される事件が起こった。

エ　ドイツがそれまで対立していたソ連と不可侵条約を結んだのち，ポーランドへ侵攻した。

(5)　表中の(ⓐ)には，1951年，吉田茂内閣がアメリカなど48か国と結んだ条約の名称が入る。この条約の発効により，日本は独立を回復した。(ⓐ)にあてはまる語句を書きなさい。

(　　　)

3　右の略地図や資料を見て，(1)～(5)に答えなさい。

略地図

(「データでみる県勢」2022年版より作成)

(1)　次の文は，略地図中の関東地方について述べたものの一部である。正しい文になるように，文中の①は，ア・イのいずれかを選び，②にはあてはまる語句を書きなさい。①(　　　)　②(　　　)

北関東を中心とする内陸の地域は，夏と冬の気温差が大きく，降水量が少ないという特徴がある。一方，南関東を中心とする海沿いの地域は，①［ア　親潮　　イ　黒潮］が近海を流れるため冬でも温暖なのが特徴である。

ビルや商業施設が集中する東京の中心部では，気温が周辺地域よりも高くなる（　②　）現象がみられる。

(2)　資料Ⅰは，略地図中の愛知県を中心とする中京工業地帯の2018年における工業出荷額等の割合を表している。資料Ⅰ中のⓐ～ⓒにあてはまる工業は何か，その組み合わせとして正しいものをア～エから1つ選びなさい。(　　　)

ア　ⓐ　金属工業　　ⓑ　機械工業　　ⓒ　食料品工業
イ　ⓐ　機械工業　　ⓑ　食料品工業　　ⓒ　金属工業
ウ　ⓐ　金属工業　　ⓑ　食料品工業　　ⓒ　機械工業
エ　ⓐ　機械工業　　ⓑ　金属工業　　ⓒ　食料品工業

資料Ⅰ

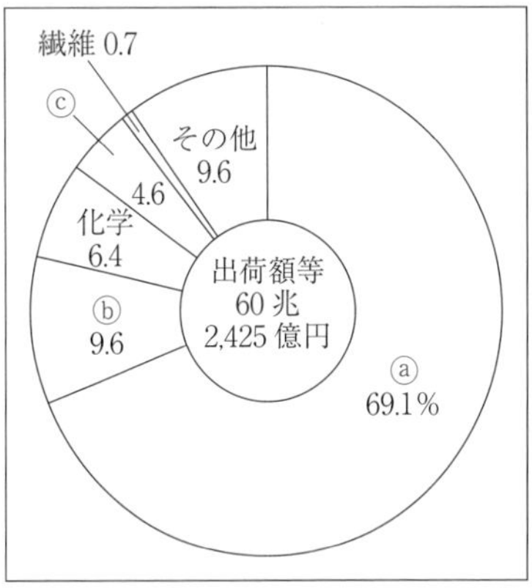

(「日本国勢図会」2021／22年版より作成)

(3)　わが国では，特色ある伝統的工芸品が各地で生産されている。略地図中の岩手県で生産されている伝統的工芸品として最も適切なものをア～エから選びなさい。(　　　)

ア　南部鉄器　　イ　西陣織　　ウ　会津塗　　エ　天童将棋駒

(4)　略地図中の は，2020年度のわが国における，ある発電方式による発電量の上位3県を示している。ある発電方式とは何か，次の文を参考にして，書きなさい。(　　　発電)

資源の少ない日本では，自然の恵みをエネルギーに生かす再生可能エネルギーを利用した発電の拡大が期待されており，この発電方式も再生可能エネルギーを活用した発電の一つである。国内の発電所の4割が九州地方に集中しており，大分県にはこの発電方式としては日本最大級の発電所がある。

(5)　資料Ⅱは，略地図中の成田国際空港，関西国際空港，福岡空港を2019年に利用した，各空港ごとの訪日外国人の国・地域別割合を表している。福岡空港にあてはまるものはどれか，資料Ⅱ中のア～ウから1つ選び，さらに，そのように判断した理由を，アジアに着目して書きなさい。

記号(　　　)　理由(　　　　　　　　　　　　　　　　)

資料Ⅱ　　　　　　　　　　単位(%)

空港	アジア				その他の国や地域
	中国	(台湾)	韓国	その他	
ア	22.0	12.2	10.4	25.9	29.5
イ	10.4	14.9	49.4	20.9	4.4
ウ	39.4	13.1	18.0	20.6	8.9

(「法務省資料」より作成)

4　次の略地図や資料を見て，(1)～(5)に答えなさい。

略地図

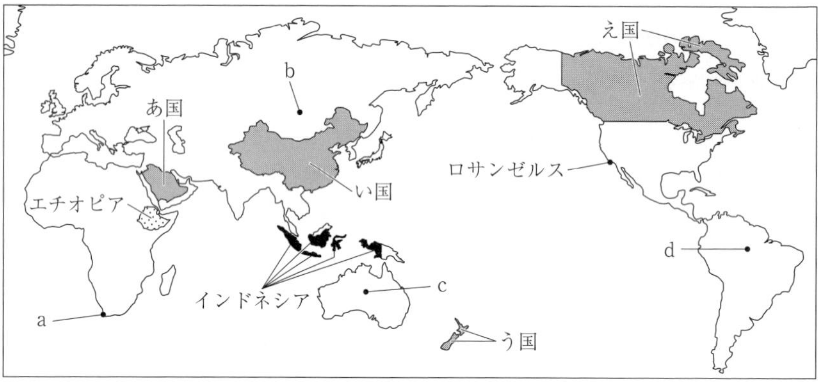

(1)　略地図中のロサンゼルスは，西経120度を標準時子午線としている。現地時間の12月2日の午後4時は，日本時間では何月何日の何時になるか，午前か午後をつけて書きなさい。

(　　月　　日　　　　時)

(2)　資料Ⅰは，略地図中のエチオピアと日本における2019年の人口ピラミッドであり，あとの文は資料Ⅰについて述べたものである。正しい文になるように，文中の①・②について，ア・イのいずれかをそれぞれ選びなさい。①(　　　)　②(　　　)

資料Ⅰ

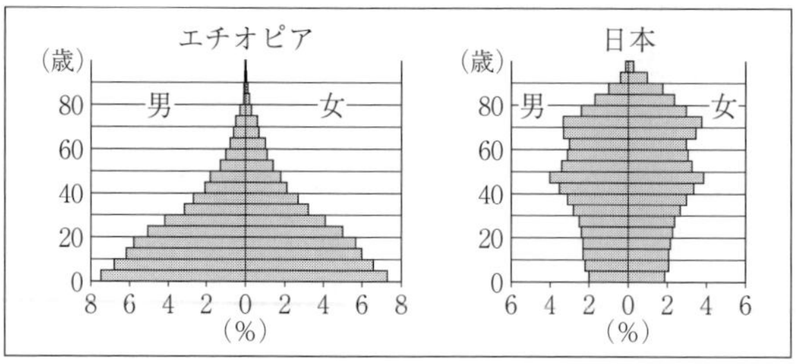

(「国連人口統計」2020ほかより作成)

エチオピアの人口ピラミッドは，発展途上国に多くみられる①［ア　富士山型　　イ　つぼ型］となっている。そのため，エチオピアは日本より，出生率，死亡率とも②［ア　低い　　イ　高い］といえる。

(3)　世界の気候は，熱帯・乾燥帯・温帯・亜寒帯(冷帯)・寒帯の五つの気候帯に分けられる。略地

図中のa～dの都市のうち，温帯に属する都市はどれか，a～dから1つ選びなさい。(　　　)

(4) 資料Ⅱは，略地図中のインドネシアで撮影された写真である。インドネシアでは，1日の天気は変わりやすく，午後から夕方にかけて一時的に強風をともなった強い雨が毎日のように降る。資料Ⅱに見られるような，一時的な強い風をともなう大つぶの雨を何というか，カタカナで書きなさい。(　　　)

資料Ⅱ

(5) 資料Ⅲは，略地図中の あ～え国の2019年の人口密度，2019年の羊の頭数，2018年の一次エネルギー自給率，2019年の1人あたりの国内総生産を表したものである。う国にあてはまるものはどれか，資料Ⅲ中のア～エから1つ選びなさい。(　　　)

資料Ⅲ

国	人口密度(人/km^2)	羊の頭数(千頭)	一次エネルギー自給率(%)	1人あたりの国内総生産(ドル)
ア	16	9,420	311.4	23,140
イ	4	828	177.9	46,550
ウ	149	163,490	80.2	10,004
エ	18	26,822	75.7	43,229

(「世界国勢図会」2021／22年版ほかより作成)

5　次の(1)～(5)に答えなさい。

(1)　日本国憲法で保障されている権利の一つに参政権がある。参政権のうち，選挙権は，国民が選挙を通じて政治に参加する権利である。日本の選挙の原則のうち，性別や財産などに関係なく，18 歳以上のすべての国民に選挙権を保障する原則を何というか，ア～エから１つ選びなさい。

(　　　)

ア　平等選挙　　イ　普通選挙　　ウ　秘密選挙　　エ　直接選挙

(2)　政治について同じ考え方や政策をもつ人々が，考えや政策を実現するためにつくる団体を政党という。政党のうち，政権を担当せず，政権を監視したり，自分たちの政策が実現するように次の選挙で多数の議席を獲得するため，国会で活動を続けたりする政党を何というか，書きなさい。

(　　　)

(3)　資料Ⅰは，2020 年 9 月 1 日現在の小選挙区制における，ある選挙区 A と選挙区 B のそれぞれの有権者数を表している。この二つの選挙区の間にみられる選挙の問題点は何か，小選挙区制のしくみにふれて，「格差」という語句を用いて書きなさい。

(　　　　　　　　　　　　　　　　　　　　　　　　　　　　　　)

資料Ⅰ

選挙区	有権者数
A	481,534 人
B	233,060 人

(「総務省資料」より作成)

(4)　資料Ⅱは景気の変動を模式的に表したものである。(a)・(b)に答えなさい。

資料Ⅱ

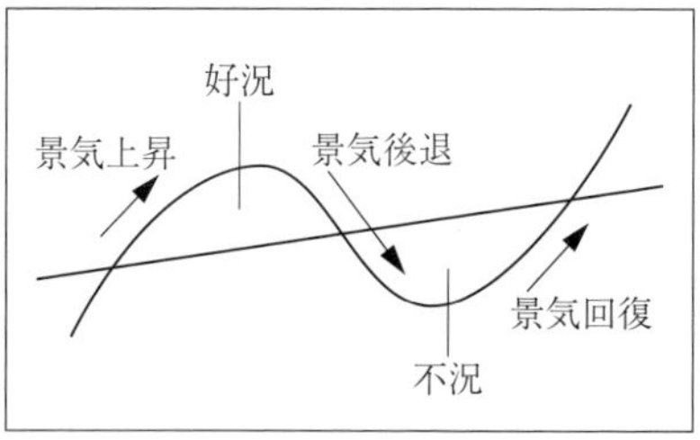

(a)　次の文は，好況（好景気）の時期にみられる社会のようすについて述べたものである。正しい文になるように，文中の①・②について，ア・イのいずれかをそれぞれ選びなさい。①(　　　)　②(　　　)

経済の状態は，好況（好景気）と不況（不景気）を繰り返す。一般に，好況の時期には，生産や雇用が①［ア　拡大　　イ　縮小］したり，物価が②［ア　上昇　　イ　下落］したりする。

(b)　景気を安定させるために日本銀行は金融政策を行っている。日本銀行が行う金融政策に関して説明した文として正しいものを，ア～エから１つ選びなさい。(　　　)

ア　好況のとき，日本銀行は国債などを買って通貨量を減らそうとする。

イ　好況のとき，日本銀行は国債などを売って通貨量を増やそうとする。

ウ　不況のとき，日本銀行は国債などを売って通貨量を減らそうとする。

エ　不況のとき，日本銀行は国債などを買って通貨量を増やそうとする。

(5)　国際連合の機関の一つに安全保障理事会がある。安全保障理事会は，平和の維持を担当し，常任理事国と非常任理事国から構成されるが，常任理事国にあてはまらない国を，ア～エから１つ選びなさい。(　　　)

ア　ドイツ　　イ　フランス　　ウ　中国　　エ　ロシア

6　中学生のひろきさんのクラスでは，総合的な学習の時間に「環境」をテーマとして学習し，その後，まとめのレポートを作成することになった。次は，ひろきさんたちの班が，これまでの学習を振り返りながら，レポートの構想について話し合っている場面の一部である。(1)～(5)に答えなさい。

ひろきさん　私たちの班は「環境」の中でも，「生きるために必要な水」という視点から，一人一人がレポートを作成しようと思います。今日は，この視点について，みなさんの考えを聞きたいと思います。それでは，発表をお願いします。

ももこさん　はい。私は，身近な生活の中で使われている水に関心があります。特に，各家庭に，どのようにして水が届いているのかを調べ，まとめたいと思います。

ひろきさん　私たちが，生活の中で使っている水の多くは，山や川などに降った雨が水源となり，私たちの暮らしに供給されているので，各地域の降水量に注目するといいですね。

かずやさん　そういえば，同じ日本でも，地域によって降水量に違いがあることを，地理の授業で学習しましたね。

ゆりこさん　そうでしたね。①瀬戸内の降水量は，日本の平均的な年間降水量より少なく，水不足になることがあるので，古くからため池をつくって，かんがいに利用してきたことを学びました。

先生　降水量が少ないなどの理由から水が得にくかった地域では，人々が水を求めて争ったことがあるんですよ。

ひろきさん　用水路の維持や管理を共同で行っていた②室町時代には，用水路や水の利用をめぐって，争いが起きた地域があったと聞いたことがあります。

かずやさん　そうなんですね。私は，人々が水をめぐって争った歴史について興味がわいてきました。ただ，今の日本の多くの地域では，生活の中で安定して水を利用することができていますよね。

ゆりこさん　はい，その理由の一つとして，③水道の整備が進んだことがあげられます。水道の整備によって，各家庭では，安定して水を手に入れることができるようになりました。

ももこさん　ただ最近では，ペットボトルに入った水を飲料用などとして購入している人が増えてきているようですね。

ゆりこさん　そうなんです。ペットボトルに入った飲み物は手軽に飲むことができます。一方で飲んだ後の④ペットボトルなどのプラスチック製品が原因となるごみの問題が世界規模で起こっているそうです。私は，この問題に興味があるので詳しく調べてみたいと思います。

先生　ごみとして排出されたペットボトルなどは回収され，新たなペットボトルなどにリサイクルされることがあります。1995 年に制定された容器包装リサイクル法という⑤法律は，リサイクルの促進などによって，ごみの減量化と資源の有効利用の実現を目ざしています。

ももこさん　「生きるために必要な水」という視点は，これまでに学習してきたさまざまな内容と関連していることがわかりますね。

かずやさん　そうですね。学習している内容と普段の生活とのつながりを考えながら，これからも学んでいきたいと思います。

(話し合いは続く)

(1)　下線部①について，瀬戸内の降水量が，日本の平均的な年間降水量より少ないのはなぜか，「季節風」という語句を用いて書きなさい。

(　　　　　　　　　　　　　　　　　　　　　　　　　　　　　　　　　　)

(2)　下線部②に関して，次の文は，室町時代にみられた農民の暮らしについて述べたものである。正しい文になるように，文中のⓐ・ⓑについて，ア・イのいずれかをそれぞれ選びなさい。

ⓐ(　　　)　ⓑ(　　　)

村では，農民が，地域を自分たちで運営する動きがあった。そこでは，有力な農民を中心として村ごとにまとまり，ⓐ[ア　惣　　イ　座]と呼ばれる自治組織がつくられた。また，猿楽や田楽などの芸能からは能が生まれた。さらに，能の合間に演じられ，民衆の生活や感情をよく表した喜劇であるⓑ[ア　連歌　　イ　狂言]も広まり，農民などの民衆も楽しんだ。

(3)　下線部③のように，地方公共団体がさまざまな仕事を行っていくには，十分な財源が必要である。地方公共団体の財源のうち，義務教育や公共事業など，特定の行政活動に使うことを目的に国から支払われる財源を何というか，書きなさい。(　　　　)

(4)　下線部④について，ゆりこさんは，近年，ペットボトルなどの大量のプラスチックごみが海に流れ出し，それを生き物が誤ってえさとして体内に取り込んで犠牲となったり，海に流れ出したプラスチックごみが海岸に漂着して景観を損ねたりするなどの問題が起こっていることを知った。そこで，ゆりこさんは，このような海に流れ出したプラスチックごみの問題について，もっと詳しく知りたいと思い，タブレット端末を使って，あとの三つの資料を集めた。資料Ⅰは，日本の海岸に漂着したごみの種類別割合について表し，資料Ⅱは，新聞・ダンボール・レジ袋・ペットボトルが，ごみとして海に流れ出した場合に，自然分解されるまでの期間を表している。また，資料Ⅲは，海岸で撮影されたプラスチックごみの問題に関係する写真である。(a)・(b)に答えなさい。

(a)　次の文は，ゆりこさんが資料Ⅰと資料Ⅱを見て，海に流れ出したプラスチックごみの問題についてまとめたものである。文中の(　　)にあてはまる言葉を書きなさい。

(　　　　　　　　　　　　　　　　　　　　　　　　　　　　　　　　)

プラスチックごみに着目して資料Ⅰと資料Ⅱを見ると，(　　　　　　)ことがわかる。

(b)　ゆりこさんは，海に流れ出したプラスチックごみの問題に対し，社会科の授業で学習した3R(リデュース，リユース，リサイクル)の一つであるリサイクルの考え方と関連づけて，自分にできることを考え，次のようにまとめた。海に流れ出したプラスチックごみの問題に対し，あなたなら，どのようなことに取り組んでいきたいか，資料Ⅰ～Ⅲや〈ゆりこさんが取り組んでいきたいこと〉を参考にして，(①)・(②)に書きなさい。ただし，(①)には，リデュース，リユース，リサイクルのうち1つを選んで書き，(②)には，選んだ考え方と関連づけて，取り組んでいきたいことを書きなさい。また，〈ゆりこさんが取り組んでいきたいこと〉の具体例はのぞくこと。

①(　　　)　②(　　　　　　　　　　　　　　　　　　　　　　　　　　)

〈ゆりこさんが取り組んでいきたいこと〉

考え方：リサイクル

具体例：ペットボトルのラベルやキャップを外し，容器とラベルとキャップを分別して，資源ごみとして回収ボックスに入れる。

〈あなたが取り組んでいきたいこと〉

考え方：(　　①　　)

具体例：(　　②　　)

資料Ⅰ

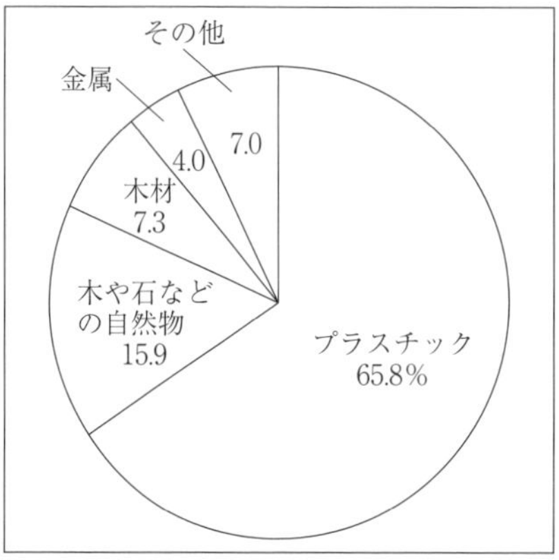

(注) 調査方法：全国から選定された10地点の海岸において，調査範囲にある2.5㎝以上の漂着ごみを回収・分類。

(環境省「海洋ごみをめぐる最近の動向」ほかより作成)

資料Ⅱ

材質	種類	ごみとして海に流れ出した場合に自然分解されるまでの期間
紙	新聞	6週間
	ダンボール	2か月
プラスチック	レジ袋	1年～20年
	ペットボトル	400年～450年

(注) 自然分解とは，自然環境の中で，分子レベルまで分解されること。

(WWFジャパン「海洋プラスチック問題について」ほかより作成)

資料Ⅲ

プラスチックの容器をくわえる幼いカモメ

海岸で回収されたプラスチックごみ

(環境省「海洋ごみ学習用教材」ほかより作成)

(5) 下線部⑤について，(a)・(b)に答えなさい。

(a) 次の文は，平等権を保障した日本国憲法第14条の一部である。これに関して，1999年に，家庭，地域，政治など，社会のあらゆる場面で男女の人権が尊重され，男女が責任をもって対等に役割をになうことを定めた法律が制定された。この法律を何というか，書きなさい。

(　　　　法)

> すべて国民は，法の下に平等であつて，人種，信条，性別，社会的身分又は門地により，政治的，経済的又は社会的関係において，差別されない。

(b)　法律案の議決など，いくつかの決定については，衆議院に強い権限が認められている。法律案の議決において，衆議院で可決し，参議院でこれと異なった議決をした法律案は，どのようなときに法律となるか，正しいものをア～エから１つ選びなさい。(　　　)

ア　両院協議会を開き，それでも意見が一致しない場合は，衆議院の議決により，法律となる。

イ　内閣総理大臣とすべての国務大臣が出席する閣議によって決定され，法律となる。

ウ　衆議院が出席議員の３分の２以上の賛成で再可決した場合は，法律となる。

エ　内閣の助言と承認により，天皇の国事行為として法律となる。

理科

時間　45分　　　満点　100点

1　次の(1)～(4)に答えなさい。

(1)　次の文を読み，(a)・(b)に答えなさい。

生きていくために必要な栄養分を，ほかの生物から得ている生物を消費者とよぶ。消費者のうち，生物の遺骸やふんなどから栄養分を得ている生物を（　　）者とよぶ。

(a)　文中の（　　）にあてはまる言葉を書きなさい。（　　　）

(b)　文中の下線部の例として最も適切なものはどれか，ア～エから選びなさい。（　　　）

ア　カタクチイワシ　　イ　モグラ　　ウ　ゾウリムシ　　エ　ダンゴムシ

(2)　台風について，(a)・(b)に答えなさい。

(a)　次の文は，台風について述べたものである。正しい文になるように，文中の①・②について，ア・イのいずれかをそれぞれ選びなさい。①(　　　)　②(　　　)

台風は，最大風速が17.2m/sをこえるようになった①［ア　温帯低気圧　　イ　熱帯低気圧］であり，中心に向かって強い風がふきこんで激しい②［ア　上昇気流　　イ　下降気流］を生じるため，鉛直方向に発達した積乱雲が分布している。

(b)　夏から秋にかけて発生した台風は，日本付近の上空でふいている風によって，東に押し流され，小笠原気団のふちに沿って北東に向かって進む傾向がある。このように台風の進路に影響を与える，日本付近の上空で1年中ふいている風を何というか，書きなさい。（　　　）

(3)　図1のように，水とエタノールの混合物を枝つきフラスコに入れて加熱し，出てくる気体を冷やして生じた液体を順に3本の試験管A～Cに約3 cm^3 ずつ集め，加熱をやめた。(a)・(b)に答えなさい。

図1

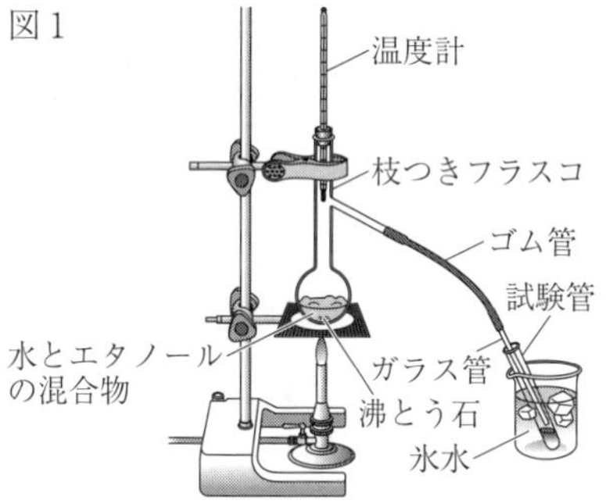

(a)　液体を加熱して沸とうさせ，出てくる気体を冷やして再び液体にして集める方法を何というか，書きなさい。

（　　　）

(b)　エタノールと水の沸点および最初の試験管Aと最後の試験管Cに集められた液体に含まれるエタノールの割合について述べた文として正しいものはどれか，ア～エから1つ選びなさい。（　　　）

ア　エタノールの沸点は水より高いので，エタノールの割合は試験管Aの方が高い。

イ　エタノールの沸点は水より低いので，エタノールの割合は試験管Aの方が高い。

ウ　エタノールの沸点は水より高いので，エタノールの割合は試験管Cの方が高い。

エ　エタノールの沸点は水より低いので，エタノールの割合は試験管Cの方が高い。

(4)　図2は，鍋に入れた水をコンロで加熱したときのようすであり，矢印は，このときの水の動きを示したものである。(a)・(b)に答えなさい。

図2

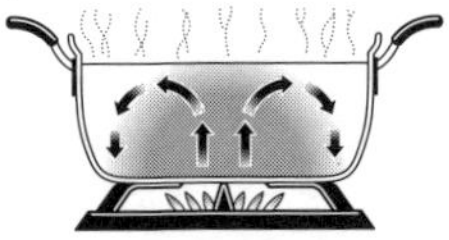

(a)　図2のように，場所により温度が異なる液体や気体が流動して，熱が運ばれる現象を何というか，書きなさい。(　　　)

(b)　液体や気体の温度が場所によって異なると，温度が高い部分は上に，低い部分は下に移動する。温度が高い部分が上に移動するのはなぜか，その理由を書きなさい。

(　　　　　　　　　　　　　　　　　　　　　　　　　　)

2　ヒトの反応について実験を行った。(1)～(5)に答えなさい。

実験1

①　図1のように，Aさん，Bさん，Cさん，Dさん，Eさんの5人がそれぞれの間でたるまないようにひもを持ち，背中合わせに輪になった。

②　Aさんは，ストップウォッチをスタートさせると同時に，右手でひもを引いた。左手をひもで引かれたBさんは，すぐに右手でひもを引いた。これを手を見ないようにしてCさん，Dさん，Eさんの順に，次々と行っていった。

③　Aさんは，自分の左手がひもで引かれたら，すぐにストップウォッチを止め，かかった時間を記録した。

④　この実験を3回繰り返し，平均値を求めた。表はこのときの結果をまとめたものである。

図1

表

1回目	2回目	3回目	平均値
1.33秒	1.38秒	1.34秒	1.35秒

実験2

①　実験1の終了後，予告なしにDさんの左手に突然氷を当てた。

②　Dさんは氷を当てられると，ほぼ同時に左手を引っこめた。

(1)　実験1で，「ひもを引く」という命令の信号を右手に伝える末しょう神経を何というか，書きなさい。(　　　)

(2)　実験1で，1人の人が，左手をひもで引かれるという刺激を受けてから，右手で反応するまでにかかった平均の時間は何秒か，求めなさい。(　　　秒)

(3)　実験1で，Bさんが手をひもで引かれてから，Cさんをひもで引くまでに，Bさんの体の中では刺激や命令の信号はどのように伝わったか。図2のW～Zから必要な記号を選び，伝わった順に左から並べて書きなさい。ただし，同じ記号を2度使ってもよい。(　　　)

図2

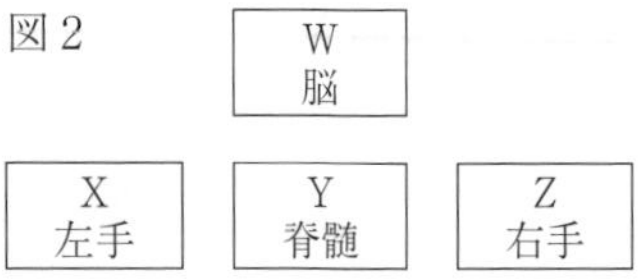

(4)　実験2のDさんと同様の反応として最も適切なものはどれか，ア～エから選びなさい。

(　　　)

ア　自転車に乗っているとき，信号が黄色に変わったのでブレーキをにぎった。

イ　こげくさいにおいがしたので，台所に確認しに行った。

ウ　梅干しを見ると，口の中に唾液が出てきた。

エ　暗い場所に移動すると，瞳の大きさが大きくなった。

(5)　次の文は，実験１，実験２の結果からわかったことについて述べたものである。正しい文になるように，文中の（ あ ）にあてはまる言葉を書きなさい。また，（ い ）には「脊髄」という語句を用いて，その理由を書きなさい。

あ(　　　)　い(　　　)

実験１と実験２の反応を比較すると，実験２の方が，刺激を受けてから反応するまでの時間が（ あ ）。その理由は，左手からの刺激の信号が（ い ）からである。このことは，ヒトが危険から体を守ったり，体のはたらきを調節したりするのに役立っている。

3 塩化銅水溶液に電流を流したときの変化を調べる実験を行った。(1)～(5)に答えなさい。

実験

① 図のように，10％塩化銅水溶液 100g が入ったビーカーに，2本の炭素棒の電極X・Yを入れ，電源装置につないだ。

② 電源装置の電圧を6Vにし，スイッチを入れて電流を流し，2本の電極X・Yで起こる変化と水溶液の色の変化を観察した。電極Xからは気体Aが発生し，電極Yの表面には，赤色の固体Bが付着していた。5分間電流を流した後，スイッチを切った。

③ 発生した気体Aがとけていると考えられる電極X付近の水溶液をスポイトでとり，赤インクで着色した水の入った試験管にその液を入れ，色の変化を調べた。

図

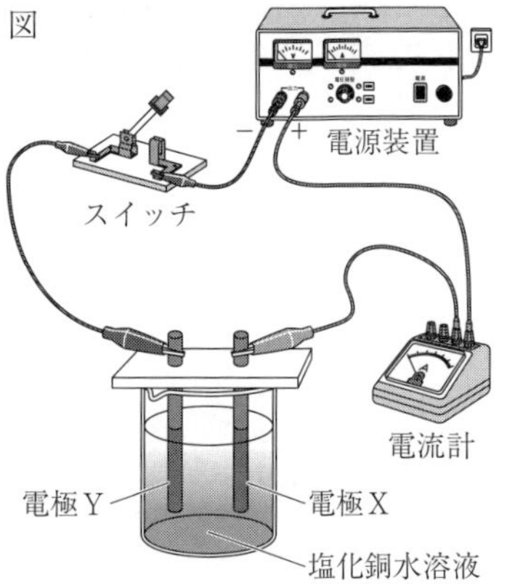

④ 電極Yの表面に付着した固体Bをとり出して乾燥させ，薬さじで強くこすった。

⑤ スイッチを切ったときの水溶液の色を観察した。

⑥ 新たに10％塩化銅水溶液 100g とあらかじめ質量を測定した電極Yを用意し，①・②を行った。その後，電極Yをとり出して，付着した赤色の固体Bがとれないように注意して水で洗い，十分に乾燥させ，質量を測定した。

(1) 塩化銅のように，水にとけると水溶液に電流が流れる物質を電解質といい，水にとけても水溶液に電流が流れない物質を非電解質という。非電解質はどれか，ア～エから1つ選びなさい。

( )

ア 塩化水素　イ クエン酸　ウ 砂糖　エ 塩化ナトリウム

(2) 実験 ③では，発生した気体Aを含む水溶液によって赤インクの色が脱色され，実験 ④では，固体Bを薬さじで強くこすると金属光沢が見られた。気体Aと固体Bの化学式をそれぞれ書きなさい。気体A( ) 固体B( )

(3) 電極Xについて述べた文として正しいものはどれか，ア～エから1つ選びなさい。( )

ア 電極Xは陽極であり，陰イオンが引きつけられた。

イ 電極Xは陰極であり，陰イオンが引きつけられた。

ウ 電極Xは陽極であり，陽イオンが引きつけられた。

エ 電極Xは陰極であり，陽イオンが引きつけられた。

(4) 実験 ⑤で，電流を流した後の塩化銅水溶液の色は，最初よりうすくなっていた。色がうすくなっていたのはなぜか，その理由を書きなさい。

( )

(5) 実験 ⑥で，電流を流した後の電極Yの質量は，電流を流す前より1.0g増加していた。電流を流した後の塩化銅水溶液の質量パーセント濃度は何％か，小数第2位を四捨五入して，小数第1位まで求めなさい。ただし，塩化銅に含まれる銅と塩素の質量の比は，10：11である。(％)

4 凸レンズのはたらきを調べる実験を行った。(1)～(5)に答えなさい。

実験

① 図1のように光学台に電球，物体，凸レンズ，スクリーンを置いた。

② 物体から凸レンズまでの距離をA，凸レンズからスクリーンまでの距離をBとし，スクリーンにはっきりした像が映ったときのそれぞれの距離を記録した。表は，このときの記録をまとめたものである。

図1

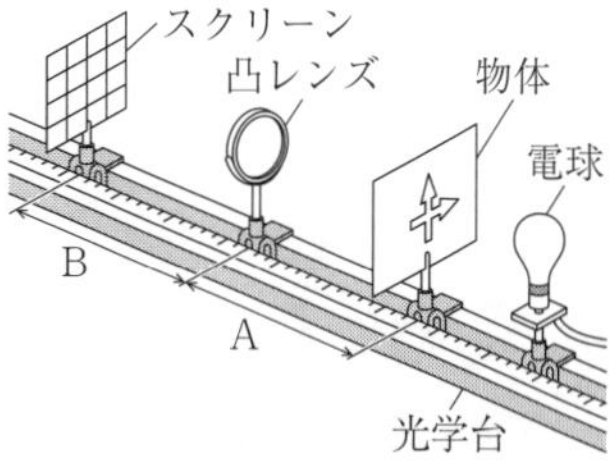

表

距離A〔cm〕	15.0	20.0	25.0	30.0
距離B〔cm〕	30.0	20.0	16.7	15.0

(1) スクリーンに映った像を電球を置いた側から観察したとき，どのように見えるか，正しいものをア～エから1つ選びなさい。(　　　)

ア 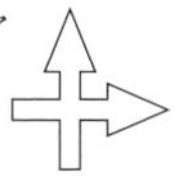
イ 
ウ 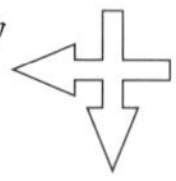
エ 

(2) 光が空気中から凸レンズの中に入るときのように，光が異なる物質どうしの境界へ進むとき，境界の面で光は曲がる。このことを光の何というか，書きなさい。(　　　)

(3) 実験②で，物体と同じ大きさの像がスクリーンに映ったのは，距離Aが何cmのときか，正しいものをア～エから1つ選びなさい。(　　　)

ア 15.0cm　イ 20.0cm　ウ 25.0cm　エ 30.0cm

(4) 図2は，ある位置に物体を置き，スクリーンに物体の像が映ったときの物体，凸レンズ，スクリーンの位置を模式的に示したものである。この凸レンズの焦点の位置を「•」でかきなさい。ただし，作図のあとは消さずに残すこと。

図2

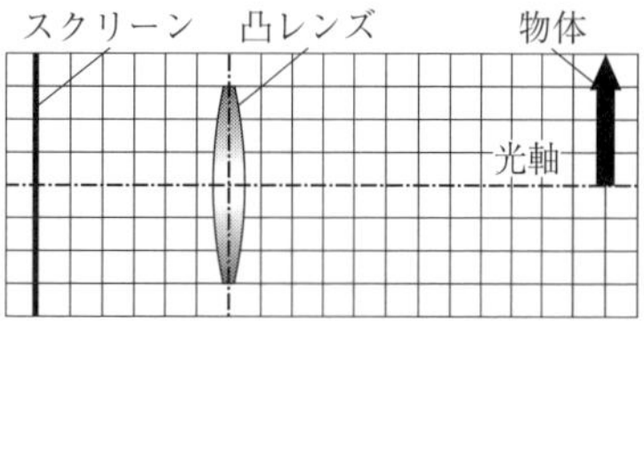

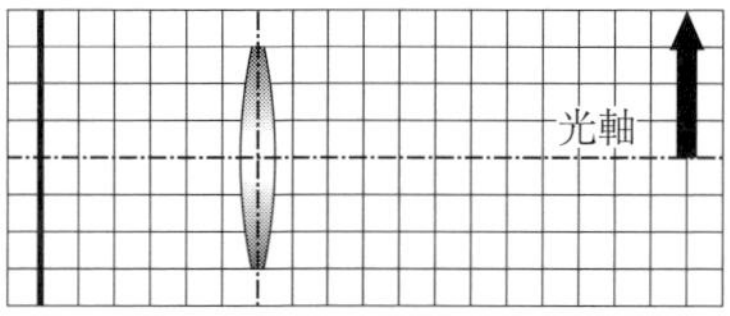

(5) あきよさんは，実験で使った凸レンズとさらに別の凸レンズを用い，望遠鏡をつくって物体を観察した。図3は，あきよさんが望遠鏡で物体を観察したときの，物体，対物レンズ，望遠鏡で見る像，対物レンズによる像，接眼レンズを模式的に示したものである。次の文は，このときのそれぞれの位置関係を考察したものである。正しい文になるように，文中の①・②について，ア・イのいずれかをそれぞれ選びなさい。①(　　　)　②(　　　)

図3

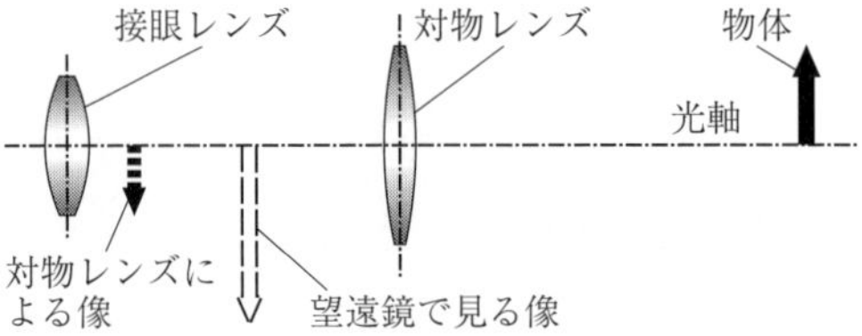

望遠鏡は，焦点距離の長い対物レンズと，焦点距離の短い接眼レンズの2つの凸レンズからできている。物体が対物レンズの焦点よりも①［ア　外側　　イ　内側］にあるとき，対物レンズによる像ができ，さらに，対物レンズによる像が接眼レンズの焦点の②［ア　外側　　イ　内側］にあるとき，対物レンズによる像が拡大される。私たちは，この拡大された像を望遠鏡で見る像として観察している。

5 れいじさんたちは，ある地域の地層について調べた。この地域の地層は，それぞれの層の厚さが一定で，平行に積み重なっており，同じ向きに傾いている。また，地層の上下が逆転するような大地の変化は起きておらず，断層やしゅう曲はないものとする。(1)～(6)に答えなさい。

図１のA～C地点で，地層の観察を行い，観察記録と図２の柱状図を作成した。D地点へは，通行止めになっていたため進むことができなかった。なお，図１の-----線は，すべて等間隔である。

観察記録

図１

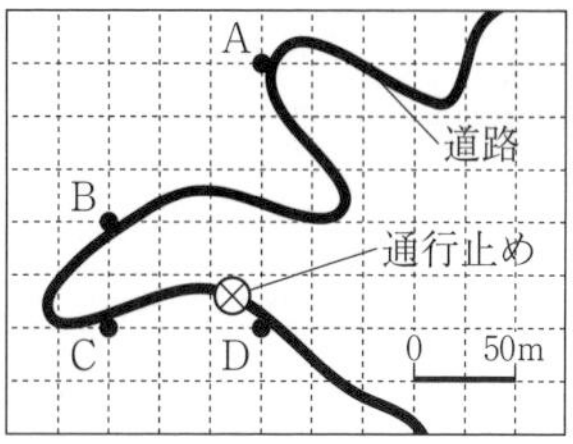

① タブレット端末で，各地点の標高を調べると，A地点は265m，B地点は273m，C地点は274mであった。

② A～Cの各地点でいろいろな高さに砂の層が見られた。これらの層は，丸みを帯びた砂の粒でできていた。

③ A～Cの各地点に黒っぽい泥の層があり，泥の手ざわりはなめらかであった。

④ B地点とC地点のれきの層には，丸い形のれきが多く，れきには色の違いが見られた。

⑤ A～Cのすべての地点に泥の層の間にはさまるように白っぽい石の層があり，どの地点も見た目がよく似ていた。石の種類がわからなかったため，地層Pとした。

図２

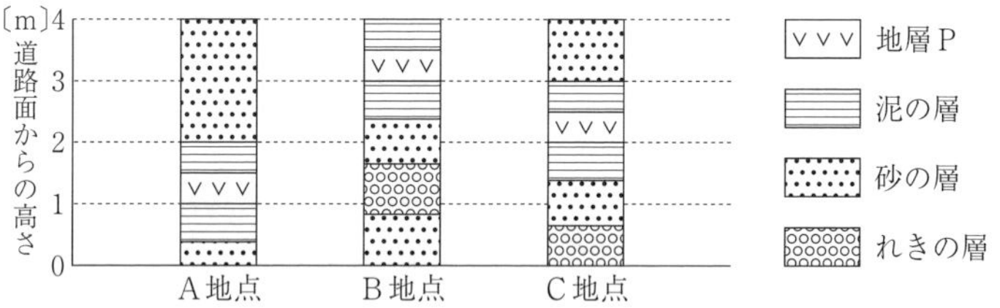

れいじさん　A地点の泥の層から，植物と恐竜の歯の化石が見つかったと聞きました。

かずみさん　その植物が限られた環境でしか生存できないものだったとしたら，ⓐ地層ができた当時の環境がわかりますね。

先生　A地点では，泥の層の上に重なっている砂の層から，二枚貝の化石も見つかっているそうです。その二枚貝は，恐竜と同じ時代に生存していたそうですよ。

れいじさん　地層Pの石は，教科書の写真の凝灰岩とよく似ているように思います。

かずみさん　石を採取して，博物館で調べていただいてもいいでしょうか。凝灰岩であれば，ⓑ泥の層が堆積した期間に起こったできごととして（ あ ）が考えられますね。

(1) A地点の泥の層から発見される可能性のある化石として最も適切なものはどれか，ア～エから選びなさい。(　　　)

ア アンモナイト　　イ サンヨウチュウ　　ウ ビカリア　　エ マンモス

(2) 下線部ⓐについて，地層ができた当時の環境を推定することができる化石を何というか，書きなさい。(　　　)

(3)　下線部ⓑについて，地層Pが凝灰岩の層であった場合，この期間に起こったできごとは何か，（ あ ）にあてはまる言葉を書きなさい。(　　　　)

A～C地点の各層から石を採取して理科室へ持ち帰り，観察を行った。

かずみさん　B地点で採取したれきのうち，白っぽい灰色で石灰岩のように見えるものがありました。でも，れきをルーペで観察しても，サンゴやフズリナなどの化石は含まれていませんでした。

れいじさん　くぎでこすると，れきの表面に簡単に傷がついたので，おそらく石灰岩だと思います。

かずみさん　では，ⓒこのれきが石灰岩であることを調べる実験をしてみますね。

(4)　下線部ⓒについて，石灰岩であることを調べる実験にはどのようなものがあるか，その実験で得られる結果とあわせて書きなさい。

(　　　　　　　　　　　　　　　　　　　　　　　　　　　　　　　　　　　　　　)

観察記録，図1，図2から，A～C地点の地層が堆積した当時のようすと，観察できなかったD地点の地層の重なりについて考察した。

れいじさん　B地点とC地点では，下から順に，れきの層，砂の層，泥の層が重なっているようすが観察できました。これらの層が堆積した期間に，どのようなことがあったと考えられるでしょうか。

かずみさん　れき，砂，泥が川の水に運ばれて海底に堆積したとすると，ⓓれきの層が堆積してから泥の層が堆積するまでの期間に，この地域では，海がしだいに（ い ）と考えられます。その理由は，（ う ）からです。

先生　ほかに，れき，砂，泥を運んだ水の力の強さが変化したことも考えられますね。

れいじさん　博物館で調べていただいた結果，地層Pの石は凝灰岩でした。A～C地点の凝灰岩は，すべて同じ時期に堆積したものだそうです。

かずみさん　では，進めなかったD地点にも，A～C地点で見られた地層が広がっていると考えられるのではないでしょうか。

れいじさん　調べてみると，D地点の標高は275mでした。ⓔD地点の柱状図を作成すると，凝灰岩の層がどの位置にあるか，推測できますね。

かずみさん　長い時間をかけて，水底でできた地層が，大地の変動によって陸上に現れていることや，この地域一帯に広範囲に広がっていることを想像すると，時間や空間のスケールの大きさに感動しますね。

(5)　下線部ⓓについて，れきの層が堆積してから泥の層が堆積するまでの期間に，この地域の海の深さはどのように変化したと考えられるか，（ い ）にあてはまる言葉を書きなさい。また，（ う ）には，そう考えた理由を書きなさい。ただし，れきの層と泥の層に着目し，れきと泥が堆積しやすい場所をふまえて書くこと。

い(　　　　)

う(　　　　　　　　　　　　　　　　　　　　　　　　　　　　　　　　　　　　　　　)

(6)　下線部ⓔについて，A～C 地点と同じ時期に堆積した凝灰岩の層（地層 P）は，D 地点ではどの位置にあると考えられるか。凝灰岩の層（地層 P）を，図 2 に示した地層を表す記号を用いて，柱状図としてかきなさい。

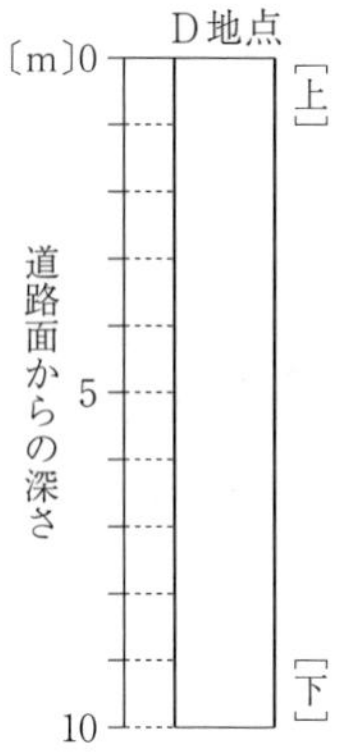

10

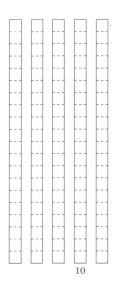

5　しおりさんの班は、「総合的な学習の時間」にふるさとのよさについて考え、ふるさとのアピール動画を制作することにした。次は、しおりさんの班の話し合いの一部である。あなたがしおりさんなら、どのようなアピール動画を制作するか。あなたの考えを〈条件〉(A)～(D)に従って書きなさい。

話し合いの一部

しおりさん　ふるさとのアピール動画の制作について、どのような内容にしたらよいかお互いに考えを出し合いましょう。

たまきさん　先日、ある高校のアピール動画を観たので、その内容を説明してもいいですか。

よしほさん　何か参考になる点があるかもしれません。ぜひ、お願いします。

たまきさん　はい、校門から校舎の全貌を映し、続いて中庭のベンチ、池や渡り廊下など学校のいろいろな場所が映し出されていました。次に、生徒が活動している様子や学校の特徴の説明などが、映像とともに映し出されていきました。この高校には、どのようなコースがあり、何を学ぶことができるのか、将来についても考えることができるような内容でした。

しおりさん　今のたまきさんの話を聞いて、だれに、何をアピールしたいのかを明らかにしておくことは大切だと思いました。

よしほさん　そうですね。それと、制作側が具体的にどのような内容の動画にしたいのか、完成イメージをもっておくことも大切ですね。

たまきさん　高校のアピール動画を観たときに、制作側は、先に完成イメージを具体的に考えていたのだろうと思いました。だから、あのような、よくわかる動画ができたのだと思います。

しおりさん　では、これから、ふるさとのアピール動画の完成イメージを具体的に文章で書いていきましょう。

よしほさん　それに合うタイトルも考えましょう。タイトルが興味深いと、動画を視聴してくれる人も増えると思います。

〈条件〉

(A)　解答欄の□には、あなたの考える動画にふさわしいタイトルを書き、本文を一行目から書き始めること。

(B)　二段落構成とし、前の段落では、ふるさとのよさについて、どのようなことをアピールしたいのか、また、アピールの対象はだれでその理由は何かを書き、後の段落では、動画の完成イメージを具体的に書くこと。

(C)　タイトルに合うような内容で、全体が筋の通った文章になるようにすること。

(D)　漢字を適切に使い、原稿用紙の正しい使い方に従って、十～十三行の範囲におさめること。

タイトル（　　　　　　　　）

4　次の文章を読んで、(1)～(3)に答えなさい。

建徳江《けんとくかう》に宿《やど》る　孟浩然《まうかうねん》

移シテレ舟ヲ泊マル二煙《えん》渚《しょ》ニ一　舟を移して□

日暮レテ客《かく》愁《しう》新タナリ　日暮れて客愁新たなり

野曠《ひろ》クシテ天ハ低《た》レレ樹ニ　野曠くして天は樹に低れ

江清クシテ月ハ近シレ人ニ　江清くして月は人に近し

【口語訳】

舟をこぎ寄せて靄《もや》けぶる砂辺に泊まる。日は暮れて旅の愁《うれ》いが新たにわきおこる。原野が広がり大空は木々に垂れ、川は澄み切って月はわが近くにある。

（注）建徳江＝建徳県（浙江省《せっこうしょう》建徳市）を流れる河川。
孟浩然＝唐を代表する詩人の一人。
曠＝何もなくがらんと開けているさま。　靄＝かすみ。

(1)　この詩のように四句からなる漢詩の形式を何というか、**漢字二字**で書きなさい。□□

(2)　□には、――線部の書き下し文が入る。――線部「泊マル二煙渚ニ一」を書き下し文になおし、全てひらがなで書きなさい。（　　　）

(3)　次は、ひかるさんとゆうきさんが、この漢詩について調べた後、話し合った内容の一部である。(a)～(d)に答えなさい。

ひかるさん　作者は故郷を離れて孤独を感じているようです。この思いは辺りが暗くなる時刻を迎えたことでわきおこっていますね。

ゆうきさん　唐の時代の詩人は、定まった形式の中で工夫を凝らして表現しています。この漢詩は、（あ）で内容が変化していて、表現としては、「天は樹に低れ」という比喩が独特だと思います。空が低くなってくるように感じているのでしょうか。はるか遠くにある月を「人に近し」、つまり、自分に近いと表現しているのも興味深いですね。

ひかるさん　私は、これは作者が空とともに月が近づいてくるように感じていることを表現していると考えましたが、どう思いますか。

ゆうきさん　私は、最後の句は作者の視点が近くに移っているので、空にある月ではなくて、（い）を見ているのだと思いました。

ひかるさん　なるほど、そういう捉え方もできますね。この漢詩は、目の前の情景描写を工夫することで、作者の（う）を表現しているのだと感じました。

(a)　～～線部「辺りが暗くなる時刻を迎えたこと」がわかる言葉を、漢詩中から**漢字二字**で抜き出して書きなさい。□□

(b)　（あ）にあてはまるのは第何句か、書きなさい。（　　　）

(c)　（い）にあてはまる適切な言葉を**五字以上十字以内**で書きなさい。□□□□□□□□□□

(d)　（う）にあてはまる最も適切なものをア～エから選びなさい。（　　　）

ア　自然の中でくつろぎ、旅に出た喜びを実感している気持ち
イ　大空を見ることで、孤独を忘れ去って無心になっていく気持ち
ウ　月をそばに感じ、孤独な心が癒やされていくような気持ち
エ　原野が広がった光景を前に、雄大な自然に恐れを感じる気持ち

雨上がり、鮮やかな虹が突然現れたその瞬間に出会えた喜び、それを友達と分かち合っているような詩にしようと思い、夢中で創りました。そして、何度も言葉を練り直し、仕上げていきました。

みつきさん　その詩の中に、まひるさんらしさを見つけることはできましたか。

まひるさん　はい。詩を完成させるために、何度もその詩を読み返してみると、素直な自分に出会えたように思いました。

(1) 話し合いの一部の［A］・［B］にあてはまる適切な言葉を書きなさい。ただし、［A］は本の一部の言葉を用いて、**十五字以上二十字以内**で書き、［B］は本の一部から**五字以内**で抜き出して書くこと。

A ［　　　　　　　　　　］　B ［　　　　　］

(2) 話し合いの一部について書かれたものとして、最も適切なものをア～エから選びなさい。（　）

ア　出された考えに対して共通点や相違点を出し合い、多様な価値観を共有している。

イ　出された考えに対して共感や反論をすることで、話し合いの方向を決定づけている。

ウ　出された問いに対して具体例や体験談を交え意見を出し合い、捉えた話題の理解を深めている。

エ　出された問いに対して調べたことをもとに意見を出し合うことで、推論を確かなものにしている。

(3) 話し合いの一部で、まひるさんの詩が完成するまでの過程を説明したものとして、最も適切なものをア～エから選びなさい。（　）

ア　感動→イメージをもつ→制作→推敲《すいこう》→分析→気づき

イ　感動→情報を収集する→制作→発見→分析→気づき

ウ　感動→イメージを広げる→制作→発見→考察→気づき

エ　感動→情報を整理する→制作→推敲→考察→気づき

(4) 次は、みつきさんが話し合ったことをもとに、本の一部、補足資料1、補足資料2を関連させながら、表現することについてまとめたものである。（ⓐ）～（ⓒ）にあてはまる適切な言葉を書きなさい。ただし、（ⓐ）は本の一部から**十五字**で、（ⓑ）は補足資料2から**八字**でそれぞれ抜き出し、（ⓒ）は、本の一部と補足資料1とを関連させて、「良さ」と「壁」という言葉を用いて、**十五字以上二十字以内**で書くこと。

ⓐ ［　　　　　　　　　　］　ⓑ ［　　　　　］

ⓒ ［　　　　　　　　　　］

人間の無意識の中には（ⓐ）があり、頭の中では（ⓑ）状態だといえる。それを、絵や言葉、歌などいろいろな方法で再現することが表現するということである。その表現されたものから「自分にあるもの」を見つけだすことができる。絵であるならば、「これは自分の色や形ではない」というようにそぎ落としていくことで、最後に残ったものが「自分にあるもの」といえる。「自分にあるもの」を見つけ増やしていくという態度は（ⓒ）生き方で、正直さや時間が要求されることではあるが、最も求められていることだといえる。

補足資料2

人間は、さまざまな体験を通して感じとったものを心の中にたくわえ持っている。はっきりと意識的に学びとったものもあるが、ほとんどは日常生活の中で無意識のうちに感じとる。感じたという事実は確かでも、それが何であるか、なぜそう感じたのかは説明できないことが多い。人との出会い、自然の中での発見、いろいろの状況の下で、あるときは強烈な実感として、あるときはぼんやりと抽象された感想として受けとめる。喜び、悲しみ、美しいもの善いものに対する感動。計り知れないほど多くの体験が頭の中で象徴化され、抽象化され、類似と関連を繰り返して成長していく。それは、そのままにしておけば極めて漠然としたものだが、それをよりはっきりと意識できる形で、つまり、自分にも、他の見る人、聞く人にも感動をよびおこす形で、もう一度再現してみせるのが「表現」である。

（広中平祐《ひろなかへいすけ》「広中平祐　若い日本人のための12章」より。一部省略等がある。）

話し合いの一部

みつきさん　「本の一部」では、「いま描いている作品の中にすでに答えがある」とありますが、どういうことだと思いますか。

つかささん　絵の中に自分らしさを見つけることができるということだと思いました。例えば、同じ風景を描いても、だれ一人同じ絵にはなりませんよね。つまり、絵の中にそれを描いた人の内面がそれぞれ表現されているのだと思います。

まひるさん　人の内面を、どうやってその絵から見つけるのですか。

つかささん　自分の絵を［A］ことができると筆者は書いています。つまり、そうすることで自分に何があるのかに気づき、自分をわかることになるのだと思います。

まひるさん　忘れていたことも映し出されるという意味で、「［B］」という言葉が使われているのですね。ところで、どんどんそぎ落としていくことで「宝物」が見つかると書かれていますが、「宝物」というぐらいだから、なかなか見つからないものなのですね。

みつきさん　きっと、そうだと思います。いつもは無意識の中にあるけれども、夢中で表現することで表されるということだと思います。

まひるさん　「補足資料2」の、体験を通して感じたことを再現することが表現であるということと結びつきますね。

つかささん　はい。この「補足資料2」の「感動をよびおこす形で表現する」は、「本の一部」の「絵は憧れを描くもの」と通じますね。

みつきさん　感動するということで「こう表現したい」、つまり、「憧れを描きたい」という気持ちがわきおこるのでしょう。ところで、心を動かされたことを絵で描くだけではなく、詩や文章で表したり、歌やダンスで表したりすることも表現することですね。

まひるさん　実は、私の表現方法は詩を創ることなんです。小学生のころから詩を創りためています。今の話し合いで思い出したことがあります。ある夏の雨上がり、友達と学校から帰っていて、突然、大きな虹が空にかかり始め、心が震えるような感動を覚えました。その情景を詩にしたいと考えた私は、夏のことも、そこには映し出されているのかもしれません。

自分の描いた、いま描いている作品の中にすでに答えがあると私は考えています。

たとえば私は、自分の作品を徹底的に直視することによって、なるほど余白とはこういうことか、なるほどこれが日本の文化か、と生命の記憶にさかのぼったような、遥《はる》か遠い懐かしさをたぐりよせたような体験をしたことがあります。

すべての答えはすでに自分の絵の中にある。自分の絵の中から、いわば不純物をどんどん取り除いてゆく。これは私の「形」ではない。これは私の「色の組み合わせ」ではない。そう思ったら思い切って捨ててゆくべきです。どんどんそぎ落としてゆくこと、勇気を持ってやってみることです。

そしてたった一つでもかけがえのない「何か」が残ったら、それは皆さんの「宝物」です。一生手放さずに、同じように宝物を一つ、また一つと増やしていく。それが自分を広げていくということなのです。時間がかかります。絶対の正直も要求されます。でも、自分にうそをつかずやっていくしかないのです。それが結果的には一番近道なのです。

描いているときにはわからないことなのですが、絵というのは、結局夢中で描いていたところだけがその絵を面白くさせているものなのです。結果的に画面が少々汚くても、そのようなことはまったく問題ではなく、夢中になって描いたことが人の目をひきつける。

描いていくうちにさらに夢中になっていく、そして描く。意外とそういう部分が知らぬ間に自分を広げていることが多い。そうやって自力で壁を乗り越えていくのです。

絵は、憧れを描くものです。わあ、いいな、と思える風景、素敵な人物、おいしそうな果物、そこには人々の夢があふれています。夜の不思議、朝のまぶしさ、昼のけだるさ、そして夕方のせつなさ――。自分が憧れる世界を最初からイメージしながら、自分の絶対の近道を手掛かりに丁寧に描いていくことが大事なのです。ひとときだけの感情のたかまりをぶちまけるようなものではないのです。

たとえば人物画を描くにしても、写実的な描写にだけ集中していると、何を感じて描こうとしたのか、という本当に言いたいところまで到達しない場合もあります。いまの目の前に並ぶ状況を図解説明するだけで終わってしまったら残念です。そうではなくて、私はこういうところにひかれた、そしてこういうふうだったらいいなという、その、こうありたいというのが絵なのです。これを忘れてはいけません。

そして自分の絵をしっかり見てみる。するとそこから世界が開けていく。なるほど私はこういうものが好きだったんだ、と絵は教えてくれる。だから、怖《おそ》れずにどんどん描いてみる。変になってもかまわない。とにかくやってみる。描かないより描いたほうがいい。

（千住《せんじゅ》　博《ひろし》「千住博の美術の授業　絵を描く悦《よろこ》び」より。一部省略等がある。）

（注）　吐露＝心の中に思っていることを隠さず述べ表すこと。

補足資料1

絵を描くということは、自分にないものを付け加えていくことではなくて、自分にあるものを見つけて磨いていくこと。自分の良さを磨いていくことです。

（千住　博「千住博の美術の授業　絵を描く悦び」より。一部省略等がある。）

は漢字二字で書くこと。ⓐ［　　　　　　　　］　ⓑ［　　］

すばるは、人類が命がけで組み立てた国際宇宙ステーションを（ⓐ）が形となったものだと思っている。さらに宇宙ステーションが打ちあげられ、人類の偉業を多くの人が実感したことで、打ちあげた人たちがいなくなったとしても、その人々の思いは後世の人たちの心の中に（ⓑ）に生き続けるということにロマンを感じているから。

(4)　本文について述べたものとして、最も適切なものをア～エから選びなさい。（　　）

ア　すばると駿馬の会話が中心となり、言葉とは裏腹な思いが駿馬の表情により鮮明に描かれている。

イ　すばると駿馬の関係性をテンポのよい会話で表現し、二人の友情の深まりが丁寧に描かれている。

ウ　すばるの夢を聞いたことによる駿馬の感情の高まりが、すばるの視点から印象的に描かれている。

エ　すばるの駿馬に対するさまざまな思いや感謝が、夢を語る場面の描写により詳細に描かれている。

3　みつきさんは、表現方法の一つである「絵を描くこと」について書かれた本を読み、班で話し合うことにした。次は、みつきさんが話し合いのために読んだ本の一部、話し合いのために準備をした補足資料1、補足資料2と、話し合いの一部である。(1)～(4)に答えなさい。

本の一部

自分にあるものを描く、この態度こそ生き方として最も求められていることなのです。

作品の中で、これは先生からの課題だからと描いたもの、この端のほうに場所があいたので好きなものを何となく描いたもの、描いた動機にはいろいろあると思いますが、意外と後者のほうに、自分の本心を無意識に吐露《とろ》している場合もあります。

人物画でも、人物がなければ良い絵なのに、と思うことがあります。人物の背景に、いろいろなものを描いてみたくなる、どうしても色をモノトーンに抑えたくなった、というように絵を描いていくうちにいろいろな想念が起き、それを描いていく。描いている最中というのは、それにどういう意味があるかなどとは考えませんよね。一歩身を引いて、自分の描いたものを見る。そして分析をしていくと、自分でも気づいていなかった自分を知るということができるのです。描いてみて、見る。その繰り返しで自分に何があるのか、ないのかがわかってきます。

無意識ということには意識や経験をはるかに超えた情報が眠っている、ということなのでしょう。幼い日からの記憶などさまざまなものがそこに埋もれていると思ってみてはどうでしょう。

学生の皆さんも、生まれて今日まで、いろんなことを経験しているわけです。大切なことも忘れていたり、大切なことではなくても何となく覚えていたりすることもあります。絵はいわば心の鏡です。忘れていた

「すごすぎる。おれも飛びてぇ――。」
「何だそれ。」
すばるがくすっと笑う。
あとは二人、無言で空を見上げる。ISSの軌跡は南東から北東に続き、あるとき突然消失した。地球の陰に入ったのだ。
「ISSの外側ってアルミニウム合金でできてるんだって。」
「何だよいきなり。」
「人工衛星やスペースシャトルの素材に興味があってさ。いつかそっちの勉強をしたいと思ってる。航空宇宙工学。まずは中学を卒業しないとだけど。」
気まずそうな表情を浮かべるすばるに、駿馬は唇だけで笑った。
「見ただろ。宇宙にくらべればちっぽけな人類が組み立てた宇宙ステーションが、地球の上を回ってる。太陽の光を受けてきらきら光りながら、地球の軌道に乗って、宇宙の一部になってる。③こんなうつくしいことって、ほかにあるかよ。いま人類が滅んでも、ISSはずっとあそこを回ってる。遠い小惑星に探査機を送ることに命をかけている人たちがいる。人間の力は夢見る力だとおれは思う。宇宙ステーションもいつかは廃棄されるけど……あれを打ちあげた人たちの夢は死なないよ。おれもそんな夢の一部になりたいんだ。……言うなよ、おれだって恥ずかしいってわかってんだから。」
夜目にも顔が赤い。
……立山《たてやま》すばるというやつは、じつはひどくロマンチストだ。
「何であんたが泣きそうになってんの。」
うつむいてしまった駿馬を、すばるが気味悪そうに見る。
「ばっかやろう、恥ずかしいわけないじゃん。」
夢。……夢。
胸が熱い。足に火が灯《とも》る。
鼻をこすりながら、草の原に置いてきた夢の破片を思いだす。
それは砕け散ったいまでも、駿馬のこころの中で強い光を放っている。
夢は怖い。失敗するのは怖い。一度望んでしまったら……。うまくいかないのに、あきらめられなかったら……。
（それでも、もう一度走ってみたい。）
最後でもいい。もう一度、あの向かい風を感じることさえできるなら。

（黒川《くろかわ》裕子《ゆうこ》「天を掃け」より。一部省略等がある。）

（注）ゲンちゃん＝駿馬の幼なじみ。

(1) ――線部①「けっしてゼロにならない友だち」とあるが、駿馬が欲しいと思っている友だちとはどのような存在か、本文中から抜き出して書きなさい。ただし、答えの末尾が「ような存在」に続く形になるように、**十八字**で書くこと。

□□□□□□□□□□□□□□□□□□ような存在

(2) ――線部②「息をのんで」とあるが、これは駿馬のどのような様子を表しているか、本文中の言葉を用いて書きなさい。ただし、答えの末尾が「様子」に続く形になるように、**二十字以上二十五字以内**で書くこと。

□□□□□□□□□□□□□□□□□□□□□□□□□様子

(3) ――線部③「こんなうつくしいことって、ほかにあるかよ」とあるが、次の文は、ある生徒が、飛翔する国際宇宙ステーションの存在を、すばるが「うつくしい」と感じた理由について、考えたことをまとめたものである。（ⓐ）・（ⓑ）にあてはまる適切な言葉を書きなさい。ただし、（ⓐ）は本文中の言葉を用いて**五字以上十字以内**で書き、（ⓑ）

2　次の文章を読んで、(1)〜(4)に答えなさい。

全国大会で注目を集めた駿馬《しゅま》は負傷してしまい、回復はしたものの思うように走れず、陸上部に復帰できずにいる。そんな駿馬に対して陸上部の友だちの態度が急変し、駿馬は友だちという存在に不信感を抱くようになる。その一方で、小惑星を探すという夢を抱いているすばると出会い、天体観測に興味をもちはじめる。次は、すばるに誘われて夜空を見るために山に登った場面である。

友だちとはふしぎなもので、エレベーターの階数みたいに、ひっきりなしにふえたり減ったりするらしい。少し前まで最上階でたくさんの友だちにかこまれていたはずが、気がつけば地下一階にぽつんといることもある。逆に、ゼロだと思ってもその次の日には一人、ふえているかもしれない。

——そして、世の中には①けっしてゼロにならない友だちもいるらしい。

たとえばそいつは北極星みたいに位置を変えず、いつもそこにいて、こっちをじっと見つめている。そこにいてくれるだけで心の支えになる、そんな友だち。

ゲンちゃん。そして……。

駿馬は小さくため息をつくと、言った。

「おれ、おまえとそんな友だちになりてぇなあ。」

「はあ⁉」

すばるが声を荒らげた。ほっぺたがほんのり赤くなってる。

「そんなって何だよ。あんた、前置きなさすぎ。そんなも何も、あんたと友だちになったおぼえ、ないんだけど。」

「細かいこと言うなって。」

「あんたは、もうちょっと細かくなった方がいい。いろんな意味で……。」

わりと真顔で言われたが、スルーしてスマホをいじるふりをする。すばるが横からひょいっとのぞきこんで、目にもとまらぬ速さで電源ボタンを押した。20時42分50秒。待ち受けに表示されたランナー仕様のデジタルウォッチを確認してつぶやく。

「そろそろだな。南西の空をしっかり見てろ。あと二十秒だ。」

「だから、何がだよ⁉」

すばるは駿馬を無視して、スマホを見ながらカウントをはじめる。

「10、9、8、7、6……。」

駿馬はしぶしぶ言われたとおりに南西の空を見上げた。5、4、3、2……。

「ショータイムだ。」とすばるがつぶやいた。

その瞬間、夜空に、こうこうと輝く星があらわれた。

しかもすごいスピードで南東の方角に向かって移動している。

流れ星にしては遅すぎる。飛行機と同じか、それよりも速い。でも飛行機の灯火にしては明滅《めいめつ》していないし、色もちがう。何だろう。

「すごいだろ。ISS——国際宇宙ステーションだ。」

得意げに言ったすばるに、駿馬は思わず、えっと声をあげてしまった。

ISSは地上から約四〇〇キロメートル上空の軌道を周回している有人の実験施設だ。つい先日まで日本人も搭乗していた。駿馬は②息をのんで、高速で飛翔《ひしょう》する輝きを見つめた。

「……すげぇ。あれが、人工の天体だって？」

「そう。あの光の中に人がいる。こっちに手をふってくれたかも。」

国語

時間　五五分
満点　一〇〇点

1　次の(1)～(4)に答えなさい。

(1)　次の(a)～(d)の各文の――線部の読み方を、ひらがなで書きなさい。

(a)　感性を研ぎ澄まして作品を制作する。（　　ぎ）
(b)　清らかな川のほとりで蛍が舞う。（　　）
(c)　豊かなフルートの音色が琴線に触れる。（　　）
(d)　遠くで貨物船の汽笛が響く。（　　）

(2)　次の(a)～(d)の各文の――線部のカタカナを漢字になおし、楷書《かいしょ》で書きなさい。

(a)　新しい時代のマクが上がる。（　　）
(b)　淡い桜色の布がオり上がる。（　　り）
(c)　地図のシュクシャクを確認する。（　　）
(d)　私の夢はハイユウになることだ。（　　）

(3)　行書の特徴の一つに筆順の変化がある。次の行書で書かれた漢字のうち、部首の部分が、楷書で書いた場合と比べて、筆順が変化しているものはどれか、ア～エから一つ選びなさい。（　　）

ア 
イ 
ウ 
エ 

(4)　次の文の――線部「の」と同じ働きをしているものを、ア～エから一つ選びなさい。（　　）

私は友人の誕生日に本を贈った。

ア　この白い花はスズランです。
イ　そこにある自転車は私のです。
ウ　彼の提案したテーマに決定した。
エ　読書と映画鑑賞が私の趣味です。

2022年度／解答

数　学

1 【解き方】(1) 与式 $= -7+3=-4$

(2) 与式 $= 3\times(5x-2y)=15x-6y$

(3) $\sqrt{25}<\sqrt{30}<\sqrt{36}$ より，$5<\sqrt{30}<6$ だから，$a<\sqrt{30}$ となる最も大きい自然数 a は5。

(4) 両辺を3でわって，$x^2-12=0$ より，$x^2=12$ だから，$x=\pm\sqrt{12}=\pm2\sqrt{3}$

(5) ゼリーと箱の重さは，$a\times6+b=6a+b$ (g)　これが800g未満だから，$6a+b<800$ と表せる。

(6) $y=\dfrac{a}{x}$ に $x=4$，$y=\dfrac{5}{4}$ を代入すると，$\dfrac{5}{4}=\dfrac{a}{4}$ より，$a=5$　よって，$y=\dfrac{5}{x}$

(7) 11人の得点を低い方から順に並べると，5，7，7，8，10，11，13，14，16，19，20　よって，第1四分位数は7，第3四分位数は16となるから，$a=7$，$b=16$

(8) $\ell /\!/ m /\!/ n$ より，$(20-8):8=9:x$ だから，$12x=72$　よって，$x=6$

(9) 大小2つのさいころの目の出方は全部で，$6\times6=36$ (通り)　出る目の数の和が素数になるのは，和が2，3，5，7，11の場合だから，(大，小)＝(1，1)，(1，2)，(1，4)，(1，6)，(2，1)，(2，3)，(2，5)，(3，2)，(3，4)，(4，1)，(4，3)，(5，2)，(5，6)，(6，1)，(6，5)の15通り。よって，求める確率は，$\dfrac{15}{36}=\dfrac{5}{12}$

(10) 点Aを通る直線 ℓ の垂線と，線分ABの垂直二等分線との交点が円の中心Oとなる。

(例)

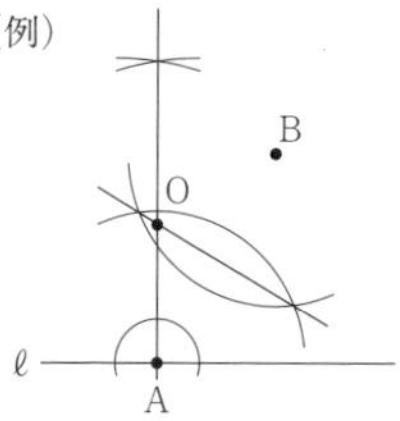

【答】(1) -4　(2) $15x-6y$　(3) 5　(4) $x=\pm2\sqrt{3}$　(5) $6a+b<800$　(6) $y=\dfrac{5}{x}$

(7) ($a=$) 7　($b=$) 16　(8) 6　(9) $\dfrac{5}{12}$　(10) (右図)

2 【解き方】(1) 3色の選び方は，残った2色の選び方と考えてもよい。2色の選び方は，(赤，青)，(赤，白)，(赤，黄)，(赤，緑)，(青，白)，(青，黄)，(青，緑)，(白，黄)，(白，緑)，(黄，緑)の10通り。よって，3色の選び方も10通り。

(2) (a) 次図アのような長方形ができる。よって，4cmと5cm。(b) 次図イのように，Aの上にBを1枚おくと，Aの右にBを5枚おくので，Cは5枚で長方形になり3枚あまってしまう。次図ウのように，Aの上にBを2枚おくと，Aの右にBを4枚おくので，Cは，$2\times4=8$ (枚)で長方形になる。この長方形の2辺の長さは $(x+2)$ cmと $(x+4)$ cmだから，周の長さは，$(x+2)\times2+(x+4)\times2=4x+12$ (cm)　(c) (b)でつくった長方形の面積は，$(x+2)\times(x+4)=x^2+6x+8$ (cm^2)　1辺の長さが $(x+7)$ cmの正方形の面積は，$(x+7)\times(x+7)=x^2+14x+49$ (cm^2)　したがって，2つの図形の面積について，$x^2+14x+49=(x^2+6x+8)+105$ が成り立つ。式を整理すると，$8x=64$ だから，$x=8$

図ア

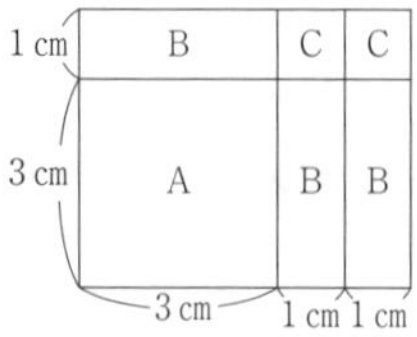

図イ

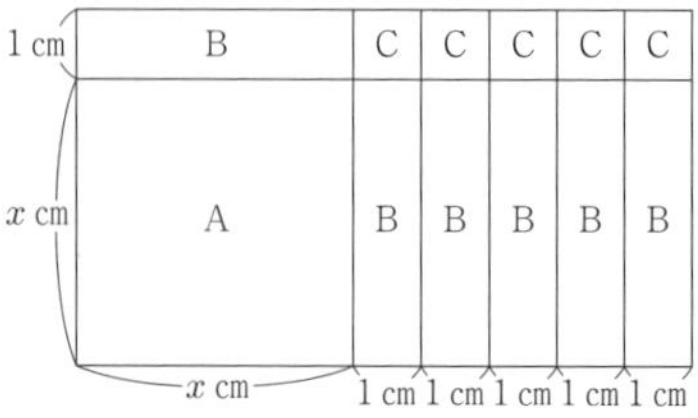

図ウ

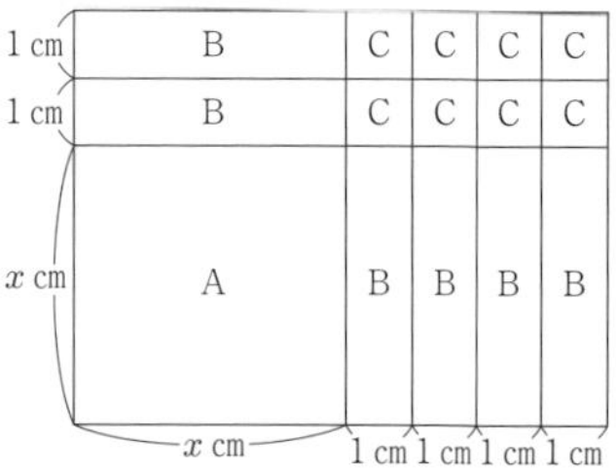

【答】(1) 10 (通り)　(2) (a) 4 (cm)，5 (cm)　(b) $4x+12$ (cm)　(c) 8

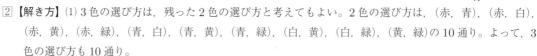

3 【解き方】(1) Tシャツを5枚注文するときのB社の代金は，基本料金が7000円，Tシャツ代が，800 × 5 = 4000(円)，プリント代が，400 × 5 = 2000(円)だから，合計で，7000 + 4000 + 2000 = 13000(円)となる。A社は基本料金が3500円で，Tシャツ1枚につき，900 + 600 = 1500(円)かかるので，x と y の関係は，$y = 1500x + 3500$……①の式で表される。同様に，B社について，x と y の関係は，$y = 1200x + 7000$……②の式で表される。①を②に代入して，$1500x + 3500 = 1200x + 7000$　これを解くと，$x = \frac{35}{3}$

(2) (a) 基本料金が11000円，Tシャツ代が，800 × 25 = 20000(円)，プリント代は20枚分になるから，400 × 20 = 8000(円)　したがって，代金は，11000 + 20000 + 8000 = 39000(円)　(b) C社は基本料金が11000円で，Tシャツが20枚までは1枚につき，800 + 400 = 1200(円)かかるので，$0 \leqq x \leqq 20$ では，x と y の関係は，$y = 1200x + 11000$ の式で表される。B社とC社のグラフの傾きは等しいので，2つのグラフは平行で，C社のグラフがB社のグラフより上側にある。$x > 20$ のとき，C社のグラフの傾きは800だから，式を $y = 800x + b$ とおき，$x = 25$，$y = 39000$ を代入して，$39000 = 800 \times 25 + b$ より，$b = 19000$　したがって，$y = 800x + 19000$ に②を代入すると，$1200x + 7000 = 800x + 19000$　これを解くと，$x = 30$　よって，右図のように2つのグラフは x 座標が30の点で交わるので，$20 < x < 30$ のとき，C社のグラフがB社のグラフより上側にあり，$x > 30$ のとき，C社のグラフがB社のグラフより下側にあるから，31枚以上注文するとC社の方がB社より代金が安くなるといえる。

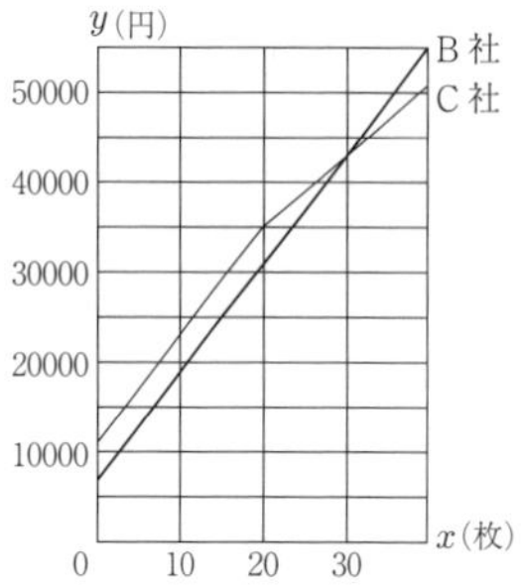

【答】(1) ア. 13000　イ. $1500x + 3500$　ウ. $\frac{35}{3}$　(2) (a) 39000(円)　(b) エ. 平行　オ. 上　カ. 30　キ. 31

4 【解き方】(1) 点Aの x 座標，y 座標とも正負が逆になった座標になるから，(4, −6)

(2) $y = \frac{1}{2}x^2$ に $x = -4$ を代入して，$y = \frac{1}{2} \times (-4)^2 = 8$ より，A(−4, 8)　また，$x = 2$ を代入して，$y = \frac{1}{2} \times 2^2 = 2$ より，B(2, 2)　よって，三平方の定理より，$AB = \sqrt{\{2-(-4)\}^2 + (8-2)^2} = \sqrt{6^2 + 6^2} = 6\sqrt{2}$

(3) (a) $y = x^2$ に $x = -4$ を代入して，$y = (-4)^2 = 16$ より，A(−4, 16)　また，$x = 2$ を代入して，$y = 2^2 = 4$ より，B(2, 4)　直線ABの式を求めると，$y = -2x + 8$ だから，C(0, 8)　したがって，$\triangle OAB = \triangle OAC + \triangle OBC = \frac{1}{2} \times 8 \times 4 + \frac{1}{2} \times 8 \times 2 = 24$　(b) 右図のようになる。点Pは線分ACの中点だから，x 座標は，$\frac{-4+0}{2} = -2$，y 座標は，$\frac{16+8}{2} = 12$ より，P(−2, 12)　点Qの x 座標を t とすると，Q(t, t^2)　点P，Qから x 軸にそれぞれ垂線PH，QIをひくと，H(−2, 0)，I$(t, 0)$だから，$HI = t - (-2) = t + 2$　$\triangle OPQ =$ 台形PHIQ $- \triangle OPH - \triangle OQI = \frac{1}{2} \times (12 + t^2) \times (t + 2) - \frac{1}{2} \times 2 \times 12 - \frac{1}{2} \times t \times t^2 = \frac{1}{2}(12t + 24 + t^3 + 2t^2) - 12 - \frac{1}{2}t^3 = t^2 + 6t$　$\triangle OPQ = \triangle OAB$ より，$t^2 + 6t = 24$ となるから，$t^2 + 6t - 24 = 0$　解の公式より，$t = \frac{-6 \pm \sqrt{6^2 - 4 \times 1 \times (-24)}}{2 \times 1} = \frac{-6 \pm \sqrt{132}}{2} = \frac{-6 \pm 2\sqrt{33}}{2} = -3 \pm \sqrt{33}$　$t > 0$ より，$t = -3 + \sqrt{33}$　よって，点Qの x 座標は $-3 + \sqrt{33}$。

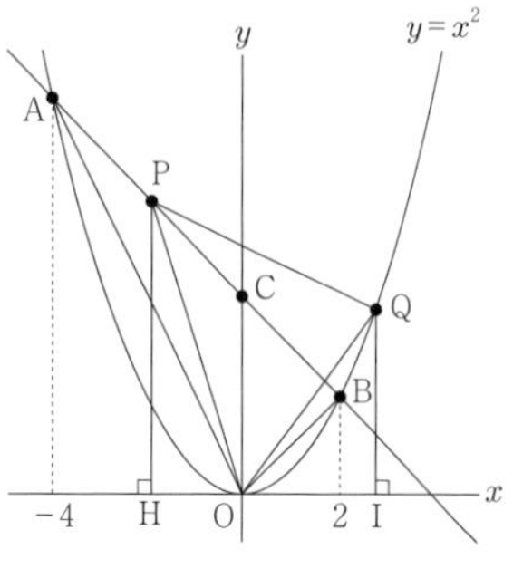

【答】(1) (4, −6)　(2) $6\sqrt{2}$　(3) (a) 24　(b) $-3 + \sqrt{33}$

5 **【解き方】** (1) (a) 折り返した角だから，∠FBE＝∠CBE＝(90°－50°)÷2＝20°　△BEFで，∠BFE＝90°だから，∠BEF＝180°－(20°＋90°)＝70°　(b) 折り返した線分だから，EF＝EC＝DC×$\frac{9}{7+9}$＝4×$\frac{9}{16}$＝$\frac{9}{4}$ (cm)

(2) (b) 右図で，AQ＝x cmとおくと，QD＝12－x (cm)　△ABQ≡△PDQより，QB＝QD＝12－x (cm)だから，△ABQで三平方の定理より，$x^2+4^2=(12-x)^2$が成り立つ。$x^2+16=144-24x+x^2$より，$24x=128$だから，$x=\frac{16}{3}$　AQ∥BCより，AS：CS＝AQ：CB＝$\frac{16}{3}$：12＝4：9だから，AS＝AC×$\frac{4}{4+9}$＝$\frac{4}{13}$AC　また，AR＝$\frac{1}{2}$ACだから，SR＝AR－AS＝$\frac{1}{2}$AC－$\frac{4}{13}$AC＝$\frac{5}{26}$AC　ここで，△DPB≡△DCB≡△ABCより，四角形RDPS＝△DPB－△BRS＝△ABC－△BRS　△BRSと△ABCは底辺をそれぞれSR，ACとすると高さが等しいので，面積の比はSR：ACの比に等しく5：26。よって，△BRSの面積を$5a$とすると，△ABC＝$26a$で，四角形RDPS＝$26a-5a=21a$だから，四角形RDPSの面積は△BRSの，$21a\div5a=\frac{21}{5}$ (倍)

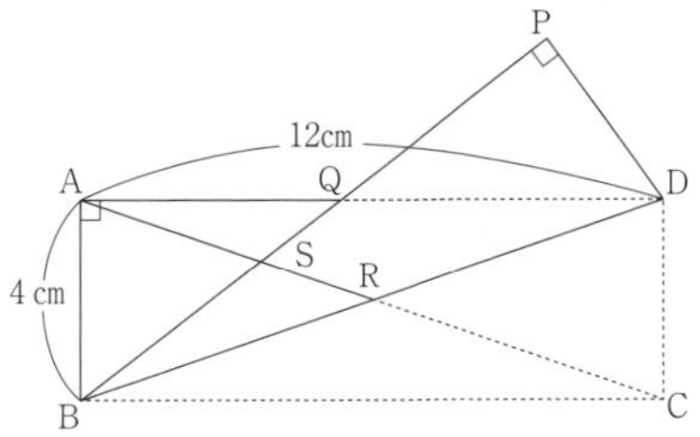

【答】 (1) (a) 70°　(b) $\frac{9}{4}$ (cm)

(2) (a) △ABQと△PDQで，四角形ABCDは長方形で，対角線BDで折り返しているから，AB＝PD……①　∠BAQ＝∠DPQ＝90°……②　対頂角は等しいので，∠AQB＝∠PQD……③　三角形の内角の和が180°であることと②，③より，∠ABQ＝∠PDQ……④　①，②，④から，1組の辺とその両端の角がそれぞれ等しいので，△ABQ≡△PDQ　(b) $\frac{21}{5}$ (倍)

英　語

1 【解き方】(1) 場面 A. 女性は男性に「このあたりに花屋はありますか？」と尋ねている。場面 B. ケイトは父親に「私は自分のマンガ本を見つけることができない」と言っている。

(2) 質問 1. 元気そうに見えないので，どうかしたのかと尋ねられた→「私は頭痛がします」。質問 2. ペンを借りてもいいかと尋ねられた→「いいですよ」。

(3)「一人の人と箱のようなものが見える（イ）」→「もしこのピクトグラムを見るなら，その場所からすばらしい景色を楽しむことができる（ウ）」→「最後のピクトグラムでは，二人の人が座っている（ア）」。

【答】(1) 場面 A. ア　場面 B. イ　(2) 質問 1. エ　質問 2. ア　(3) イ→ウ→ア

◀全訳▶　(1) 場面 A.

女性：すみません。このあたりに花屋はありますか？

男性：はい。向こうにあるあの小さな店が見えますか？

女性：ああ，駅と病院の間にある建物ですか？

男性：はい。それは新しくて，たくさんの種類の花を売っています。

質問：女性はどこへ行きたいと思っていますか？

場面 B.

男性：おまえはまた自転車の鍵を探しているのかい，ケイト？

女性：いいえ。私はマンガ本を見つけることができないの。私はそれをかばんの中に入れたと思うの。

男性：おまえはそれを読んだあと，昨夜ソファーの上に置いたよ。

女性：ああ，今思い出した！　ありがとう，お父さん。

質問：ケイトは何を探していますか？

(2)

質問 1. あなたは元気そうに見えません。どうかしたのですか？

ア. それはいいですね。　イ. 私の母は元気です。　ウ. 何てすてきなのでしょう！

エ. 私は頭痛がします。

質問 2. あなたのペンを借りてもいいですか？

ア. いいですよ。　イ. はい，私はできます。　ウ. その通りです。　エ. どういたしまして。

(3) 最初のピクトグラムを見てください。一人の人と箱のようなものが見えます。これは，みなさんがそこで切符を買うことができることを示しています。次に，もしこのピクトグラムを見るなら，みなさんはその場所からすばらしい景色を楽しむことができます。最後のピクトグラムでは，二人の人が座っています。これは，みなさんがそこで休んだりだれかを待ったりすることができることを意味します。今度，みなさんが旅行をするとき，これらのピクトグラムを見つけようとしてください。聞いていただきありがとうございます。

2 【解き方】ALT の先生は英語クラブの特別な週について紹介し，「たくさんの人が来てくれればいいなと思っています」と話している。

【答】ウ

◀全訳▶　こんにちは，みなさん。英語クラブは 12 月 6 日から 10 日まで特別な週にする予定です。私たちはみなさんに英語でのクリスマスカードの書き方を教える計画を立てています。みなさんが使うことができるペンと紙がありますので，時間があるときに英語ルームに来てください。私たちは英語の歌も聞きます。今年，みなさんの友達や家族にクリスマスカードを送ってはどうですか？　私たちはたくさんの人が来てくれればいいなと思っています。ありがとうございます。

3 【解き方】ふだん放課後にすることを書く。「私はたいてい友達といっしょに～を練習する」,「私はたいてい家で本を読む」などの文が考えられる。

【答】(例) I usually practice badminton with my friends.

◀全訳▶　私はほぼ毎日学校から家へまっすぐ帰り，私の犬を散歩させます。あなたはふだん放課後に何をしますか？

4 【解き方】(1)(a)「私の妹はカレーライスがとても好きだが，私は好きではない」。「しかし」= but。(b)「ブラウン先生は自由な時間があるとき，よく自分の車を洗う」。「自由な時間がある」= have free time。

(2)(a) 今，辞書を使っているかと聞かれて返答をしたあと，「それを使ってもかまいません」と言っている→「いいえ，使っていません」。(b) A に「今日の午後に雨が降る」と言われて B が返答したあと，A は「家で映画を見ませんか？」と言っている→「私たちは計画を変えなければいけません」。(c) 次に A が「それはたくさんの人々を救った医師についての真実の物語です」と答えている→「それはどんな種類の本ですか？」。

(3)「もし私があなたなら，私は外国へ行くのに」。仮定法の文。If I were you, I would go abroad.となる。

【答】(1)(a) エ　(b) ア　(2)(a) ウ　(b) エ　(c) ウ　(3) ウ→エ→ア→イ

5 【解き方】(1) ① ティムの「彼らの色や形，動きは私にとってとても魅力的です」という言葉に対して，たろうは「私もそう思います」と言った。② ティムの「私はあなたの夢を応援します」という発言を受けて，たろうは「私は最善を尽くすつもりです」と言った。「最善を尽くす」= do one's best。

(2) ア.「ティムは子どもたちのために，おもしろい虫の絵を描くのが大好きだ」という記述はない。イ.「たろうはティムの写真の中に虫のエネルギーを感じるので，それらを気に入っている」。たろうの2つ目のせりふを見る。正しい。ウ. ティムの最後のせりふを見る。ティムはたろうに「もし質問があるのなら，私に教えてください」と言っている。エ.「たろうは多くの人々がティムの強いメッセージを受け取ることができればいいと思っている」という記述はない。

(3)「撮る対象を決めた理由」と「良い写真を撮る方法」については会話の中で尋ねている。「これまでに撮った写真の数」について尋ねる場合,「あなたはどれくらいの写真を撮りましたか？」などの質問文が考えられる。

【答】(1) ① I think so　② I will do　(2) イ　(3) (例) How many pictures have you taken?

◀全訳▶

たろう：今日は時間をとっていただいてありがとうございます。

ティム：どういたしまして。私はあなたが私の仕事に興味を持っていることを聞いてうれしいです。

たろう：そうなのです。私はあなたが撮った写真に本当に感動しました。あなたの写真は虫のエネルギーをよく表していました。

ティム：ああ，ありがとうございます。あなたは虫が好きですか，たろう？

たろう：はい，大好きです。あなたはなぜ小さな虫の写真を撮ることにしたのですか？

ティム：なぜなら，私はあなたのような子どもだったころからずっと虫が大好きなのです。彼らの色や形，動きは私にとってとても魅力的です。

たろう：私もそう思います。彼らはすごいです。あなたはそのようなすばらしい彼らの写真をどのようにして撮るのですか？

ティム：ええと，私は虫の近くでたくさんの時間を過ごし，良い写真を撮る機会を待ちます。

たろう：なるほど。実は，私は自分の写真を通して，より多くの人に虫に興味を持ってもらいたいので，あなたのような写真家になりたいのです。そして，私は彼らの環境を守りたいと思っています。

ティム：すごいですね！　写真はすべての人に強いメッセージを与えます。私はあなたの夢を応援しますよ，たろう。もし質問があるのなら，私に教えてください。

たろう：ありがとうございます。私は最善を尽くすつもりです。

6 【解き方】(1)「あなたはなぜだかわかりますか？」という意味の文。イに入れると，直前の「美術館について考えるメンバーにいろいろな人が選ばれた」ことの理由が，直後の「彼らのアイデアが美術館をすべての人にとって心地よいものにするために必要とされた」からであるとわかり，自然な流れになる。

(2) 最終段落に，「私たちはみんな違っているので，一緒に暮らすためにさまざまなアイデアを共有することができる」，「おのおのの生活をより心地よくするために，変えることができるたくさんのことがある」とあることから考える。アは「生活をより良くするアイデアを得るためにさまざまな人々と話すことは大切だ」という意味。

(3) 学校を訪れる人に心地よく思ってもらえるよう，学校を変えるために何ができるかを書く。解答例は「私は幼い子どもたちや外国人は難しい漢字を読むことができないと思います。だから，私たちは写真と簡単な日本語がついた学校の地図を作るべきです」。

【答】(1) イ　(2) ア

(3)（例）I think that small children and foreign people can't read difficult kanji. So, we should make our school map with pictures and easy Japanese.（24 語）

◀全訳▶　より良い生活を創造するために

昨日，私は私たちの町の美術館のオープニングセレモニーについての記事を見つけました。それを読んだとき，私はうれしく感じました。だからそれをみなさんと共有させてください。

私たちの町には新しい美術館を建てる計画がありました。そのとき，若者，高齢者，外国人，そして車椅子を使っている人たちが美術館について考えるメンバーとして選ばれました。なぜだかわかりますか？　彼らのアイデアが美術館をすべての人にとって心地よいものにするために必要だったのです。彼らのアイデアのいくつかが使われました。例えば，私たちはたくさんの言語で情報を得ることができます。さらに，いくつかの美術作品は子どもたちや車椅子を使っている人々のためにより低い位置に置かれています。そのため，新しい美術館はすべての人に親しみやすくなりました。この記事から，より良い生活を創造することについて，私は重要なことを学びました。

お互いのことを考えることは素晴らしいことです。私たちはみんな違っているので，一緒に暮らすためにさまざまなアイデアを共有することができます。まわりを見てください。おのおのの生活をより心地よくするために，私たちが変えることができるたくさんのことがあります。

7 【解き方】(1)(a)「たくみはバスに乗ろうとしていたとき，アダムに話しかけ始めましたか？」。第 1 段落を見る。アダムがたくみに話しかけたので No で答える。(b)「ツアーの間に新しいものを見たとき，アダムは何をしましたか？」。第 3 段落の 1 文目に「アダムがツアーの間に何か新しいことを発見すると，彼は私にたくさんの質問をした」とある。

(2) たくみの質問に対して，アダムは徳島の良いところを話しているので，「あなたは徳島が好きですか？」などの文が考えられる。

(3) 直後でアダムが(マレーシアの)有名な島や人気の料理などについて話していることから，「彼はマレーシアについての『たくさんの』情報を持っていた」とする。「たくさんの」= a lot of。

(4) たくみが驚いた理由は何か？→第 4 段落を見る。「アダムが日本語で地元の人々と意思を伝え合おうと努めたから」。

(5)(a)「コミュニケーションをより興味深くするために，私は『いろいろなことを知る』べきだ」。(b)「次に，私は間違うことについて心配することを『やめる』べきだ」。「～することをやめる」= stop ～ing。

(6) ア．第 1 段落の 2 文目を見る。2 月のスタディツアーは高校生のために計画されたものである。イ．「アダムは 3 月に徳島を出発する前に，もっと多くの友達をつくりたいと思っていた」。第 2 段落の中ごろを見る。正しい。ウ．第 3 段落の後半を見る。たくみは「私は彼の国（マレーシア）についてほとんど何も知らなかった」と話している。エ．第 4 段落の前半を見る。地元の人々はアダムと話すときに日本語と英語，そしてジェスチャーを使った。オ.「アダムのおかげで，たくみは外国語を学ぶことについてのいくつかのヒントを得た」。第4段落の後半を見る。正しい。カ．最終段落の最終文を見る。たくみは「いろいろな国の人々と友情を築きたい」と思っている。

【答】 (1) (a) No, he didn't. (b) He asked Takumi many questions. (2) (例) Do you like Tokushima? (3) a lot of (4) エ (5) ⓐ ウ ⓑ stop (6) イ・オ

◀全訳▶ 2月のある日，私はあるスタディツアーに参加しました。それは高校生が徳島のさまざまな場所を訪ねて，その文化について学ぶために計画されました。私がバスに乗ろうとしたとき，一人の少年が私のところへ来ました。彼は私にほほえみかけて，「おはようございます。このバスはスタディツアーのためのものですか？」と英語で言いました。私は「そうです」と言って，彼と一緒にバスに乗りました。私たちはすぐに友達になり，一緒にそのツアーを楽しみました。

彼の名前はアダムでした。彼は徳島の高校で勉強をしているマレーシア出身の生徒でした。私は興味を持ち，彼のことを知りたいと思いました。だから私はアダムに，「あなたはなぜこのツアーに参加したのですか？」と尋ねました。彼は「徳島についてもっと多くのことを発見して，来月，帰国する前により多くの友達をつくりたかったからです」と言いました。そのあと，私は「(あなたは徳島が好きですか？)」と尋ねました。彼は「はい，もちろんです！　ここの人たちは親切で親しみやすいです。魚と野菜は新鮮でおいしいです。美しい山と川があります。徳島はすばらしいです！」と答えました。私はそれを聞いてとても喜びましたが，彼が私よりも徳島の良いところをたくさん知っていたので驚きもしました。

アダムがツアーの間に何か新しいことを発見すると，彼は私にたくさんの質問をしました。私は「かずら橋」が「a vine bridge」，「藍染め」が「indigo dye」，あるいは「Naruto sweet potatoes」のような，いくつかの場所や伝統的なもの，あるいは食べ物の英語での言い方を知っていましたが，それらをうまく説明できませんでした。それは私が徳島についてあまり知らないからでした。しかしながら，アダムは違っていました。彼はマレーシアについてのたくさんの情報を持っていました。例えば，彼は有名な島，人気のある料理，私たちがそこで楽しむことができるわくわくする祭りについて話しました。私は彼の国についてほとんど何も知りませんでしたが，彼の話を聞くのはおもしろく，私はマレーシアをよく理解しました。私は徳島と私のまわりにあるいろいろなことについてもっと学ぶべきであることがわかりました。もし私が十分な情報を持っているなら，コミュニケーションはもっと興味深くなるのでしょう。

それぞれの場所でアダムが地元の人たちと話すとき，彼が日本語を使っていたので私はさらに驚きました。彼の日本語は完璧ではありませんでしたが，彼は間違うことを決して恐れませんでした。アダムと地元の人たちの両方が，日本語と英語だけではなくジェスチャーを使うことによって，お互いに意思を伝えることを楽しみました。私はアダムに，「あなたはどうしたらそのように人々と話すことができるのですか？　時々，私は間違えたくはないので，英語を話すのをやめます」と尋ねました。彼は「あなたが外国語を学んでいるとき，間違うことは大丈夫です。その言語を使うことがより大切だと私は思います。人々に話しかけることは，言語を上達させる特に良い方法です。もしあなたが懸命に人々に意思を伝えようと努めるなら，彼らもまたあなたを理解しようと努め，あなたは彼らと友達になることができます」と答えました。アダムと会ってから，私はずっと間違うことについて心配せずに英語をもっと使うように努めています。私は外国語が，世界のより多くの人々と意思を伝えあい，彼らをより理解する助けになりうると信じています。

アダムの夢は日本とマレーシアの間の懸け橋になることです。私はそれがとてもかっこいいと思います。だから，私は将来，いろいろな国の人々と友情を築くために，彼のようにより積極的になりたいと思っています。

社　会

1 **【解き方】**(1) アは聖徳太子（厩戸皇子）が摂政として仕えた天皇。ウはイの弟で，大海人皇子のこと。

(2) 聖武天皇が出した法令。公地公民制がくずれるきっかけとなった。

(3) 藤原頼通が京都の宇治に建てたもの。

(4) アは国ごとにおかれ，軍事と警察の役割を担った。ウは承久の乱の後に置かれた役職で，朝廷の監視や京都・西国の警備にあたった。エは鎌倉幕府内の役職で，御家人の統率を行った。

(6) イは運送業者。ウは運送・倉庫業者。エは江戸幕府がつくらせた組織で，農家などを五戸一組にまとめ，年貢の支払いや犯罪の取り締まりに連帯責任を負わせた。

(7)「海外へ渡ることを許可する書状」を朱印状といった。

【答】(1) イ　(2) 墾田永年私財(法)　(3) ウ　(4) イ　(5) 借金の帳消し（同意可）　(6) ア　(7) 朱印船(貿易)

2 **【解き方】**(1) アは1918年，イは1869年，ウは1825年のできごと。

(2) 資料Ⅰは大日本沿海輿《よ》地全図の一部。

(3) 日清戦争をさかいにして，日本では軽工業分野における産業革命が進展した。

(4) 下線部③は1919年のできごと。ウは1914年に起きた第一次世界大戦のきっかけとなった事件。アは1929年，イは1921年，エは1939年のできごと。

【答】(1) ア．C　イ．B　ウ．A　(2) 伊能忠敬

(3) 綿糸の原料である綿花を輸入し，紡績工場で綿糸を大量に生産するようになった（同意可）　(4) ウ

(5) サンフランシスコ平和条約

3 **【解き方】**(1) ① アは寒流，イは暖流。② 原因は，自動車の排ガスやエアコンの排熱のほか，建物や道路が熱をため込みやすいコンクリートやアスファルトでおおわれていることなど。

(2) 中京工業地帯は自動車生産をはじめとした重化学工業がさかん。

(3) イは京都府，ウは福島県，エは山形県の伝統的工芸品。

(4) マグマの熱を利用した発電方法。「日本最大級の発電所」とは八丁原《はっちょうばる》発電所のこと。

(5) 福岡県の位置が韓国に近いことに注目。

【答】(1) ① イ　② ヒートアイランド　(2) エ　(3) ア　(4) 地熱(発電)

(5)（記号）イ　（理由）韓国の割合が最も高いから。（同意可）

4 **【解き方】**(1) 東経135度の日本と，西経120度のロサンゼルスとの経度差は255度。経度差15度で1時間の時差が生じるので，255 ÷ 15から時差は17時間とわかる。本初子午線をはさんで東に位置する日本の方が時間は進んでいるので，ロサンゼルス時間の午後4時に17時間を足す。

(2) 途上国では，労働力を得るために子どもを多く産む傾向がある。また，医療が未発達の国もあり，死亡率も日本よりは高い。

(3) aはケープタウンで，地中海性気候に属する。

(5) う国はニュージーランド。羊の飼育がさかんであるが，表中ウの中国よりは飼育頭数が少ない。

【答】(1) 12(月)3(日)午前9(時)　(2) ① ア　② イ　(3) a　(4) スコール　(5) エ

5 **【解き方】**(2) 政権を担当する政党は与党という。

(3) 一般に都市部よりも地方のほうが一票の価値が重くなっている。このことは，憲法の定める法の下の平等に反すると考えられている。

(4) (a) 価格は，需要が供給を上回ると上昇し，需要が供給を下回ると下落する。好況時は消費者の需要が拡大する傾向にある。(b) 日本銀行は，好況のときは売りオペレーション（売りオペ）を行い，市場の通貨量を減らそうとする。不況のときはその逆で買いオペレーション（買いオペ）を行い，市場の通貨量を増やそうとする。

(5) 安全保障理事会の常任理事国は，第二次世界大戦の戦勝国で構成されている。

【答】 (1) イ　(2) 野党

(3) 小選挙区制では，１名しか当選しないため，選挙区Ａと選挙区Ｂの間には，約２倍をこえる一票の格差が生じるという問題点がある。(同意可)

(4) (a) ① ア　② ア　(b) エ　(5) ア

6 **【解き方】** (1) 四国山地が夏の季節風を，中国山地が冬の季節風をさえぎっている。

(2) ⓐ「座」は商工業者による同業者組合のこと。ⓑ「連歌」は和歌の上の句と下の句を複数の人々で詠みつなぐもの。

(3) 使い道が特定されていることに注目。地方交付税交付金は使い道が指定されていない。

(4) (b)「リサイクル」を選んだ場合は，再生プラスチックを使った製品を選んで購入する，「リデュース」を選んだ場合は，プラスチック製のレジ袋を使わず，持参したマイバッグを使用する，などの解答も可。

(5) (b) 衆議院は参議院よりも任期が短く，解散もあるため，主権者である国民の民意が反映されやすいとして，「衆議院の優越」がいくつかの項目で認められている。

【答】 (1) 四国山地と中国山地にはさまれた瀬戸内は，夏と冬の季節風が山地にさえぎられるから。(同意可)

(2) ⓐ ア　ⓑ イ　(3) 国庫支出金

(4) (a) 日本の海岸に漂着したごみは，プラスチックが多く，プラスチックは自然分解されるまでに長い期間が必要である（同意可）(b)（例）① リユース　② シャンプーなどの中身をつめ替えて，プラスチック製の容器を繰り返し使う。

(5) (a) 男女共同参画社会基本(法)　(b) ウ

理　科

1 **【解き方】**(1)(b) アはプランクトン，イは動物，ウは細菌などを食べる。

(3)(b) エタノールの沸点は78℃，水の沸点は100℃。

【答】(1)(a) 分解　(b) エ　(2)(a) ① イ　② ア　(b) 偏西風　(3)(a) 蒸留　(b) イ

(4)(a) 対流　(b) 密度が小さくなるから。(同意可)

2 **【解き方】**(2) 表より，3回の平均値は1.35秒なので，$\frac{1.35\,(\mathrm{s})}{5\,(\text{人})} = 0.27\,(\mathrm{s})$

(3) 図2より，意識して起こす反応は，脳が刺激を受け取って命令の信号を出すので，伝わる順は，左手→脊髄→脳→脊髄→右手となる。

(4) ア・イは意識して起こす反応，ウは条件反射。

【答】(1) 運動神経　(2) 0.27(秒)　(3) XYWYZ　(4) エ

(5) あ．短い　い．感覚神経を経て脊髄に伝えられると，脊髄から直接，命令の信号が出される(それぞれ同意可)

3 **【解き方】**(2) 塩化銅水溶液を電気分解すると，陽極から気体の塩素が発生し，陰極には固体の銅が付着する。

(3) 図より，電極Xは電源装置の＋極とつながっているので陽極。陽極では陰イオンである塩化物イオンが引きつけられる。

(5) 10％の塩化銅水溶液100gの溶質の質量は，$100\,(\mathrm{g}) \times \frac{10}{100} = 10\,(\mathrm{g})$　電極Yに銅が1.0g付着していたので，電気分解された塩化銅の質量は，$1.0\,(\mathrm{g}) \times \frac{10 + 11}{10} = 2.1\,(\mathrm{g})$　よって，電流を流した後の水溶液の質量は，$100\,(\mathrm{g}) - 2.1\,(\mathrm{g}) = 97.9\,(\mathrm{g})$　溶質の質量は，$10\,(\mathrm{g}) - 2.1\,(\mathrm{g}) = 7.9\,(\mathrm{g})$　質量パーセント濃度は，$\frac{7.9\,(\mathrm{g})}{97.9\,(\mathrm{g})} \times 100 \fallingdotseq 8.1\,(\%)$

【答】(1) ウ　(2) (気体A) Cl_2　(固体B) Cu　(3) ア　(4) 色のもとになる銅イオンが減ったから。(同意可)

(5) 8.1(％)

4 **【解き方】**(1) スクリーンに映った像は実像で，物体と上下左右が反対に映る。

(3) 表より，距離Aと距離Bが等しいとき，物体と同じ大きさの像がスクリーンに映る。

(4) 物体の先端から凸レンズの中心に進んだ光は，そのまま直進するので，右図のようにその光とスクリーンとの交点が像の先端となる。また，物体の先端から凸レンズの右側の焦点を通過した光は，凸レンズで屈折して光軸と平行に進み，像の先端に集まる。よって，焦点は凸レンズから4目盛りの位置にあるので，左右4目盛りの位置に焦点を作図する。

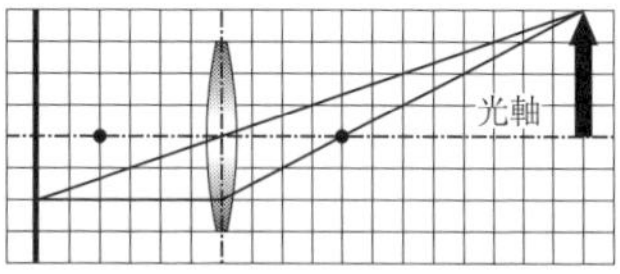

(5) 図3より，物体と対物レンズによる像は逆向きなので，対物レンズによる像は実像。したがって，物体は対物レンズの焦点よりも外側にある。望遠鏡で見る像と対物レンズによる像は同じ向きなので，望遠鏡で見る像は虚像。よって，対物レンズによる像は接眼レンズの焦点よりも内側にある。

【答】(1) ウ　(2) 屈折　(3) イ　(4) (前図)　(5) ① ア　② イ

5 **【解き方】**(1) 恐竜の歯の化石は，中生代の示準化石。イは古生代，ウ・エは新生代の示準化石。

(3) 凝灰岩は，主に火山灰が堆積してできる。

(6) 図2より各地点での凝灰岩の地層の下端の標高を求める。A地点の標高は265m，凝灰岩の地層の下端の道路面からの高さは1mなので，$265\,(\mathrm{m}) + 1\,(\mathrm{m}) = 266\,(\mathrm{m})$　B地点の標高は273m，凝灰岩の地層の下端の道路面からの高さは3mなので，$273\,(\mathrm{m}) + 3\,(\mathrm{m}) = 276\,(\mathrm{m})$　C地点の標高は274m，凝灰岩の地層の下端の道路面からの高さは 2 m なので，274 (m) + 2 (m) = 276 (m)　図 1 より，B 地点と C 地点の凝灰岩の地層の下端の標高は等しいので，この地域の地層は南北方向には傾いていない。よって，D 地点の凝灰岩の地層の下端の標高は A 地点と同じ 266m。D 地点の標高は 275m なので，凝灰岩の地層の下端までの道路面からの深さは，275 (m) − 266 (m) = 9 (m)

【答】 (1) ア　(2) 示相化石　(3) 火山の噴火

(4) うすい塩酸をかけると二酸化炭素が発生する。(同意可)

(5) い．深くなった　う．岸に近く浅いところにれきが，岸から離れた深いところに泥が堆積しやすい（それぞれ同意可）

(6) (右図)

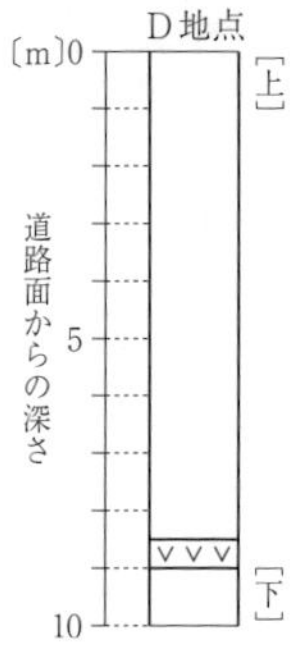

国　語

1 【解き方】(3) 行書の場合，糸へんの四～六画目は，左から右へ点を打つように書く。

(4) 直後に体言がきて，連体修飾語になる。アは，連体詞「この」の一部。イは，続く「もの」が省略されており，所有を表す。ウは，「が」に置き換えることができ，主格を表す。

【答】(1)(a) と(ぎ)　(b) ほたる　(c) きんせん　(d) きてき　(2)(a) 幕　(b) 織(り)　(c) 縮尺　(d) 俳優　(3) イ　(4) エ

2 【解き方】(1) 直後で，「そいつは北極星みたいに位置を変えず，いつもそこにいて…支えになる，そんな友だち」と思い浮かべていることに着目する。

(2)「夜空に，こうこうと輝く星」が「国際宇宙ステーション」だとすばるに教えられて，「えっ」と声をあげている。また，息をのんだ直後の駿馬の「すげぇ…人工の天体だって？」という言葉にも着目する。

(3) ⓐ すばるは国際宇宙ステーションについて，「ISS はずっとあそこを回ってる…打ちあげた人たちの夢は死なないよ」と語っている。ⓑ すばるは「いま人類が滅んでも，ISS はずっとあそこを回ってる」と言い，国際宇宙ステーションが廃棄されたとしても「打ちあげた人たちの夢は死なない」と考えているので，いつまでも無くならないことを表す語を入れる。

(4) 本文は二人の会話を中心に進んでおり，「おれ，おまえとそんな友だちになりてぇなあ」や「おれもそんな夢の一部になりたいんだ」とそれぞれに素直な言葉で自身の思いを語っている。また，主に駿馬の視点で描かれており，すばるの夢を聞いた駿馬の「もう一度走ってみたい」という思いが描写されている。

【答】(1) そこにいてくれるだけで心の支えになる(ような存在)

(2) 輝く星が人工の天体であることを知って驚いている(様子)　(23 字)　(同意可)

(3) ⓐ 人間の夢を見る力　(同意可)　ⓑ 永遠　(同意可)　(4) イ

3 【解き方】(1) A. 筆者は「好きなものを何となく描いた」時に，「自分の本心を無意識に吐露している場合」もあると述べている。そして描いた絵を一歩引いて見て，「分析をしていくと…ことができる」と説明している。B.「絵はいわば…忘れていたことも，そこには映し出されているのかもしれません」と述べていることに着目する。

(2)「『いま描いている作品の中にすでに答えがある』とありますが，どういうことだと思いますか」に対して「絵の中に自分らしさを見つけることができるということ」という答えを提示した上で，「例えば…」と補足している。また，「体験を通して感じたことを再現することが表現である」ことに対して，まひるさんは「私の表現方法は詩を創ることなんです」と自身の創作方法についてくわしく語っている。

(3) 自分が詩を創る過程について，まひるさんはまず「心が震えるような感動を覚え」，「その情景を詩にしたい」と考え，「夏の雨上がり…その瞬間に出会えた喜び」を友達と分かち合う詩にしたいと「夢中」で創っている。そして，「何度も言葉を練り直し」て仕上げ，後から「何度もその詩を読み返してみる」ことで，「素直な自分に出会えた」ように感じている。

(4) ⓐ「無意識ということ…眠っている」と述べている。ⓑ 人間が「日常生活の中で無意識のうちに感じとる」ものは，「頭の中で象徴化され…成長していく」ため，「それは…としたもの」という状態になっていると述べている。ⓒ「絵を描くということは…自分の良さを磨いていくこと」「描いていくうちにさらに夢中になっていく…そうやって自力で壁を乗り越えていくのです」と，絵を描くという表現方法の意味を説明している。

【答】(1) A. よく見ることで気づかなかった自分を知る　(19 字)　(同意可)　B. 心の鏡　(2) ウ　(3) ア

(4) ⓐ 意識や経験をはるかに超えた情報　ⓑ 極めて漠然とした　ⓒ 自分の良さを磨き自分を広げ壁を乗り越える　(20 字)　(同意可)

4 【解き方】(1) 四句で構成されている詩。

(2)「一・二点」は，「一」のついている字から「二」のついている字へと戻って読む。

(3)(a) 口語訳の「日は暮れて」に着目し，漢詩の中から同意の語を探す。(b) 直後で，変化した内容について「天は樹に低れ」を挙げていることから判断する。(c) 最後の句「江清くして月は人に近し」は，口語訳では「川は澄み切って月はわが近くにある」の部分にあたる。「川」を眺めつつ，月のことを言っている様子から考える。(d) 筆者は日暮れを見て「旅の愁い」がわきあがっているが，最後には「月はわが近くにある」と感じている。

【答】 (1) 絶句　(2) えんしよにとまる　(3) (a) 日暮　(b) 第三句　(c) 川の水面に映った月（同意可）　(d) ウ

5 **【解き方】** 話し合いの中で，たまきさんの「ある高校のアピール動画」についての「学校のいろいろな場所が映し出されていました」「この高校には，どのようなコースがあり…将来についても考えることができるような内容でした」という説明を聞いて，しおりさんは「だれに，何をアピールしたいのかを明らかにしておくことは大切」と述べている。この点に着目して「動画の完成イメージ」を考える。

【答】（例）（タイトル）ふるさとを思い，ふるさとに生きる

悠久の自然。豊かな幸。そこに誇り高く生きる人々。そんなふるさとをアピールしたい。伝えたい相手は，同世代の人たちである。映像を観て，私たちのふるさとに興味をもち，将来，観光や仕事で訪れてほしいからである。

上空から急降下し，風景や食べ物，人々を映し出していくイメージである。迫力の滝や新緑の山々。海や山の幸。歴史を語る寺や，町並み。熱気に満ちた夏祭り。田植えや漁をする人々。さりげない日々の風景は，そこに人がいて確かに息づく。そして笑顔を次々と映し出しながら，映像を締めくくる。観る側に，魅力あふれるふるさとをアピールしたい。（十三行）

徳島県公立高等学校
（一般選抜）

2021年度
入学試験問題

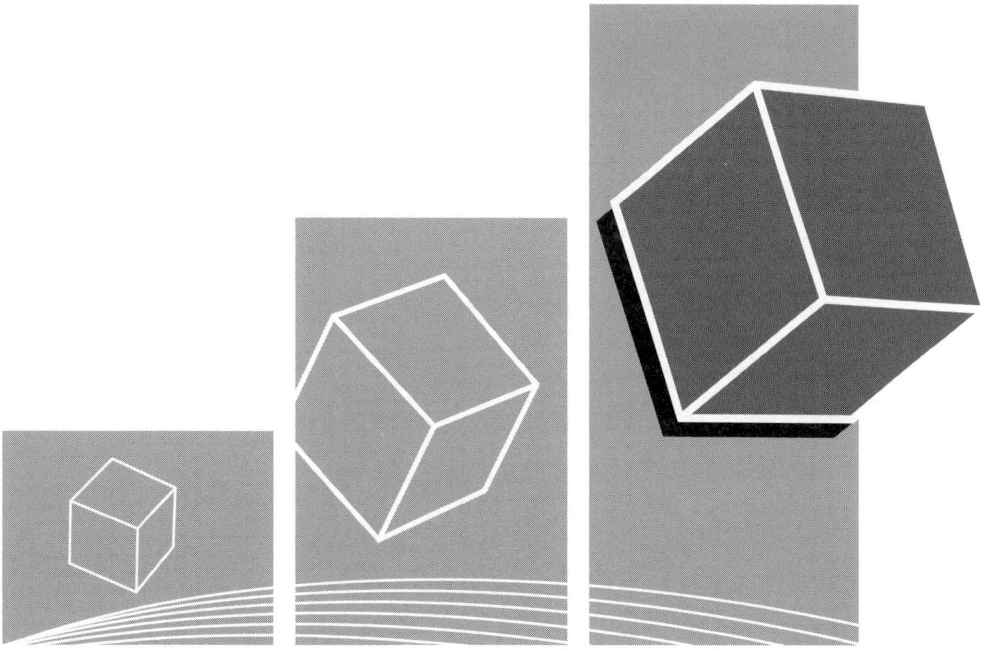

数学

時間　45分　　　　満点　100点

(注)　答えに無理数が含まれるときは，無理数のままで示しなさい。

1　次の(1)～(10)に答えなさい。

(1)　$12 \div (-4)$ を計算しなさい。(　　　)

(2)　$\sqrt{3} \times \sqrt{8}$ を計算しなさい。(　　　)

(3)　$(x-4)(x-5)$ を展開しなさい。(　　　)

(4)　二次方程式 $x^2 - 5x + 3 = 0$ を解きなさい。(　　　)

(5)　ジョーカーを除く1組52枚のトランプをよくきって，そこから1枚をひくとき，1けたの偶数の札をひく確率を求めなさい。ただし，トランプのどの札をひくことも，同様に確からしいものとする。(　　　)

(6)　右の表は，ある中学校の生徒30人が1か月に読んだ本の冊数を調べて，度数分布表に整理したものである。ただし，一部が汚れて度数が見えなくなっている。この度数分布表について，3冊以上6冊未満の階級の相対度数を求めなさい。(　　　)

読んだ本の冊数

階級(冊)	度数(人)
0以上～3未満	7
3～6	
6～9	5
9～12	3
12～15	2
15～18	1
計	30

(7)　右の図のように，五角形ABCDEがあり，$\angle BCD = 105°$，$\angle CDE = 110°$ である。また，頂点A，Eにおける外角の大きさがそれぞれ70°，80°であるとき，$\angle ABC$ の大きさを求めなさい。(　　　)

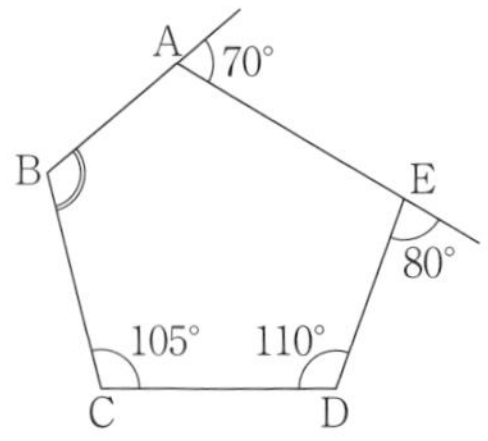

(8)　一次関数 $y = \frac{5}{2}x + a$ のグラフは，点(4, 3)を通る。このグラフと y 軸との交点の座標を求めなさい。(　　　)

(9)　右の図は，正四角錐の投影図である。この正四角錐の体積を求めなさい。

(　　　cm^3)

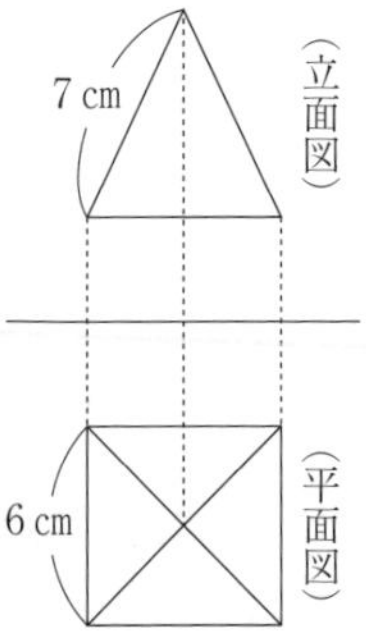

(10)　$\frac{336}{n}$ の値が，ある自然数の2乗となるような自然数 n のうち，最も小さいものを求めなさい。

(　　　)

2 中学生のみきさんたちは，職場体験活動を行った。みきさんは，ゆうさんと一緒にスーパーマーケットで活動することになり，野菜売り場の特設コーナーで袋詰め作業や販売の手伝いをした。その日，特設コーナーでは，玉ねぎ3個を1袋に入れて190円，じゃがいも6個を1袋に入れて245円で販売した。次は，活動後の2人の会話の一部である。(1)・(2)に答えなさい。ただし，消費税は考えないものとする。

> みきさん　今日，特設コーナーでは，玉ねぎとじゃがいもが合わせて91袋売れ，その売上金額の合計は19380円だった，と店長さんが言っていましたね。
> ゆうさん　はい。91袋売れたということですが，玉ねぎとじゃがいもは，それぞれ何個売れたのでしょうか。
> みきさん　数量の関係から連立方程式をつくって求めてみましょう。

(1) 玉ねぎとじゃがいもが，それぞれ何個売れたかを求めるために，みきさんとゆうさんは，それぞれ次のように考えた。【みきさんの考え方】の ア ・ イ ，【ゆうさんの考え方】の ウ ・ エ にあてはまる式を，それぞれ書きなさい。

ア(　　　)　イ(　　　)　ウ(　　　)　エ(　　　)

【みきさんの考え方】

> 玉ねぎ3個を入れた袋が x 袋，じゃがいも6個を入れた袋が y 袋売れたとして，連立方程式をつくると，
>
> $$\begin{cases} \boxed{\text{ア}} = 91 \\ \boxed{\text{イ}} = 19380 \end{cases}$$
>
> これを解いて，問題にあっているかどうかを考え，その解から，玉ねぎとじゃがいもが，それぞれ何個売れたかを求める。

【ゆうさんの考え方】

> 玉ねぎが x 個，じゃがいもが y 個売れたとして，連立方程式をつくると，
>
> $$\begin{cases} \boxed{\text{ウ}} = 91 \\ \boxed{\text{エ}} = 19380 \end{cases}$$
>
> これを解いて，問題にあっているかどうかを考え，玉ねぎとじゃがいもが，それぞれ何個売れたかを求める。

(2) 玉ねぎとじゃがいもは，それぞれ何個売れたか，求めなさい。

玉ねぎ(　　　個)　じゃがいも(　　　個)

3　あゆみさんの中学校では，体育祭で学年ごとにクラス対抗の応援合戦が行われる。(1)・(2)に答えなさい。

(1)　3年生の応援合戦は，A組，B組，C組，D組の4クラスが1クラスずつ順に行う。応援合戦を行う順序のうち，A組がB組より先になるような場合は何通りあるか，求めなさい。

(　　　通り)

(2)　あゆみさんのクラスでは，図1のように，おうぎ形に切った厚紙を応援合戦で使うことにした。これは，図2のように，半径24cm，中心角120°のおうぎ形OABの厚紙に，おうぎ形OABから半径12cm，中心角120°のおうぎ形OCDを取り除いた図形ABDCを色画用紙で作って貼ったものである。(a)・(b)に答えなさい。

図1

(a)　あゆみさんたちは，図2の$\overset{\frown}{AB}$に沿って飾りをつけることにした。$\overset{\frown}{AB}$の長さは何cmか，求めなさい。ただし，円周率はπとする。

(　　　cm)

図2

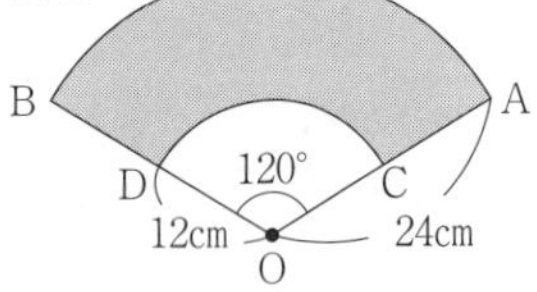

(b)　あゆみさんたちは，図形ABDCをぴったり切り抜くことができる長方形の大きさを調べてみることにした。図3のように，図形ABDCの$\overset{\frown}{AB}$が辺EHに接し，点Aが辺HG上，点Bが辺EF上，2点C，Dが辺FG上にそれぞれくるように，長方形EFGHをかくとする。長方形EFGHのEF，FGの長さは，それぞれ何cmか，求めなさい。EF(　　　cm)　FG(　　　cm)

図3

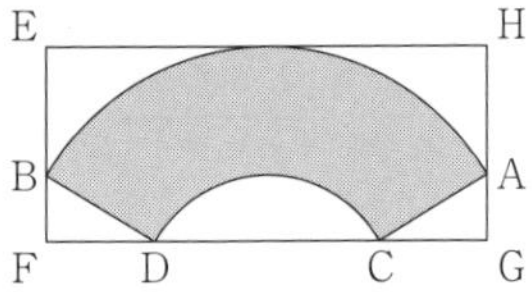

4　図1，図2のように，2つの関数 $y = \frac{1}{2}x^2$ と $y = x + 12$ のグラフが2点A，Bで交わっている。点Aの x 座標は－4，点Bの x 座標は6である。(1)・(2)に答えなさい。

(1)　図1について，(a)・(b)に答えなさい。

(a)　点Aの y 座標を求めなさい。（　　　）

(b)　関数 $y = x + 12$ のグラフと x 軸について線対称となるグラフの式を求めなさい。（　　　）

図1

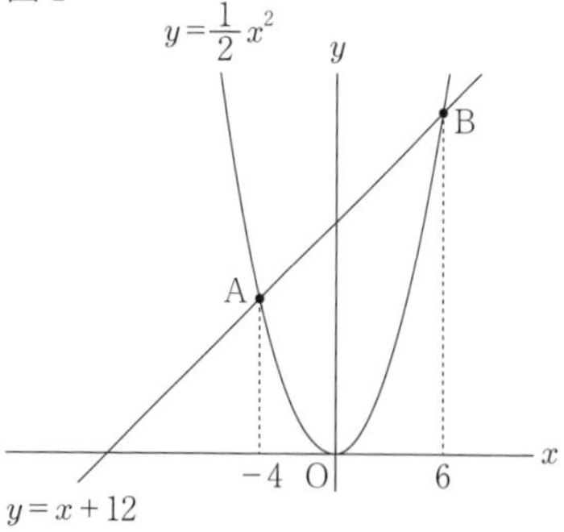

(2)　図2のように，関数 $y = \frac{1}{2}x^2$ のグラフ上を点Aから点Bまで動く点Pをとり，点Pから x 軸に平行な直線をひき，関数 $y = x + 12$ のグラフとの交点をQとする。また，点P，Qから x 軸へ垂線をひき，x 軸との交点をそれぞれR，Sとする。(a)・(b)に答えなさい。

(a)　点Pの x 座標が2のとき，原点を通り，長方形PQSRの面積を2等分する直線の式を求めなさい。（　　　）

(b)　長方形PQSRが正方形になるときのPRの長さをすべて求めなさい。（　　　）

図2

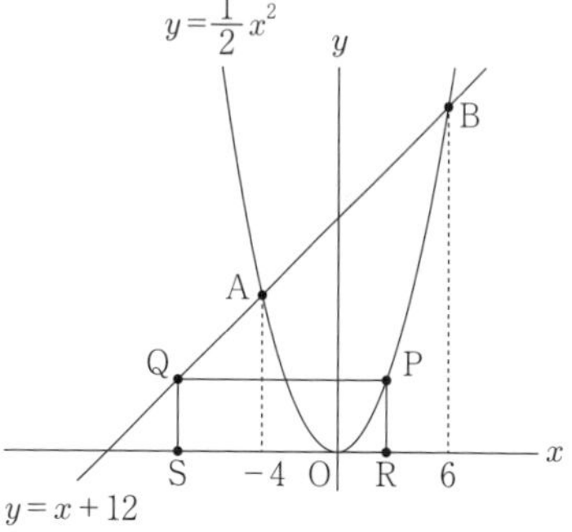

5　右の図のように，AB = 2 cm，AD = 4 cm の長方形ABCDがある。線分BCを延長した直線上に，∠BDE = 90°となるように点Eをとり，2点D，Eを結ぶ。線分AEと線分BDとの交点をF，線分AEと線分CDとの交点をGとするとき，(1)～(4)に答えなさい。

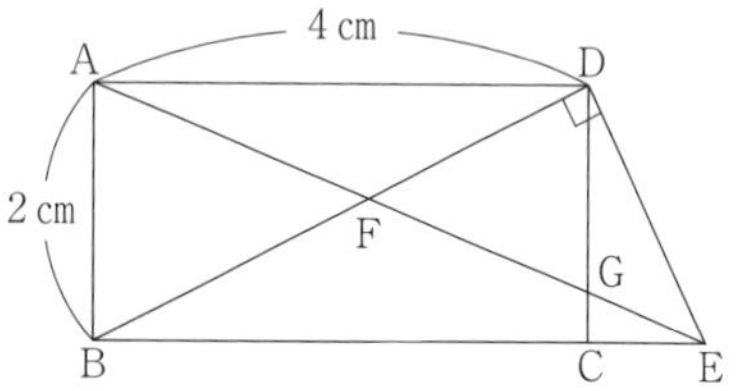

(1)　∠AFD = a°とする。∠DEGの大きさを a を用いて表しなさい。（　　　度）

(2)　△ABD ∽△DEB を証明しなさい。

（　　　　　　　　　　　　　　　　）

(3)　頂点Dから線分AEにひいた垂線と線分AEとの交点をHとする。線分DHの長さを求めなさい。（　　　cm）

(4)　四角形BCGFの面積を求めなさい。（　　　cm^2）

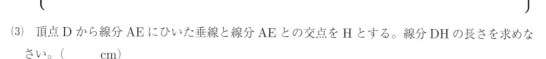

英語

時間　50分　　　　満点　100点

(編集部注)　放送問題の放送原稿は英語の末尾に掲載しています。

(注)　最初に，放送によるリスニングテストがあるので，その指示に従いなさい。

1　次の(1)〜(3)に答えなさい。

(1)　場面A・Bにおける対話を聞いて，それぞれの質問に対する答えとして最も適するものを，ア〜エから1つずつ選びなさい。場面A(　　　)　場面B(　　　)

場面A　ア　卵　　イ　オレンジ　　ウ　トマト　　エ　チーズ

場面B　ア　理科　　イ　数学　　ウ　国語　　エ　音楽

(2)　質問1・質問2のそれぞれにおいて，英語の短い質問とその後に読まれるア〜エを聞いて，質問に対する答えとして最も適するものを，ア〜エから1つずつ選びなさい。

質問1(　　　)　質問2(　　　)

(3)　次のグラフは，日本の高校生が海外へ留学したい理由を表したものである。あきこさんの英語の授業での発表を聞いて，留学したい理由のうち「海外で生活すること」にあたるものを，グラフのア〜エから1つ選びなさい。(　　　)

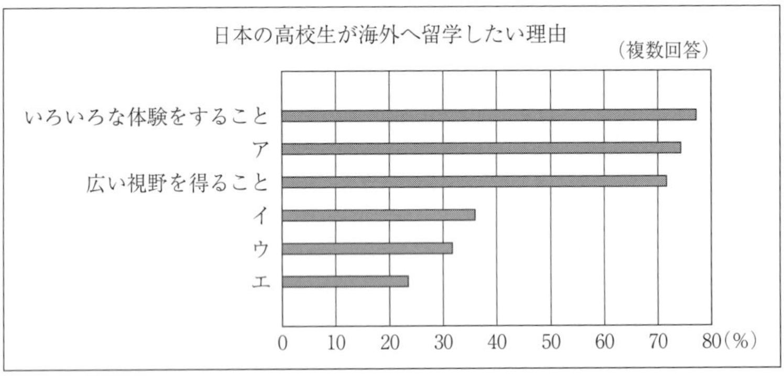

(国立青少年教育振興機構「高校生の留学に関する意識調査報告書」令和元年6月より作成)

2　次の英文は，ALTの先生による指示を聞いた後の，まさお(Masao)さんと留学生のリサ(Lisa)さんの対話の一部である。ALTの先生による指示を聞いて，[　　　]に最も適するものを，ア〜エから選びなさい。(　　　)

Masao:　What should I do when I have finished writing?

Lisa:　You should [　　　]

Masao:　OK, thank you.

ア　learn how to write an e-mail in class.

イ　write about what you're going to do this weekend.

ウ　ask him your questions about our homework.

エ　put it in the box on the desk in the classroom.

3　留学生のメアリーさんからの質問を聞いて，あなたの答えを英文１文で書きなさい。

(　　　　　　　　　　　　　　　　　　　　　　　　　　　　　　　　　　　　　　　)

4　次の(1)〜(3)に答えなさい。

(1)　次の英文(a)・(b)の意味が通るように，(　　)に最も適するものを，それぞれア〜エから１つずつ選びなさい。

(a)　In Japan, winter is usually from (　　　) to February.

ア　July　　イ　April　　ウ　December　　エ　September

(b)　My brother is a good chef, and he (　　　) at a famous restaurant.

ア　uses　　イ　works　　ウ　invites　　エ　writes

(2)　次の対話文(a)〜(c)を読んで，[　　] に最も適するものを，それぞれア〜エから１つずつ選びなさい。(a)(　　　)　(b)(　　　)　(c)(　　　)

(a)　*A:*　I like this singer. Do you know her name?

B:　[　　　　　]

A:　Her name is Takako. She is popular in Japan right now.

ア　Yes, I do.　　イ　Yes, she is.　　ウ　No, I don't.　　エ　No, she is not.

(b)　*A:*　Good morning, Atsushi. Oh, you look tired.

B:　Yes, my family visited my grandfather by car yesterday. He lives in Kyoto.

A:　By car? That's a long way! So, [　　　　　]

B:　11 p.m., so I didn't have much time to sleep.

ア　when did you get home?　　イ　what did you buy there?

ウ　what time did he leave home?　　エ　why did he live there?

(c)　*A:*　Excuse me. Do you need any help?

B:　Yes, please. I want to go to this park. Where am I on this map?

A:　Let's see. [　　　　　] It takes only five minutes from here.

ア　I don't know where it is.　　イ　I should go down this street.

ウ　You can ask anyone else.　　エ　We are near this temple.

(3)　次の対話が成り立つように，(　　)の中のア〜エを並べかえなさい。

(　　→　　→　　→　　)

A:　Wow! There are a lot of CDs in your room. Are they all yours?

B:　Yes, (ア　to　　イ　makes　　ウ　listening　　エ　music) me happy.

5　次の表は，市のタウンガイドに書かれている催し物の一部である。また，英文は，中学生のなみ（Nami）さんと，クラスメートのりょうた（Ryota）さんが，なみさんの家にホームステイをしている中学生のジュディ（Judy）さんと，このタウンガイドを見ながら交わしている会話の一部である。これを読んで，(1)～(3)に答えなさい。

～さくら町で古き良き日本の生活体験～

日　　時：8月7日（土）午前10時から
集合場所：さくら駅前
参 加 費：500円
内　　容：古民家訪問とそば打ち体験
＊昼食にはみなさんが作ったそばを召し上がっていただきます。

Nami: Look! This event held in Sakura Town in our city next Saturday looks interesting.

Judy: Really? What does it say?

Ryota: You can try making *soba*. Sakura Town is famous for it.

Judy: Oh, I've wanted to try some things that I can only experience in Japan during my homestay.

Nami: And ① [can] a traditional Japanese house.

Ryota: I've been there once with my parents. We enjoyed local dishes there.

Judy: It looks fun. Is there anything I should know?

Ryota: Well, you don't have to ② [lunch] . You can eat the *soba* you make. Also, you need 500 yen to join the event.

Judy: Great. Will you join me?

Ryota: I'd like to, but I can't. I have an important tennis game on August 7.

Nami: I can go with you. I want to learn some new and interesting things about our city.

Ryota: Please tell me about it when you come back.

Judy: Of course we will, Ryota.

（注）local　地元の

(1) 会話が成り立つように，① [can] には**2**語，② [lunch] には1語の英語を補って，正しい語順で英文を完成させなさい。①(　　　　　)　②(　　　　　)

(2) なみさん，りょうたさんとジュディさんの会話の内容と合うものをア～エから1つ選びなさい。
(　　　)

ア　Judy is interested in studying about Japanese art in Japan.
イ　The town is popular because people can enjoy tennis there.
ウ　Ryota already has a plan to go to the town to eat local dishes.
エ　Nami thinks she'll learn more about her city through this event.

(3) 表に書かれていることのうち，なみさん，りょうたさんとジュディさんの会話でふれられていない情報がいくつかあった。ふれられていない情報を1つ選び，あなたがジュディさんなら，その情報を知るために，なみさんに何と尋ねるか，英文1文で書きなさい。
(　　　　　　　　　　　　　　　　　　　　　　　　　　　　　　　　)

6　次の英文は，カナダに住む中学生のブライアンさんが，国際交流協会のウェブサイトに投稿した文章である。これを読んで，(1)〜(3)に答えなさい。

The Things I Learned at Camp

Last summer, I joined this international exchange program. This program gave me a chance to change myself. ［ア］

During this program, I planned parties and camps with people from other countries and of different ages. I was afraid of expressing myself, and I didn't know what to do. One older member told me, "Everyone has something special they can do. ［イ］ Why don't you try to find the thing that makes you special?" I like music, so I decided to play the guitar for everyone. At one of the camps, I played the guitar. Then everyone started singing. It was really amazing, and I was very glad to see their happy faces. ［ウ］ After the camp, we enjoyed talking about the things we like.

By showing everyone the things I like, I could express myself and talk with the others. I was able to change my world a little. I think you have something special too. Why don't you try to find it? ［エ］

(注)　camp(s)　キャンプ　　exchange　交流　　myself　私自身　　age(s)　年齢
express　〜を表現する

(1)　次の英文は，本文中から抜き出したものである。この英文を入れる最も適切なところを，本文中の［ア］〜［エ］から選びなさい。(　　　)

You will have a lot of fun experiences.

(2)　ブライアンさんが本文中で一番伝えたいことはどのようなことか，最も適するものを，ア〜エから選びなさい。(　　　)

ア　Don't be afraid of expressing yourself.
イ　Don't be afraid of meeting new people.
ウ　Let's try to make new friends.
エ　Let's try to play an instrument.

(3)　ウェブサイトの文章を読んで興味をもったあなたは，ブライアンさんのブログを見た。そこで，ブライアンさんの右のような質問を見つけたあなたは，返事を投稿することにした。2つの質問に対するあなたの答えを，**15語以上25語以内**の英語で書きなさい。ただし，数を書く場合は数字ではなく英語で書くこととし，文の数はいくつでもよい。また，符号は語数に含めない。

> Your friends from abroad will come to your town. What do you want to do with them? What do you want them to learn from the experience?

------ ------ ------ ------ ------ 5

------ ------ ------ ------ ------ 10

------ ------ ------ ------ ------ **15**

＿＿＿　＿＿＿　＿＿＿　＿＿＿　＿＿＿ 20

＿＿＿　＿＿＿　＿＿＿　＿＿＿　＿＿＿ 25

〈解答欄の書き方について〉

次の（例）に従って＿＿に１語ずつ記入すること。

（例）　Really ?　I'm　from　America,　too .

7 次の英文は，高校生のみえ（Mie）さんが，英語の授業で食品ロスをテーマに発表したものである。これを読んで，(1)～(6)に答えなさい。

When you eat something, can you eat all of it? What do you do when you aren't able to eat everything? Do you throw it away? Today I'd like to talk about the problem of food waste.

One day in summer, when I came back home from school, my grandmother was cooking something. "What are you doing, Grandmother?" I asked. She said, "Oh, Mie. I'm trying to make a dish from these vegetables. Yesterday we couldn't eat all of these vegetables for dinner. If we can use them to make another dish, we don't have to waste them." I said, "That's a lot of work. Throwing them away is [①] than that." She said, "Throwing them away is *mottainai*! We have to stop food waste."

"Food waste?" I learned about it in class, but I wasn't interested. My grandmother continued, "Japanese people throw away more than 6,000,000 tons of food that can still be eaten every year, but there are a lot of people who don't have enough food in Japan and around the world. We also waste a lot of energy and water to produce food." I asked, "I'm trying to be careful, but I sometimes buy too much food. [②]" She answered, "Oh, you can do a lot of things. Many people have already started doing something about this problem. For example, do you know about food banks? How about visiting one together?"

The next Sunday, my grandmother and I visited a food bank in our city. I asked the people there, "What are food banks doing about the problem of food waste?" A woman told me, "One of our goals is to stop food waste. We should not throw away food when there are people who don't have enough food. Also, burning the food we waste is bad for the Earth. If you give food you don't need to us, we will give it to other people. Then you don't have to throw it away." I asked her, "Are there any other ways to stop wasting food?" She answered, "Some volunteers visit restaurants in their cities and ask them to stop wasting food. Others hold cooking events in their towns to show people how to cook without wasting food. We have the same goals and are doing a lot of things."

I am now more interested in the problem of food waste. My grandmother and I make dishes from the parts of vegetables that we often throw away. Look at this poster. This shows how to make some dishes. I hope you'll make and enjoy them.

I'll tell you some things you can try when you buy and eat food. First, you can stop buying too much food. You should check how much food you have at home before going shopping. Second, you can stop cooking too much food. Third, you can try to learn how to make many kinds of dishes to enjoy food in different ways. You can start with easy things. Let's enjoy eating, and let's enjoy eating without wasting food.

（注） throw ～ away ～を捨てる　food waste 食品ロス　vegetable(s) 野菜
waste ～を無駄にする　ton(s) トン　food bank(s) フードバンク　burn ～を燃やす

poster　ポスター

(1)　次の(a)・(b)の問いに対する答えを，それぞれ3語以上の英文1文で書きなさい。ただし，符号は語数に含めない。

(a)　Did Mie become interested in food waste when she first learned about it?

(　　　　　　　　　　　　　　　　　　　　　　　　　　　　　　　　　)

(b)　What do the volunteers do when they hold cooking events in their towns?

(　　　　　　　　　　　　　　　　　　　　　　　　　　　　　　　　　)

(2)　本文の内容に合うように，[①]に最も適する1語の英語を書きなさい。(　　　)

(3)　みえさんとおばあさんの対話が，自然なやり取りになるように，[②]に4語以上の英語を入れて，質問文1文を完成させなさい。ただし，符号は語数に含めない。

(　　　　　　　　　　　　　　　　　　　　　　　　　　　　　　　　　)

(4)　本文の内容に合うように，次の英文の[　　]に最も適するものをア～エから選びなさい。

(　　　)

At the food bank, Mie found that people [　　] to stop food waste.

ア　were trying to produce food to cook and eat at home

イ　were visiting and talking to restaurants in their communities

ウ　wanted to learn how to sell the food that they did not eat at home

エ　wanted to burn the food that they did not eat in a better way

(5)　次の英文は，みえさんと留学生のダニエル（Daniel）さんの対話の一部である。対話が成り立つように，[ⓐ]には最も適するものをア～エから選び，[ⓑ]には最も適する3語の英語を本文中から抜き出して書きなさい。ⓐ(　　　)　ⓑ(　　　　　)

Daniel:　Your story was interesting. I'll try to make the dishes on your poster, and I want to learn [ⓐ].

Mie:　I'm very glad to hear that. I talked about this problem because I wanted more people to think about it and start doing something.

Daniel:　Right. If we want to have the power to change something in our communities, it's important to make friends who have [ⓑ] and work together.

Mie:　I think so, too. Thank you, Daniel.

ア　how to stop wasting food　　イ　where to throw away food

ウ　which food store to visit　　エ　what food to produce

(6)　本文の内容と合うものをア～カから2つ選びなさい。(　　　)(　　　)

ア　When Mie got home, her grandmother was cooking for people at food banks.

イ　Mie heard that a lot of food which was still good to eat was wasted in Japan.

ウ　A woman at the food bank was worried about the problem of energy and water.

エ　Mie's friends asked her to make a poster about the problem of food waste.

オ　Mie thought that students were too young to do anything good for the Earth.

カ　Knowing many different ways of cooking food is a way to stop food waste.

〈放送原稿〉

2021年度徳島県公立高等学校入学試験英語リスニングテストを行います。英文はすべて2回繰り返します。

1 次の(1)～(3)に答えなさい。

(1) 場面A・Bにおける対話を聞いて，それぞれの質問に対する答えとして最も適するものを，ア～エから1つずつ選びなさい。では，始めます。

場面A

M: I have tomatoes, cheese.... Oh no!

F: What's the matter, James?

M: Well, Mari, I want to make some sandwiches for lunch, but I don't have enough eggs.

F: OK. I'll go to the store and buy some. I'm not doing anything right now.

Question What will Mari buy for James?

(対話と質問を繰り返す)

場面B

M: Hi, Susan. How were your classes in Japan today?

F: Hi, Kenji. Math and science were difficult, but I enjoyed Japanese. I wrote a *haiku* today.

M: Is Japanese your favorite subject?

F: I'm very interested in it, but my favorite class is music.

Question What class did Susan enjoy today?

(対話と質問を繰り返す)

(2) 質問1・質問2のそれぞれにおいて，英語の短い質問とその後に読まれるア～エを聞いて，質問に対する答えとして最も適するものを，ア～エから1つずつ選びなさい。では，始めます。

質問1 How long have you lived in this town?

ア Until five o'clock. イ For seven years. ウ For the first time.

エ In ten minutes.

(質問と答えを繰り返す)

質問2 Can we start the interview now?

ア That's true. イ See you then. ウ Of course. エ I enjoyed it.

(質問と答えを繰り返す)

(3) 次のグラフは，日本の高校生が海外へ留学したい理由を表したものです。あきこさんの英語の授業での発表を聞いて，留学したい理由のうち「海外で生活すること」にあたるものを，グラフのア～エから1つ選びなさい。では，始めます。

Look at this graph. It shows why Japanese high school students want to study abroad. The number one reason is to have many experiences, and about 74% of students want to learn a new language. I'm interested in making friends abroad, but it is in the fifth place. Making friends is not as high as living abroad. Thank you for listening.

(繰り返す)

2　次の英文は，ALT の先生による指示を聞いた後の，まさお（Masao）さんと留学生のリサ（Lisa）さんの対話の一部です。ALT の先生による指示を聞いて，空所に最も適するものを，ア～エから選びなさい。では，始めます。

Now, I'll talk about your homework. In today's class, you learned how to write an e-mail. I want you to practice writing an e-mail on paper. In the e-mail, you should write about your plans for this weekend and ask me about my plans. When you have finished writing, put your paper into this box. This box will be on the desk in the classroom. You should put your homework in it before Friday. If you have any questions, you can ask me when I'm in the teachers' room.

(繰り返す)

3　留学生のメアリーさんからの質問を聞いて，あなたの答えを英文１文で書きなさい。では，始めます。

What is your favorite time of the day? Why?

(繰り返す)

これでリスニングテストを終わります。

社会

時間　45分　　　　満点　100点

1　次の表は，なおきさんが，社会科の授業で，興味をもった時代のできごとをまとめたものの一部である。(1)～(6)に答えなさい。

時代	できごと
縄文	①縄目の文様がついた土器がつくられ，食料の保存や煮たきに使われた。
奈良《なら》	朝廷は農民の成人男子を中心に，②税や労役《ろうえき》などを負担させた。
平安	③阿弥陀仏にすがる浄土信仰が広まり，藤原頼通は宇治に平等院鳳凰堂をつくった。
鎌倉《かまくら》	④北条泰時が幕府の第3代の執権となった。
室町	幕府は正式な貿易船に，明から与えられた（　　）を持たせた。
江戸	元禄のころを境に⑤幕府の財政が悪化していった。

(1)　下線部①のころ，チグリス川とユーフラテス川の流域では，メソポタミア文明がおこった。この文明で発明された文字と暦の組み合わせとして正しいものを，ア～エから1つ選びなさい。

（　　　）

ア　くさび形文字，太陰暦　　イ　くさび形文字，太陽暦　　ウ　甲骨文字，太陰暦

エ　甲骨文字，太陽暦

(2)　資料Ⅰは，下線部②のうち，平城京跡から発掘された木簡に記された内容であり，阿波国から都に税が納められたことを示したものである。このように律令制度において，海産物など地方の特産物を納める税を何というか，書きなさい。（　　　）

資料Ⅰ

阿波国進上御贄若海藻《わかめ》壱籠板野郡牟屋海

(3)　下線部③のころ，アラビア半島から中央アジア，北アフリカ，イベリア半島にかけて，イスラム勢力が広がっていた。次の文は，そのイスラム勢力へのヨーロッパ諸国の対応について述べたものである。正しい文になるように，文中のⓐ・ⓑについて，ア・イのいずれかをそれぞれ選びなさい。ⓐ（　　　）　ⓑ（　　　）

11世紀ごろ，ローマ教皇を首長とするⓐ［ア　プロテスタント　　イ　カトリック］教会の勢いが大きくなった。11世紀末，教皇が聖地であるⓑ［ア　エルサレム　　イ　メッカ］からイスラム勢力を追い払うために，十字軍の派遣を呼びかけ，諸国の王はそれに応じた。

(4)　資料Ⅱは，下線部④が武家社会の慣習に基づき，公正な裁判を行うためにつくった武士独自の法を要約したものの一部である。この法を何というか，書きなさい。（　　　）

資料Ⅱ

諸国の守護の職務は，国内の御家人を京都の御所の警備にあたらせること，謀反や殺人などの犯罪人を取りしまることである。

(5)　表中の（　　）は，室町幕府が明と貿易するために，倭寇を取りしまる一方，正式な貿易船の証明として，日本の船に持たせたものである。（　　）にあてはまる語句を書きなさい。（　　　）

(6)　下線部⑤を解決するために，徳川吉宗が行った政策はどれか，ア～エから１つ選びなさい。

（　　）

ア　座をなくし，自由な営業を認めて，商工業を活発にさせた。

イ　江戸などに出かせぎに来ていた者を農村に返し，村ごとに米を蓄えさせた。

ウ　商工業者の株仲間に特権を与えるかわりに税を取りたてた。

エ　大名から参勤交代を軽減するかわりに米を献上させた。

2　右の年表は，わが国の近代から現代のできごとをまとめたものである。(1)～(6)に答えなさい。

年代	できごと	
1868	（　　）が示される	A
1877	西南戦争が起こる	A
1885	内閣制度ができる	B
1895	下関条約が結ばれる	B
1905	①ポーツマス条約が結ばれる	C
1911	②不平等条約の改正が実現する	C
1925	治安維持法が制定される	D
1931	③満州事変が起こる	D
1941	④太平洋戦争が始まる	

(1)　資料Ⅰは，年表中の（　　）にあてはまる明治新政府の政治の方針を表したものの一部である。この政治の方針の名称を，書きなさい。（　　　　）

資料Ⅰ

一　広ク会議ヲ興《おこ》シ万《ばん》機《き》公論《こうろん》ニ決スヘシ
一　上《しょう》下《か》心ヲ一《いつ》ニシテ盛《さかん》ニ経綸《けいりん》ヲ行フヘシ

(2)　資料Ⅱは，年表中A～Dのいずれかの期間の東アジアの国際関係について，ビゴーが描いた風刺画である。資料Ⅱに描かれた国際関係は，年表中A～Dのどの期間のことを表しているか，最も適切なものをA～Dから選びなさい。（　　　　）

資料Ⅱ

(3)　下線部①について，この条約が結ばれた後，国民が激しく政府を非難し，東京では日比谷焼き打ち事件などの暴動も発生した。このように国民から政府に対して強い不満の声が上がったのはなぜか，日本とこの条約を結んだ国の国名にふれながら書きなさい。
（　　　　　　　　　　　　　　　　　　　　　　　　　　　　　　　　　　）

(4)　下線部②について，このときの外務大臣の名前と，改正に成功した交渉の内容の組み合わせとして正しいものを，ア～エから１つ選びなさい。（　　　　）

ア　小村寿太郎，関税自主権の回復　　イ　小村寿太郎，治外法権の撤廃
ウ　陸奥宗光，関税自主権の回復　　エ　陸奥宗光，治外法権の撤廃

(5)　下線部③に関して，資料Ⅲは，イギリス人のリットンを団長とする５か国の代表からなる調査団が，中国からの訴えを受けて，南満州鉄道の線路が爆破された地点で調査を行っているようすである。この調査団を満州に派遣した組織を何というか，書きなさい。（　　　　）

資料Ⅲ

(6)　次のア～エは，下線部④より後に起こったできごとである。起こった順にア～エを並べなさい。（　　→　　→　　→　　）

ア　日中共同声明に調印し，中国との国交が正常化した。
イ　日本とアメリカの間で日米安全保障条約が結ばれた。
ウ　連合国側が発表したポツダム宣言を，日本が受諾した。
エ　民主教育の基本を示す教育基本法が公布された。

③　右の略地図や資料を見て，(1)～(5)に答えなさい。

略地図

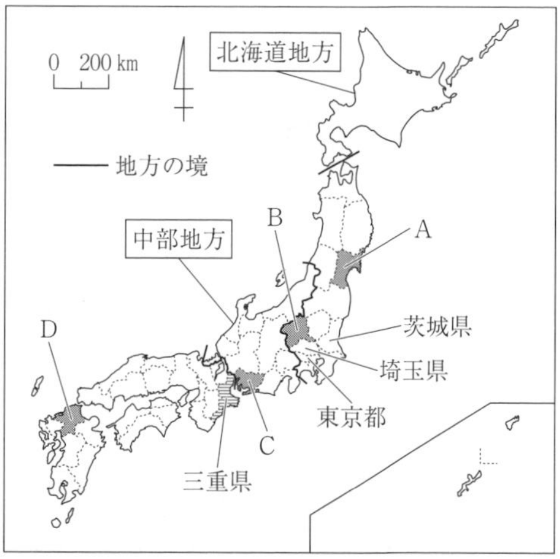

(1)　次の文は，略地図中の中部地方の地域区分や農業の特色について述べたものの一部である。正しい文になるように，文中の①・②について，ア・イのいずれかをそれぞれ選びなさい。

①(　　　)　②(　　　)

中部地方は，東海，中央高地，北陸という三つの地域からなる。

三つの地域のうち，冬に雪がひじょうに多い①[ア　東海　　イ　北陸]における農業の特色は，春になると大量の雪がとけて，水を豊富に得ることができるため，②[ア　稲作《いなさく》　　イ　畑作]の割合が高いことである。

(2)　資料Ⅰは，略地図中の三重《みえ》県の雲出川の河口を上空から撮った写真である。資料Ⅰに見られるような，川の流れによって運ばれた細かい砂や泥が，川の河口付近に積もってできる平らな地形を何というか，書きなさい。(　　　)

資料Ⅰ

(3)　略地図中の北海道地方では，さけを人工的に卵からかえして川へ放流する漁業がさかんに行われている。このように，稚魚や稚貝を放流したり，海底に魚が集まる漁場をつくったりして沿岸の漁業資源を増やそうとする漁業を何というか，書きなさい。(　　　)

(4)　資料Ⅱは，略地図中の茨城《いばらき》県，埼玉《さいたま》県，東京都における2015年の昼夜間人口比率，2018年から2019年までの人口増減率，2019年の年齢別人口割合を表している。茨城県，埼玉県，東京都にあてはまるものはどれか，資料Ⅱ中のⓐ～ⓒからそれぞれ1つずつ選びなさい。

茨城県(　　　)　埼玉県(　　　)　東京都(　　　)

資料Ⅱ

都県	昼夜間人口比率(%)	人口増減率(%)	年齢別人口割合(%)		
			0～14歳	15～64歳	65歳以上
ⓐ	88.9	0.27	12.0	61.3	26.7
ⓑ	117.8	0.71	11.2	65.7	23.1
ⓒ	97.5	－0.59	11.9	58.6	29.5

(注)　昼夜間人口比率＝$\dfrac{\text{昼間人口}}{\text{夜間人口}} \times 100$

(「日本国勢図会」2020／21年版より作成)

(5) 資料Ⅲは，略地図中のA～D県における2019年のキャベツの収穫量，2018年の鉄鋼業製造品出荷額等，2019年の大学数を表したものである。D県にあてはまるものはどれか，資料Ⅲ中のア～エから1つ選びなさい。(　　　)

資料Ⅲ

県	キャベツの収穫量(t)	鉄鋼業製造品出荷額等(億円)	大学数(校)
ア	268,600	25,210	50
イ	275,300	2,814	14
ウ	7,040	1,915	14
エ	27,000	9,889	34

(「データでみる県勢」2021年版より作成)

4　次の略地図や資料を見て，(1)～(4)に答えなさい。

略地図Ⅰ

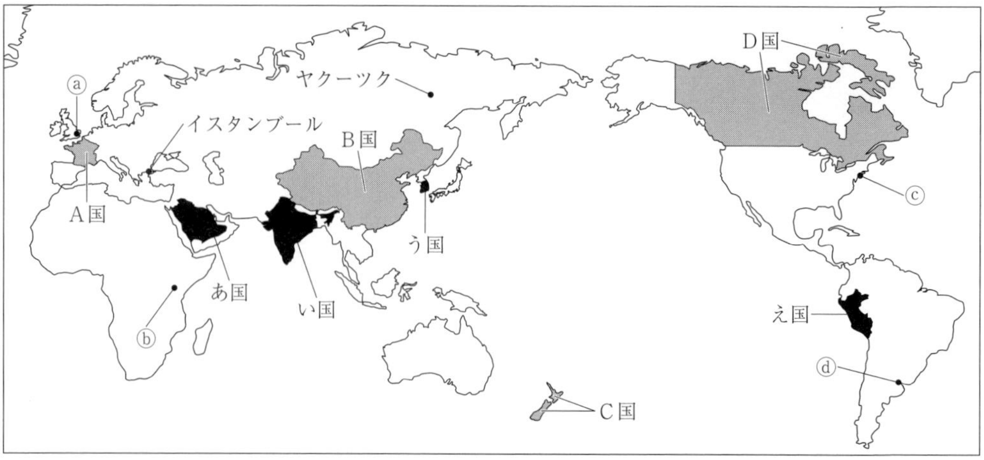

(1)　略地図Ⅰ中のⓐ～ⓓは，都市の位置を示している。また，略地図Ⅱは，東京を中心とし，中心からの距離と方位が正しい地図である。(a)・(b)に答えなさい。

略地図Ⅱ

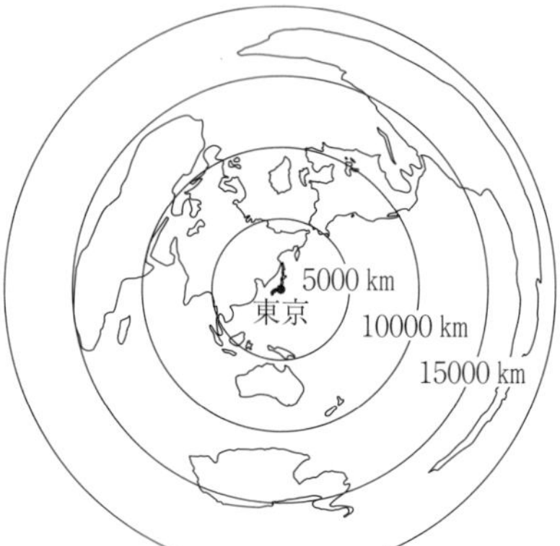

(a)　東京からの距離が最も近い都市を，略地図Ⅰ中のⓐ～ⓓから選びなさい。(　　　)

(b)　東京から見たイスタンブールの方位を，八方位で書きなさい。(　　　)

(2)　次の文は，略地図Ⅰ中の あ～え国のうち，いずれかの国の伝統的な衣装について説明したものである。どの国の衣装か，略地図Ⅰ中の あ～え国から1つ選びなさい。(　　　国)

アルパカの毛でつくった衣服を重ね着して帽子をかぶり，高地の寒さと強い紫外線を防ぐ工夫をしている。

(3)　資料Ⅰは，略地図Ⅰ中のヤクーツクで撮影された集合住宅の写真であり，次の文は，資料Ⅰについて述べたものである。文中の（　　）にあてはまる語句を，**漢字4字**で書きなさい。(　　　)

資料Ⅰ

この地域の建物の多くは高床になっている。これは，建物から出る熱が（　　）をとかし，建物がかたむいてしまうのを防ぐための工夫である。

(4)　資料Ⅱは，略地図Ⅰ中の A～D 国の 2018 年における輸出総額，輸出上位3品目とその品目が輸出総額にしめる割合を表したものである。A 国にあてはまるものはどれか，資料Ⅱ中のア～エから1つ選びなさい。(　　　)

資料Ⅱ

国	輸出総額 (億ドル)	輸出上位３品目とその品目が 輸出総額にしめる割合(%)
ア	24,942	機械類（43.8），衣類（6.3），繊維品（4.8）
イ	4,502	原油（14.9），自動車（13.1），機械類（10.7）
ウ	5,685	機械類（20.0），自動車（9.6），航空機（9.1）
エ	398	酪農品（25.0），肉類（13.4），木材（8.0）

（「世界国勢図会」2020／21 年版より作成）

5　次の(1)～(6)に答えなさい。

(1)　次の文は，民主政治について説明したものの一部である。(あ)・(い)にあてはまる語句として正しいものを，ア～エからそれぞれ1つずつ選びなさい。あ(　　　)　い(　　　)

現在，日本を含めて多くの民主主義国家の政治は，自分たちの意見を代表する人を選び，選ばれた人が議会という場で，物事を決定していく（ あ ）がとられている。しかし，代表者が話し合いをしても，意見がまとまらないこともある。そこで，物事を決定するための最終的な方法として（ い ）がとられている。

ア　直接民主制　　イ　間接民主制　　ウ　全会一致　　エ　多数決の原理

(2)　日本国憲法では，労働者に保障されている労働基本権（労働三権）がある。そのうち，団結権とはどのような権利か，書きなさい。(　　　　　　　　　　　　　　　　　　)

(3)　資料Ⅰは，ある刑事裁判の法廷の座席位置を模式的に表したものであり，ⓐ席～ⓒ席は，弁護人，裁判官，検察官のいずれかの座席位置である。ⓐ～ⓒの組み合わせとして正しいものを，ア～エから1つ選びなさい。

(　　　)

ア　ⓐ―検察官　　ⓑ―裁判官　　ⓒ―弁護人
イ　ⓐ―検察官　　ⓑ―弁護人　　ⓒ―裁判官
ウ　ⓐ―弁護人　　ⓑ―裁判官　　ⓒ―検察官
エ　ⓐ―弁護人　　ⓑ―検察官　　ⓒ―裁判官

資料Ⅰ

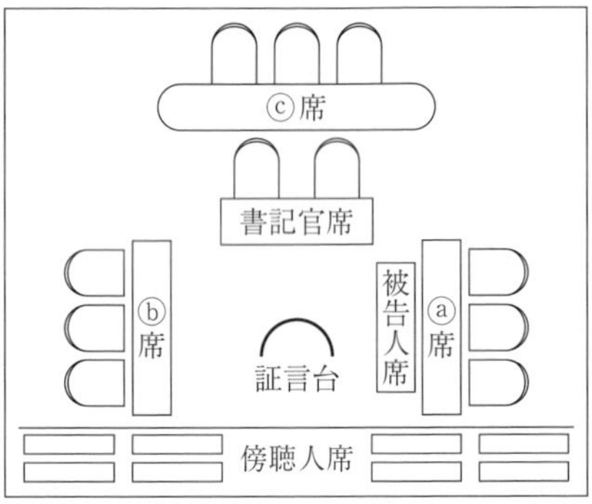

(4)　市場メカニズムにおいて，生産者どうしで相談をして競争を避ける取り決めなどを行うことは，独占禁止法によって禁じられている。この法律を運用し，企業間での価格や数量などの協定，不当な商品表示などを取りしまり，ルールある競争社会の実現を目ざしている機関を何というか，書きなさい。(　　　)

(5)　企業に関して述べた文として誤っているものを，ア～エから1つ選びなさい。(　　　)

ア　企業は，財やサービスをつくり出す活動を，専門的・組織的に行っている。
イ　企業は，資本をもとに，原材料や道具・機械，労働力を準備する。
ウ　企業は，私企業・公企業ともに，生産を通じて利益の追求を目的としている。
エ　企業は，労働を通じて人と人とが，互いに協力し合いながら営む経済主体である。

(6)　資料Ⅱは，ある病院で受診した際に受け取った請求書の一部である。資料Ⅱから，かかった医療費と実際に支払う金額には違いがあることがわかる。これは，日本のある社会保障制度によるものであるが，この制度の名称を1つあげて，かかった医療費と実際に支払う金額の大小関係がどのようになるか，書きなさい。

(　　　　　　　　　　　　　　　　　　　　　)

資料Ⅱ

初・再診料	医学管理等	投薬
123点	225点	135点
検査	合計点数	負担率
510点	993点	3割
	負担金	請求金額
	2,980円	2,980円

(注1) 請求書の様式は，医療機関によって異なる。
(注2) 点数1点を10円として計算する。

6　いずみさんのクラスでは，社会科の授業で興味をもった日本社会の成長と課題について，各班ごとに考え，クラスで発表することになった。次は，各班で考えた内容をまとめたものである。(1)～(5)に答えなさい。

日本社会の成長と課題について考えてみよう！

	1班	2班	3班
成長	【産業の発展と経済の成長】 1960 年代に政府は，「所得倍増」政策を進めた。①工業においては，技術革新が進み，1968 年，日本の国民総生産は，資本主義国のなかで第2位になった。	【社会保障の充実】 日本の社会保障は，国民から集めた③税金等をもとに，1960 年代では失業対策や生活保護などを中心に，現在では，社会福祉や介護等を中心に支援の幅を広げている。	【表現の自由の保障】 言論・出版などの表現の自由については，④大日本帝国憲法下では，十分に保障されなかったが，現憲法下では，個人の思想や主張を外に向かって表せるようになった。
課題	【経済における国際競争】 1990 年代以降，ソ連や東ヨーロッパ諸国，中国やインドなど多くの国々が市場経済に参入したことにより，国際競争が激しくなった。	【消費税増税と社会保障】 2019 年より消費税率が10%となった。このことについて，世論の半数は賛成している。また，世論の 8 割は増える社会保障費への対策にあてる必要性を感じている。	【インターネット上の表現の自由】 誰でも気軽に伝えたいことを表現できるようになる一方で，その表現により嫌な思いをする人がいたり，個人の生活などの情報が流出したりするおそれもある。
考えたこと	【これからの成長産業】 今後，日本経済を支える産業には，ＩＴ，ＡＩなどに関連する産業が期待される。その他，②日本の排他的経済水域には天然ガスなどの鉱産資源が豊富にあると予測されその活用が期待される。	【社会に対応する税のあり方】 これからの社会は，少子高齢化がさらに進み，これまで以上に支え合っていくことが大切になる。また，日本はもちろん，諸外国の消費税率にも関心をもたなければならない。	【法律とインターネット】 情報セキュリティに関する法律のあり方を考えたり，人権相談を気軽に行えるようにしたりする。また，アンケートや⑤投票など，インターネットのさまざまな活用方法を考えていきたい。

(1)　1班は，下線部①の移り変わりについて発表するために，資料Ⅰを作成した。資料Ⅰは，わが国の主な輸入品と輸出品の推移を表している。資料Ⅰから読み取れることとして誤っているものを，ア～エから1つ選びなさい。(　　　)

資料Ⅰ

	主な輸入品	主な輸出品
1930 年	綿花　石油　機械類 鉄鋼　羊毛	生糸　綿織物　絹織物 衣類　人絹織物
1970 年	原油　木材　鉄鉱石 石炭　石油製品	鉄鋼　船舶《せんぱく》　自動車 金属製品　ラジオ受信機
2010 年	原油　液化天然ガス 衣類　事務用機械　石炭	自動車　半導体等電子部品　鉄鋼 自動車部品　プラスチック

(注)　1930 年の石油は原油と石油製品のことである。

(「数字でみる日本の 100 年」改訂第 6 版より作成)

ア　1930年の主な輸出品は，繊維工業などの軽工業にかかわるもの，1970年の主な輸出品は，金属工業などの重化学工業にかかわるものとなっている。

イ　1970年は，鉄鉱石や原油を原料や燃料として輸入し，鉄鋼や金属製品などを製造して輸出する加工貿易による工業が行われている。

ウ　1970年の主な輸入品には，電力や動力のエネルギー資源となる鉱産資源があり，2010年の主な輸入品には，レアメタルと呼ばれる鉱産資源がある。

エ　2010年の主な輸出品には，IC（集積回路）などを生産する先端技術産業にかかわるものが含まれている。

(2)　1班はさらに，下線部②に関して調べ，資料Ⅱを作成した。資料Ⅱは，オーストラリア，ブラジル，インドネシア，日本について，領海を含む排他的経済水域の面積と国土面積をそれぞれ表したものである。領海を含む排他的経済水域の面積と国土面積の関係は，インドネシアと日本の場合，他の2国と比べるとどのようになっているか，書きなさい。また，そのような関係になっているのは，インドネシアと日本の国土にどのような特徴があるからか，書きなさい。

資料Ⅱ　　単位（万 km^2）

国	領海を含む排他的経済水域の面積	国土面積
オーストラリア	701	769
ブラジル	317	851
インドネシア	541	191
日本	447	38

（海洋政策研究財団「海洋白書 2015」ほかより作成）

面積の関係（　　　　　　　　　　　　　　）

国土の特徴（　　　　　　　　　　　　　　）

(3)　下線部③に関して，(a)・(b)に答えなさい。

(a)　次の文は，下線部③の種類について述べたものである。正しい文になるように，文中のⓐ・ⓑについて，ア・イのいずれかをそれぞれ選びなさい。ⓐ(　　　)　ⓑ(　　　)

税金は，政府の活動にとって中心的な資金源である。特に中央政府の資金源にあたるのが，ⓐ［ア　国税　　イ　地方税］であり，ⓑ［ア　住民税や固定資産税　　イ　法人税や相続税］などの種類がある。

(b)　消費税と所得税に関して説明した文として正しいものを，ア～エから1つ選びなさい。

(　　　)

ア　消費税は，税金を納める人と実際に負担する人が同じである。

イ　消費税は，低所得者も高所得者も購入するときの税負担の額は同じである。

ウ　所得税は，高所得者の税負担を軽くする分，低所得者が多く負担する。

エ　所得税は，消費税と比べて効率的に税金を集めることができる。

資料Ⅲ

(4)　下線部④に関して，(a)・(b)に答えなさい。

(a)　資料Ⅲは，大日本帝国憲法下で開催された，ある集会の写真である。資料Ⅲの集会は，多くの警察官の監視の中で行われている。言論・集会の自由などの自由権は，大日本帝国憲法では，どのような制限の中で認められて

いたか，書きなさい。(　　　　　　　　　　　　　　　　　　　　　　　)

(b) 日本国憲法においては，精神活動の自由が保障されており，その中に集会・結社・表現の自由が保障されている。次のア～エのうち，精神活動の自由にあてはまるものを**2**つ選びなさい。

(　　　)(　　　)

ア　信教の自由　　イ　職業選択の自由　　ウ　居住・移転の自由　　エ　学問の自由

(5) 3班は，下線部⑤に関してインターネットを使って調べていると，資料Ⅳを見つけた。資料Ⅳは，第22回（1946年）から第48回（2017年）までの衆議院議員総選挙における投票率の推移を表している。いずみさんは，資料Ⅳを根拠にして，日本の選挙の課題について，後のように考えた。(①)・(②)にあてはまる言葉を，それぞれ書きなさい。ただし，(①)は，「投票率」，(②)は，「有権者」という語句を用いて，書きなさい。

①(　　　　　　　　　　　　　　　　　　　　　　　　　　　　　)

②(　　　　　　　　　　　　　　　　　　　　　　　　　　　　　)

資料Ⅳ

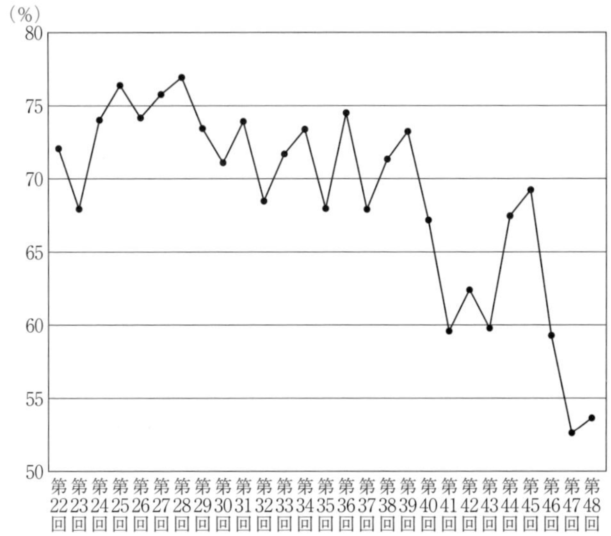

(公益財団法人「明るい選挙推進協会」資料より作成)

資料Ⅳからは，第22回から第48回にかけて上下の変動はあるが，(　　①　　)という課題がうかがえる。このような状況が進むとすると，議会で(　　②　　)した決定が行われるということになり，当選した議員や選挙，議会での決定に対する信頼性を低下させてしまうのではないかという課題もある。

これらの課題を解決するには，選挙の意義を再確認したり，期日前投票制度や不在者投票制度など選挙権を保障する制度を活用したりすることが私たち国民に必要だと考える。また，私たちは18歳になると，選挙権をもつようになる。私たちが投票することで，私たちの意見を政治に反映し，よりよい社会をつくっていきたい。

理科

時間　45分　　　　満点　100点

1　次の(1)～(4)に答えなさい。

(1)　生物の移り変わりと進化について，(a)・(b)に答えなさい。

(a)　脊椎動物のなかまのうち，魚類と同様に「卵を水中に産む」という特徴をもつものはどれか，ア～エから1つ選びなさい。(　　　)

ア　両生類　　イ　は虫類　　ウ　鳥類　　エ　哺乳類

(b)　図1は，カエルの前あし，ハトの翼，イヌの前あしの骨格を模式的に示したものである。これらは見かけの形やはたらきは異なっていても，基本的なつくりが同じで，起源は同じと考えられる器官である。このような器官を何というか，書きなさい。

(　　　器官)

図1

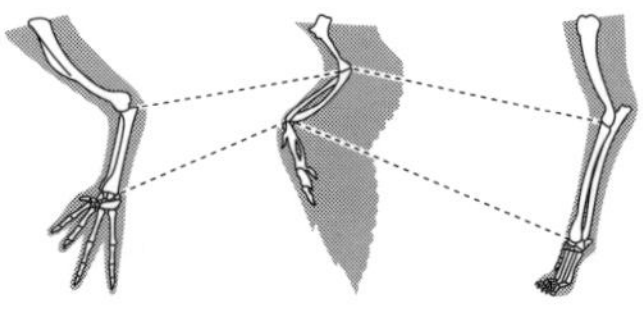

カエル　　ハト　　イヌ

(2)　水酸化物イオンやアンモニウムイオンは，複数の原子からできたイオンである。(a)・(b)に答えなさい。

(a)　水酸化物イオンは，アルカリ性の性質を示すもとになるものである。水酸化物イオンのイオン式を書きなさい。(　　　)

(b)　1個のアンモニウムイオン$NH_4{}^+$について述べた文として正しいものはどれか，ア～エから1つ選びなさい。(　　　)

ア　窒素原子4個と水素原子4個からできており，電子1個を受けとっている。

イ　窒素原子4個と水素原子4個からできており，電子1個を失っている。

ウ　窒素原子1個と水素原子4個からできており，電子1個を受けとっている。

エ　窒素原子1個と水素原子4個からできており，電子1個を失っている。

(3)　まっすぐな導線に電流を流したときにできる磁界について調べた。(a)・(b)に答えなさい。

(a)　次の文は，まっすぐな導線を流れる電流がつくる磁界について述べたものである。正しい文になるように，文中の①・②について，ア・イのいずれかをそれぞれ選びなさい。

①(　　　)　②(　　　)

まっすぐな導線を流れる電流がつくる磁界の強さは，電流が①[ア　小さい　　イ　大きい]ほど，また②[ア　導線に近い　　イ　導線から遠い]ほど強くなる。

(b)　図2は，電流を流す前の導線abを，aが北，bが南になるようにし，その真上に方位磁針を置いたときのようすを表したものである。aからbの向きに電流を流したときの方位磁針の針がさす向きとして，最も適切なものをア～エから選びなさい。(　　　)

図2

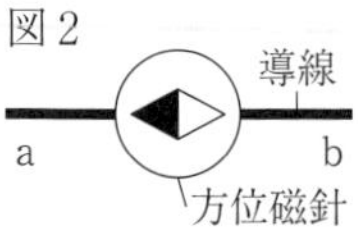

ア　　　　イ　　　　ウ　　　　エ

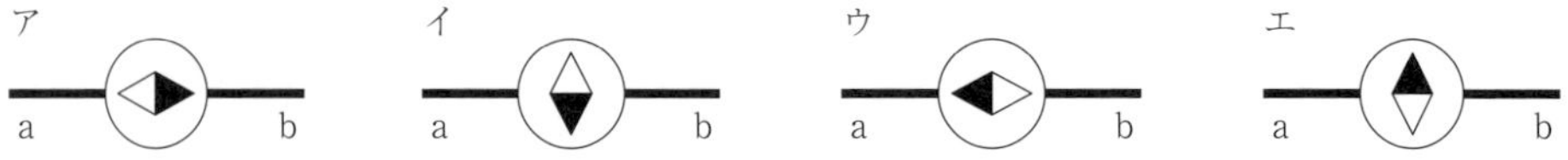

(4)　図3はれき岩を，図4は凝灰岩をルーペで観察したときの写真である。(a)・(b)に答えなさい。

図3

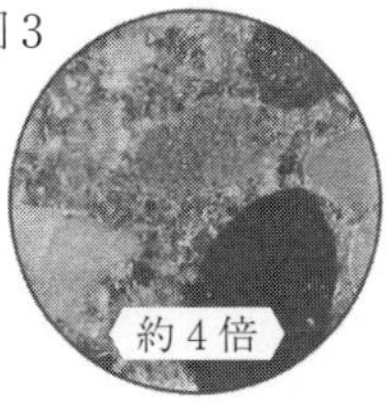

図4

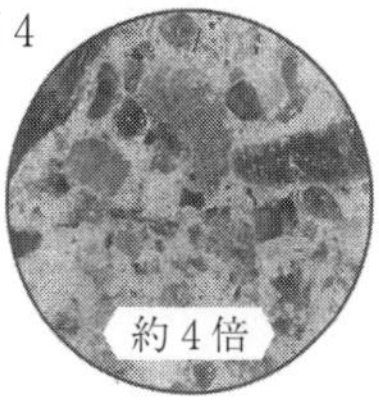

(a)　れき岩や凝灰岩のように，地層をつくっている土砂などが押し固められてできた岩石を何というか，書きなさい。(　　　　)

(b)　れき岩と凝灰岩を比較すると，凝灰岩に含まれている粒と比べて，れき岩に含まれている粒は丸みを帯びた形になっている。丸みを帯びているのはなぜか，その理由を書きなさい。

(　　　　　　　　　　　　　　　　　　　　　　　　　　　　　　　　　　　　)

[2]　植物の光合成について実験を行った。(1)～(5)に答えなさい。

[実験]

①　ふ入りの葉をもつ植物の鉢植えを用意し，暗室に1日置いた。

②　その後，図1のように，この植物の葉の一部をアルミニウムはくでおおい，図2のように，この植物全体にポリエチレンの袋をかぶせ，ポリエチレンの袋に息を十分に吹き込んだあと，茎の部分でしばって密閉し，袋の中の気体の割合について調べた。

③　この植物に数時間光を当てたあと，再び袋の中の気体の割合について調べ，ポリエチレンの袋をはずした。

④　アルミニウムはくでおおった葉を茎から切りとり，アルミニウムはくをはずして，熱湯につけた。

⑤　熱湯からとり出した葉を，90℃の湯であたためたエタノールにつけた。その後エタノールからとり出した葉を水でよく洗った。

⑥　水で洗った葉をヨウ素溶液につけて色の変化を調べると，図3のようになった。表は，このときの結果をまとめたものである。

図1

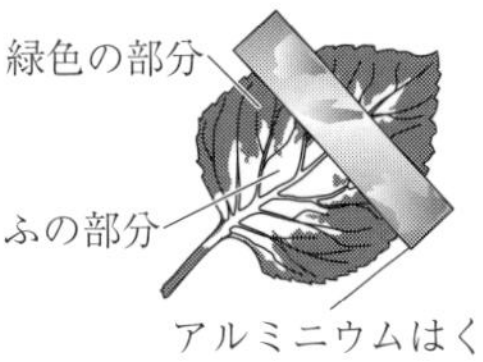

図2

図3

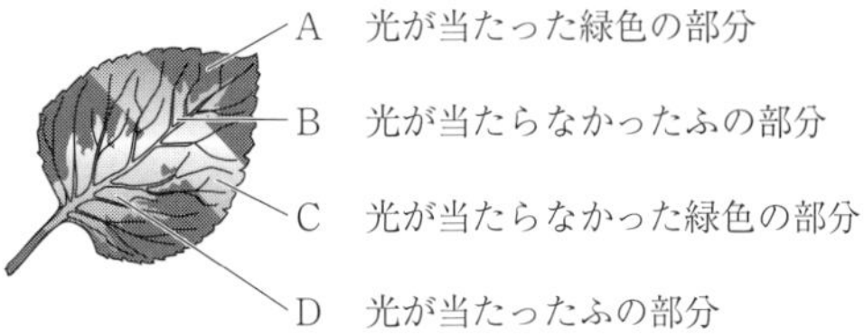

表

図3の葉の部分	A	B	C	D
色の変化	青紫色になった	変化なし	変化なし	変化なし

(1)　[実験]②・③で，ポリエチレンの袋の中の気体のうち，数時間光を当てたあと，割合が減少したものはどれか，最も適切なものをア～エから選びなさい。(　　　　)

ア　酸素　　イ　水素　　ウ　窒素　　エ　二酸化炭素

(2) 実験 ⑤で，葉をエタノールにつけたのはなぜか，その理由を書きなさい。
(　　)

(3) 表において，A の部分が青紫色になったのは，この部分にヨウ素溶液と反応した物質があったためである。この物質は何か，書きなさい。(　　　　)

(4) 次の文は，実験 の結果からわかったことについて述べたものである。正しい文になるように，文中の(ⓐ)～(ⓓ)にあてはまるものを，A～D からそれぞれ選びなさい。ただし，同じ記号を何度使ってもよい。ⓐ(　　　) ⓑ(　　　) ⓒ(　　　) ⓓ(　　　)

表の (ⓐ) と (ⓑ) の色の変化を比べることで，光合成は葉の緑色の部分で行われることがわかった。また，表の (ⓒ) と (ⓓ) の色の変化を比べることで，光合成を行うためには光が必要であることがわかった。

(5) 実験 ①で暗室に 1 日置くかわりに，十分に明るい部屋に 1 日置き，実験 ②～⑥を行ったとき，表とは違う結果となった。違う結果となったのはどの部分か，A～D から選びなさい。また，その部分はどのような結果となったか，書きなさい。

違う結果となった部分(　　　)　結果(　　　　　　　　　　　　　　　　　　　　　　　　)

3 徳島県で，ある年の4月から5月にかけて月の形と位置の変化を観測した。(1)〜(4)に答えなさい。

月の形と位置の変化の観測

4月25日から5月7日までの間に，同じ場所で午後7時に月の観測を行い，月の形と位置の変化を調べて，図1のようにスケッチした。4月26日，5月2日，5月3日，5月5日，5月6日については，天気がくもりや雨であったため，月を観測することができなかった。

図1

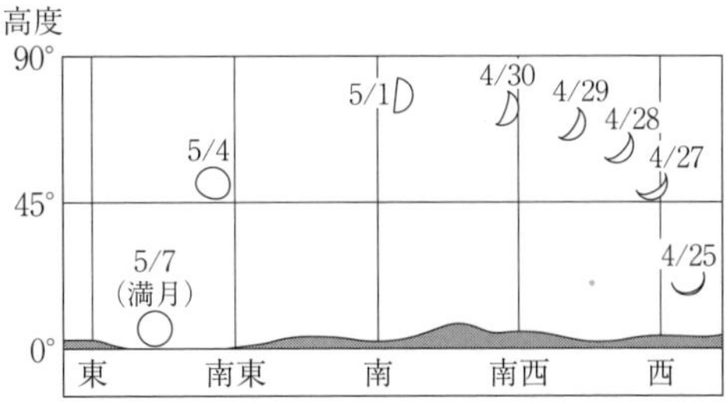

(1) 月のような，惑星のまわりを公転している天体を何というか，書きなさい。（　　　）

(2) 図2は，地球上の観測者の位置と太陽の光を模式的に表したもので，A〜Dは，同じ観測者が，明け方，真昼，夕方，真夜中のいずれかに地球上で観測を行ったときの位置を示している。夕方に観測を行ったときの観測者の位置として，最も適切なものはどれか，A〜Dから選びなさい。

（　　　）

図2

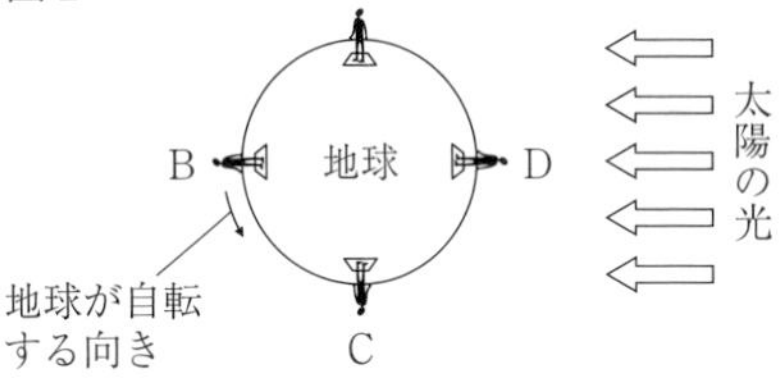

(3) 図3は，地球，月の位置，太陽の光を模式的に表したもので，ア〜クは，それぞれ月の位置を示している。図1の5月4日の月が観測されたときの，図3における月の位置として，最も適切なものはどれか，ア〜クから選びなさい。

（　　　）

図3

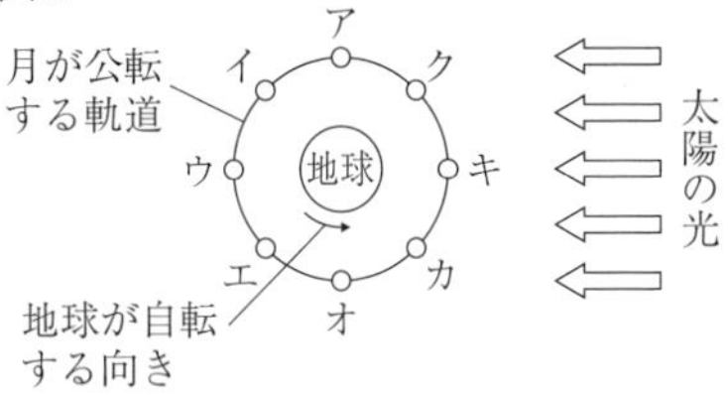

(4) 図1の観測記録から，同じ時刻に観測すると，月は1日に，およそ12°ずつ西から東に動いて見えることがわかった。(a)・(b)に答えなさい。

(a) 図4は，地球のまわりを公転する月のようすを模式的に表したもので，月が公転する向きはa・bのいずれかである。次の文は，月が南中する時刻の変化と，月が地球のまわりを公転する向きについて述べたものである。正しい文になるように，文中の①・②について，ア・イのいずれかをそれぞれ選びなさい。

図4

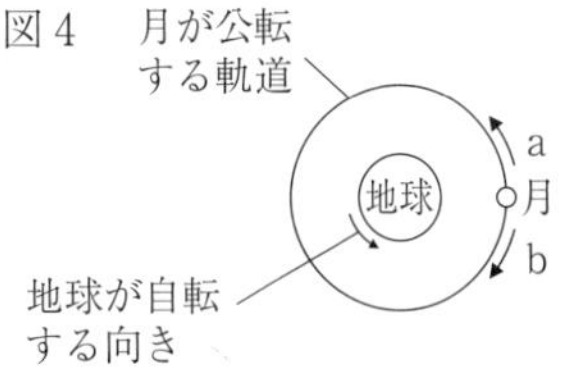

①（　　　）　②（　　　）

図1の観測記録から考えると，月が南中する時刻は，前日より①［ア　早く　　イ　遅く］なることがわかる。これは，月が地球のまわりを，図4の②［ア　a　　イ　b］の向きに公転しているためである。

(b) 同じ時刻に見える月の位置が，1日に12°ずつ西から東に動いて見えるとしたとき，月が南中する時刻は，1日につき何分変化するか，求めなさい。（　　　分）

4　鉄と硫黄の混合物を加熱する実験を行った。(1)～(5)に答えなさい。

実験

①　図1のように，鉄粉3.5gと硫黄2.0gを，乳ばちでよく混ぜ合わせ，試験管Aにその$\frac{1}{4}$を，試験管Bに残りの分をそれぞれ入れた。

②　図2のように，試験管Bの口に脱脂綿でゆるく栓をしてから，試験管の中の混合物の上部を加熱し，鉄粉と硫黄を反応させた。赤く色が変わり始めたら，加熱をやめて，変化のようすを観察した。変化が終わったら，加熱後の試験管Bを金網の上に置き，温度が下がるのを待った。加熱後の試験管Bの中には，黒い物質が生じていた。

③　試験管Aと加熱後の試験管Bのそれぞれにフェライト磁石を近づけ，中の物質のつき方を比べた。

④　試験管Aの中身を試験管Cに，加熱後の試験管Bの中身を試験管Dに，それぞれ少量ずつとり出して入れた。その後，試験管C・Dのそれぞれに，5％塩酸を2，3滴ずつ入れ，発生する気体のにおいを調べた。

図1

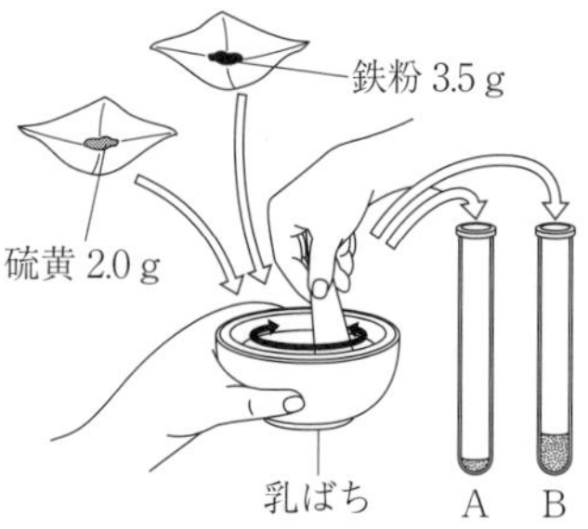

図2

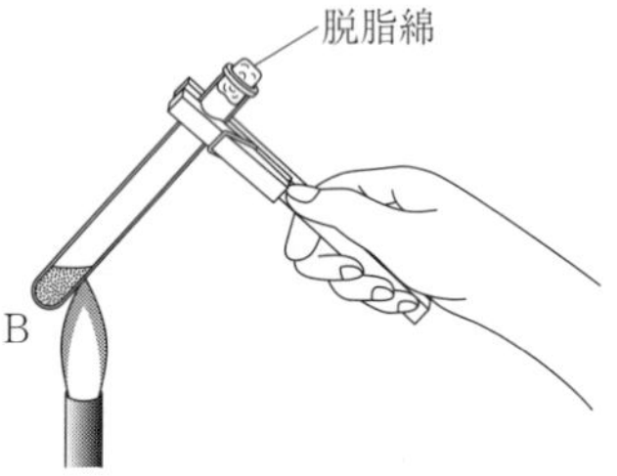

(1)　鉄や硫黄は1種類の原子がたくさん集まってできている。このように，1種類の原子だけからできている物質を何というか，書きなさい。(　　　)

(2)　実験②では，加熱をやめても，しばらく反応が続いた。このとき，加熱をやめても反応が続いた理由として正しいものはどれか，ア～エから1つ選びなさい。(　　　)

ア　この反応は吸熱反応であるため，反応によって温度が上がり，連続的に反応がおこるため。

イ　この反応は吸熱反応であるため，反応によって温度が下がり，連続的に反応がおこるため。

ウ　この反応は発熱反応であるため，反応によって温度が上がり，連続的に反応がおこるため。

エ　この反応は発熱反応であるため，反応によって温度が下がり，連続的に反応がおこるため。

(3)　実験③の結果を，試験管Aと加熱後の試験管Bのそれぞれについて書きなさい。また，その結果からいえることを書きなさい。

A(　　　　　　　　　　　　　　　　　　)

B(　　　　　　　　　　　　　　　　　　)

結果からいえること(　　　　　　　　　　　　　　　　　　　　　　　　　　　　)

(4)　実験④では，試験管C・Dからそれぞれ異なる性質の気体が発生した。次の文は，このとき試験管C・Dから発生した気体について述べたものである。正しい文になるように，文中の(ⓐ)・(ⓑ)にあてはまるものを，C・Dからそれぞれ選びなさい。また，ⓒについて，ア・イのいずれかを選びなさい。ⓐ(　　　)　ⓑ(　　　)　ⓒ(　　　)

試験管（ ⓐ ）から発生した気体は，においがなかったが，試験管（ ⓑ ）から発生した気体は，ⓒ［ア　プールの消毒のにおい　　イ　卵の腐ったようなにおい］がした。

(5)　実験 において，鉄と硫黄の混合物を加熱したときの変化を，化学反応式で書きなさい。

（　　　　　　　　　　）

5　物体の運動についての実験を行った。(1)～(5)に答えなさい。ただし，空気の抵抗や摩擦，記録テープの質量は考えないものとする。

かなでさん　ジェットコースターは，斜面をものすごいスピードで下りていきますね。

まさるさん　いちばん下まで下りたら，一気にのぼっていくのもわくわくします。

かなでさん　ジェットコースターに乗っていると，大きな力を受けているように感じます。物体にはたらく力と運動のようすについて，実験で確かめてみましょう。

実験１

①　水平面に形と大きさが同じ３個の木片を積み，平らな板を置いて斜面Ｘとし，斜面上に点ａ，点ｂ，点ｃをとった。

②　図１のように，力学台車に糸でつないだばねばかりを斜面Ｘに平行になるように持ち，力学台車の前輪を点ａに合わせ，力学台車が静止したときのばねばかりの値Ａを調べた。

③　②と同じように，力学台車の前輪を点ｂに合わせたときのばねばかりの値Ｂ，点ｃに合わせたときのばねばかりの値Ｃを調べた。

図１

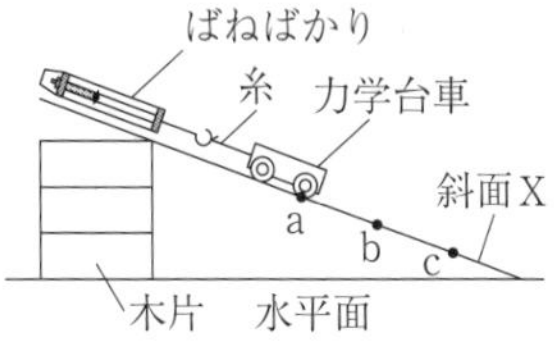

実験２

①　図２のように，１秒間に60回打点する記録タイマーを斜面Ｘの上部に固定し，記録テープを記録タイマーに通して力学台車につけ，力学台車を手で支えて前輪を斜面Ｘ上の点Ｐに合わせた。なお，斜面Ｘは点Ｑで水平面になめらかにつながっていることとする。

②　記録タイマーのスイッチを入れて，力学台車を支える手を静かに離し，力学台車を運動させた。

③　記録テープを６打点ごとに切り，左から時間の経過順に下端をそろえてグラフ用紙にはりつけた。図３は，この結果を示したものである。ただし，打点は省略している。

図２

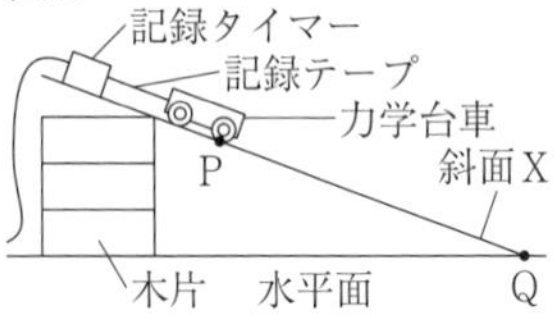

図３

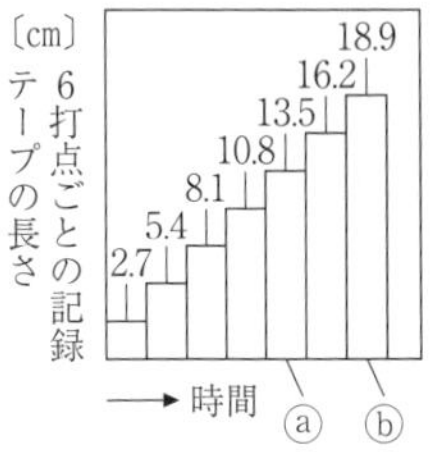

(1)　実験１ で調べたばねばかりの値Ａ～Ｃの大きさの関係として，正しいものはどれか，ア～エから１つ選びなさい。（　　　）

ア　Ａ＝Ｂ＝Ｃ　　イ　Ａ＜Ｂ＜Ｃ　　ウ　Ａ＞Ｂ＞Ｃ　　エ　Ａ＜Ｂ，Ａ＝Ｃ

(2)　図4は，実験1 ②で力学台車にはたらく重力を矢印で示したものである。ばねばかりが糸を引く力を，矢印でかきなさい。ただし，作用点を「•」で示すこと。

図4

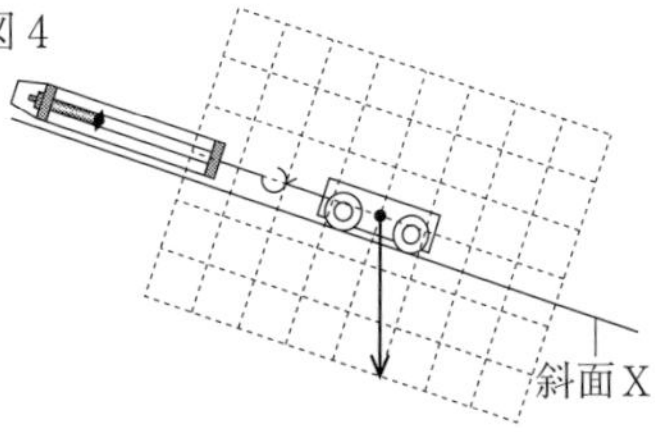

(3)　実験2 について，(a)・(b)に答えなさい。

(a)　図3の記録テープⓐの打点を省略せずに示した図として正しいものはどれか，ア～エから1つ選びなさい。ただし，⟶は力学台車が記録テープを引く向きを示している。(　　　)

(b)　図3の記録テープⓑについて，この区間における力学台車の平均の速さは何cm/sか，求めなさい。(　　　cm/s)

まさるさん　斜面をのぼるときの物体の運動は，どうなっているのでしょうか。急な斜面とゆるやかな斜面ではジェットコースターの進み方も違いますね。

かなでさん　斜面をのぼる運動について，斜面の傾きをいろいろ変えて調べてみましょう。

実験3

①　図5のように，実験2 の斜面Xと同様の平らな板を点Rで水平面になめらかにつなぎ，斜面Yとした。斜面Xと同様の木片3個で斜面Yを支え，斜面Xと同じ傾きになるように調整し，PQとRSが同じ長さになるように点Sをとった。

図5

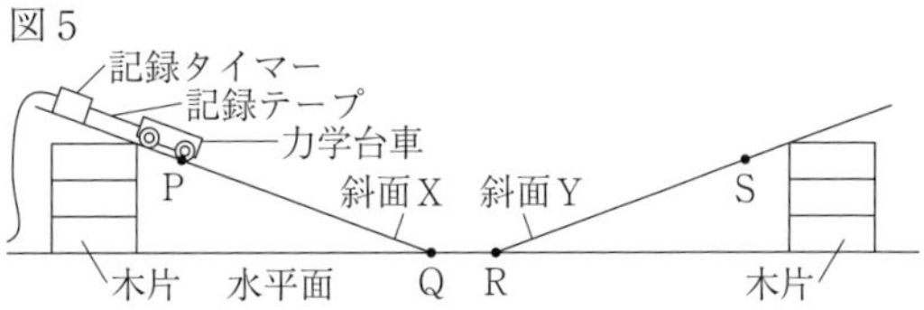

②　記録テープをつけた力学台車を手で支えて前輪を点Pに合わせた。記録タイマーのスイッチを入れて力学台車を支える手を静かに離し，力学台車を運動させた。

③　斜面Yの木片が2個，1個のときについて，実験3 ②と同じようにして調べた。

④　斜面Y上の力学台車の運動について，力学台車の後輪が点Rを通過してから点Sを通過するまでの記録テープを6打点ごとに切り，左から時間の経過順に下端をそろえてグラフ用紙にはりつけた。図6は，この結果を示したものである。ただし，打点は省略している。また，最後の記録テープは6打点に足りない場合がある。なお，斜面をのぼるとき，記録テープは浮き上がらないものとする。

図6

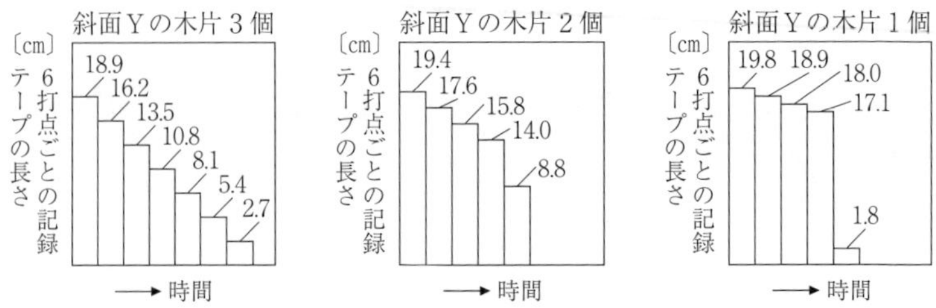

かなでさん　図6ではわかりませんが，点Pから同じ傾きの斜面を同じ距離だけ下りてくるので，点Rを通過するときの速さはどれも同じです。

まさるさん　斜面Yの木片が3個のときは，力学台車は点Sで止まりましたが，木片が2個と1個のときは，力学台車は点Sを通り過ぎました。

かなでさん　斜面Yの木片が3個，2個，1個と少なくなると，斜面の傾きは小さくなります。ⓒ斜面Yの傾きが小さくなると，点Sでの力学台車の速さは（　あ　）なりました。その理由は，斜面Yの傾きが小さいほど，（　い　）からです。

まさるさん　もし，ⓓ力学台車の運動がこのまま続けば，どこまで進むことができるでしょうか，斜面Yが十分に長いとして，実験結果をもとに，考えてみましょう。

かなでさん　上りの斜面の傾きによって，ジェットコースターを楽しむことができる長さが変わってくるようですね。

(4) 下線部ⓒについて，点Rで同じであった力学台車の速さが，点Sではどのようになったのか，（　あ　）にあてはまる言葉を書きなさい。また，（　い　）には，力学台車にはたらく力に着目して，その理由を書きなさい。

あ（　　　　）

い（　　　　　　　　　　　　　　　　　　　　　　　　　　　　　　　　　）

(5) 下線部ⓓについて，かなでさんたちは，斜面Yの木片が1個のとき，力学台車がどこまで進むことができるのかを考えることにした。斜面Yと記録テープは十分に長いものとして，実験3と同じように実験を行ったとき，力学台車が自然に止まるまでに，6打点ごとに切り離した記録テープは何本できると考えられるか。ただし，最後の記録テープが6打点に足りない場合も1本と数えるものとする。（　　　本）

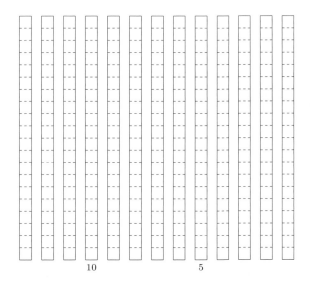

びましたね。

さやかさん　ええ。本文では、遠く離れて長い間会っていない相手でも、その人の手紙を見ると、（い）ときの気持ちに決して劣らないとあります。この文章から、心を込めて書いた手紙のすばらしさを感じますね。

わたるさん　そうですね。現代に生きる私たちも参考にできそうですね。

(a)　（あ）にあてはまる言葉を、ア～エから一つ選びなさい。（　　）

ア　敬具　　イ　以上　　ウ　草々　　エ　謹白

(b)　（い）にあてはまる適切な言葉を**五字以上十字以内**の**現代語**で書きなさい。［　　　　　　　　　　］

(c)　さやかさんの言う「心を込めて書いた手紙」とはどのようなものか、その内容が書かれているまとまりを、本文中の1～5から一つ選びなさい。（　　）

(3)　次は「枕草子」の内容の一部であるが、「無名草子」の文章からこの内容に相当する部分を一文で抜き出し、最初の**五字**を書きなさい。［　　　　　］

しみじみと心にしみた手紙を、雨などが降り一人やるせない日に探し出したものというのは、過ぎ去った昔が恋しいと思うものである。

5　次の資料にある言葉は、日本の和語（大和《やまと》言葉）である。これらの中から、日常生活で使ってみたい言葉を一つ選び、文例を用いて和語（大和言葉）についてのあなたの考えを〈条件〉(A)～(D)に従って書きなさい。

資料

あけぼの
意味　夜がほのぼのと明けはじめる頃。

五月雨《さみだれ》
意味　旧暦五月頃に降る長雨。梅雨。

花ぐもり
意味　桜が咲く頃の曇り空。

〈条件〉

(A)　題名などは書かないで、本文を一行目から書き始めること。

(B)　二段落構成とし、前の段落では、その言葉を選んだ理由とその言葉をどのように日常生活で使うか、その場の状況が想像できるような文例を書き、後の段落では、前の段落の文例を踏まえて、和語（大和言葉）に対するあなたの考えを書くこと。なお、文例は一文でなくてもよい。また、和語（大和言葉）は、和語あるいは大和言葉と表してもよい。

(C)　全体が筋の通った文章になるようにすること。

(D)　漢字を適切に使い、原稿用紙の正しい使い方に従って、十～十三行の範囲におさめること。

(4)　次の文は、はるのさんが、本文の――線部「時間の無駄だったと思われていた作業が『検証期』を通して一つにつながる」について、発表のためにまとめたものである。（ⓐ）～（ⓒ）にあてはまる適切な言葉を書きなさい。ただし、（ⓐ）は**五字以上十字以内**、（ⓒ）は**十五字以上二十字以内**で本文中の言葉を用いてそれぞれ書き、（ⓑ）は補足資料から**五字以上十字以内**で抜き出して書くこと。

　自分のもっていた課題が「検証期」に解決されるためには、「準備期」において無駄と思える努力をしておくことである。つまり、あらゆることに（ⓐ）ことが大切だということである。また、ひらめいた直感に気づくためには、（ⓑ）が必要である。そして、その気づきを確信に変えるためには、（ⓒ）ことが重要である。

ⓐ

ⓑ

ⓒ

4　次の文章は「無名草子《むみょうぞうし》」の一部である。(1)～(3)に答えなさい。（1～5は内容のまとまりを示す。）

1この世に、いかでかかることありけむ《どうしてこんなことがあったのだろう》と、めでたくおぼゆる《すばらしく思われる》ことは、文《ふみ》《手紙》こそはべれな《ですよ》。2遥《はる》かなる世界にかき離れて、幾年《いくとせ》あひ見ぬ人なれど、文といふものだに《さえ》見つれば、ただ今さし向かひたる心地《今、直接向かい合っている気持ち》して、3なかなか《かえって》うち向かひては思ふほども続けやらぬ心のうち《直接向かい合っては思っているほども言い続けられない心のうち》もあらはし、言はまほしきこと《言いたいこと》をもこまごまと書き尽くしたるを見る心地は、めづらしく、うれしく、あひ向かひたるに劣りてやはある《面と向かっているのに比べて決して劣ってはいない》。

4つれづれなる折、昔の人の文見出《い》でたるは、ただその折の心地して、いみじく《ひどく》うれしくこそおぼゆれ。

5何事も、ただ さし向かひたるほどの情《なさけ》ばかりにてこそはべるに《ただ向かい合っている間の感情だけですが》、これは、ただ昔ながら《全く昔のまま》、つゆ《少しも》変はることなきも、いとめでたきことなり。

(1)　〰〰線部「あらはし」を、現代仮名遣いに改めて、全てひらがなで書きなさい。（　　　）

(2)　次は、わたるさんとさやかさんが、本文を読んで対話をした内容の一部である。(a)～(c)に答えなさい。

わたるさん　この文章は手紙について書かれたものです。手紙については、拝啓を頭語とする場合、（あ）を結語とするといった形式とともに、心を込めて書くことの大切さを授業で学

はるさんのパネル

グラハム・ワラスの創造性が生まれる４段階

1 準備期
［ A ］。
↓
情報や知識を収集する。
↓
論理的に解決しようとする。

2 あたため期
［ B ］。
↓
答えが出るのを待つ。

3 ひらめき期
創造的解決策が舞い降りる。
（天の啓示・アハ体験）

4 検証期
論理的に解決策を検証する。

⇩

創造的発想

補足資料

偶然の出会いというと、原理的に制御不可能なもののように思われる。しかし、その偶然を必然に化する錬金術に長《た》けた人たちがいる。十九世紀のフランスの数学者、ポアンカレの「偶然はそれを受け入れる準備ができた精神のみに訪れる」という言葉は有名である。いつ、どのような偶然が起きるかということ自体はコントロールできなくても、偶然の幸運を生かす能力は、自分の心掛け次第で鍛えることができる。この能力は、脳の偶有性の知覚と関連している。それまでの流れを変えてしまうような偶然の機会は、多くの場合、一生に一度しか起こらない。この一回性の機会を生かすためには、世界に対して開かれた、しなやかな精神が必要である。

（茂木《もぎ》健一郎《けんいちろう》「脳と創造性『この私』というクオリアへ」より。一部省略等がある。）

（注）　偶有性＝不確実な部分が世の中には存在し、確実なものと混在していること。

(1)　はるのさんのパネルの［A］・［B］にあてはまる適切な言葉を書きなさい。ただし、［A］は**五字以上十字以内**、［B］は**十一字**でそれぞれ本文中の言葉を用いて書くこと。

A ［　　　　　　　　　　］
B ［　　　　　　　　　　　］

(2)　本文において、創造的発想が生まれようとしているとき、人間の思考はどのような状態だと述べられているか、本文中の言葉を用いて答えの末尾が「状態」に続く形になるように**二十五字以上三十字以内**で書きなさい。

［　　　　　　　　　　　　　　　　　　　　　　　　　　　　　　］状態

(3)　はるのさんは、パネルの「3　ひらめき期」に関する補足資料を準備している。はるのさんが、補足資料を準備した意図は何か、最も適切なものをア～エから選びなさい。（　　）

ア　創造的発想の生まれる瞬間について具体的な異論を示すことで、聞き手に質問させようとした。

イ　創造的発想の生まれる瞬間について新たな説明を加えることで、聞き手に納得させようとした。

ウ　創造的発想の生まれる瞬間について客観的な検証を示すことで、聞き手に賛同させようとした。

エ　創造的発想の生まれる瞬間について異なる見解を加えることで、聞き手に反論させようとした。

解決に熱中する期間も含まれます。この第一段階で主役を担《にな》っているのは「論理的思考」であり、様々な知識を駆使して、論理的に解決しようと努力をします。

第一段階では満足のいく解決策が見つからないことが多く、時には半分諦めかけたような状態で問題から意識的に離れます。この期間を第二段階の「あたため期」と呼びます。「煮詰まったから一旦リフレッシュしよう」というような感覚です。つまり、ここでは一度問題から離れて休息したり無関係なことをしたりしています。

しかしこの期間では、ただ単に「もう無理だからやめた！」といって別のことをするわけではありません。本人は、意識的に問題から離れているので問題に対して何も思考をしていないつもりでも、脳内では潜在的に思考が熟しつつあり、何らかの解決策が自然に出てくるのを無意識的に待っている期間になります。それゆえこの期間は「孵化《ふか》期」とも呼ばれています。

第三段階の「ひらめき期」にて、いよいよ創造的発想が生まれます。ここでは、前段階の「あたため期」で問題から離れ、意識上では解決に向けて何も取り組んでいなかったので、突然、創造的な解決策が降ってきたような感覚に陥ります。また、どのように解決策が導かれたのか本人にもわからないので「天の啓示」などと呼ばれることもあります。

このような例は過去に大発見をした研究者の話でもよく耳にします。例えば、ポアンカレ予想で有名な数学者アンリ・ポアンカレは、ブックス関数発見の経緯について、一度煮詰まった問題から離れて散歩に出かけるため、乗合馬車の踏板に足をかけた瞬間に天の啓示がひらめき問題が解けたといいます。ここでは、探し求めて見つからなかった解決策が突然意識に上がってくるため強い喜びと確信を伴い、「アハ体験」ともいわれています。

最後の第四段階である「検証期」では、ひらめいた解決策が実際に正しいかどうかを確認する作業が行われます。これにより、「ひらめき期」では曖昧だった案がより明確になり、直感が確信に変わるのです。「検証期」で行う作業の多くは論理的思考に基づきます。

ここで、より正確な検証を行うためには、第一段階の「準備期」で問題解決に向けて様々な思考を巡らせていた方が良いと思われます。つまり、「準備期」では満足のいく解決策が見つからなくて諦めかけ、時間の無駄だったと思われていた作業が「検証期」を通して一つにつながるのです。よく「無駄なことなんてない」なんていいますが、これはまさにこのことを指しているでしょう。一生懸命取り組んだけどダメだった時、それを単なる時間の無駄にするかどうかは、いかに「準備期」で無駄と思える努力をするか、そしていかに「ひらめき期」で突然降ってくる解決案に注意を払い自ら気づくか、そして「検証期」にて注意深く検証をすることができるかだと思います。

（大黒達也《だいこくたつや》「芸術的創造は脳のどこから産まれるか？」より。一部省略等がある。）

（注）ブックス関数＝関数の一種。

文にあるように、清澄が、くるみの様子に（ⓒ）ことで自らを客観的に把握することができたこと、以上のような二人の気持ちの変化が描かれているといえる。また、この対話で、二人が将来に対する互いの考えに気づいたことも含まれている。

(a)（ⓐ）・（ⓑ）にあてはまる適切な言葉を、それぞれ本文中の言葉を用いて**十五字以上二十字以内**で書きなさい。

ⓐ

ⓑ

(b)（ⓒ）にあてはまる最も適切なものをア～エから選びなさい。（　　）

ア　自分を鼓舞する　　イ　自分を肯定する

ウ　自分を恥ずかしく思う　　エ　自分を重ね合わせる

(3) 本文について述べたものとして、最も適切なものをア～エから選びなさい。（　　）

ア　くるみが清澄の「ツボ」を押す場面を描き、清澄の消極的な性格を暗示している。

イ　「マーマレードの色」の光で照らすことで、情景や人物の心情を印象づけている。

ウ　水によって磨かれた「石」を宝石にたとえ、水がもつ浄化の力を象徴している。

エ　「糸くず」について描くことで、もの寂しい場面を明るい雰囲気にしている。

3　はるのさんは、国語の時間に「創造的発想」について発表することになった。次は、はるのさんが参考にした文章と、はるのさんが発表するために作ったパネル、補足資料である。(1)～(4)に答えなさい。

「創造的発想はどこからやってくるのか」という問いは、長い歴史を通して人類の最大の問題といえるかもしれません。現在我々が生きている社会や科学の進歩も、様々な創造的発明や発見が根底にあります。

創造的発想が生まれる過程に関する研究は長きにわたって行われており、その研究は心理学や脳科学だけにとどまらず、経済学や教育学など様々な視点から仮説が唱えられています。ノースカロライナ大学のキース・サウヤー教授は、このような五十年以上にもわたる創造性に関する研究をまとめた著書の中で、創造的な発想を生み出すためには、ある共通的なプロセスが必要であると報告しています。このプロセスをよく表しているモデルとして、社会心理学者グラハム・ワラスによる「創造性が生まれる4段階」が特に用いられています。

グラハム・ワラスによる、創造性が生まれる4段階

①　準備期　　②　あたため期

③　ひらめき期　　④　検証期

まず、第一段階の「準備期」では創造性を生み出すための下準備をします。最終的に何を解決したいか、先にあるゴールや意欲がなく何も思考せずにただぼやっとしているだけでは創造的な解決法も生まれません。つまり最初に、達成するべき目標や解決すべき問題を設定する必要があります。

また、ここでは必要な情報や知識を集め、論理的思考に基づいて問題

いよな、きっとな。」

な、と力強く言ったが、同意を求めているわけでもなさそうだった。言葉にすることで心が決まることはあるから、くるみは僕に話すことでなにか自分を納得させたかったのかもしれない。

ふう、と満足げに息を吐いたくるみは、ポケットをごそごそとさぐりはじめる。

「これ、キヨくんにあげる。」

平たくて楕円形《だえんけい》の石が、目の前に差し出された。すべすべとつめたくて、手のひらのくぼみにぴったりおさまる。真ん中に走っている細く白い筋を、そうっと指先でなぞった。

「ここまですべすべにするのに、どれぐらい研磨すんの。」

「あー、それ私が研磨したんちゃうで。」

「え、そうなん？」

「拾った時のまんま。」

想像もできないほどの長い時間をかけて、流れる水によってかたちを変えた石だという。

「すごいやろ、水の力って。」

じゃあ、そろそろ帰るね。くるみがいきなり立ち上がった。すたすたと玄関まで歩いていく背中をあわてて追う。

「送っていくよ。」

「いい。ひとりで来たし、ひとりで帰る。」

ほんとうは刺繍が完成するところを見たかったけどな、となぜか僕の額のあたりを意味ありげに一瞥《いちべつ》してから、くるみは出ていった。

「あれ、帰ったん？　あの子。夕飯食べていってもらおうと思ったのに。」

台所から出てきた姉が残念そうに鼻を鳴らす。

宝石でもなんでもないただの石なのだろうけど、ものすごいものをもらってしまった気がする。大切にポケットにしまって、布地ごしにそっと押さえた。

「キヨあんた、おでこに糸くずついてる。」

指摘されてようやく、さっきのくるみの視線の意味を知った。

（寺地《てらち》はるな「水を縫う」より。一部省略等がある。）

（注）　襟足＝襟くびの髪のはえぎわ。
　　　一瞥＝ちらりと見ること。

(1)　――線部「針をすすめるごとに心はふつふつと熱くなっていくのに、頭は冬の朝に深呼吸をした時みたいに、すっきり、きっぱり冴えていく」とあるが、清澄のどのような様子を表しているのか、最も適切なものをア～エから選びなさい。（　　）

ア　くるみの言動に戸惑っている様子。
イ　眠気が覚めはじめている様子。
ウ　刺繍に集中していく様子。
エ　心が沈んでいく様子。

(2)　Aの部分のくるみと清澄の対話について、次の文は、ある生徒が、二人の気持ちの変化を踏まえて考えたことをまとめたものである。(a)・(b)に答えなさい。

将来についてくるみが清澄に問いかけたとき、「仕事でなくても好きなことをずっと続けたい」という清澄の返答を聞き、くるみは彼の考えに同意した。その後、語り始めたくるみを見て清澄は、自分との対話というよりも、くるみの、（　ⓐ　）という思いを感じている。つまり、ここでの対話には、くるみが、（　ⓑ　）ことは悪いことではないと自分で不安を拭いさったこと、そして、「僕がそうだったから」と本

2　次の文章を読んで、(1)～(3)に答えなさい。

> 裁縫が好きな高校一年生の松岡清澄《まつおかきよすみ》（キヨ）は、まもなく結婚する姉のために、ウェディングドレスに刺繍《ししゅう》を入れている。次は、小・中学校の同級生で、石の収集と研磨を好む高杉《たかすぎ》くるみが、清澄の家まで訪ねてきた場面である。

ふいに首に強い刺激を感じた。いつのまにか背後にまわりこんでいたくるみが親指で僕の襟足のあたりをぎゅうぎゅう押しているのだ。

「え、え、なに？」

「ここな、目の疲れに効くツボやねんて。」

「あ……そうなんや、ありがとう。」

「後でまた目が疲れてきたら押したげる。今からまた刺繍するんやろ？」

後で、ということはまだしばらくここにいるつもりなのだろうか。もう帰ってくれと言うわけにもいかず、さっきまで枕にしていた座布団《ざぶとん》を押しやった。困ったな、とは思ったけれども、部屋の中にくるみがいることに、じきに慣れた。というより針を持ったら忘れてしまっていた、のほうが正確だろうか。数時間眠ったのがよかったのか、身体が軽い。

西側の窓から見える空はマーマレードの色に変わっていた。畳やドレスの布地や僕の手をやわらかく染める。針をすすめるごとに心はふつふつと熱くなっていくのに、頭は冬の朝に深呼吸をした時みたいに、すっきり、きっぱり冴《さ》えていく。休まずに針を動かし続けた。

「キヨくんは将来、洋服をあつかう人になるんかな。」

くるみの声は、ひどく遠くから聞こえてきた。同じ部屋にいるのに、とても遠い。遠いけれども、でも、ちゃんと聞こえる。しばらく考えて「わからん」と答えた。

A

くるみのひんやりとつめたい指がそっと僕の首筋に触れた。目を閉じると、指は僕の目と目のあいだに移動してきた。続いて、こめかみをぎゅうぎゅうと押される。かなり痛いのだが、これは効いているということなのだろうか？

「でもずっと続けられたらええな、と思ってる。やっぱ、刺繍好きやから。」

ずっと刺繍だけをしていられるような、それで食べていけるような仕事が存在するのかどうか、それは今の僕にはわからない。でも仕事じゃなくてもずっと続けたい。そう言ってからようやく目を開けて、くるみを振り返った。

くるみが大きく頷《うなず》く。マーマレードの色をまとった、きれいな顔で。

「私もそう。」

だって好きって大切やんな、と続けて、照れたように肩をすくめる。

「大切なことやから、自分の好きになるものをはやってるとかいないとか、お金になるかならないかみたいなことで選びたくないなと、ずっと思ってきた。」

石ころなんか磨いてなにが楽しいの？　それってなんかの役に立つの？　もしかしたらくるみは今までに何度もそんな言葉をぶつけられてきたのかもしれない。いやきっとそうだ。だって、僕がそうだったから。

「あのさ、好きなことを仕事にするとかって言うやん。でも『好きなこと』がお金に結びつかへん場合もあるやろ。私みたいにさ。でも好きは好きで、仕事に関係なく持っときたいなと思うねん、これからも。好きなことと仕事が結びついてないことは人生の失敗でもなんでもな

国語

時間　五五分
満点　一〇〇点

1　次の(1)～(4)に答えなさい。

(1)　次の(a)～(d)の各文の――線部の読み方を、ひらがなで書きなさい。

(a)　西の空に宵の明星が輝く。（　　）
(b)　水面で勢いよく小魚が跳ねる。（　　ねる）
(c)　雑誌に写真が掲載される。（　　）
(d)　相手の要望に柔軟に応じる。（　　）

(2)　次の(a)～(d)の各文の――線部のカタカナを漢字になおし、楷書《かいしょ》で書きなさい。

(a)　木のミキにセミがとまる。（　　）
(b)　稲《いね》が実って穂をタれる。（　　れる）
(c)　ガイロジュが色鮮やかに紅葉する。（　　）
(d)　紅茶にサトウを入れて飲む。（　　）

(3)　「祝」の部首と同じ部首をもつ漢字を行書で書いたものを、ア～エから一つ選びなさい。（　　）

ア　粗　　イ　租　　ウ　析　　エ　祈

(4)　次の文の――線部と動詞の活用形が同じものを、ア～エから一つ選びなさい。（　　）

毎朝、新聞を読みます。

ア　本屋に行くときに友達に会った。
イ　冬の夜空には多くの星が見える。
ウ　市役所を経由してバスが来た。
エ　雨がやめば外は明るくなるだろう。

2021年度／解答

数学

1 【解き方】(1) 与式 $= -(12 \div 4) = -3$

(2) 与式 $= \sqrt{24} = 2\sqrt{6}$

(3) 与式 $= x^2 + (-4-5) \times x + (-4) \times (-5) = x^2 - 9x + 20$

(4) 解の公式より，$x = \dfrac{-(-5) \pm \sqrt{(-5)^2 - 4 \times 1 \times 3}}{2 \times 1} = \dfrac{5 \pm \sqrt{13}}{2}$

(5) トランプのひき方は52通り。1けたの偶数は2，4，6，8で，ハート，スペード，ダイヤ，クラブそれぞれに4通りずつあるから，$4 \times 4 = 16$（通り）　よって，求める確率は，$\dfrac{16}{52} = \dfrac{4}{13}$

(6) 3冊以上6冊未満の度数は，$30 - (7 + 5 + 3 + 2 + 1) = 12$（人）　よって，相対度数は，$12 \div 30 = 0.4$

(7) 五角形の内角の和は，$180° \times (5 - 2) = 540°$　$\angle\mathrm{BAE} = 180° - 70° = 110°$，$\angle\mathrm{AED} = 180° - 80° = 100°$ だから，$\angle\mathrm{ABC} = 540° - (110° + 100° + 110° + 105°) = 115°$

(8) $y = \dfrac{5}{2}x + a$ に $x = 4$，$y = 3$ を代入して，$3 = \dfrac{5}{2} \times 4 + a$ より，$a = -7$　よって，$(0,\ -7)$

(9) 底面積は，$6 \times 6 = 36$ (cm^2)　また，右図の△ABCで，$\mathrm{BC} = 6 \times \dfrac{1}{2} = 3$ (cm)だから，三平方の定理より，$\mathrm{AC} = \sqrt{7^2 - 3^2} = \sqrt{40} = 2\sqrt{10}$ (cm)　よって，体積は，$\dfrac{1}{3} \times 36 \times 2\sqrt{10} = 24\sqrt{10}$ (cm^3)

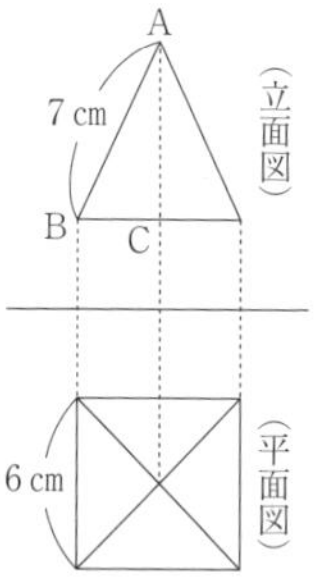

(10) $336 = 2^4 \times 3 \times 7$ だから，$n = 3 \times 7 = 21$ のとき，$\dfrac{336}{21} = 2^4 = 4^2$ になる。

【答】(1) -3　(2) $2\sqrt{6}$　(3) $x^2 - 9x + 20$　(4) $x = \dfrac{5 \pm \sqrt{13}}{2}$　(5) $\dfrac{4}{13}$　(6) 0.4　(7) 115°

(8) $(0,\ -7)$　(9) $24\sqrt{10}$ (cm^3)　(10) 21

2 【解き方】(1) ア．袋は合わせて91袋だから，$x + y = 91$　イ．1袋190円が x 袋，1袋245円が y 袋売れて合計19380円だから，$190x + 245y = 19380$　ウ．ゆうさんの考え方では，玉ねぎの袋は $\dfrac{x}{3}$ 袋，じゃがいもの袋は $\dfrac{y}{6}$ 袋として連立方程式をつくっている。合わせて91袋だから，$\dfrac{x}{3} + \dfrac{y}{6} = 91$　エ．1袋190円が $\dfrac{x}{3}$ 袋，1袋245円が $\dfrac{y}{6}$ 袋売れて合計19380円だから，$\dfrac{190}{3}x + \dfrac{245}{6}y = 19380$

(2) みきさんの考え方の式を順に①，②とおく。② − ① × 190 より，$55y = 2090$ だから，$y = 38$　これを①に代入して，$x + 38 = 91$ より，$x = 53$　よって，玉ねぎは，$3 \times 53 = 159$（個），じゃがいもは，$6 \times 38 = 228$（個）

【答】(1) ア．$x + y$　イ．$190x + 245y$　ウ．$\dfrac{x}{3} + \dfrac{y}{6}$　エ．$\dfrac{190}{3}x + \dfrac{245}{6}y$

(2)（玉ねぎ）159（個）（じゃがいも）228（個）

3 【解き方】(1) A—B—C—D，A—B—D—C，A—C—B—D，A—D—B—C，A—C—D—B，A—D—C—B，C—A—B—D，D—A—B—C，C—A—D—B，D—A—C—B，C—D—A—B，D—C—A—Bの12通り。

(2) (a) $2 \times \pi \times 24 \times \frac{120}{360} = 16\pi$ (cm)　(b) 右図のようにOからEHに垂線をひき，EH，BA，FGとの交点をそれぞれI，J，Kとおく。△AJOは，∠AOJ = 60°より，3辺の比が1：2：$\sqrt{3}$の直角三角形だから，AJ = $\frac{\sqrt{3}}{2}$AO = $\frac{\sqrt{3}}{2} \times 24 = 12\sqrt{3}$ (cm)　よって，FG = 2AJ = $24\sqrt{3}$ (cm)

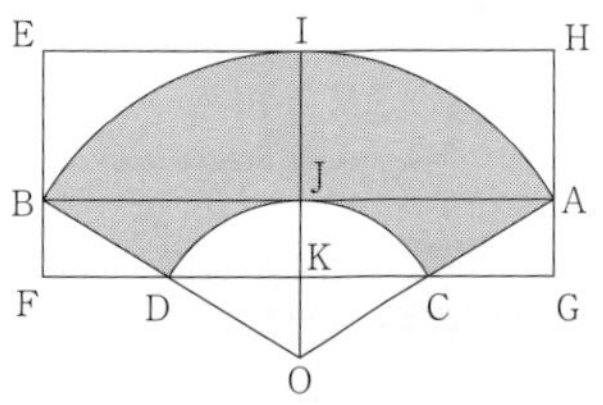

△CKOも3辺の比が1：2：$\sqrt{3}$の直角三角形だから，KO = $\frac{1}{2}$CO = 6 (cm)　IO = 24cmだから，EF = IK = IO − KO = 24 − 6 = 18 (cm)

【答】(1) 12 (通り)　(2) (a) 16π (cm)　(b) (EF) 18 (cm)　(FG) $24\sqrt{3}$ (cm)

4 【解き方】(1) (a) $y = x + 12$に$x = -4$を代入して，$y = -4 + 12 = 8$　(b) $y = x + 12$に$x = 6$を代入して，$y = 6 + 12 = 18$より，B (6, 18)　また，(1)より，A (− 4, 8)　点A，Bとx軸について対称な点は，A′ (− 4, − 8)，B′ (6, − 18)で，直線A′B′は傾きが，$\frac{-18-(-8)}{6-(-4)} = -1$だから，$y = -x + b$とおき，$x = 6$，$y = -18$を代入して，$-18 = -6 + b$より，$b = -12$　よって，求める直線は，$y = -x - 12$

(2) (a) $y = \frac{1}{2}x^2$に$x = 2$を代入して，$y = \frac{1}{2} \times 2^2 = 2$より，P (2, 2)，R (2, 0)　$y = x + 12$に$y = 2$を代入して，$2 = x + 12$より，$x = -10$　よって，Q (− 10, 2)，S (− 10, 0)　長方形PQSRの対角線の交点の座標は，$\left(\frac{-10+2}{2},\ \frac{0+2}{2}\right) = (-4,\ 1)$で，この点を通る直線は長方形PQSRの面積を2等分する。(− 4, 1)と原点を通る直線の傾きは$-\frac{1}{4}$だから，求める直線の式は，$y = -\frac{1}{4}x$　(b) $P\left(t,\ \frac{1}{2}t^2\right)$とおくと，R ($t$, 0)　$y = x + 12$に$y = \frac{1}{2}t^2$を代入して，$\frac{1}{2}t^2 = x + 12$より，$x = \frac{1}{2}t^2 - 12$　よって，$Q\left(\frac{1}{2}t^2 - 12,\ \frac{1}{2}t^2\right)$，$S\left(\frac{1}{2}t^2 - 12,\ 0\right)$　$QP = t - \left(\frac{1}{2}t^2 - 12\right) = -\frac{1}{2}t^2 + t + 12$，$PR = \frac{1}{2}t^2$だから，QP = PRより，$-\frac{1}{2}t^2 + t + 12 = \frac{1}{2}t^2$　整理して，$t^2 - t - 12 = 0$より，$(t + 3)(t - 4) = 0$だから，$t = -3,\ 4$　$t = -3,\ 4$はどちらも$-4 \leqq t \leqq 6$の範囲内にある。よって，$t = -3$のとき，PR = $\frac{1}{2} \times (-3)^2 = \frac{9}{2}$，$t = 4$のとき，PR = $\frac{1}{2} \times 4^2 = 8$

【答】(1) (a) 8　(b) $y = -x - 12$　(2) (a) $y = -\frac{1}{4}x$　(b) $\frac{9}{2}$，8

5 【解き方】(1) △DFEの内角と外角の関係より，∠DEG = a° − 90°

(3) △ABDで三平方の定理より，BD = $\sqrt{2^2 + 4^2} = \sqrt{20} = 2\sqrt{5}$ (cm)　△ABD ∽ △DEBより，DB：BE = AD：DBだから，$2\sqrt{5}$：BE = 4：$2\sqrt{5}$　比例式の性質より，4BE = $2\sqrt{5} \times 2\sqrt{5} = 20$だから，BE = 5cm　よって，△ABEで，AE = $\sqrt{2^2 + 5^2} = \sqrt{29}$ (cm)　△ADE = $\frac{1}{2}$ × AD × DC = $\frac{1}{2} \times 4 \times 2 = 4$ (cm^2)で，△ADE = $\frac{1}{2}$ × AE × DH = $\frac{\sqrt{29}}{2}$DH (cm^2)とも表せるから，$\frac{\sqrt{29}}{2}$DH = 4　したがって，DH = $4 \times \frac{2}{\sqrt{29}} = \frac{8\sqrt{29}}{29}$ (cm)

(4) △ABE = $\frac{1}{2} \times 5 \times 2 = 5$ (cm^2)　AD ∥ BEより，AF：FE = AD：BE = 4：5だから，△BEF = △ABE × $\frac{5}{4+5} = 5 \times \frac{5}{9} = \frac{25}{9}$ (cm^2)　また，GC ∥ ABより，△GCE ∽ △ABEで，相似比が，CE：

BE =(5 − 4):5 = 1:5だから，面積比は，$1^2:5^2 = 1:25$　よって，△GCE = $5 \times \frac{1}{25} = \frac{1}{5}$ (cm^2)だから，四角形BCGF =△BEF −△GCE = $\frac{25}{9} - \frac{1}{5} = \frac{116}{45}$ (cm^2)

【答】 (1) $a - 90$ (度)

(2) △ABDと△DEBで，仮定より，∠BAD =∠EDB = 90°……①　AD∥BEから，平行線の錯角は等しいので，∠ADB =∠DBE……②　①，②より，2組の角がそれぞれ等しいので，△ABD∽△DEB

(3) $\frac{8\sqrt{29}}{29}$ (cm)　(4) $\frac{116}{45}$ (cm^2)

英　語

1 【解き方】(1) 場面 A．マリは十分な卵がないと聞いて，「私が店に行っていくつか買う」と言っている。場面 B．スーザンは「私は国語を楽しんだ」と言っている。

(2) 質問 1．How long =「どれくらい(長く)」。期間を答える。質問 2．Can we ～? =「(私たちは)～できますか，～してもいいですか？」。

(3) 74 %の生徒が新しい言語を学びたがっていることから，アは「新しい言語を学ぶこと」。第 5 位のウは「海外で友だちを作ること」で，それは「海外で生活すること」ほど割合が高くないので，イが「海外で生活すること」となる。

【答】(1) 場面 A．ア　場面 B．ウ　(2) 質問 1．イ　質問 2．ウ　(3) イ

◀全訳▶　(1) 場面 A．

男：トマト，チーズはある…。ああ，しまった！

女：どうしたの，ジェームズ？

男：ええとね，マリ，昼食にサンドイッチを作りたいのだけれど，十分な卵がないんだ。

女：わかったわ。私が店に行っていくつか買うわ。私はちょうど今何もしていないから。

質問：マリはジェームズのために何を買いますか？

場面 B．

男：やあ，スーザン。今日，日本での授業はどうだった？

女：こんにちは，ケンジ。数学と理科が難しかったけれど，国語は楽しんだわ。私は今日，俳句を書いたの。

男：国語はきみの好きな教科なの？

女：私はそれにとても興味があるけれど，私の好きな授業は音楽よ。

質問：スーザンは今日，何の授業を楽しみましたか？

(2)

質問 1．あなたはこの町にどれくらい住んでいますか？

ア．5 時まで。　イ．7 年間。　ウ．初めて。　エ．10 分後に。

質問 2．今，インタビューを始めてもいいですか？

ア．それは正しいです。　イ．それではまた。　ウ．もちろん。　エ．私はそれを楽しみました。

(3) このグラフを見てください。それは日本の高校生がなぜ留学をしたがっているかを示しています。一番の理由はいろいろな体験をすることで，74 %の生徒が新しい言語を学びたがっています。私は海外で友だちを作ることに興味がありますが，それは 5 位です。友だちを作ることは海外で生活することほど割合が高くありません。ご清聴ありがとうございます。

2 【解き方】「私が（宿題のメールを）書き終わったら，何をすべきですか？」という質問への返答。先生は「書き終わったら，その紙をこの箱に入れてください」と言っている。

【答】エ

◀全訳▶　今から，私は宿題について話します。今日の授業で，みなさんはメールの書き方を学びました。私はみなさんに紙にメールを書く練習をしてほしいと思います。メールの中で，今週末のあなたの予定を書き，そして私の予定を尋ねてください。書き終わったら，その紙をこの箱に入れてください。この箱は教室の机の上にあります。みなさんは金曜日より前にその中に宿題を入れなければなりません。何か質問があれば，私が職員室にいるときに聞いてください。

3 【解き方】好きな時間を It is ～や I like ～で表し，その理由を because 以下で述べる。

【答】(例) It is the lunch time because I enjoy eating with my friends.

◀全訳▶　1 日のうちであなたの好きな時間はいつですか？　なぜですか？

4 【解き方】(1)(a)「日本では，冬はたいてい『12月』から2月までです」。from ～ to …＝「～から…まで」。(b)「私の兄は良い料理人で，有名なレストランで『働いています』」。

(2)(a)「あなたは彼女の名前を知っていますか？」に対する応答。直後でAが名前を教えていることから，ウの「いいえ，知りません」が適切。(b) Bが「午後11時だったので，眠る時間があまりありませんでした」と答えていることから，アの「あなたはいつ帰宅しましたか？」が適切。(c) Bは「私はこの地図上のどこにいますか？」と尋ねているので，エの「私たちはこの寺の近くにいます」が適切。

(3)「音楽を聞くことは私を幸せにします」という意味の文。動名詞が文の主語になる。make A B＝「AをBにする」。

【答】(1)(a) ウ (b) イ (2)(a) ウ (b) ア (c) エ (3) ウ→ア→エ→イ

5 【解き方】(1) ① 表の「内容」欄より，イベントではそば打ち体験のほかに「古民家を『訪問することができる』」。② 昼食では自分が作ったそばを食べることから，「『昼食を持ってくる』必要はない」とする。

(2) ア．ジュディが日本の芸術について述べている場面はない。イ．りょうたの1つ目のせりふを見る。町はそば作りで有名である。ウ．りょうたの2つ目のせりふを見る。りょうたがその町を訪れて地元の料理を食べたのは過去のことである。エ．「なみはこのイベントを通して彼女の市についてもっと学ぼうと思っている」。なみの最後のせりふを見る。正しい。

(3) イベントの開始時刻や集合場所を尋ねる。

【答】(1) ① you can visit ② bring lunch (2) エ

(3)（例1）What time will the event start? （例2）Where should we go to join the event?

◀全訳▶

なみ　　：見て！　私たちの市のさくら町で次の土曜日に開かれるこのイベントはおもしろそうよ。

ジュディ：本当？　何と書いてあるの？

りょうた：そば打ちに挑戦することができるよ。さくら町はそれで有名なんだ。

ジュディ：あら，私はホームステイ中に日本でしか経験できないことをやってみたかったの。

なみ　　：そして，あなたは古民家を訪問することもできるわ。

りょうた：ぼくは両親と一度そこに行ったことがある。ぼくたちはそこで地元の料理を楽しんだよ。

ジュディ：楽しそうね。私が知っておくべきことは何かある？

りょうた：そうだな，きみは昼食を持ってくる必要はないよ。きみが作ったそばを食べられるから。それと，きみはそのイベントに参加するために500円必要だよ。

ジュディ：いいわね。あなたたちも参加してくれる？

りょうた：ぼくはしたいけれど，できないんだ。ぼくは8月7日に大切なテニスの試合があるんだ。

なみ　　：私はあなたといっしょに行くことができるわ。私は自分たちの市について新しくておもしろいことを学びたいの。

りょうた：きみたちが帰ったときに，ぼくにそれについて教えてよ。

ジュディ：もちろん，そうするわ，りょうた。

6 【解き方】(1) 最終文に着目する。「それ（あなたが持っている何か特別なこと）を見つけてみてはどうですか？」→「あなたは楽しい経験をたくさんするでしょう」という流れが適切。

(2) 最終段落を見る。ブライアンは自分自身を表現して自分の世界を変えることができたと言っている。アの「あなた自身を表現することを恐れないで」が適切。

(3) 質問は「海外からあなたの友だちがあなたの町に来ます。あなたは彼らと何をしたいですか？　あなたはその経験から彼らに何を学んでほしいですか？」。解答例は「私はアニメが好きなので，彼らと日本のアニメを見たいです。私は彼らに日本のアニメの良い点を学んでほしいです」。

【答】(1) エ (2) ア

(3) (例) I like anime, so I want to watch Japanese anime with them. I want them to learn about the good points of Japanese anime. (24 語)

◀全訳▶　私がキャンプで学んだこと

昨年の夏，私はこの国際交流プログラムに参加しました。このプログラムは私に自分自身を変える機会を与えてくれました。

このプログラムの間，私は他の国々からの異なる年齢の人々とのパーティーやキャンプを計画しました。私は自分自身を表現することを恐れていて，何をしたらいいかわかりませんでした。ある年上のメンバーが私に「だれでも，することができる何か特別なことを持っているよ。きみを特別にするものを見つけてみたらどう？」と言いました。私は音楽が好きなので，みんなのためにギターを弾くことに決めました。キャンプの1つで，私はギターを弾きました。するとみんなが歌い始めました。それは本当に驚くべきことで，私は彼らの幸せそうな顔を見てとてもうれしかったです。キャンプの後，私たちは自分の好きなことについて話すのを楽しみました。

みんなに私が好きなことを教えることで，私は自分自身を表現して他の人たちと話すことができました。私は自分の世界を少し変えることができました。あなたも何か特別なことを持っていると私は思います。それを見つけてみてはどうですか？　あなたは楽しい経験をたくさんするでしょう。

7 【解き方】(1) (a) 問いは「みえは初めて食品ロスについて学んだとき，それに興味をもちましたか？」。第3段落の冒頭を見る。みえは興味をもたなかったので，No で答える。(b) 問いは「ボランティアは町で料理イベントを開催するとき，何をしていますか？」。第4段落の最後の文を見る。彼らは食べ物を無駄にしないで料理をする方法を人々に教えている。

(2) 直前で，みえが「それ（食べられなかった食べ物を別の料理に使うこと）は大仕事ね」と言っていることから，「それら（食べられなかった食べ物）を捨てることはそれ（別の料理に使うこと）より『簡単』です」とする。直後に than があるので比較級にする。

(3) 直後で，祖母が「あなたには多くのことができます」と答えていることから，「私はそれについて何をすることができますか？」などの疑問文を作る。

(4) 空所には，フードバンクで人々が食品ロスを止めるためにしていたことが入る。第4段落の最後の文より，イの「地域のレストランを訪れて話をしていた」が適切。

(5) ⓐ ダニエルはみえのポスターにある料理を作って，何を学びたいと思っているのか？→「食品ロスを止める方法」。ⓑ 地域で何かを変える力を持ちたければ，どんな友だちを作ることが大切か？→「同じ目標」を持ち，いっしょに活動する友だち。

(6) ア．第2段落の中ほどを見る。みえが帰宅したときに祖母が料理をしていたのは，「フードバンクの人々のため」ではない。イ．「みえは，食べるのにまだ適した多くの食べ物が日本で無駄にされていると聞いた」。第3段落の前半を見る。正しい。ウ．第3段落の中ほどを見る。エネルギーや水の問題について言及しているのは，みえの祖母である。エ．みえの友だちが食品ロスについてのポスターを作るよう彼女に頼んだとは書かれていない。オ．第5，6段落を見る。みえは食品ロスを止めるため，みんなにしてほしいことをいくつか紹介している。カ．「食べ物を料理するさまざまな方法を知ることは，食品ロスを止める1つの方法である」。最終段落の後半を見る。正しい。

【答】(1) (a) No, she didn't.　(b) They show people how to cook without wasting food.　(2) easier

(3) (例) What can I do about it?　(4) イ　(5) ⓐ ア　ⓑ the same goals　(6) イ・カ

◀全訳▶　あなたは何かを食べるとき，それのすべてを食べることができていますか？　すべてを食べることができないとき，あなたはどうしていますか？　あなたはそれを捨てますか？　今日，私は食品ロスについて話したいと思います。

夏のある日，私が学校から家に帰ったとき，祖母が何かを料理していました。「何をしているの，おばあちゃん？」と私は尋ねました。彼女は「あら，みえ。私はこれらの野菜から料理を作ろうとしているのよ。昨日私たちは夕食でこれらの野菜のすべては食べることができなかったからね。もし私たちが別の料理を作るためにそれらを使うことができれば，それらを無駄にする必要がないわ」と言いました。私は「それは大仕事ね。それらを捨てることのほうがそれより簡単よ」と言いました。彼女は「それらを捨てることはもったいないわ！　私たちは食品ロスを止めなければならないの」と言いました。

「食品ロス？」　私は授業でそれを学びましたが，興味がありませんでした。祖母は「日本人は毎年，まだ食べられる600万トン以上の食べ物を捨てているけれど，日本や世界中には十分な食べ物のない人もたくさんいるわ。私たちは食べ物を生産するために多くのエネルギーや水も無駄にしているのよ」と続けました。「私は気をつけようとしているけれど，ときどきたくさん買い過ぎてしまうわ。私はそれについて何ができるかな？」と私は尋ねました。彼女は「あら，あなたには多くのことができるわ。多くの人々がこの問題についてすでに何かをし始めているの。例えば，あなたはフードバンクについて知っている？　いっしょにそれを訪れてみるのはどうかしら？」と答えました。

次の日曜日，祖母と私は私たちの市のフードバンクを訪れました。私はそこの人々に「フードバンクは食品ロスの問題について何をしているのですか？」と尋ねました。一人の女性が私に「私たちの目標の１つは食品ロスを止めることです。十分な食べ物がない人々がいるときに，私たちは食べ物を捨てるべきではありません。また，私たちが無駄にする食べ物を燃やすことは地球にとって悪いことです。あなたが必要ではない食べ物を私たちに提供してくれれば，私たちはそれをほかの人々に提供します。するとあなたはそれを捨てる必要がないのです」と言いました。私は彼女に「食品ロスを止める何か他の方法はありますか？」と尋ねました。彼女は「市内のレストランを訪れ，食品ロスを止めるよう彼らに頼んでいるボランティアがいます。食べ物を無駄にしないで料理する方法を人々に教えるために，町で料理イベントを開催するボランティアもいます。私たちは同じ目標を持ち，多くのことをしています」と答えました。

私は今，食品ロスの問題にさらに興味をもっています。祖母と私はしばしば捨ててしまう野菜の一部から料理を作っています。このポスターを見てください。これはいくつかの料理の作り方を示しています。私はみなさんがそれらを作り楽しんでくれたらいいと思います。

みなさんが食べ物を買って食べるときに試せることを話します。１つ目に，あまりにも多くの食べ物を買うのをやめることです。買い物に行く前に，家にどれくらいの食べ物があるか確認すべきです。２つ目に，あまりにも多くの食べ物を料理することをやめることです。３つ目に，異なる方法で食べ物を楽しむために，多くの種類の料理を作る方法を学ぼうとすることです。あなたは簡単なことから始められるのです。食べることを楽しみましょう，そして食べ物を無駄にしないで食べることを楽しみましょう。

社　会

1 【解き方】(1)「甲骨文字」は中国文明,「太陽暦」はエジプト文明で発明された。

(3) ⓐ アは，ルターが1517年に始めた宗教改革によって形成されたキリスト教の宗派。ⓑ イは，イスラム教の聖地。

(4)「貞永式目」ともいう。1232年に定められた。

(5) 勘合貿易を始めたのは足利義満。

(6) アは織田信長，イは松平定信，ウは田沼意次の政策。

【答】(1) ア　(2) 調　(3) ⓐ イ　ⓑ ア　(4) 御成敗式目　(5) 勘合　(6) エ

2 【解き方】(2) 資料Ⅱは1894年に起こった日清戦争直前の国際関係を描いたもの。

(3) ポーツマス条約は日露戦争の講和条約。日清戦争後の下関条約では，日本に多額の賠償金が支払われたことに注目。

(4) エは1894年に達成された内容と人名の組み合わせ。

(5) 第一次世界大戦後の1920年に発足した国際機関。本部はスイスのジュネーブに置かれた。調査団の報告に基づき，満州から撤退するよう勧告された日本は，1933年に脱退した。

(6) アは1972年，イは1951年，ウは1945年，エは1947年のできごと。

【答】(1) 五箇条の御誓文　(2) B

(3) 国民が多大な犠牲を払って戦争に協力したにもかかわらず，ロシアからの賠償金が得られなかったため。(同意可)

(4) ア　(5) 国際連盟　(6) ウ→エ→イ→ア

3 【解き方】(1) ① 北陸地方には新潟，富山，石川，福井の各県が含まれる。日本海側の気候には，北西から吹く季節風の影響で冬の降雪量が多いという特徴がある。② 新潟県の越後平野では「コシヒカリ」の生産がさかん。

(3) 途中で放流せず，いけすなどの中で大きくなるまで育てる漁業は，養殖漁業という。

(4) 首都である東京には，官公庁や企業の本社，学校などが多いため，昼間は東京に通勤・通学し，夜は郊外の自宅に戻る人が多い。また，茨城県と比べて，埼玉県のほうが高齢化率は低くなっている。

(5) 福岡県にあてはまるものを選択。キャベツの生産量は多くなく，鉄鋼業がさかん。アはCの愛知県，イはBの群馬県，ウはAの宮城県。

【答】(1) ① イ　② ア　(2) 三角州　(3) 栽培漁業　(4) (茨城県) ⓒ　(埼玉県) ⓐ　(東京都) ⓑ　(5) エ

4 【解き方】(1) (a) 正距方位図法で描かれた略地図Ⅱから考えると，ⓐ以外は東京から10000km以上離れている。

(2) え国はペルー。「アルパカ」以外にもリャマを放牧し，物資の運搬に利用している。

(3) 冷帯の地域でみられる，一年中凍ったままの土地。

(4) A国はフランス。「航空機」がヒント。アはB国の中国，イはD国のカナダ，エはC国のニュージーランド。

【答】(1) (a) ⓐ　(b) 北西　(2) え(国)　(3) 永久凍土　(4) ウ

5 【解き方】(1) あ．代議制ともいわれる。い．多数決の原理では，少数意見も尊重することが重視される。

(2) 労働基本権には団結権のほか，団体交渉権と団体行動権がある。

(3)「弁護人」は，被告人の正当な権利や利益を守るために被告人を支援する法律の専門家。

(4) 独占禁止法の運用機関。

(5)「利益の追求を目的としている」のは私企業のみ。

(6) 資料Ⅱの（注2）により，本来の医療費は993 × 10から9930円だが，実際に支払ったのは2980円であることがどういう理由から起こるのかを考える。日本では，すべての国民が医療保険に加入することになっており，毎月の保険料を払うことで，病気やケガをしたときでも医療費の一部を負担すればよいしくみになっている。

【答】 (1) あ．イ　い．エ　(2) 労働者が団結して労働組合を結成する権利。(同意可)　(3) エ　(4) 公正取引委員会　(5) ウ　(6) 健康保険により，実際に支払う金額はかかった医療費より小さい。(同意可)

6 **【解き方】** (1)「レアメタル」とは，地球上に存在する量が少なかったり，金属として取り出すことが難しい非鉄金属のこと。希少金属とも呼ばれ，日本ではほとんど採掘できない。

(3) (a)「住民税や固定資産税」などの地方税は，地方公共団体の資金源となっている。(b) ア．消費税は，税金を納める人と実際に負担する人が異なる間接税。ウ．所得税は，高所得者ほど高い税率を課す累進課税制度を採用している。エ．消費税は，景気の影響をあまり受けないため，所得税と比べて効率的に税金を集めることができる。

(4) (b) イとウは経済活動の自由にあてはまる。

(5) 本文中の「私たちが投票することで，私たちの意見を政治に反映し」の部分に注目。特に若年層の投票率が低いため，これらの人々の意見が政策に反映されにくくなっているといわれている。

【答】 (1) ウ

(2) (面積の関係) インドネシアと日本は，国土面積よりも排他的経済水域の面積が大きい。(国土の特徴) インドネシアと日本は島国だから。(それぞれ同意可)

(3) (a) ⓐ ア　ⓑ イ　(b) イ　(4) (a) 法律の範囲内という制限の中で認められていた。(同意可)　(b) ア・エ

(5) ① 投票率が低くなっている　② 一部の有権者の意向のみを反映 (それぞれ同意可)

理　科

1 **【解き方】**(2)(b) 原子記号の右下に小さく書かれた数字は，その数字の直前に書かれた原子の個数を表す。また，－の電気をもつ電子を失うことで，＋の電気を帯びた陽イオンができる。

(3)(b) ねじの進む向きに電流が流れると，ねじを回す向きに磁界ができるので，図2で，導線の上方では磁界の向きは西向き。

【答】(1)(a) ア　(b) 相同(器官)　(2)(a) OH^-　(b) エ　(3)(a) ① イ　② ア　(b) イ

(4)(a) 堆積岩　(b) 流水で運ばれながら，角がけずれたから。(同意可)

2 **【解き方】**(1) 植物は光を当てると光合成を行い，二酸化炭素を吸収する。

(4) 光合成が行われたのはAで，他の条件のうち，葉緑体の有無だけが異なるのはD。また，光の当たり方だけが異なるのはC。

(5) 暗室に1日置くのは葉のデンプンをなくすためで，暗室に置かないと葉にデンプンが残ってしまう。

【答】(1) エ　(2) 葉の緑色の部分を脱色するため。(同意可)　(3) デンプン　(4) ⓐ A　ⓑ D　ⓒ A　ⓓ C

(5)(違う結果となった部分) C　(結果) 青紫色になった。(同意可)

3 **【解き方】**(2) 図2で，太陽の光と地球の位置から，Bが真夜中，Dが正午ごろとわかる。さらに，地球が自転する向きから，Cが明け方，Aが夕方とわかる。

(3) 図3で，月の位置と満ち欠けのようすは，キが新月，アが上弦の月，ウが満月。図1より，5月7日が満月なので，満月の3日前の5月4日の月の位置はイ。

(4)(a) 図1より，地球がちょうど1回自転したとき，月の位置は東にずれているので，月の公転の向きは図4のaとわかる。(b) 地球は，1時間＝60分に15°自転するので，$60\text{(分)}\times\frac{12°}{15°}=48\text{(分)}$

【答】(1) 衛星　(2) A　(3) イ　(4)(a) ① イ　② ア　(b) 48(分)

4 **【解き方】**(4) 試験管Cでは鉄と塩酸が反応して水素が発生する。試験管Dでは硫化鉄と塩酸が反応して硫化水素が発生する。

(5) 鉄＋硫黄→硫化鉄

【答】(1) 単体　(2) ウ

(3) A．磁石についた。B．磁石につかなかった。(結果からいえること) 加熱後の試験管Bにできた物質は，もとの鉄とは別の物質である。(それぞれ同意可)

(4) ⓐ C　ⓑ D　ⓒ イ　(5) $Fe + S \rightarrow FeS$

5 **【解き方】**(1) 力学台車が斜面のどの位置にあっても，力学台車にはたらく重力の斜面に平行な分力の大きさは変わらない。

(2) 右図アのように，力学台車にはたらく重力の斜面に平行な分力の大きさは1目盛り分で，ばねばかりが糸を引く力とつり合う。

(3)(a) 時間とともに力学台車の速さが大きくなるので，打点の間隔がだんだん広くなる。(b) 6回打点するのにかかる時間は，$1\text{(s)}\times\frac{6\text{(回)}}{60\text{(回)}}=0.1\text{(s)}$ なので，力学台車の平均の速さは，$\frac{18.9\text{(cm)}}{0.1\text{(s)}}=189\text{(cm/s)}$

(4) 力学台車が斜面をのぼるとき，力学台車にはたらく重力の斜面に平行な分力が，力学台車の運動の向きと反対向きにはたらいている。

図ア

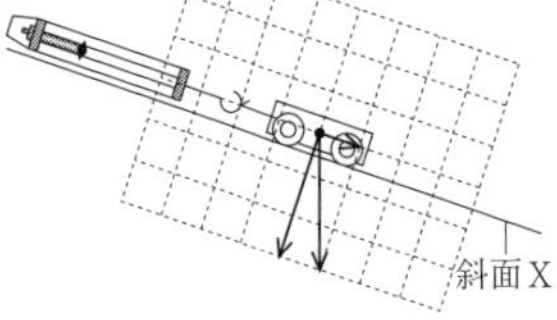

図イ

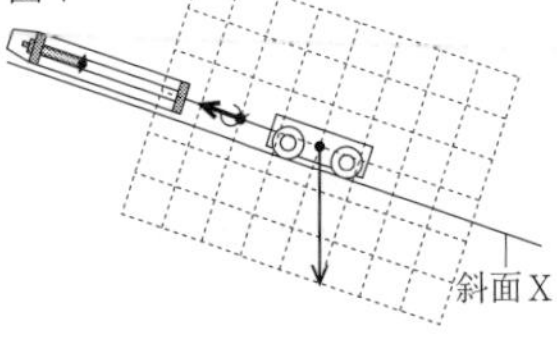

(5) 図6で，木片が1個のとき，1本目と2本目の記録テープの長さの差は，19.8(cm)－18.9(cm)＝0.9(cm) 同様に，記録テープは1本ごとに0.9cmずつ短くなっている。力学台車が止まると記録テープは0cmにな

るので，記録テープの本数は，$\dfrac{19.8\ (\mathrm{cm})}{0.9\ (\mathrm{cm})} = 22$ (本)

【答】 (1) ア　(2) (前図イ)　(3) (a) ウ　(b) 189 (cm/s)

(4) あ．大きく　い．力学台車の運動の向きと反対の向きにはたらく力が小さい (それぞれ同意可)　(5) 22 (本)

国　語

1 **【解き方】** (3)「ネ」。アの部首は「米」，イは「禾」，ウは「扌」。

(4) 連用形。アは連体形，イは終止形，エは仮定形。

【答】 (1) (a) よい　(b) は(ねる)　(c) けいさい　(d) じゅうなん　(2) (a) 幹　(b) 垂(れる)　(c) 街路樹　(d) 砂糖

(3) エ　(4) ウ

2 **【解き方】** (1) 清澄は，部屋の中にくるみがいることを「針を持ったら忘れて」おり，針をすすめながら頭が「冴えて」いることから考える。

(2) (a) ⓐ くるみの話をひととおり聞いて，清澄は「くるみは僕に話すことで…納得させたかったのかもしれない」と感じている。ⓑ「悪いことではない」と続くので，くるみの「人生の失敗でもなんでもないよな」と不安を拭う言葉に着目する。(b)「石ころなんか…役に立つの？」といった言葉をくるみが何度も「ぶつけられてきた」であろうことに，「僕がそうだった」と思ったことをおさえる。

(3) 夕方の穏やかな情景は「西側の窓から見える空はマーマレードの色に…僕の手をやわらかく染める」と表現され，「私もそう」「だって好きって大切やんな」とくるみが話しているところでは「マーマレードの色をまとった，きれいな顔で」と表現されている。

【答】 (1) ウ

(2) (a) ⓐ 言葉にすることで自分を納得させたかった（19 字）　ⓑ 好きなことが仕事と結びついていない（17 字）（それぞれ同意可）　(b) エ

(3) イ

3 **【解き方】** (1) A.「準備期」の一番目にやることなので，「第一段階の『準備期』」で「最初に」することをおさえる。B.「あたため期」について，「ここでは一度…無関係なことをしたり」する期間であり，「意識的に問題から離れているので…無意識的に待っている期間」でもあると述べている。

(2) 創造的発想が生まれるのは第三段階の「ひらめき期」なので，創造的発想が生まれようとしているときはその前の「あたため期」にあたる。「あたため期」における，「本人は，意識的に問題から離れ…思考が熟しつつ」あるという思考の状態に着目する。

(3) パネルでは「創造的解決策が舞い降りる」ことを「天の啓示」としているが，補足資料では「偶然は…準備ができた精神のみに訪れる」とあり，それには「準備」も必要であると述べている。

(4) ⓐ「準備期」について，「第一段階の『準備期』で問題解決に向けて…が良いと思われます」と述べている。ⓑ「ひらめいた直感に気づく」ということを，補足資料では「一回性の機会を生かす」としており，そのために必要なものをとらえる。ⓒ「一生懸命取り組んだけどダメだった時，それを単なる時間の無駄にするかどうかは…『検証期』にて注意深く検証をすることができるかだ」と述べている。また，「検証」することについて，「『検証期』で行う作業の多くは論理的思考に基づきます」とある。

【答】 (1) A. 目標や問題を設定する　B. 問題から意識的に離れる（それぞれ同意可）

(2) 何も思考をしていないつもりでも潜在的に思考が熟しつつある(状態)（28 字）（同意可）

(3) イ

(4) ⓐ 思考を巡らせる（同意可）　ⓑ しなやかな精神　ⓒ 論理的思考に基づき，注意深く検証をする（19 字）（同意可）

4 **【解き方】** (1) 語頭以外の「は・ひ・ふ・へ・ほ」は「わ・い・う・え・お」にする。

(2) (a) 手紙の頭語「拝啓」に対する結語。イはビジネス文書などで「記」に対する結びの語。ウは「前略」，エは「謹呈」に対する結語。(b)「幾年あひ見ぬ人なれど…ただ今さし向かひたる心地して」と述べている。(c)「心を込めて書いた手紙のすばらしさ」とあるので，「なかなか…書き尽くしたるを見る心地は…うれしく」とあるのに着目する。

(3)「しみじみと心にしみた手紙」は「過ぎ去った昔」の手紙である。『無名草子』にも「昔の人の文見出でたるは…うれしくこそおぼゆれ」とある。

【答】 (1) あらわし　(2) (a) ア　(b) 直接向かい合っている（同意可）　(c) 3　(3) つれづれな

◀口語訳▶　この世に，どうしてこんなことがあったのだろうと，すばらしく思われることは，手紙ですよ。遥か遠い世間に疎遠になって，何年も会っていない人でも，手紙というものさえ見れば，今，直接向かい合っている気持ちがして，かえって，直接向かい合っては思っているほども言い続けられない心のうちも書きあらわし，言いたいこともこまごまと書き尽くしているのを見る気持ちは，すばらしくて，うれしくて，面と向かっているのに比べて決して劣ってはいない。

することがなくて退屈なときに，昔の人の手紙が出てくるのは，ちょうど(手紙をもらった)ときの気持ちがして，ひどくうれしく思われる。

何事も，ただ向かい合っている間の感情だけですが，これは，全く昔のまま，少しも変わることがないのも，たいそうすばらしいことだ。

5 **【答】**（例）

「あけぼの」を選んだ理由は，豊かな感性から生まれた言葉だと思ったからだ。例えば,「あけぼのの光は，東の空を淡いオレンジ色に染め，やがてゆっくりと白さを増し，山々を輝かせていった。」というように使える。

ゆっくりと夜から朝に変わっていく情景は，短時間のことではあるが，劇的に変わる数分間だ。この「あけぼの」は，その数分間を見事に表している言葉だと思う。また，人々の気持ちや日常の風景を細やかに観察し，繊細に表現してきた昔の人々の感性の豊かさに驚く。受け継がれてきた和語を，これからも大切にして，日々の生活で使っていきたい。(13行)

~MEMO~

徳島県公立高等学校
(一般選抜)

2020年度
入学試験問題

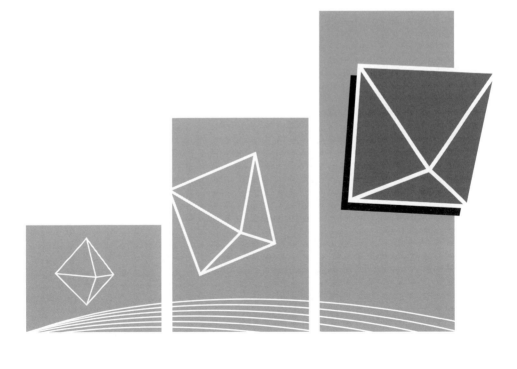

数学

時間　45分　　　　満点　100点

（注）　答えに無理数が含まれるときは，無理数のままで示しなさい。

1　次の(1)～(10)に答えなさい。

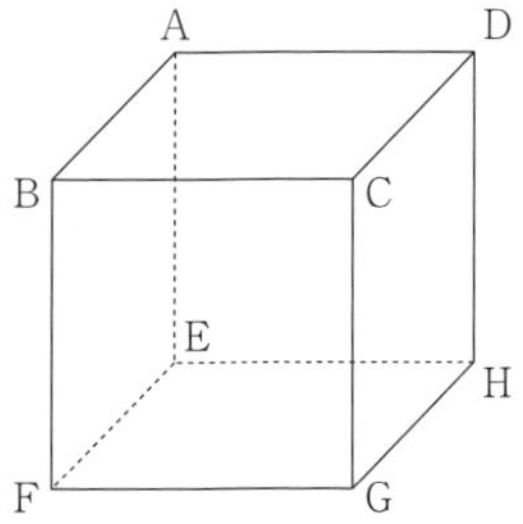

(1)　$3 \times (-5)$ を計算しなさい。(　　　)

(2)　$2(3a-2b)-3(a-2b)$ を計算しなさい。(　　　)

(3)　二次方程式 $x^2-3x-4=0$ を解きなさい。$x=$(　　　)

(4)　右の図は立方体 ABCDEFGH である。辺 AB とねじれの位置にある辺はどれか，すべて書きなさい。(　　　)

(5)　方程式 $x-y=-x+4y=3$ を解きなさい。$(x,\ y)=$(　　,　　)

(6)　ある数 a の小数第1位を四捨五入した近似値が10であるとき，a の範囲を，不等号を使って表しなさい。(　　　)

(7)　$x=\sqrt{2}+1$，$y=\sqrt{2}-1$ のとき，$x^2+2xy+y^2$ の値を求めなさい。(　　　)

(8)　1往復するのに x 秒かかるふりこの長さを y m とすると，$y=\frac{1}{4}x^2$ という関係が成り立つものとする。長さ1mのふりこは，長さ9mのふりこが1往復する間に何往復するか，求めなさい。

(　　　往復)

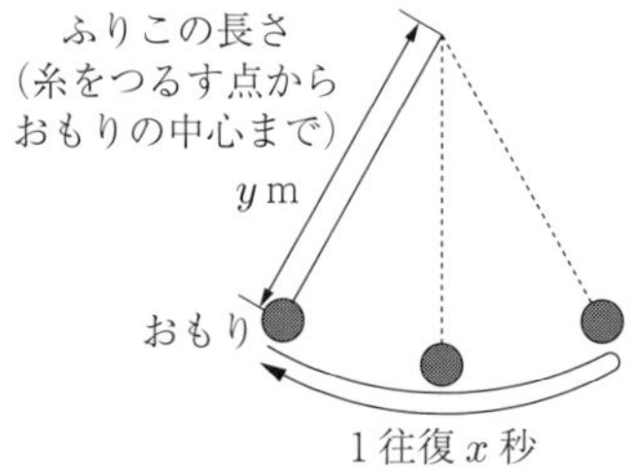

(9)　1から6までの目が出るさいころを2回投げて，最初に出た目の数を x，2回目に出た目の数を y とする。このとき，$2x-y-5=0$ が成り立つ確率を求めなさい。ただし，さいころはどの目が出ることも同様に確からしいものとする。(　　　)

(10)　右の図は，おうぎ形 OAB である。$\overset{\frown}{AB}$上にあり，$\overset{\frown}{AP}$の長さが，$\overset{\frown}{PB}$の長さの3倍となる点Pを，定規とコンパスの両方を使って解答欄に作図しなさい。ただし，作図に使った線は消さずに残しておくこと。また，定規やコンパスを持っていない場合は，作図の方法を文章で書きなさい。

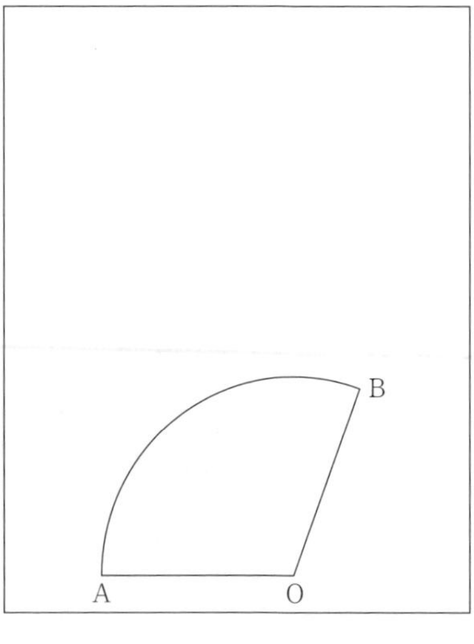

2　図1のような同じ大きさの正方形の白と黒のタイルがたくさんある。これらのタイルをすき間なく並べて，図2のように，1番目，2番目，3番目，4番目，……と一定の規則にしたがって正方形をつくっていく。あゆむさんとかなでさんは，1番目，2番目，3番目，4番目，……の正方形をつくるときに必要なタイルの枚数について話し合っている。2人の話し合いの一部を読んで，(1)・(2)に答えなさい。

図1

白のタイル　黒のタイル

図2

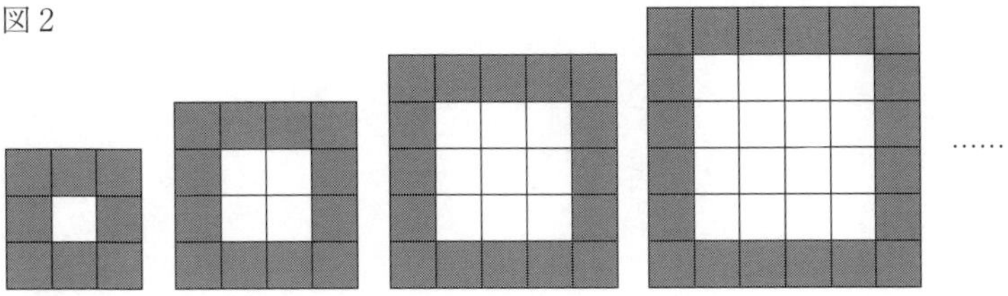

1番目　2番目　3番目　4番目　……

【話し合いの一部】

あゆむさん　1番目の正方形をつくるには，白のタイルが1枚と黒のタイルが8枚必要ですね。

かなでさん　そうですね。2番目の正方形をつくるには，白のタイルが4枚と黒のタイルが12枚必要です。それでは，5番目の正方形をつくるには，タイルが何枚必要なのでしょうか。

あゆむさん　5番目の正方形をつくるには，白のタイルが（ ア ）枚と黒のタイルが（ イ ）枚必要です。このような正方形をつくるときに必要な白と黒のタイルの枚数には，規則性がありますね。

かなでさん　なるほど。例えば，n 番目の正方形をつくるときに必要な黒のタイルの枚数は，n を用いて（ ウ ）枚と表すことができますね。

(1)【話し合いの一部】の（ ア ）・（ イ ）にあてはまる数を， ウ にはあてはまる式を，それぞれ書きなさい。ア(　　　)　イ(　　　)　ウ(　　　)

(2) 白のタイルの枚数が，黒のタイルの枚数より92枚多くなるのは何番目の正方形か，求めなさい。(　　　番目)

3　ゆうとさんは，1泊2日の野外活動に参加した。(1)～(3)に答えなさい。

(1)　野外活動に参加する40人で，テントと寝袋を借りることになった。1泊分のテントと寝袋の利用料金は，8人用テントが1張2000円，4人用テントが1張1200円，寝袋が1人分500円である。8人用テントをa張，4人用テントをb張，寝袋を40人分借り，それらの利用料金の合計を40人で均等に割って支払うとき，1人あたりの支払う金額をa，bを用いて表しなさい。ただし，消費税は考えないものとする。(　　　円)

(2)　ゆうとさんは，図1のような8人用テントを使うことになった。8人用テントの底面のシートは，図2のように正八角形で，対角線ABの長さは5mである。テントの底面のシートを，図2のように対角線で分けて8人で使うとき，1人分の面積は何m^2か，求めなさい。

(　　　m^2)

図1

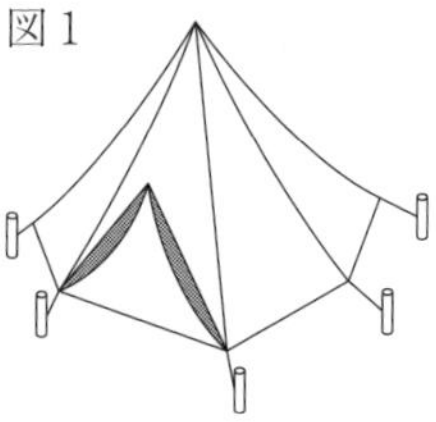

図2

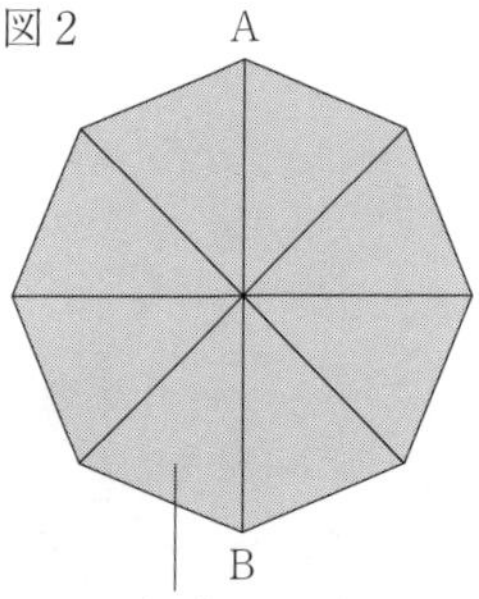

テントの底面のシート

(3)　ゆうとさんは，夕食の準備のときに計量カップの代わりに，図3のような自分の持っているコップを使うことにした。このコップは，図4のようなAD = 4cm，BC = 3cm，CD = 9cmである台形ABCDを，辺CDを回転の軸として1回転させてできる立体であると考えると体積は何cm^3か，求めなさい。ただし，円周率はπとし，コップの厚さは考えないものとする。(　　　cm^3)

図3

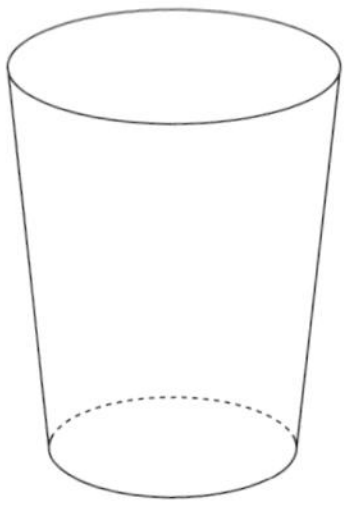

図4

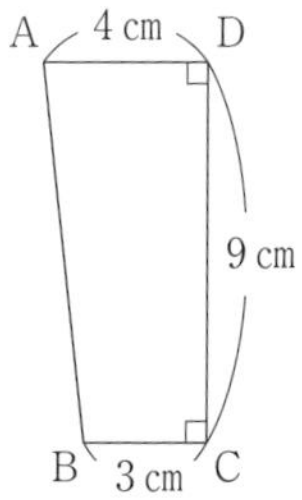

4　右の図のように，2つの関数$y = -3x^2$と$y = \frac{3}{x}$のグラフが，x座標が-1である点Aで交わっている。直線OAと，関数$y = \frac{3}{x}$のグラフとの交点のうち，点Aと異なる点をBとする。また，点Cの座標は(0，4)であり，点Pは線分OB上の点である。(1)～(4)に答えなさい。

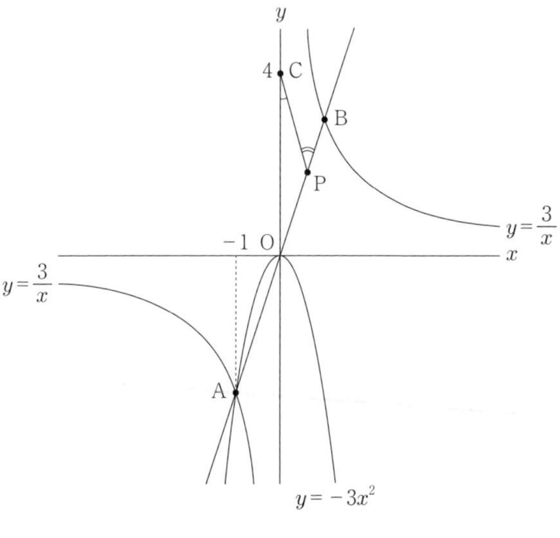

(1)　点Aのy座標を求めなさい。(　　　)

(2)　関数$y = -3x^2$について，xの変域が$-2 \leqq x \leqq 1$のときのyの変域を求めなさい。(　　　)

(3)　点Pが線分OBの中点のとき，2点C，Pを通る直線の式を求めなさい。(　　　)

(4)　$\angle BPC = 2\angle OCP$のとき，点Pの座標を求めなさい。P(　　，　　)

5　右の図のように半径が15cmの円Oの周上に4点A，B，C，Dがあり，AC = ADである。また，弦ACは∠BADの二等分線であり，弦ACと弦BDの交点をEとする。(1)～(3)に答えなさい。ただし，円周率はπとする。

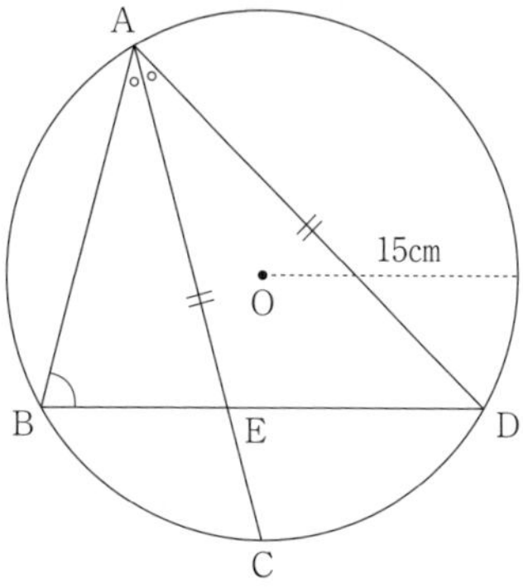

(1)　∠BAD = 80°のとき，(a)・(b)に答えなさい。

(a)　∠ABDの大きさを求めなさい。(　　　　度)

(b)　点Aを含まないおうぎ形OBCの面積を求めなさい。

(　　　　cm^2)

(2)　△ABC ≡ △AEDを証明しなさい。

[　　　　　　　　　　　　　　　　　　　　　　　　　　　　]

(3)　点Cを含まない$\overset{\frown}{AB}$の長さが8πcmのとき，点Bを含まない$\overset{\frown}{AD}$の長さを求めなさい。

(　　　　cm)

英語

時間　50分　　　　満点　100点

(編集部注) 放送問題の放送原稿は英語の末尾に掲載しています。

(注) 最初に，放送によるリスニングテストがあるので，その指示に従いなさい。

1 次の(1)～(3)に答えなさい。

(1) 場面A・Bにおける対話を聞いて，それぞれの質問に対する答えとして最も適するものを，ア～エから1つずつ選びなさい。場面A(　　　)　場面B(　　　)

場面A

場面B

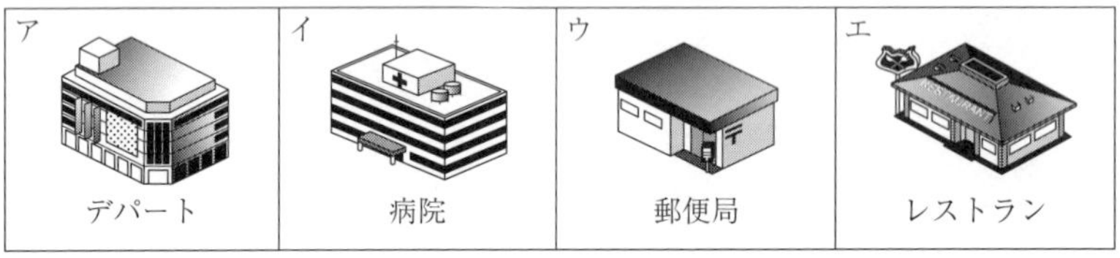

(2) 質問1・質問2のそれぞれにおいて，英語の短い質問とその後に読まれるア～エを聞いて，質問に対する答えとして最も適するものを，ア～エから1つずつ選びなさい。

質問1(　　　)　質問2(　　　)

(3) 次の絵は，夏休みに訪れた場所について，しずかさんがクラスの生徒に行ったアンケート調査の結果を，英語の授業で発表するために用意したものである。しずかさんの発表を聞いて，訪れた人数の多い順にア～ウを左から並べて書きなさい。(　　　　　)

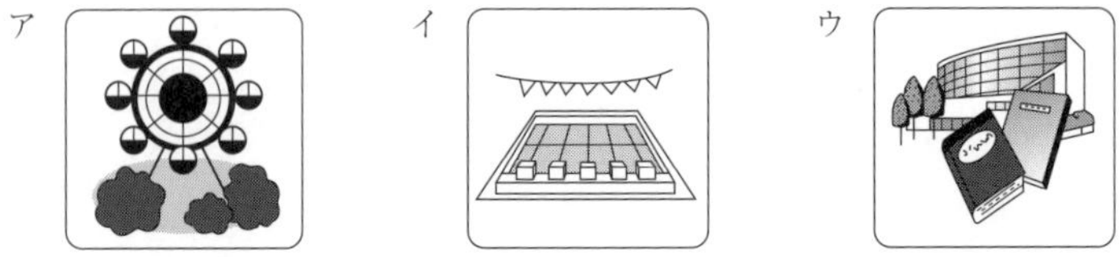

2 次の英文は，ALTの先生による校内放送を聞いた後の，ななこ(Nanako)さんと留学生のロビン(Robin)さんの対話の一部である。ALTの先生による校内放送の一部を聞いて，[　　　]に最も適するものを，ア～エから選びなさい。(　　　)

Nanako: Let's go to the ALTs' show, Robin.

Robin: Yes, of course, Nanako. I'd like to see the comedy show.

Nanako: Sure, [　　　　　] I think a lot of students will go there.

ア it's at Aono Town Hall on March 21.　　イ it's at Aono Town Hall on April 5.

ウ it's at Midori City Hall on March 21.　　エ it's at Midori City Hall on April 5.

3　ALT の先生が英語の授業中に話したことを聞いて，あなたの答えを英文１文で書きなさい。
(　　　　　　　　　　　　　　　　　　　　　　　　　　　　　　　　　　)

4　次の(1)～(3)に答えなさい。

(1)　次の英文(a)・(b)の意味が通るように，(　　)に最も適するものを，それぞれア～エから１つずつ選びなさい。

(a)　The chorus contest is my best (　　　) of the year.

ア　sport　　イ　memory　　ウ　language　　エ　subject

(b)　Hiroki is (　　　) by everyone because he is kind and interesting.

ア　finished　　イ　listened　　ウ　changed　　エ　loved

(2)　次の対話文(a)～(c)を読んで，[　　] に最も適するものを，それぞれア～エから１つずつ選びなさい。(a)(　　　)　(b)(　　　)　(c)(　　　)

(a)　*A:*　Excuse me. Does this bus go to the soccer stadium?

B:　[　　　　] That blue one goes to the soccer stadium.

A:　Oh, I see. Thank you very much.

ア　Yes, it does.　　イ　That's right.　　ウ　No, it doesn't.　　エ　Of course.

(b)　*A:*　Who is that boy playing basketball really well?

B:　He is Goro. He has played since he was five.

A:　Oh, [　　　　]

B:　Yes, we have been friends for ten years.

ア　do you like it?　　イ　do you want to be his friend?　　ウ　do you know him?

エ　do you practice after school?

(c)　*A:*　Betty, Kenta called you while you were out.

B:　[　　　　]

A:　Yes. Please call him right now.

ア　Will he call me back?　　イ　Does he want me to call him back?

ウ　Can you call him back?　　エ　Did you ask him to call me back?

(3)　次の対話が成り立つように，(　　)の中のア～エを並べかえなさい。

(　　→　　→　　→　　)

A:　How are you going to spend your holidays?

B:　Let's see. I will go fishing with my father (ア　the weather　　イ　good　　ウ　if　　エ　is).

5 次の英文は，高校生のあきと（Akito）さんと，先週あきとさんの学校に留学してきたニナ（Nina）さんの対話の一部である。これを読んで，(1)〜(3)に答えなさい。

Akito: We have a field trip next month.

Nina: Really? I didn't know that.

Akito: We are going to go to Kobe by bus and stay there for a day.

Nina: Kobe is a famous port city in Japan, right?

Akito: Yes. In the morning, we are going to visit the museum to learn about the history of Kobe. We can also enjoy the view from there.

Nina: That's wonderful. How about in the afternoon?

Akito: We are going to visit Chinatown and have lunch there. I'm going to enjoy eating and walking around there. After that, we can choose from two plans.

Nina: Two plans? ① they ?

Akito: The aquarium or the zoo. We can see animals at both places.

Nina: Oh, I'm interested in both of them. Where do you ② go , Akito?

Akito: Well, I don't know much about them, so I haven't decided yet.

Nina: I see. Then I'll check about them on the Internet at home!

（注） port 港　aquarium 水族館

(1) 対話が成り立つように，① they ・② go にそれぞれ**2語**の英語を加え，正しい語順で英文を完成させなさい。①(　　　　　)　②(　　　　　)

(2) あきとさんとニナさんの対話の内容と合うものをア〜エから1つ選びなさい。(　　　)

ア Nina knew about the field trip because her teacher told her.

イ Akito is going to eat lunch and walk around Chinatown.

ウ Nina and Akito will enjoy the museum in the afternoon.

エ Nina and Akito have a lot of information about the zoo.

(3) 次の英文は，対話をした次の日に，ニナさんがあきとさんに送ったメールの一部である。(　　)に最も適する1語の英語を書きなさい。(　　　　)

Hi, Akito. Thank you for telling me about our field trip yesterday. I'm very interested in learning about Kobe with you. I can't wait. I found information about the aquarium and the zoo. At the aquarium, we can touch dolphins. At the zoo, we can see a panda and give some animals food. I've touched dolphins before in my country, but I've never seen a panda. I'd like to try something I've never done. So I'll choose the (　　). How about you?

6 次の英文は，中学生のみさき（Misaki）さんが，祖父のことについて英語の授業中に発表したものである。これを読んで，(1)〜(3)に答えなさい。

Every Wednesday my grandfather goes to the community hall in our town. He learns how to draw *etegami* as a student there. *Etegami* is a letter with words and a picture that people draw themselves. He has practiced it for three years and improved a lot. ア

He likes to draw pictures of unique things and write some words. He finds the good points of things around him and draws them well. He always says, "Look around carefully. There are a lot of treasures here!" [　イ　] One day he had a chance to show his *etegami* at an exhibition. Many people came to the exhibition. Some of them said, "Your *etegami* is wonderful. It warms my heart." [　ウ　]

He sends his heart to everyone through his *etegami*. [　エ　] I respect him. Now I realize that I am surrounded by many important things. I want to share my treasures with everyone like him.

（注） unique　独特の　　treasure(s)　宝物　　exhibition　展覧会

(1) 次の英文は，本文中から抜き出したものである。この英文を入れる最も適切なところを，本文中の[　ア　]～[　エ　]から選びなさい。(　　　)

He looked happy to hear that.

(2) 次は，みさきさんの発表の流れを表したものである。(ⓐ)・(ⓑ)それぞれに最も適するものを，ア～エから1つずつ選びなさい。ⓐ(　　　)　ⓑ(　　　)

About *etegami* →(ⓐ)→(ⓑ)

ア　Misaki's dream　　イ　History of *etegami*　　ウ　Grandfather's wonderful *etegami*

エ　Grandfather's dream

(3) みさきさんは展覧会の会場を訪れた外国の人に，おじいさんの作品を紹介することになった。あなたがみさきさんなら，おじいさんの作品をどのように紹介するか，右の【1】・【2】のいずれかを選び，選んだ作品についておじいさんの気持ちが伝わる紹介となるように，**25語以上40語以内**の英語で書きなさい。ただし，【1】を選んだ場合はdog，【2】を選んだ場合はmiso soupを用いて書き，数を書く場合は数字ではなく英語で書くこととし，文の数はいくつでもよい。また，符号は語数に含めない。なお，miso soupは2語と数える。

【1】

【2】

〈解答欄の書き方について〉

次の（例）に従って____に1語ずつ記入すること。

（例）　Really ?　I'm　from　America,　too .

7　次の英文は，中学生のはるか（Haruka）さんが，地域の祭りに参加した体験を通して感じたことについて英語の授業中に発表したものである。これを読んで，(1)～(6)に答えなさい。

I moved to Tokushima from Tokyo with my family two years ago. I live in a small town now. There are a lot of green fields and mountains. I can enjoy the beautiful view here, so I like my town. I have another reason too. I'd like to tell you about this.

There is a traditional festival to show thanks for the harvest in my town. We can enjoy *shishimai* at the festival. It's called a lion dance in English. The word *shishi* means lion and *mai* means dance. I hear it started in my town in the Edo period. It has been popular among people and there is a group preserving this dance in my town.

I saw this dance with my family last year. I was surprised because Naoto, my classmate, was dancing as a lion. He moved the lion's head very well. His lion moved up and down and jumped. I said to him, "Your dance is great! I'd like to try it." He said, "［　①　］ It's fun, Haruka. Our group has fifteen members who are elementary school students, junior high school students, and other people living in our town." Then I joined them in April. Some practiced playing the *taiko* drums, others practiced dancing. Naoto's father taught me how to dance. He said to me, "I was taught how to dance by my father when I was a child. Now I'm happy to teach you and my son in this group." I practiced with other members. It was very difficult, but very interesting.

Naoto's mother said to us, "The town's people stopped dancing fifteen years ago. We felt ［　②　］, so we made this group to preserve our dance five years ago. At first only a few children joined us and we began to dance together. Then they asked their friends to join. Now our group enjoys dancing at the festival. Many people come to see our dance." Naoto said, "We also visit a lot of places such as elementary schools, and join some other events." I said to them, "I think that's great. We need to preserve our traditional dance. I want to do my best in this group."

I tried to practice a lot, but I couldn't dance well. I was so nervous. Then an old man in my town gave me advice. He encouraged me and we danced together. He said, "Children try to preserve this dance. I'm very happy to watch them." He smiled at me. I understood people's feelings for our dance. I wanted to dance well and then practiced more. I took a video and watched it again and again.

Finally, I danced at the festival with other members in October. I was able to dance better than before. When our dance finished, a lot of people clapped happily. I saw their happy smiles and heard their excited voices. I felt great. Practice is difficult, but I feel happy to be a member of this group. I'm also very happy to preserve our traditional dance. I became very friendly with the people in my town. I learned a lot about our community through this experience. Now I am a member of it. So I like my town. This is my other reason.

（注）　harvest　収穫　　preserve　保存する　　advice　助言　　clap　拍手する

(1) 次の(a)・(b)の問いに対する答えを，それぞれ**3語以上**の英文1文で書きなさい。ただし，符号は語数に含めない。

(a) Did Haruka live in Tokyo with her family before?
(　　　　　　　　　　　　　　　　　　　　　　　　　　)

(b) When did Naoto's father start to learn how to dance from his father?
(　　　　　　　　　　　　　　　　　　　　　　　　　　)

(2) 本文の内容に合うように，次の英文の□に最も適するものをア～エから選びなさい。
(　　)

Haruka likes her town because she can enjoy the beautiful view and □.

ア she likes her school life with friends　　イ she knows the history of her town

ウ she teaches the children how to dance　　エ she is a member of the community

(3) 下線部のはるかさんの発言に対するなおと（Naoto）さんの発言が，自然なやり取りになるように，[①]に入る言葉を考えて**3語以上**の英文1文で書きなさい。ただし，符号は語数に含めない。
(　　　　　　　　　　　　　　　　　　　　　　　　　　)

(4) 本文の内容に合うように，[②]に最も適する1語の英語を書きなさい。(　　)

(5) 次の英文は，はるかさんとALTのジェフ（Jeff）先生の対話の一部である。対話が成り立つように，[ⓐ]には適する**2語**の英語を，[ⓑ]には適する1語の英語をそれぞれ書きなさい。
ⓐ(　　) ⓑ(　　)

Jeff: I liked your speech very much. I'd like to see your dance. I think we should preserve traditional things.

Haruka: [ⓐ] with your idea. I hear there are many other traditional dances in Tokushima. Maybe it is [ⓑ] to preserve them, but I want young people to continue them like in my town.

Jeff: I think so too. Traditional things aren't just old, but they teach us a lot of important things about the community.

(6) 本文の内容と合うものをア～カから**2**つ選びなさい。(　　)(　　)

ア There are a lot of groups to preserve *shishimai* in Haruka's town.

イ Naoto and his father practiced playing the *taiko* drums with Haruka.

ウ It was interesting for Haruka to practice dancing with other members.

エ Haruka wanted to do her best to preserve their traditional dance.

オ An old man in Haruka's town encouraged Naoto and smiled at him.

カ When Haruka danced at the festival, she felt nervous and got very tired.

〈放送原稿〉

2020年度徳島県公立高等学校入学試験英語リスニングテストを行います。英文はすべて2回繰り返します。

1　次の(1)～(3)に答えなさい。

(1)　場面A・Bにおける対話を聞いて，それぞれの質問に対する答えとして最も適するものを，ア～エから1つずつ選びなさい。では，始めます。

場面A

F:　Hi, Paul. Do you know about the new ice cream shop near our school?

M:　Yes, but I've never been there.

F:　The ice cream is great! Let's go!

M:　OK. I'll get chocolate ice cream and strawberry ice cream in a cup.

Question　What does Paul want to eat?

(対話と質問を繰り返す)

場面B

M:　Hana, I want to find something for my sister in Canada.

F:　OK, how about a Japanese doll?

M:　Good idea, where can I find a good one?

F:　At the department store near the post office. I'll show you.

Question　Where will they go later?

(対話と質問を繰り返す)

(2)　質問1・質問2のそれぞれにおいて，英語の短い質問とその後に読まれるア～エを聞いて，質問に対する答えとして最も適するものを，ア～エから1つずつ選びなさい。では，始めます。

質問1　Good morning, Kevin. What are you doing?

ア　It's rainy.　イ　I like T-shirts.　ウ　I'm reading a book.　エ　Fine, thank you.

(質問と答えを繰り返す)

質問2　Alice, where did you go yesterday?

ア　Five o'clock.　イ　My friend's house.　ウ　By bus.　エ　American songs.

(質問と答えを繰り返す)

(3)　次の絵は，夏休みに訪れた場所について，しずかさんがクラスの生徒に行ったアンケート調査の結果を，英語の授業で発表するために用意したものです。しずかさんの発表を聞いて，訪れた人数の多い順にア～ウを左から並べて書きなさい。では，始めます。

I'm going to talk about the place everyone visited the most during summer vacation. I think the pool is popular in summer. However, the place everyone visited the most was the library. You all read a lot of books to study. I think everyone wanted to visit the amusement park, but the amusement park was in last place. Thank you for listening.

(繰り返す)

2　次の英文は，ALTの先生による校内放送を聞いた後の，ななこ（Nanako）さんと留学生のロビン（Robin）さんの対話の一部です。ALT の先生による校内放送の一部を聞いて，空所に最も適するものを，ア～エから選びなさい。では，始めます。

I'm practicing for a musical and a comedy show with other ALTs. Some ALTs are making costumes. Some are writing the story, and some are practicing acting and singing. About thirty ALTs are working together. The first show is the musical. It will be held at the Aono Town Hall on Saturday, March 21. The second show is the comedy. It will be held at Midori City Hall on Sunday, April 5. We'll use easy English. Please come and enjoy them. Thank you.

（繰り返す）

③ ALT の先生が英語の授業中に話したことを聞いて，あなたの答えを英文１文で書きなさい。では，始めます。

Please think about your birthday. What do you want for your birthday? Why? Please tell me your answer and the reason.

（繰り返す）

これでリスニングテストを終わります。

社会

時間　45分　　　満点　100点

1　次の表は，とおるさんの班が，社会科の授業で，興味をもった政治に関するできごとについてまとめたものの一部である。(1)～(6)に答えなさい。

時代	できごと
弥生	①卑弥呼は，中国（魏）に使者を送り，皇帝から称号や印を与えられた。
飛鳥	中大兄皇子と中臣鎌足らは，権力を独占していた蘇我氏を倒し，②政治改革を始めた。
平安	③藤原氏は，朝廷の主な役職を一族で独占し，道長と頼通のころに最も栄えた。
鎌倉	幕府は，後鳥羽上皇らを隠岐（島根県）などに追放し，京都に④六波羅探題をおいた。
⑤室町	幕府は，金融業を営んでいた土倉や酒屋などから税をとり，大きな収入を得ていた。
江戸	幕府は，⑥全国にキリスト教の信者が増えたことに対する政策を進めた。

(1)「魏志倭人伝」には，下線部①のころの倭のようすが示されており，資料のように，ある国の女王卑弥呼が倭の女王となったことも示されている。このある国は何と呼ばれていたか，書きなさい。(　　　)

資料

倭では，もともと男性の王が治めていたが，国が乱れ，争いが何年も続いた。人々は，一人の女性を王とした。

（「魏志倭人伝」より作成）

(2) 次の文は，下線部②の7世紀中ごろの，東アジア諸国について述べた文の一部である。正しい文になるように，文中のⓐ・ⓑについて，ア・イのいずれかをそれぞれ選びなさい。ⓐ(　　　)　ⓑ(　　　)

ⓐ［ア　隋　　イ　唐］が国力を強め，ⓑ［ア　高句麗　　イ　新羅］を攻撃したため，東アジア諸国の緊張が高まった。

(3) 下線部③は，娘を天皇のきさきとし，その子を次の天皇にして，天皇が幼いころは代わりに政治を行ったり，成人後は補佐役として政治を行ったりした。このような政治を何というか，書きなさい。(　　　)

(4) 幕府は，どのような目的で下線部④を京都においたのか，下線部④が京都におかれるきっかけとなった歴史的なできごとを明らかにして，「朝廷」という語句を用いて，書きなさい。

(　　　　　　　　　　　　　　　　　　　　　　　　　　　　　　　　　　　　)

(5) 次のア～エのうち，村や都市のようすとして下線部⑤の時代にみられないものが1つある。それはどれか，ア～エから1つ選びなさい。(　　　)

ア　有力な農民などが中心となり，惣（惣村）をつくり，村を自主的に運営した。

イ　座とよばれる同業者の団体が，営業を独占する権利を確保した。

ウ　村の有力者は，名主（庄屋）や組頭・百姓代などの村役人となった。

エ　町衆とよばれる富裕な商工業者が中心となり，自治組織をつくった。

(6) 次のア～エは，下線部⑥に関するできごとである。起こった順にア～エを並べなさい。

(→ → →)

ア 幕領（幕府領）にキリスト教の禁教令を出した。

イ 日本人の海外渡航と帰国を禁止した。

ウ 平戸のオランダ商館を長崎の出島に移した。

エ 天草四郎が中心となって起こした一揆に対して大軍を送った。

2　次の年表は，19 世紀以降のできごとをまとめたものである。(1)〜(6)に答えなさい。

年代	できごと
1833	①天保のききんにより一揆や打ちこわしが頻発する（〜1839）
1860	水戸藩などの元藩士らが②桜田門外の変を起こす
1874	板垣退助らが③民撰議院設立建白書を政府に提出する
1925	加藤高明内閣のもとで④普通選挙法が成立する
1932	⑤海軍の青年将校らが首相官邸を襲う事件を起こす
1951	吉田茂内閣が⑥サンフランシスコ平和条約を結ぶ

(1)　下線部①に苦しむ人々を救おうとしない奉行所の対応にいきどおり，1837 年に自分の弟子たちと共に兵を挙げた陽明学者で，元大阪町奉行所の役人であった人物は誰か，書きなさい。(　　　)

(2)　下線部②のきっかけとなったできごとはどれか，ア〜エから１つ選びなさい。(　　　)

ア　生麦事件　　イ　大政奉還　　ウ　薩長同盟　　エ　安政の大獄

(3)　資料Ⅰは，下線部③を契機として，各地で開かれた演説会の一場面を描いたものであり，次の文は資料Ⅰについて述べたものである。文中の(　　)にあてはまる運動の名称を，書きなさい。(　　　運動)

資料Ⅰ

(東京大学明治新聞雑誌文庫蔵)

国民を政治に参加させるため，国会（議会）の早期開設を要求し，立憲政治の実現をめざす(　　)の演説会のようすが描かれている。

(4)　下線部④に関して，資料Ⅱは，1890 年から 1928 年までのわが国の全人口と有権者数の推移を表している。普通選挙法の成立後，初めて実施された 1928 年の選挙で，有権者数が 1920 年に比べて大幅に増えたのはなぜか，「直接国税」という語句を用いて，書きなさい。

(　　　　　　　　　　　　　　　　　　　　)

資料Ⅱ

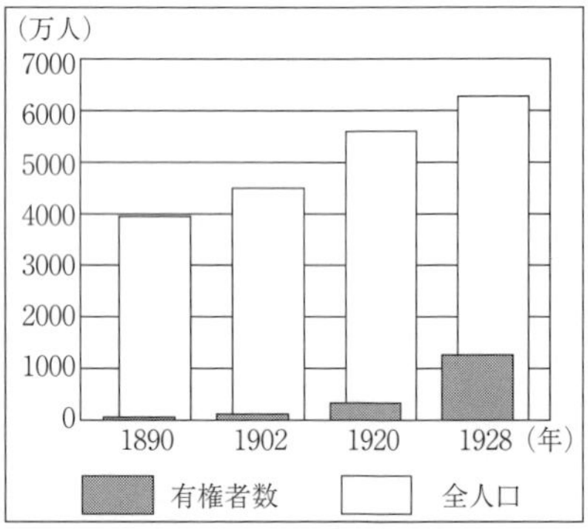

(総務省「日本長期統計総覧」ほかより作成)

(5)　資料Ⅲは，下線部⑤について報じた新聞記事の一部である。この事件によって，政党内閣の時代は終わりを告げた。この事件を何というか，書きなさい。(　　　事件)

資料Ⅲ

未曾有の帝都大不穏事件
狙撃されて重傷の
犬養總理大臣遂に逝去
輸血も效なく昨夜十一時過
政界の巨星，兇彈に
各閣僚の暇乞ひ

(「大阪朝日新聞」より作成)

(6)　下線部⑥より後に起こったできごととして，誤っているものはどれか，ア〜エから１つ選びなさい。(　　　)

ア　議会での審議などを経て，日本国憲法が公布された。

イ　日本の国際連合への加盟が認められ，国際社会に復帰した。

ウ　日中平和友好条約が結ばれ，中国との関係が深まった。

エ　アメリカ統治下におかれていた沖縄の日本復帰が実現した。

3　右の略地図や資料を見て，(1)～(5)に答えなさい。

略地図

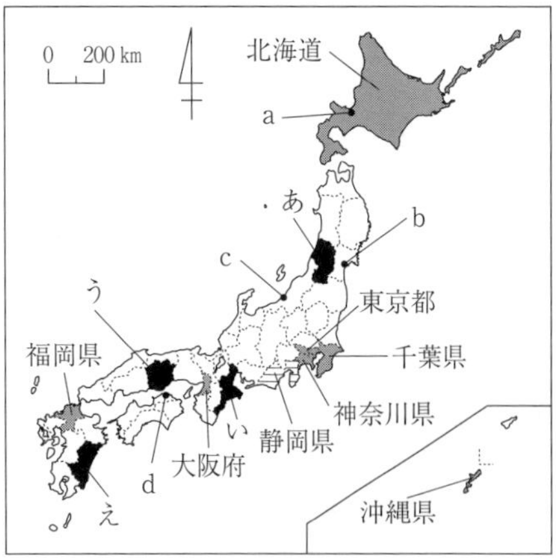

(「データでみる県勢」2020年版より作成)

(1)　次の文は，略地図中の あ～え のいずれかの県について説明したものである。どの県について説明したものか，あ～え から１つ選び，その記号と県名を書きなさい。(　　)(　　　県)

工場が集まる臨海部では，石油化学工業や製鉄業，自動車工業などの重化学工業が発達している。丘陵地では，夏にいっせいに出荷される白桃やマスカットなどの栽培がさかんに行われている。

(2)　資料Ⅰは，略地図中のa～dのいずれかの都市の気温と降水量を表している。どの都市のものか，a～dから１つ選びなさい。

(　　)

資料Ⅰ

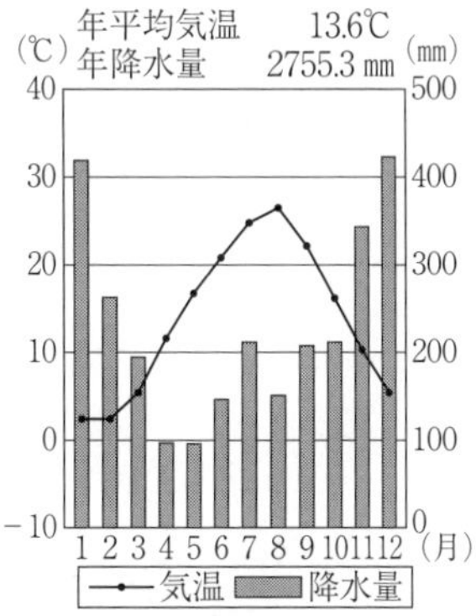

(「理科年表」令和２年版より作成)

(3)　略地図中の　は，2017年の産業別人口にしめる第３次産業就業者の割合が75％以上の都道府県を示している。このうち，北海道と沖縄県に共通する第３次産業就業者の割合が高い理由として，最も適切なものをア～エから選びなさい。(　　)

ア　美しい自然を生かし，観光に関係した産業が発達している。

イ　よい漁場に恵まれているため，水産加工業が発達している。

ウ　新聞社や出版社が多く集まり，印刷関連業が発達している。

エ　他地域とは異なる自然環境を生かした農業が発達している。

(4)　資料Ⅱは，略地図中の静岡県の磐田市の一部を上空から撮った写真であり，次の文は資料Ⅱに見られる特徴的な地形や土地利用について説明したものである。正しい文になるように，文中のⓐ・ⓑについて，ア・イのいずれかをそれぞれ選びなさい。

ⓐ(　　)　ⓑ(　　)

資料Ⅱ

川や海沿いの平地よりも一段高くなっている土地を，ⓐ[ア　台地　　イ　盆地]という。この地形の上は，水がⓑ[ア　得やすく　イ　得にくく]，主に畑などに利用されたり，住宅地に開発されたりしている。

(5)　資料Ⅲは，日本の2017年の海上輸送貨物と航空輸送貨物について，輸出と輸入の主な品目をそれぞれ示したものである。資料Ⅲ中のA，Bには，海上輸送貨物，航空輸送貨物のいずれかが，X，Yには輸出品，輸入品のいずれかがそれぞれ入る。「海上輸送貨物」の「輸出品」にあたるものはどれか，資料Ⅲ中のア～エから１つ選びなさい。(　　)

資料Ⅲ

	X	Y
A	ア 半導体等電子部品 化学製品	ウ 化学製品 半導体等電子部品
B	イ 機械類 乗用車	エ 原油 液化ガス

(「日本国勢図会」2019／20 年版ほかより作成)

4　次の略地図や資料を見て，(1)～(4)に答えなさい。

略地図

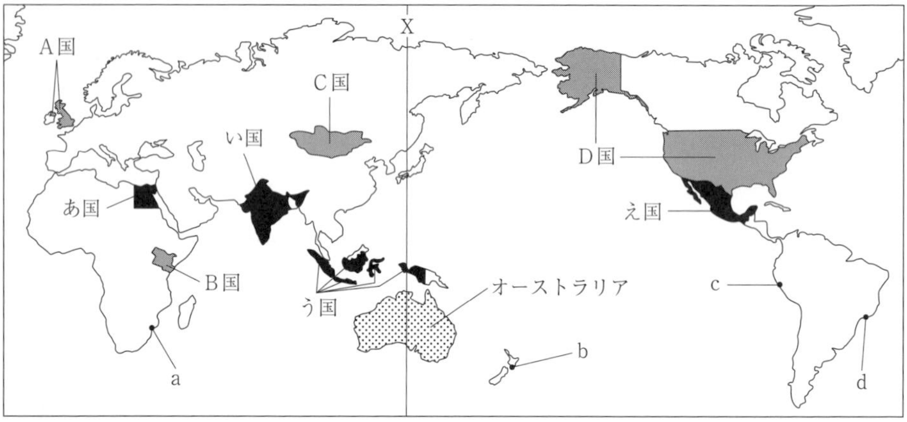

(1)　次の(a)・(b)に答えなさい。

(a)　略地図中の a～d の都市のうち，大西洋に面している都市はどれか，a～d から 1 つ選びなさい。(　　　)

(b)　略地図中に示した経線 X は東経 135 度を示している。地球上でこの経線 X 上を北に進み，北極点を通過し，さらにまっすぐに進むと，何度の経線上を南に進むことになるか，東経か西経をつけて書きなさい。(　　　　　度)

(2)　資料Ⅰは，略地図中の あ～え国のうち，いずれかの国の代表的な食材を使った調理のようすである。次の文は，その食材を使った料理を説明したものである。どの国の料理か，あ～え国から 1 つ選びなさい。(　　　国)

資料Ⅰ

とうもろこしの粉を練ってうすくのばし，鉄板で焼いたものをスペイン語でトルティーヤという。これに野菜やとり肉などさまざまな具材をはさんで食べるタコスは，1821 年にスペインから独立したこの国を代表する料理である。

(3) 資料Ⅱは，略地図中のオーストラリアの鉱山の写真である。鉱山や炭鉱において，資料Ⅱに見られるように，大規模に地表をけずって掘り下げていく採掘方法を何というか，書きなさい。(　　　)

資料Ⅱ

(4) 資料Ⅲは，略地図中のA～D国の2017年の人口，人口密度，穀物生産量，1人あたりの国民総所得を表したものである。B国にあてはまるものはどれか，資料Ⅲ中のア～エから1つ選びなさい。(　　　)

資料Ⅲ

国	人口（万人）	人口密度（人/km^2）	穀物生産量（千t）	1人あたりの国民総所得（ドル）
ア	6,618	273	23,000	39,120
イ	4,970	84	3,711	1,491
ウ	32,445	33	440,117	61,247
エ	307	2	238	3,097

（「世界国勢図会」2019／20年版ほかより作成）

5　次の(1)～(6)に答えなさい。

(1)　1980年代以降，さまざまな規制を緩めて企業の自由な活動を広げ，経済を発展させていこうとする動きが世界的に高まった。その結果，企業の生産や販売活動を行う拠点，そして巨額な資金などが，世界各地を大きく移動するようになった。また，同時に，多くの人々が国境を越えて活動するようになった。こうした動きが地球規模で広がっていくことを何というか，書きなさい。

(　　　)

(2)　資料Ⅰは，市街地に立ち並ぶビルやマンション等の建物の写真であり，その建物には上階が斜めになっているものがある。上階が斜めになっているのは，何という権利に配慮しているからか，最も適切なものをア～エから選びなさい。

(　　　)

ア　プライバシーの権利　　イ　肖像権　　ウ　知る権利

エ　環境権

資料Ⅰ

(3)　資料Ⅱは，2012年度の一般会計予算案の衆議院，参議院それぞれの本会議における採決結果を表したものである。資料Ⅱのような採決結果を受け，両院協議会を開いても意見が一致しなかった。このような場合に，国会の議決はどのようになるか，理由を含めて，書きなさい。

(　　　　　　　　　　　　　　　　　　　　　　　　)

資料Ⅱ

	衆議院	参議院
賛成投票数	298	110
反対投票数	178	129
投票総数	476	239

(注)　この年度の衆議院の定数は480人，参議院の定数は242人である。

(「官報」ほかより作成)

(4)　株式会社に関して述べた文として正しいものを，ア～エから1つ選びなさい。(　　　)

ア　株式会社は，倒産しても，株式の価値はなくならない。

イ　株式会社は，資本金を小さな金額の株式に分けて，出資者を集める。

ウ　株式会社の経営は，一般的に株主総会で選ばれた専門の経営者ではなく，株主が行う。

エ　株式会社の利益は，持っている株式の数に応じて，株主にすべて分配される。

(5)　資料Ⅲは，アメリカ，イギリス，ドイツ，日本における人口10万人に対する法曹《ほうそう》人口のうち，裁判官，検察官，弁護士の人数をそれぞれ表したものである。わが国では，司法制度改革の一つとして法科大学院を設置するなど法曹養成制度の充実を図ってきた。そのような改革が進められてきた理由を，資料Ⅲから読み取れることと関連づけて，「法曹人口」という語句を用いて，書きなさい。

(　　　　　　　　　　　　　　　　　　　　　　　　)

資料Ⅲ　　　　　　　　　　単位(人)

国	裁判官	検察官	弁護士
アメリカ	9.9	10.1	384.4
イギリス	5.1	3.9	262.0
ドイツ	25.1	6.7	201.0
日本	3.1	2.2	32.6

※各国の調査年は異なっている。

(「裁判所データブック2019」より作成)

(6)　国際法に関して述べた文として誤っているものを，ア～エから1つ選びなさい。(　　　)

ア　国際法は，国際社会での平和と秩序を守るための国家間のきまり，または合意である。

イ　国際法には，子どもの権利条約のように，個人の権利を守るものがある。

ウ　国際法には，南極条約のように二国間で合意される条約がある。

エ　国際法は，大きく国際慣習法と条約の二種類に分けられる。

6 たかこさんのクラスでは，社会科の授業で，近畿地方について，興味をもったことを班で調べることになった。次は，たかこさんの班が近畿地方の歴史につながる事柄についてまとめたものの一部である。(1)～(4)に答えなさい。

聖徳太子とゆかりのある①五重塔は，耐震性に優れた建物といわれている。その理由の一つに，仏塔の中央部の「心柱」が大きな役割を果たしていると考えられている。「東京スカイツリー」にも同じように中央部に心柱が建てられている。古くから伝わる伝統的な技術と最新技術が出会い，現代に受け継がれている。

②京都市の市街地の景観は，794年に都がおかれた当時の影響が現在も残っている。また，京都には国宝を含む重要文化財や昔の民家の姿を残した町なみ，伝統料理等があり，それらを目あてに，③国内外から多くの人々が訪れている。

紀伊山地は「吉野すぎ」などの良質な樹木が育ち，古くから，④林業が行われてきた地域である。また，「吉野すぎ」は大阪城をはじめとする城郭の建築にも使用されたことがあり，この地域の林業を長い間支えてきた。

近畿地方の特色の一つに，奈良や京都を中心に，歴史的景観をはじめとして，歴史につながる事柄が多いことが挙げられる。私たちは，過去から大切に受け継がれてきたそれらをしっかりと保存・継承し，未来の世代へとつなげていかなければならないと感じた。

(1) 下線部①に関して，(a)・(b)に答えなさい。

(a) 下線部①がある寺院は，聖徳太子が建てたと伝えられており，現在の建物は，再建されたものであるが，現存する世界最古の木造建築物である。この建物がある寺院の名前を書きなさい。

(　　　)

(b) 聖徳太子が政治を行ったころの文化について述べた文として正しいものはどれか，ア～エから1つ選びなさい。(　　　)

ア 禅宗の影響を受け，公家の文化と武家の文化を合わせた文化がうまれた。

イ 唐風の文化を基礎にしながら，日本の風土や生活に合った独自の文化がうまれた。

ウ 朝鮮半島から伝わった仏教の影響を受け，飛鳥を中心とした文化がうまれた。

エ 大名や都市の大商人たちの経済力を反映して，豪華で壮大な文化がうまれた。

(2) たかこさんは，下線部②について詳しく調べるために，地形図を準備した。(a)・(b)に答えなさい。

(a) この地形図から読み取れることとして，誤っているものはどれか，ア～エから1つ選びなさい。(　　　)

ア 地形図上には，図書館と消防署が見られる。

イ 京都駅のP地点から七条通のQ地点までの直線距離が地形図上で2cmであるので，実際の直線距離は500mである。

ウ 京都駅のP地点から見て，西本願寺の方位は，八方位で表すと，北西の方位である。

エ　東本願寺付近のR地点と九条駅付近のS地点の標高差は，20m以上ある。

(b)　下線部②の景観には，どのような特徴がみられるか，地形図からわかる街路のようすにふれて，書きなさい。(　　　　　　　　　　　　　　　　　　)

地形図

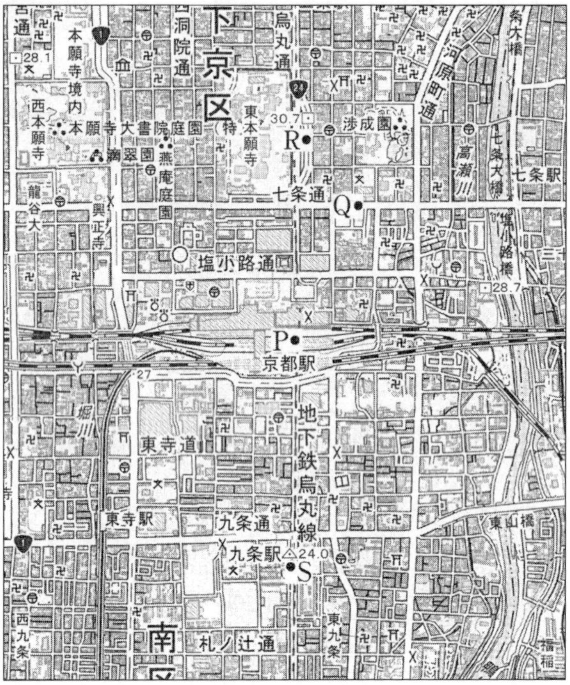

(平成28年国土地理院発行2万5千分の1地形図より作成)

(3)　たかこさんは，下線部③に関して，ホテルの宿泊料金をインターネットで調べていると，資料Iを見つけた。資料Iは，あるホテルの6月の宿泊料金カレンダーであり，後の文は，たかこさんが資料Iを見て，宿泊料金について考えたものである。(　あ　)～(　う　)にあてはまる語句として正しいものを，ア～エからそれぞれ1つずつ選びなさい。あ(　　　)　い(　　　)　う(　　　)

資料I

日	月	火	水	木	金	土
	1 6,250円	2 6,250円	3 6,250円	4 6,250円	5 7,850円	6 8,600円
7 6,250円	8 6,250円	9 6,250円	10 6,250円	11 6,250円	12 7,850円	13 8,600円
14 6,250円	15 6,250円	16 6,250円	17 6,250円	18 6,250円	19 7,850円	20 8,600円
21 6,250円	22 6,250円	23 6,250円	24 6,250円	25 6,250円	26 7,850円	27 8,600円
28 6,250円	29 6,250円	30 6,250円				

(注)　1人あたりの1泊の宿泊料金を表す。

このホテルは，金曜日と土曜日の宿泊料金が他の曜日より（ あ ）設定されている。それは，金曜日や土曜日のホテルの客室数，つまり（ い ）量が一定であるのに対して，ホテルの宿泊希望者数，つまり（ う ）量が増加することが予想されるためである。

ア 低く　イ 高く　ウ 需要　エ 供給

(4) 下線部④に関して，(a)・(b)に答えなさい。

(a) 森林の自然環境に対する効果を重視した「環境林」を保全する取り組みの一つに「企業の森づくり活動」がある。次の文は，「企業の森づくり活動」について説明したものの一部である。(　　) にあてはまる略称は何か，ア～エから1つ選びなさい。(　　　)

企業の森づくり活動では，企業が森林を所有者から借り，森林の管理や整備を行いながら，農作業を体験したり，地元の人々との交流を深めたりしている。このように，企業は，自分の利益を求めるだけでなく，環境保全に対する意識の向上，地域づくりへの貢献等，社会が直面するさまざまな課題の解決に向けた (　　) 活動にも取り組んでいる。

ア CSR　イ NGO　ウ ODA　エ NPO

(b) たかこさんは，わが国の林業の課題を克服する制度として，2003年より「緑の雇用」という事業が始まったことを知った。「緑の雇用」では，林業の分野で新しく働く人たちに対して，必要な技能を学ぶことができる講習や研修を行っている。また，たかこさんは，「緑の雇用」の効果を示す資料として資料Ⅱと資料Ⅲを見つけた。資料Ⅱは，「緑の雇用」による林業従事者と「緑の雇用」を除いた林業従事者の平均年齢の推移，資料Ⅲは，林業従事者の総人数とその内訳を，それぞれ表したものである。

後の文は，たかこさんが資料Ⅱと資料Ⅲを見て，「緑の雇用」の効果とその理由について考えたものである。(　　) にあてはまる言葉を，資料Ⅱと資料Ⅲから読み取れることをもとに，書きなさい。

(　　　　　　　　　　　　　　　　　　　　　　　　　　)

資料Ⅱ

	2005年	2010年	2015年
「緑の雇用」による林業従事者の平均年齢（歳）	39.7	38.9	40.2
「緑の雇用」を除いた林業従事者の平均年齢（歳）	55.0	53.7	55.5

（全国森林組合連合会「緑の雇用」資料室資料より作成）

資料Ⅲ

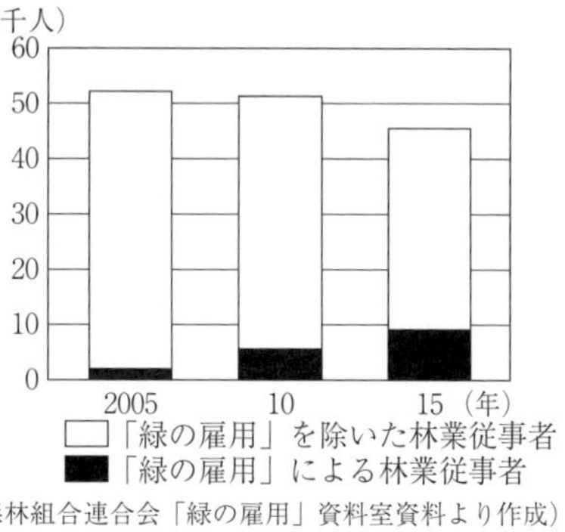

（全国森林組合連合会「緑の雇用」資料室資料より作成）

私は，「緑の雇用」は，林業における高齢化や後継者不足の改善に効果があると考える。なぜなら，「緑の雇用」を除いた林業従事者と比べ，「緑の雇用」による林業従事者は，(　　　　) からである。

理科

時間　45分　　　　満点　100点

1　次の(1)～(4)に答えなさい。

(1)　は虫類と哺乳類について，(a)・(b)に答えなさい。

(a)　次の文は，は虫類のトカゲについて述べたものである。正しい文になるように，文中の①・②について，ア・イのいずれかをそれぞれ選びなさい。①(　　　)　②(　　　)

は虫類のトカゲは，①［ア　変温　　イ　恒温］動物で，体表がうろこでおおわれており，②［ア　肺　　イ　えら］で呼吸する。

(b)　哺乳類のウサギは，子宮内で酸素や栄養分を子に与え，ある程度成長させてから子を産む。このようななかまのふやし方を何というか，書きなさい。(　　　)

(2)　ある地震において，震央から離れた位置にある地点Xで，図のような地震計の記録が得られた。(a)・(b)に答えなさい。

図

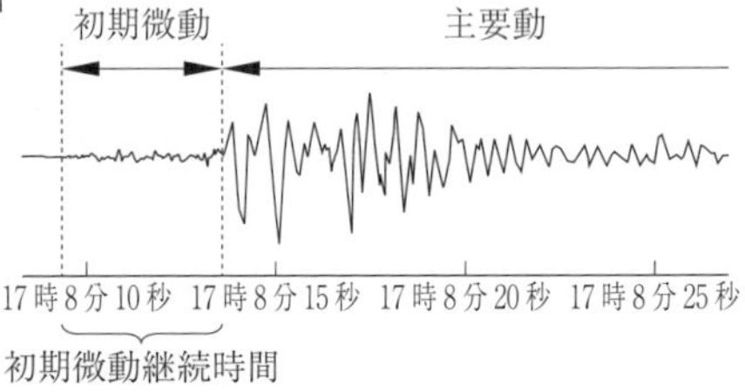

(a)　地震が起こったとき発生した2種類の地震の波のうち，初期微動をもたらした，伝わる速さが速い地震の波を何というか，書きなさい。(　　　)

(b)　地点Xにおける初期微動継続時間からわかることとして正しいものはどれか，ア～エから1つ選びなさい。(　　　)

ア　地点Xから見た震源のおよその方向

イ　地点Xから震源までのおよその距離

ウ　震源のおよその深さ

エ　地震のおよその規模

(3)　プラスチックについて，(a)・(b)に答えなさい。

(a)　次の文は，プラスチックが有機物または無機物のいずれに分類されるかについて述べたものである。正しい文になるように，文中の（　　）にあてはまる言葉を書きなさい。(　　　)

プラスチックは（　　）を含むので，有機物に分類される。

(b)　身のまわりで使われている4種類のプラスチックA～Dの密度を測定した。表はその結果を示したものである。これらのうち，水に沈み，飽和食塩水に浮くものはどれか，A～Dから1つ選びなさい。ただし，水の密度は1.00g/cm^3，飽和食塩水の密度は1.19g/cm^{3}とする。(　　　)

表

プラスチック	密度〔g/cm^3〕
A	1.06
B	0.92
C	1.38
D	0.90

(4) 放射線について，(a)・(b)に答えなさい。

(a) 放射線について述べた文として，誤っているものはどれか，ア～エから１つ選びなさい。

(　　　)

ア　放射線は目に見えないが，霧箱等を使って存在を調べることができる。

イ　放射線は，農作物の殺菌や発芽の防止に利用されている。

ウ　放射線には共通して，物質を通りぬける能力（透過力）がある。

エ　放射線は自然には存在しないため，人工的につくられている。

(b) 次の文は，放射線の種類について述べたものである。正しい文になるように，文中の（　　）にあてはまる言葉を書きなさい。(　　　)

放射線には α 線，β 線，γ 線など多くの種類がある。医療診断で体内のようすを撮影するために用いられる（　　）も放射線の一種であり，レントゲン線とよばれることもある。

2　図1は，自然界で生活している植物，草食動物，肉食動物の食べる・食べられるの関係のつながりを示したものである。図2は，地域Yにおける植物，草食動物，肉食動物の数量的な関係を模式的に示したものである。植物，草食動物，肉食動物の順に数量は少なくなり，この状態でつり合いが保たれている。(1)～(4)に答えなさい。

図1

──→ の向きは，食べられるものから食べるものに向いている。

図2

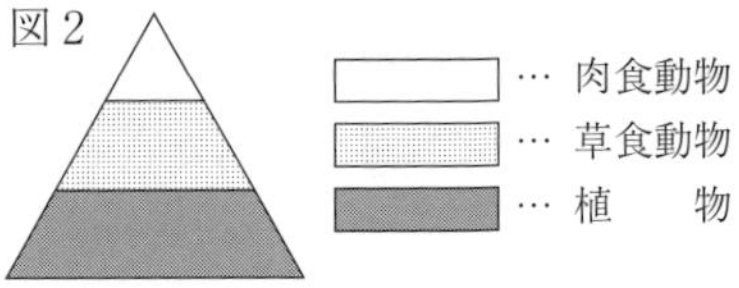

(1)　図1のような，食べる・食べられるの関係のつながりを何というか，書きなさい。(　　　)

(2)　図1の 草食動物 にあたる生物の組み合わせとして，最も適切なものをア～エから選びなさい。

(　　　)

ア　チョウ，クモ　　イ　バッタ，カエル　　ウ　チョウ，バッタ　　エ　クモ，カエル

(3)　次の文は，図1の生物の生態系における役割について説明したものである。文中の(①)・(②)にあてはまる言葉を書きなさい。ただし，(②)にはあてはまるものをすべて書くこと。

①(　　　)　②(　　　)

生態系において，自分で栄養分をつくることができる生物を生産者とよぶ。これに対して，自分で栄養分をつくることができず，ほかの生物から栄養分を得ている生物を(①)とよび，図1の生物の中では(②)があたる。

(4)　生物の数量的なつり合いについて，(a)・(b)に答えなさい。

(a)　図3は，地域Yにおいて，なんらかの原因により肉食動物が一時的に増加したのち，再びもとのつり合いのとれた状態にもどるまでの変化のようすを示したものである。正しい変化のようすになるように，ア～エを図3の(A)～(D)に1つずつ入れたとき，(B)・(C)にあてはまるものを，それぞれ書きなさい。ただし，数量の増減は図形の面積の大小で表している。また，図の┈┈線は，図2で示した数量のつり合いのとれた状態を表している。(B)(　　　)　(C)(　　　)

図3

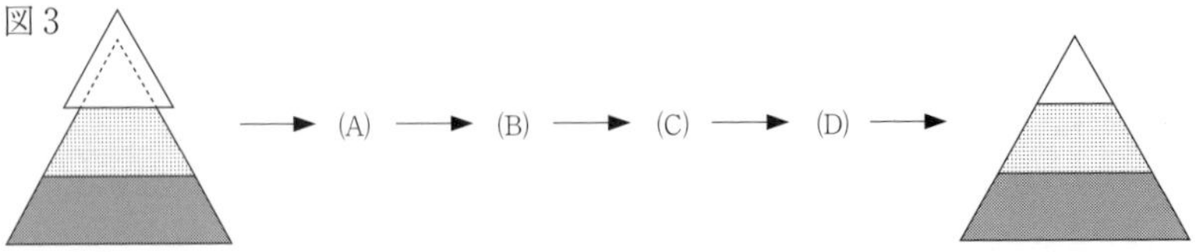

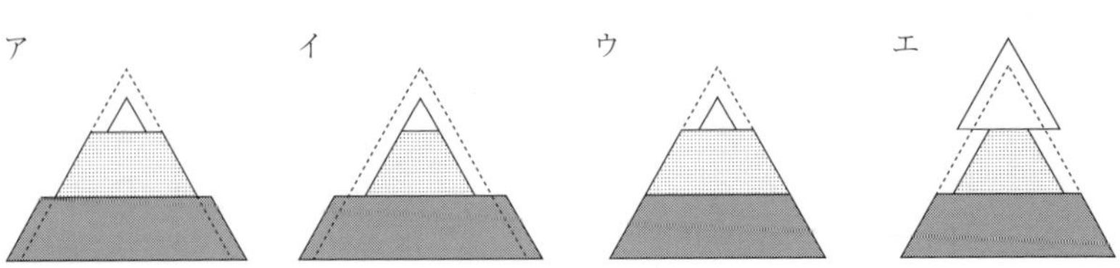

(b)　地域Yにおいて，なんらかの原因により肉食動物がすべていなくなったために，植物および草食動物も最終的にすべていなくなったとする。このとき，肉食動物がいなくなってから植物および草食動物がいなくなるまでの過程を，植物および草食動物の数量の変化にふれて書きなさい。

(　　　　　　　　　　　　　　　　　　　　　　　　　　　　　)

3　音についての実験を行った。(1)～(5)に答えなさい。

実験1

図1のように，モノコードの弦のXの位置をはじいて出た音を，オシロスコープで調べると，図2の波形が表示された。図2の縦軸は振幅を，横軸は時間を表している。

図1

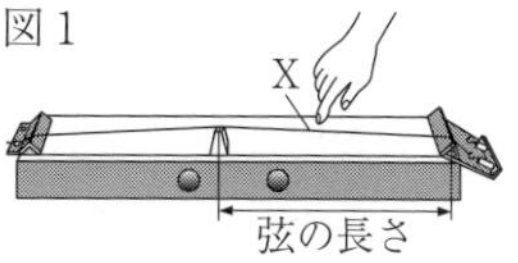

図2

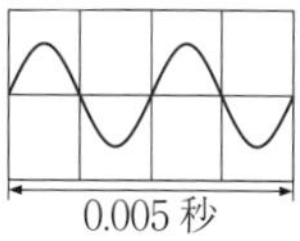

実験2

① Aさんと Bさんが電話で話をしながらそれぞれの家から花火を見ていると，2人には同じ花火の音がずれて聞こえた。2人はこのことを利用して，音の伝わる速さを調べることにした。

② Aさんと Bさんは，花火の打ち上げの合間にそれぞれの時計の時刻を正確に合わせ，花火が再開するのを待った。

③ Aさんと Bさんは，花火が再開して最初に花火の破裂する音が聞こえた瞬間，それぞれの時計の時刻を記録した。表はそのときの時計の時刻をまとめたものである。

表

	時計の時刻
Aさん	午後8時20分15秒
Bさん	午後8時20分23秒

④ 地図で確かめると，花火の打ち上げ場所とAさんの家との直線距離は2200m，花火の打ち上げ場所とBさんの家との直線距離は4900mであった。

(1) 次の文は，音が発生するしくみについて述べたものである。正しい文になるように，文中の（　　）にあてはまる言葉を書きなさい。（　　　）

音は物体が振動することによって生じる。音を発生しているものを（　　），または発音体という。

(2) 実験1のモノコードの弦を，Xの位置で実験1より強くはじいたときのオシロスコープに表示される波形として，最も適切なものをア～エから選びなさい。ただし，ア～エの縦軸と横軸は，図2と同じである。（　　　）

ア

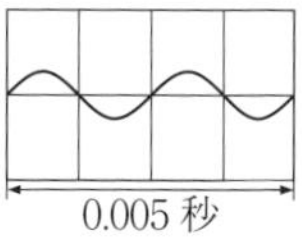

イ

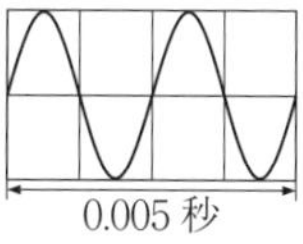

ウ

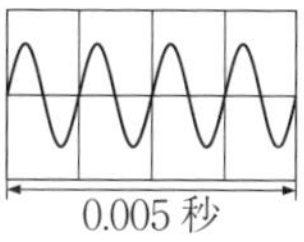

エ

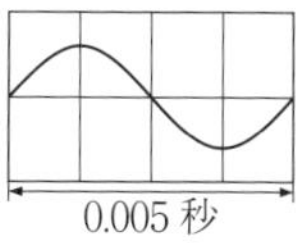

(3) 実験1のとき，モノコードの弦の音の振動数は何Hzか，求めなさい。（　　　Hz）

(4) 実験1で出た音より低い音を出す方法として正しいものを，ア～エからすべて選びなさい。

（　　）

ア　弦のはりの強さはそのままで，弦の長さを実験1より長くしてXの位置をはじく。

イ　弦のはりの強さはそのままで，弦の長さを実験1より短くしてXの位置をはじく。

ウ　弦の長さはそのままで，弦のはりを実験1より強くしてXの位置をはじく。

エ　弦の長さはそのままで，弦のはりを実験1より弱くしてXの位置をはじく。

(5)　実験２ でわかったことをもとに，音の伝わる速さを求めた。この速さは何 m/s か，小数第１位を四捨五入して整数で答えなさい。ただし，花火が破裂した位置の高さは考えないものとする。

(　　　m/s)

4　登山をしたときに，気温や湿度，周辺のようすなどを調べた。(1)～(4)に答えなさい。

観測

①　山に登る前に，ふもとに設置されていた乾湿計で気温と湿度を調べると，気温 26 ℃，湿度（　　）％であった。

②　山頂に着いたときには，山頂は霧に包まれていたが，しばらくすると霧が消えた。

③　山頂で水を飲み，空になったペットボトルにふたをした。そのとき，ペットボトルはへこんでいなかった。

④　ふもとに着いたとき，山に登る前に見た乾湿計で気温と湿度を調べると，気温 28 ℃，湿度 85 ％であった。

⑤　山頂から持ち帰った空のペットボトルを調べると，手で押すなどしていないのに少しへこんでいた。

⑥　ふもとでしばらく過ごしていると気温が下がり，周囲は霧に包まれた。ただし，ふもとに着いてからは，風のない状態が続いていた。

(1)　乾湿計について，(a)・(b)に答えなさい。

(a)　乾湿計を設置する場所として正しいものを，ア～エから１つ選びなさい。(　　　)

ア　地上 1.5m ぐらいの風通しのよい日なた

イ　地上 1.5m ぐらいの風通しのよい日かげ

ウ　地上 1.5m ぐらいの風があたらない日なた

エ　地上 1.5m ぐらいの風があたらない日かげ

(b)　図１は，観測 ①で用いた乾湿計とその目盛りを拡大したものである。表は湿度表の一部である。図１と表をもとに，観測 ①の（　　）にあてはまる数字を書きなさい。(　　　)

図１

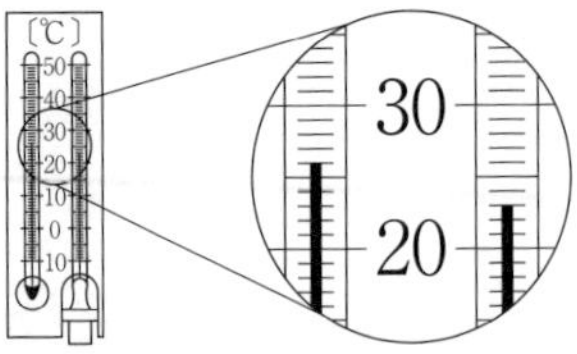

表

		乾球の示度と湿球の示度の差〔℃〕					
		1.0	2.0	3.0	4.0	5.0	6.0
乾球の示度〔℃〕	27	92	84	77	70	63	56
	26	92	84	76	69	62	55
	25	92	84	76	68	61	54
	24	91	83	75	68	60	53
	23	91	83	75	67	59	52
	22	91	82	74	66	58	50

(2)　次の文は，観測 ②の山頂の湿度と気温について考察したものである。正しい文になるように，

文中の（ あ ）にあてはまる数字を書き，（ い ）にはあてはまる言葉を書きなさい。

あ(　　　　) い(　　　　)

山頂に着いたときの湿度は（ あ ）％であったと考えられる。その後，霧が消えたのは，山頂の気温が（ い ）より高くなったためであると考えられる。

(3) 観測 ⑤で，山頂から持ち帰ったペットボトルがへこんでいたのはなぜか，その理由を書きなさい。

(　　　　　　　　　　　　　　　　　　　　　　　　　　　　)

(4) 図2は，温度と空気 $1\,m^3$ 中に含むことのできる水蒸気の最大量（飽和水蒸気量）との関係を表したグラフである。観測 ⑥で霧が生じ始めたときの気温は何℃か，求めなさい。ただし，気温は整数で答えること。

(　　　℃)

図2

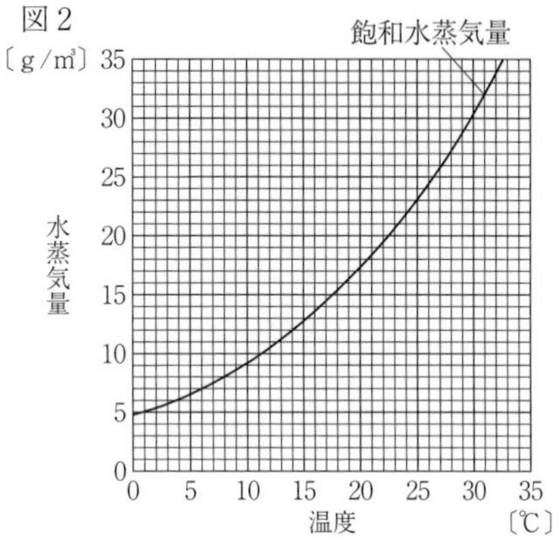

5　ひろきさんたちは，炭酸水素ナトリウムの利用について考えた。(1)～(5)に答えなさい。

ひろきさん　炭酸水素ナトリウムを使ってカルメ焼きをつくりましたが，炭酸水素ナトリウムは汚れを落とすときに使うこともあるという話を聞きました。どうして汚れを落とすときに使うことができるのでしょうか。

ちなつさん　炭酸水素ナトリウムを加熱して炭酸ナトリウムと二酸化炭素，水に変化させる実験をしましたね。そのときの実験結果と関係があるのかもしれません。

なおみさん　もう一度実験をして考えてみましょう。

実験

① 図1のような装置で，炭酸水素ナトリウム2.0gを乾いた試験管Xに入れて加熱し，発生した気体を水上置換法で試験管に集めた。

② 発生した気体のうち，はじめに出てくる試験管1本分の気体は捨て，続いて発生する気体を3本の試験管A～Cに集め，ゴム栓をした。

③ さらに気体の発生が終わるまで加熱を続けた後，㋐ガラス管を水そうからぬき，火を消した。このとき，試験管Xの口のあたりには水滴がついていた。

④ 図2のように，3本の試験管A～Cに集めた気体の性質を調べた。

⑤ 試験管X中の加熱後の炭酸ナトリウムをとり出し，十分に乾燥させて質量を測定したところ，1.3gであった。

図1

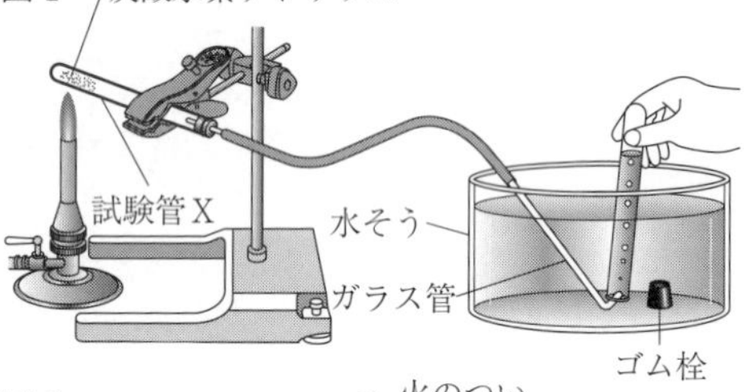

図2

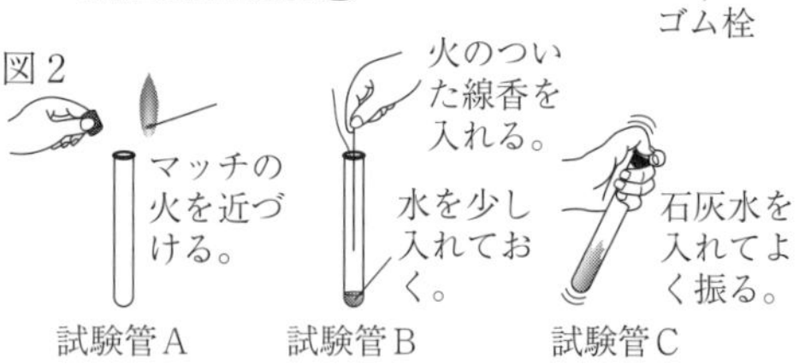

マッチの火を近づける。
火のついた線香を入れる。
水を少し入れておく。
石灰水を入れてよく振る。

試験管B
試験管C

表

	炭酸水素ナトリウム	炭酸ナトリウム
水へのとけ方(物質0.5gに水5㎤を加えたとき)	とけ残った。	すべてとけた。
フェノールフタレイン溶液を加えたときのようす	うすい赤色になった。	濃い赤色になった。

⑥ 炭酸水素ナトリウムと加熱後の炭酸ナトリウムを0.5gずつ，それぞれ水5 cm^3にとかして，とけ方のちがいを見た後，フェノールフタレイン溶液を1，2滴加えた。表はその結果をまとめたものである。

(1) 炭酸水素ナトリウムが，炭酸ナトリウムと二酸化炭素，水に変化したように，1種類の物質が2種類以上の物質に分かれる化学変化を何というか，書きなさい。(　　　)

(2) 下線部㋐について，ガラス管を水そうからぬいた後に火を消すのはなぜか，その理由を書きなさい。(　　　)

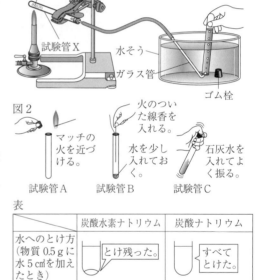

(3)　次の文は，実験④の結果をもとに，発生した気体について考察したものである。正しい文になるように，文中の①～③について，ア・イのいずれかをそれぞれ選びなさい。

①(　　　)　②(　　　)　③(　　　)

試験管Aでは，①[ア　気体が音を立てて燃え　　イ　変化がなく]，試験管Bでは，②[ア　線香が激しく燃え　　イ　線香の火が消え]，試験管Cでは，③[ア　石灰水が白くにごった　　イ　変化がなかった] ことから，この気体は二酸化炭素であると考えられる。

(4)　炭酸水素ナトリウム4.0gについて実験①と同様の操作を行ったが，気体の発生が終わる前に加熱をやめた。試験管に残った物質を十分に乾燥させたところ，質量は3.2gであった。このとき，反応せずに残っている炭酸水素ナトリウムの質量は何gか，小数第2位を四捨五入して，小数第1位まで求めなさい。(　　　g)

ひろきさん　炭酸水素ナトリウムを加えると，加熱したときに発生した二酸化炭素によってカルメ焼きがふくらむと教わりましたが，汚れを落とすときには，炭酸水素ナトリウムはどのようなはたらきをするのでしょうか。

なおみさん　炭酸水素ナトリウムで汚れを落とすことができるのは，炭酸水素ナトリウムの水溶液がアルカリ性を示すからです。アルカリ性の水溶液には，油やタンパク質の汚れを落とすはたらきがあります。アルカリ性が強いほど汚れが落ちるのですが，アルカリ性が強すぎると，肌や衣類をいためてしまいます。㋑実験結果から考えると，炭酸水素ナトリウムは，肌や衣類をいためる心配は少なそうですね。

ちなつさん　私の家では，汚れを落とすときに炭酸水素ナトリウムを粉のまま使っています。キッチンの汚れているところに炭酸水素ナトリウムの粉を多めに振りかけて，ぬれたスポンジでこすって，粉で汚れをけずり落としています。このような使い方は，実験結果と関係がありますか。

なおみさん　実験結果から炭酸水素ナトリウムが（　　　）ことがわかりましたね。この性質を利用しているのです。

(5)　汚れを落とすときの炭酸水素ナトリウムのはたらきについて，(a)・(b)に答えなさい。

(a)　下線部㋑について，炭酸水素ナトリウムが肌や衣類をいためる心配が少ないと考えた理由を，その根拠となる実験⑥の結果を具体的に示して書きなさい。

(　　　　　　　　　　　　　　　　　　　　　　　　　　　　　　)

(b)　(　　)にあてはまる，炭酸水素ナトリウムの性質を書きなさい。(　　　　　)

ひろとさん　そうですね。他にも表現技法が使われていますよ。わかりますか。

むつきさん　「十五の心」の部分に、□という表現技法が使われていますね。

(1)　話し合いの一部の□にあてはまる表現技法について、最も適切なものをア～エから選びなさい。（　　）

ア　対句　　イ　擬人法　　ウ　反復　　エ　体言止め

(2)　ひろとさんの選んだ短歌についてあなたが感じたことを、話し合いの一部を参考にして次の〈条件〉(A)～(D)に従って書きなさい。

〈条件〉

(A)　題名などは書かないで、本文を一行目から書き始めること。

(B)　二段落構成とし、前の段落では、短歌の中からあなたの心に残った言葉とその理由を書くこと。後の段落では、前の段落を踏まえて、あなたの考えをあなた自身のことと結びつけて書くこと。

(C)　全体が筋の通った文章になるようにすること。

(D)　漢字を適切に使い、原稿用紙の正しい使い方に従って、十～十三行の範囲におさめること。

(3) 本文中の和歌について、(a)・(b)に答えなさい。

(a) 阿倍の仲麻呂が和歌を詠《よ》んだのは、どのような情景を見たからか、答えの末尾が「情景を見たから」に続く形になるように**五字以上十字以内**で書きなさい。

□□□□□□□□□□ 情景を見たから

(b) 次の文は、中国の人が和歌に感心した理由について、ある生徒が本文をもとにまとめたものである。（　　）にあてはまる適切な言葉を**五字以上十字以内**で書きなさい。

□□□□□□□□□□

中国と日本とでは使う言葉が違うけれども、「奈良の春日にある三笠山に出ていた月と同じ月だなあ」という和歌の内容から、阿倍の仲麻呂の（　　）気持ちに、中国の人が共感したから。

(4) 本文の内容と合うものとして、最も適切なものをア〜エから選びなさい。（　　）

ア　阿倍の仲麻呂は、感謝の思いを込めて送別の会を催し、世話になった中国の人と月が出るときまで別れを惜しんだ。

イ　阿倍の仲麻呂は、自分を見送ろうとする中国の人に、和歌を詠むときの心のありさまや和歌の形式について教えた。

ウ　阿倍の仲麻呂は、伝わらないとは思いながらも、日本語を習得した中国の人に自分が詠んだ和歌の意味を説明した。

エ　阿倍の仲麻呂は、日本へ帰国しようとする別れのときに、中国の人が船の上で詠んでくれた漢詩の内容を賞賛した。

5 ひろとさんのクラスでは、短歌の鑑賞会を開くことになった。次は、ひろとさんの選んだ短歌と、その短歌についての話し合いの一部である。(1)・(2)に答えなさい。

短歌

不来方《こずかた》のお城の草に寝ころびて
空に吸はれし
十五の心
石川啄木《いしかわたくぼく》

話し合いの一部

ひろとさん　この短歌は、石川啄木が旧制盛岡中学校の生徒だった頃を回想して詠《よ》んだ一首だそうです。三行書きを用いています。

むつきさん　短歌の表し方としては、めずらしいですね。ところで、「不来方」は「こずかた」と読むのですね。地名ですか。

ひろとさん　はい、現在の岩手県盛岡市を表すそうです。実は「不来方」という地名には、二度と来ないという意味もあるそうです。

むつきさん　言葉に、地名と作者の思いとの二つの意味を重ねることもできそうですね。「空に吸はれし」はどう解釈しますか。

ひろとさん　「空に吸い込まれていくようであった」と解釈するようです。

むつきさん　表現の工夫がされていますね。作者のどういう気持ちが空に吸われていくように思えたのか知りたいですね。

ⓔつばささん　そのとおりですね。私もこの町の人々と共に町を守っていきたいです。

ひなたさん　つばささん、あなたの将来したいことが増えましたね。

ⓕつばささん　はい。今日、ひなたさんと対話をしたことで、将来したいことが深まったように思います。

(a)　本文に――線部②「対話によって自己の経験を可視化する作業」とあるが、対話の一部において、つばささんのこれまでの経験が具体的に可視化されている発言の組み合わせとして、最も適切なものをア～エから選びなさい。（　　）

ア　ⓐ、ⓑ、ⓒ　　イ　ⓐ、ⓓ、ⓕ

ウ　ⓑ、ⓒ、ⓔ　　エ　ⓓ、ⓔ、ⓕ

(b)　本文に――線部③「自分自身の興味・関心に基づいた、生きる目的」とあるが、対話の一部において、つばささんの生きる目的としての将来したいこととはどのようなものだといえるか。「自分の町」という言葉を用いて、答えの末尾が「こと」に続く形になるように**二十字以上二十五字以内**で書きなさい。

［　　　　　　　　　　　　　　　　　　　　　　　　　］こと

4　次の文章は「土佐日記」の一部である。(1)～(4)に答えなさい。

昔、阿倍《あべ》の仲麻呂《なかまろ》といひける人は、唐土《もろこし》（中国）に渡りて、帰り来《き》ける（日本に帰って来ようとする）時に、船に乗るべき所にて、かしこ（あちらの）の漢詩《からうた》作りなどしける。かの（あちらの）国人《くにびと》、馬《む》まのはなむけし（送別の会をして）、別れ惜しみて、かしこの漢詩作りなどしける。飽かずやありけむ（なごりがつきないように思ったのだろうか）、月出《い》づるまでぞありける。その月は、海よりぞ出でける。これを見てぞ、仲麻呂の主（仲麻呂さんは）、わが国に、かかる歌（こういう和歌）をなむ、かうやうに（このように）別れ惜しみ、喜びもあり、悲しびもある時にはよむとて、よめりける歌、

青海《あをうな》ばらふりさけ見れば（はるか遠くの空をながめると）春日《かすが》なる三笠《みかさ》の山に出でし月かも

とぞよめりける。かの国人聞き知るまじく（聞いてもわかるまい）、思ほえたれども、言《こと》の心（和歌の意味）を、この言葉伝へたる（日本の言葉を理解している）人に、いひ知らせければ（説明して聞かせたところ）、心をや聞きえたりけむ（理解することができたのだろうか）、いと思ひの外《ほか》になむ賞《め》でける（感心したということだった）。唐土とこの国とは、言（言葉）異なるものなれど、月の影（光）は同じことなるべければ（であるはずだから）、人の心も同じことにやあらむ（なのだろう）。

（注）　阿倍の仲麻呂＝奈良時代の遣唐留学生。

(1)　～～線部「思ほえたれども」を、現代仮名遣いに改めて、全てひらがなで書きなさい。（　　　　　　　）

(2)　══線部「わが国に」から始まる仲麻呂の発言の部分はどこまでか、その発言の部分を本文中から抜き出し、終わりにあたる**五字**を書きなさい。

［　　　　　］

う

インターアクション（相互作用）
＝相互的なやりとり

伝えたいことを自分の表現で発信する。

⇩

（　あ　）。

⇩

相手の発信を促す。

対話という活動の意味

共有化されたオリジナリティが相手に影響を及ぼす。

（　い　）。

対話での最終的な課題

語る内容について相手の賛同を得る。

〈理由〉
共通了解の実感により，人と人とが結びつくから。
また，この実感は喜びと共に現れ，（　う　）を生み出す。

(3)　本文の最後の段落では、人生において対話が有効であることの理由について書かれている。次は、中学生のつばささんと高校生のひなたさんとの対話の一部である。(a)・(b)に答えなさい。（ⓐ～ⓕは、つばささんの発言を示す。）

ひなたさん　私は、高校の生徒会活動で学校の広報誌に載せるために町の紹介記事を書いています。そういえば、つばささんもクラスで「ふるさとマップ」を作っていましたね。

ⓐつばささん　はい。町全体の大きな地図を描き、町の歴史や自然、特産物なども調べて、一枚の「ふるさとマップ」にまとめました。ひなたさん、私はあの活動を通して、将来したいことを見つけたように思います。私は、あのマップに「町の輝く瞬間」の写真をいくつか載せました。町には、人々にまだ知られていない美しい場所がたくさんあります。私はそんな美しい場所のあるこの町を、多くの人々に知ってもらいたいのです。

ひなたさん　あの「ふるさとマップ」のすてきな写真は、つばささんが撮ったものだったのですね。その経験から将来したいことを見つけたのですね。

ⓑつばささん　はい。学校の行き帰りに、町の何気ない風景が季節によって輝くような瞬間があることに気づきました。例えば、神社の大きな銀杏《いちょう》の木。銀杏の葉が黄色に色づく頃、太陽の光を浴びて金色に輝くような瞬間があります。それから、川に映る夕焼け。秋には川はもっと赤く染まります。そんな輝く瞬間を見たとき、この町を多くの人々に知ってもらいたいと思いました。

ひなたさん　見過ごしがちな町の一瞬の輝きに気づいたのですね。つばささん、私はこの町のよさは人の温かさにもあると思います。

ⓒつばささん　ああ、確かにそうです。「ふるさとマップ」を作っていたときも、町のみなさんが協力してくれました。「町の輝く瞬間」も、この時期のこの場所はすばらしいって教えてくれました。

ひなたさん　私はね、町の一瞬の輝きはそこに住む人々が守っているからこそあるように思うのですが、あなたはどう思いますか。

ⓓつばささん　一瞬の美しさを見せてくれるのは自然だけれど、その自然を壊すことなく守ってきた人々がいるということですか。

ひなたさん　そうです。温かい人たちがいて、ある時期のある瞬間に精一杯輝く自然がある。この町はそんな町だと思います。

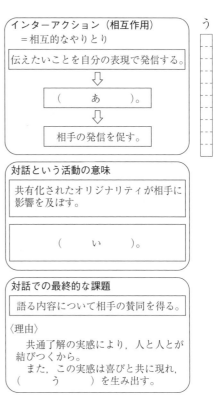

るのでしょう。そこには、よりよく生きようとするわたしたちの意志とそのためのことばが重なるのです。

対話は、わたしたち一人ひとりの経験の積み重ねを意味します。

知らず知らずのうちにさまざまな人との対話を積み重ねてきた経験を一度振り返り、そのことによって、これからのよりよい生活や仕事、あるいは人生のためにもう一度、新しい経験を築いていこうとすること、これが対話について考えることだと、わたしは思います。

一般に対話というと、「Aという意見とBという意見の対立からCという新たなものを生み出す」というような技術論としてとらえられがちですが、ここでは、対話というものを、もう少し大きく、あなた自身のこれからの生き方の課題として向き合ってみようと提案しています。その方法もそれほど限定せず、自由に考えていいと思います。

そして、この対話をデザインするのは、あなた自身に他なりません。

対話は、何かを順番に覚えたり記憶したりするものではありません。

他者とのやりとりによって自分の考えをもう一度見直し、さらに自分の意見・主張にまとめていく。この過程で、自分と相手との関係を考え、それぞれの差異を知ることで相互理解が可能であることを知ります。

さらに、自分と相手を結ぶ活動の仲間たちがともにいるという認識を持てば、個人と社会との関係を自覚せざるを得ません。そこから、「社会とは何か」という問いが生まれ、その問いは、市民としての社会参加という意識につながります。こうした活動によって、テーマのある対話が展開できるような、そういう社会が構築される可能性も生まれます。

十年後、二十年後の自分の人生はどのようなものだろうか。この迷いの中で、自分にとっての過去・現在・未来を結ぶ、一つの軸を見出すことは、希望進路や職業選択につながっていくプロセスであるばかりでなく、現在の生活や仕事などで抱えている不満や不安、人生のさまざまな局面における危機を乗り越えるためにとても有効でしょう。

さまざまな出会いと②対話によって自己の経験を可視化する作業は、③自分自身の興味・関心に基づいた、生きる目的としてのテーマの発見に必ずやつながるからです。

（細川英雄《ほそかわひでお》「対話をデザインする─伝わるとはどういうことか」より。一部省略等がある。）

(1) ──線部①「対話という活動の課題」とは、どういうことか。最も適切なものをア～エから選びなさい。（　）

ア　自分しか語れないことを自分のことばで語ることと、わかりやすく伝えることをどのように結びつけるかということ。

イ　自分しか語れないことを自分のことばで語ることと、すぐれたものを示すことをどのように結びつけるかということ。

ウ　自分しか語れないことを自分のことばで語ることと、自分の思考を整理することをどのように結びつけるかということ。

エ　自分しか語れないことを自分のことばで語ることと、オリジナリティを追求することをどのように結びつけるかということ。

(2) 次は、本文中の「インターアクション（相互作用）」、「対話という活動の意味」、「対話での最終的な課題」について、ある生徒がまとめたものである。（あ）～（う）にあてはまる適切な言葉を書きなさい。ただし、（あ）は**五字以上十字以内**、（い）は**二十五字以上三十字以内**で、それぞれ本文中の言葉を用いて書き、（う）は**十字**で本文中から抜き出して書くこと。

あ

い

3　次の文章を読んで、(1)～(3)に答えなさい。

対話という行為は、一人ひとりの「私」を通して行われなければならない、つまり「あなたでなければ語れないこと」を話すのだ、ということになります。これが、対話の中で自分のオリジナリティを出すということです。

このことにより、自分のことばで語られた内容は、必ずや相手の心に届きます。これが、話の内容の意味を明確にする、すなわち、わかりやすく話すということにつながるのです。

相手にわかるように話すことと、自分のオリジナリティを追求することとは、一見矛盾する反対のことのように感じる人もいるかもしれません。しかし、この二つは、それぞれバラバラに存在するものではないのです。

伝えたいことを相手にわかるように話すことが自分と他者の関係における課題であるのに対し、オリジナリティを出すということは、自己内の思考を整理・調整する課題であるといえます。この二つをどのようにして結ぶかということが、①対話という活動の課題でもあります。

どんなにすぐれたもののつもりでも相手に伝わらなければ、単なる独りよがりに過ぎません。また、「言っていることはわかるが、あなたの考えが見えない」というようなコメントが相手から返ってくるようでは、個人の顔の見えない、中身のないものになってしまいます。一人ひとりのオリジナリティを、どのようにして相手に伝えるか、ということが、ここでの課題となります。

ここで、自分の考えを相手にも受け止めてもらうという活動が必要になります。これをインターアクション（相互作用）と呼びます。インターアクションとは、さまざまな人との相互的なやりとりのことです。自分の内側にある「伝えたいこと」を相手に向けて自らの表現として発信し、その表現の意味を相手と共有し、そこから相手の発信を促すことだと言い換えることもできるでしょう。

テーマを自分の問題としてとらえることで徹底的に自己に即しつつ、これをもう一度相対化して自分をつきはなし、説得力のある意見を導き出すためには、さまざまな人とのインターアクションが不可欠であるといえます。このインターアクションによって、今まで見えなかった自らの中にあるものが次第に姿を現し、それが相手に伝わるものとして、自らに把握されるとき、自分のことばで表現されたあなたのオリジナリティが受け止められ、相手にとっても理解できるものとして把握されたとき、対話は次の段階にすすむと考えることができます。

相手に伝わるということは、それぞれのオリジナリティをさまざまな人との間で認め合える、ということであり、自分の意見が通るということとは、その共有化されたオリジナリティがまた相手に影響を及ぼしつつ、次の新しいオリジナリティとしてあなた自身の中でとらえなおされるということなのです。これこそが対話という活動の意味だということができるでしょう。

そして、あなたの語る内容に相手が賛同してくれるかどうかが、対話の最終的な課題となります。なぜなら、さまざまな人間関係の中で、わたしたちを結びつけているのは、「わかった、わかってもらった」という共通了解の実感だからです。

どんな社会的な問題でも、わたしたちはそれぞれの個をくぐらせて、その問題を見つめています。この「私」と問題とのかかわりが、異なる視点と出会い、対話を通して相互の「個」が理解に至ったとき、「わかった、わかってもらった」という実感が喜びをともなって立ち現れてくるのです。この実感がわたしたちに個人としての存在意義をもたらすものにな

が、このときの周斗の様子として、最も適切なものをア～エから選びなさい。（　　）

ア　前向きな考え方の比呂が期待外れの返答をしたので、あきれている様子。

イ　スケールの大きな話をする比呂に戸惑うだけでなく、落胆している様子。

ウ　当たりさわりのない言葉で励まそうとする比呂に、いらだっている様子。

エ　消極的とも思える比呂の発言に驚きと怒りを感じて、興奮している様子。

(3)　――線部③「その迫力に周斗は下手な相づちを打てずにいた」とあるが、次の文は、ある生徒が、この理由について考えたことをまとめたものである。（ⓐ）・（ⓑ）にあてはまる適切な言葉をそれぞれ本文中の言葉を用いて書きなさい。ただし、（ⓐ）は**二十字以上二十五字以内**、（ⓑ）は**十字以上十五字以内**で書くこと。

仕事において、（　ⓐ　）ことでたどりつける「自分のてっぺん」にまだ行くことができず、周りの人にも（　ⓑ　）と言う比呂に圧倒され、周斗は安易に話の流れに合わせることをためらったから。

ⓐ

ⓑ

(4)　本文における比呂の役割として、最も適切なものをア～エから選びなさい。（　　）

ア　周斗に自分の知識や成功体験を伝えることで成長を促す、よき先輩としての役割。

イ　周斗と同じように悩みを抱えながらも前進していく、身近な大人としての役割。

ウ　周斗の不安を受け止めて解決策を示していく、頼りになる助言者としての役割。

エ　周斗にどんなときも自信に満ちあふれた態度で接する、憧れの人物としての役割。

目か知ってる？」
　壁に描かれた富士山の銭湯絵を比呂が見上げた。話の展開に戸惑いながらも、周斗も目線を上げた。
「うーん。全然見当つかないけど、五十番目くらい？」
「カーン。正確には何番目かを特定することも出来ないらしいけど、五十番どころか五百番以下は確実らしいぞ。」
「えぇ、そうなの。」
　日本一の富士山なのに、なんだか残念な感じがした。それを察したように比呂が続けた。
「富士山だって、世界に出ればそんなもん。例えばアスリートだって、いっしょだろ。サッカー日本代表の選手も、世界のトップには、なかなかなれないよな。世界のトップ選手だって、ずっとその位置をキープし続けることは出来ない。いつかはその座を誰かにゆずる。」
「…………。」
「人間、ずっと勝ち続けることなんて出来ないんだ。」
「それってあきらめろってこと？　全然ポジティブじゃないじゃん。そこそこで満足しろってことでしょ。ネガティブだよ。」
　②周斗は梯子《はしご》をはずされた気がして、息巻いた。
「あきらめるなんて、とんでもない。自分の中のてっぺんを目指すんだよ。」
「自分の、てっぺん？」
「自分が出来ることの最高っていうのかな。そう、自己ベストだな。自分のてっぺんを目指すし、そのてっぺんを可能な限り、もっともっと上げていくってことだ。」
　比呂はきっぱり言った。
　比呂の言っていることは、ポジティブなのか。ネガティブなのか。よく分からない。頭が混乱してきた。
「仕事だっていいことばっかりあるわけじゃない。キツイこともあるし、やめたくなったことだってある。けど、俺はまだ自分のてっぺんに行ってない。」
　比呂はいったん言葉を切って、自分に言い聞かせるようにあごをぐっと引いた。
「こんな俺を支えてくれてる人に、納得するものをまだ与えられてないんだ。」
　比呂は真剣な顔をして壁をにらんでいる。ただ話しているだけなのに、③その迫力に周斗は下手な相づちを打てずにいた。比呂はふいに周斗のことを思い出したみたいに横を向くと、照れくさそうに湯をすくって顔をごしごしこすった。
「いやぁ。なんか今日の俺、説教くさいな。あぁ長湯しすぎた。」
　比呂は湯をはね散らかして、勢いよく風呂から上がった。

（佐藤《さとう》いつ子《こ》「キャプテンマークと銭湯と」より。一部省略等がある。）

（注）　ポジティブ＝積極的なさま。
　　　ヴェール＝物をおおうのに用いる薄い布。
　　　ネガティブ＝消極的なさま。

(1)　――線部①「周斗が湯に体を沈めると、ちゃぷんと音がした。水面に波が静かに広がった」とあるが、この表現はどのような状況を表しているか、答えの末尾が「が続いている状況」に続く形になるように、適切な言葉を本文中から**二字**で抜き出して書きなさい。

　□が続いている状況

(2)　――線部②「周斗は梯子をはずされた気がして、息巻いた」とある

2　次の文章を読んで、(1)～(4)に答えなさい。

サッカーのクラブチームに所属する中学一年生の周斗《しゅうと》は、あるチームメートに「やめてしまえ。」と発言したのを機にサッカーから足が遠のいた。その頃、祖父と以前通った銭湯「楽々湯《らくらくゆ》」を訪れ、ポジティブ思考の社会人、比呂《ひろ》と出会う。ある日、利用客の減少で銭湯の経営が厳しいのではないかと周斗が比呂に言ったのを、銭湯の主人に聞かれてしまう。次は、主人の腰痛が原因で銭湯が閉店することを、周斗が比呂に教えてもらった場面である。

①周斗が湯に体を沈めると、ちゃぷんと音がした。水面に波が静かに広がった。

いつになく、比呂も黙りこんでいた。並んで湯につかっているふたりの間に、淡い湯気が立ち上る。重い沈黙をヴェールで包み込むような柔らかい湯気だ。

比呂が両手で湯をすくって、顔にかけた。周斗は静かにため息をついた。

「俺って、ほんと最低だな。おじさんいたのに、あんなこと言っちゃって……。もう取り返しがつかないよ。」

「周斗、最低って言うな。周斗が楽々湯を愛してるからこそだってことは、親父《おやじ》さん分かってくれるよ。」

比呂に慰められても、ちっとも楽になれない。

「比呂さん、それに俺さ、おじさんにだけじゃなくて、取り返しがつかないこと言っちゃったの、まだあるんだ。ここんとこずっと、なんかうまくいかなくて……。」

周斗はつま先に目を落とした。つま先は、湯の中でかげろうみたいに揺れている。

「サッカーのこと？」

比呂が顔の湯をぬぐいながら、周斗の方を向いた。

「ん……。前はキャプテンだったんだけど、よそから移ってきたうまいやつに奪われた。チームの友だちにも信頼されてない……。なんか空回りばっかりでさ。」

惨《みじ》めな気持ちになった出来事が次々と思い出された。楽々湯だけが癒やしの場所だったのに、その楽々湯もなくなってしまう。今は辛《つら》すぎて、そのことは口に出来ない。

肩がずるずる落ちていった。耳たぶが湯につかるくらいまで、沈んだ。

「そっか。いろいろあったんだな。」

比呂は同情するように、目を閉じた。

「別に俺がいなくても、チームはうまく回ってるし、いや、いない方がむしろ、うまく回ってるのかも知れない。俺なんかしょせん、お山の大将を気取ってただけで—。」

周斗の話を、比呂が遮った。

「お山の大将？　立派じゃん。」

「え、なんで？」

周斗が横を向くと、比呂は腕組みをしていた。盛り上がった肩の筋肉が、湯から隆々とはみ出ている。

「周斗は、周斗が考える山のなかの、その大将になってたんだろ。それはそれですごいよ。」

「でも、それは……。」

「なぁ、周斗。富士山ってさ、日本では一番高い山だけど、世界で何番

国語

時間　五五分
満点　一〇〇点

1　次の(1)～(4)に答えなさい。

(1)　次の(a)～(d)の各文の——線部の読み方を、ひらがなで書きなさい。

(a)　彼女はチームの要だ。（　　）

(b)　心地よい風に気分が和らいだ。（　　らいだ）

(c)　偉人の言葉に感銘を受ける。（　　）

(d)　紙飛行機の軌跡が弧を描く。（　　）

(2)　次の(a)～(d)の各文の——線部のカタカナを漢字になおし、楷書《かいしょ》で書きなさい。

(a)　予防接種をスませる。（　　ませる）

(b)　代表者に判断をユダねる。（　　ねる）

(c)　俳優がエンジュクの境地に至る。（　　）

(d)　シュクガ会を開催する。（　　）

(3)　行書の特徴の一つに、点画の省略がある。部首の部分にこの特徴を用いて、次の漢字を行書で書きなさい。（　　）

秋

(4)　次の文の——線部の文節どうしの関係と同じものを、ア～エから一つ選びなさい。（　　）

バスが　ゆっくりと　出発する。

ア　帰りに　ケーキと　花を　買う。

イ　かごの　中で　ネコが　寝て　いる。

ウ　星が　きれいに　光る。

エ　にぎやかな　声が　聞こえる。

2020年度／解答

数学

1 【解き方】(1) 与式 $= -(3\times5) = -15$

(2) 与式 $= 6a - 4b - 3a + 6b = 3a + 2b$

(3) 左辺を因数分解して，$(x+1)(x-4) = 0$ より，$x = -1,\ 4$

(4) 延長しても交わらず，平行でもない辺なので，辺 CG，DH，EH，FG

(5) $\begin{cases} x - y = 3 \cdots\cdots① \\ -x + 4y = 3 \cdots\cdots② \end{cases}$ とおく。①＋②より，$3y = 6$　両辺を 3 でわって，$y = 2$　これを①に代入して，$x - 2 = 3$ より，$x = 5$

(7) 与式 $= (x+y)^2 = \{(\sqrt{2}+1)+(\sqrt{2}-1)\} = (2\sqrt{2})^2 = 8$

(8) 長さが 1 m のふりこが 1 往復するのにかかる時間は，$1 = \dfrac{1}{4}x^2$ だから，$x^2 = 4$ より，$x = \pm 2$　$x > 0$ より，2 秒。長さ 9 m のふりこが 1 往復するのにかかる時間は，$9 = \dfrac{1}{4}x^2$ だから，$x^2 = 36$ より，$x = \pm 6$　$x > 0$ より，6 秒。よって，$6 \div 2 = 3$ (往復)

(9) さいころを 2 回投げたときの目の出方は，$6 \times 6 = 36$ (通り)　$2x - y - 5 = 0$ より，$y = 2x - 5$　この式が成り立つのは，$(x,\ y) = (3,\ 1)$，$(4,\ 3)$，$(5,\ 5)$ の 3 通り。よって，求める確率は，$\dfrac{3}{36} = \dfrac{1}{12}$

(10) $\angle$AOB の 2 等分線をひき，$\overset{\frown}{\mathrm{AB}}$ との交点を C とする。$\angle$COB の 2 等分線と $\overset{\frown}{\mathrm{CB}}$ の交点が点 P であるので，右図のようになる。

(例)

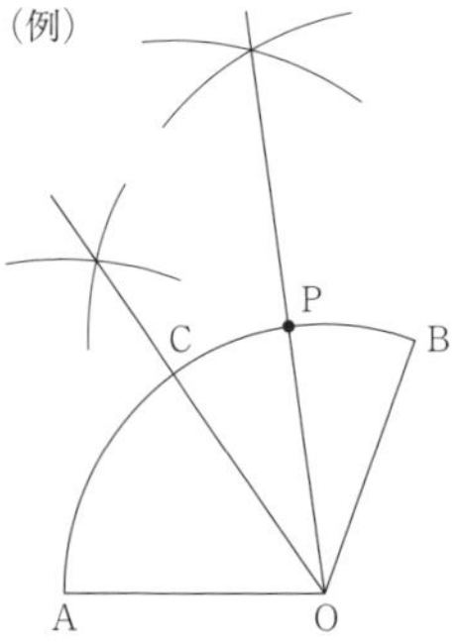

【答】(1) -15　(2) $3a + 2b$　(3) $(x =) -1,\ 4$　(4) 辺 CG，辺 DH，辺 EH，辺 FG　(5) $((x,\ y) =)(5,\ 2)$　(6) $9.5 \leqq a < 10.5$　(7) 8　(8) 3 (往復)　(9) $\dfrac{1}{12}$　(10) (右図)

2 【解き方】(1) ア．$5^2 = 25$ (枚)　イ．$7^2 - 5^2 = 24$ (枚)　ウ．$(n+2)^2 - n^2 = n^2 + 4n + 4 - n^2 = 4n + 4$ (枚)

(2) n 番目の正方形の白のタイルは n^2 枚だから，$n^2 - (4n + 4) = 92$ が成り立つ。かっこを外して整理して，$n^2 - 4n - 96 = 0$　左辺を因数分解して，$(n+8)(n-12) = 0$ より，$n = -8,\ 12$　$n > 0$ だから，$n = 12$　よって，12 番目の正方形。

【答】(1) ア．25　イ．24　ウ．$4n + 4$　(2) 12 (番目)

3 【解き方】(1) テントの 1 人あたりの支払い金額は，$\dfrac{2000 \times a + 1200 \times b}{40} = 50a + 30b$ (円)だから，$(50a + 30b + 500)$ 円となる。

(2) 右図のように点O, Cをとり, CからAOに垂線をひいて交点をHとすると, $\angle AOC = \dfrac{360}{8} = 45^\circ$ だから, △CHOは直角二等辺三角形である。$CO = AO = \dfrac{5}{2}$ m より, $CH = \dfrac{1}{\sqrt{2}}CO = \dfrac{1}{\sqrt{2}} \times \dfrac{5}{2} = \dfrac{5\sqrt{2}}{4}$ (m) だから, $\triangle ACO = \dfrac{1}{2} \times AO \times CH = \dfrac{1}{2} \times \dfrac{5}{2} \times \dfrac{5\sqrt{2}}{4} = \dfrac{25\sqrt{2}}{16}$ (m^2)

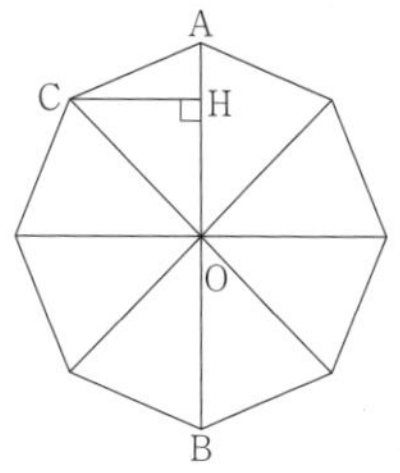

(3) 線ABと直線DCの交点をEとし, $EC = x$ cm とおくと, BC : AD = EC : ED だから, $3 : 4 = x : (x + 9)$ 比例式の性質より, $4x = 3(x + 9)$ から, $x = 27$ よって, $ED = 27 + 9 = 36$ (cm) だから, コップの体積は, 底面の半径が4cmで, 高さが36cmの円錐の体積から, 底面の半径が3cmで, 高さが27cmの円錐の体積を除いたもので, $\dfrac{1}{3} \times \pi \times 4^2 \times 36 - \dfrac{1}{3} \times \pi \times 3^2 \times 27 = 111\pi$ (cm^3)

【答】 (1) $50a + 30b + 500$ (円) (2) $\dfrac{25\sqrt{2}}{16}$ (m^2) (3) 111π (cm^3)

4 **【解き方】** (1) $y = -3x^2$ に $x = -1$ を代入して, $y = -3 \times (-1)^2 = -3$

(2) 最小値は, $x = -2$ のとき, $y = -3 \times (-2)^2 = -12$ 最大値は, $x = 0$ のとき, $y = 0$ よって, $-12 \leqq y \leqq 0$

(3) 点Bは点Aと原点Oについて対称な点だから, B (1, 3) よって, $P\left(\dfrac{1}{2}, \dfrac{3}{2}\right)$ 直線CPの傾きは, $\left(\dfrac{3}{2} - 4\right) \div \left(\dfrac{1}{2} - 0\right) = -5$ で, 切片は4だから, $y = -5x + 4$

(4) △COPで, 三角形の内角と外角の関係より, ∠COP = ∠BPC − ∠OCP = 2∠OCP − ∠OCP = ∠OCP よって, △COPは二等辺三角形で, 点Pは辺COの垂直二等分線上の点だから, 点Pの y 座標は, $4 \div 2 = 2$ 直線OPの式は $y = 3x$ だから, $y = 2$ を代入して, $2 = 3x$ より, $x = \dfrac{2}{3}$ したがって, $P\left(\dfrac{2}{3}, 2\right)$

【答】 (1) -3 (2) $-12 \leqq y \leqq 0$ (3) $y = -5x + 4$ (4) $P\left(\dfrac{2}{3}, 2\right)$

5 **【解き方】** (1) (a) $\angle CAD = \dfrac{1}{2}\angle BAD = \dfrac{1}{2} \times 80^\circ = 40^\circ$ △ACDは二等辺三角形だから, $\angle ACD = (180^\circ - 40^\circ) \times \dfrac{1}{2} = 70^\circ$ $\overset{\frown}{AD}$ に対する円周角だから, ∠ABD = ∠ACD = 70° (b) $\overset{\frown}{BC}$ に対する円周角と中心角の関係より, $\angle BOC = 2\angle BAC = 40^\circ \times 2 = 80^\circ$ よって, 求める面積は, $\pi \times 15^2 \times \dfrac{80^\circ}{360^\circ} = 50\pi$ (cm^2)

(3) $\angle AOB = x^\circ$ とおくと, $2 \times \pi \times 15 \times \dfrac{x^\circ}{360^\circ} = 8\pi$ より, $x = 96$ $\angle BOC = \angle COD = y^\circ$ とおくと, $\angle AOC = \angle AOB + y^\circ = 96^\circ + y^\circ$ △OACと△OADは3組の辺がそれぞれ等しいから, △OAC ≡ △OAD よって, $\angle AOD = \angle AOC = 96^\circ + y^\circ$ で, $96^\circ + y^\circ + y^\circ + 96^\circ + y^\circ = 360^\circ$ より, $y = 56$ だから, $\angle AOD = 96^\circ + 56^\circ = 152^\circ$ より, $\overset{\frown}{AD} = 8\pi \times \dfrac{152}{96} = \dfrac{38}{3}\pi$ (cm)

【答】 (1) (a) 70 (度) (b) 50π (cm^2)

(2) △ABCと△AEDで, 仮定より, AC = AD……① 弦ACは∠BADの二等分線だから, ∠BAC = ∠EAD……② $\overset{\frown}{AB}$ に対する円周角だから, ∠ACB = ∠ADE……③ ①, ②, ③から, 1組の辺とその両端の角がそれぞれ等しいので, △ABC ≡ △AED

(3) $\dfrac{38}{3}\pi$ (cm)

英　語

1 【解き方】(1) 場面 A. ポールは 2 種類のアイスクリームをカップで買うと言っている。場面 B. ハナが郵便局の近くのデパートを案内すると言っている。

(2) 質問 1. What =「何」。今している動作を答える。質問 2. Where =「どこに」。行った場所を答える。

(3) the place everyone visited the most（みなさんが最も多く訪れた場所）と in the last place（最下位で）という部分を聞き取る。それぞれ「図書館」と「遊園地」と述べている。

【答】(1) 場面 A. エ　場面 B. ア　(2) 質問 1. ウ　質問 2. イ　(3) ウ，イ，ア

◀全訳▶　(1) 場面 A.

女：こんにちは，ポール。学校の近くの新しいアイスクリーム店について知っている？

男：うん，でもそこに行ったことはないんだ。

女：そこのアイスクリームはおいしいのよ！　いっしょに行きましょうよ！

男：いいよ。ぼくはカップでチョコレートアイスクリームとストロベリーアイスクリームを買うよ。

質問：ポールは何を食べたがっていますか？

場面 B.

男：ハナ，ぼくはカナダにいる姉（妹）に何かを見つけてあげたいんだ。

女：いいわ，日本人形はどう？

男：良い考えだね。どこで良いのを見つけることができる？

女：郵便局の近くのデパートね。私が案内するわ。

質問：彼らは後でどこに行きますか？

(2)

質問 1. おはよう，ケビン。あなたは何をしているの？

ア. 雨です。　イ. 私は T シャツが好きです。　ウ. 私は本を読んでいます。

エ. 元気です，ありがとう。

質問 2. アリス，昨日はどこに行ったの？

ア. 5 時。　イ. 友だちの家。　ウ. バスで。　エ. アメリカの歌。

(3) 私は夏休み中にみなさんが最も多く訪れた場所について話をします。夏にはプールが人気だと思います。しかし，みなさんが最も多く訪れた場所は図書館でした。あなたたちはみんな，勉強するためにたくさんの本を読んだのですね。誰もが遊園地を訪れたかったと私は思いますが，遊園地は最下位でした。ご清聴ありがとうございました。

2 【解き方】ロビンが見たいと言っているコメディショーは「4 月 5 日」の日曜日に「ミドリ市ホール」で行われる。

【答】エ

◀全訳▶　私は他の ALT とミュージカルとコメディショーの練習をしています。何人かの ALT は衣装を作っています。ストーリーを書いている人もいれば，演技や歌を練習している人もいます。約 30 人の ALT がいっしょに作業をしています。最初のショーはミュージカルです。それは 3 月 21 日，土曜日にアオノ町ホールで行われます。2 番目のショーはコメディです。それは 4 月 5 日，日曜日にミドリ市ホールで行われます。私たちは簡単な英語を使います。どうぞそれらを楽しみに来てください。ありがとうございます。

3 【解き方】誕生日にほしいものを I want ～で，その理由を because ～で表す。

【答】（例）I want a travel bag because my bag is old.

◀全訳▶　誕生日について考えてください。あなたは誕生日に何がほしいですか？　なぜですか？　あなたの答えとその理由を私に教えてください。

4 【解き方】(1)(a)「合唱コンテストは1年の中で最も良い思い出です」。memory =「思い出」。(b)「ヒロキは親切でおもしろいので，誰からも愛されています」。受動態〈be動詞＋過去分詞〉の文。
(2)(a) Bは，サッカースタジアムに行くのは that blue one（あの青いバス）だと答えている。(b) AはBがゴロウのことを知っているかをたずねている。(c) Aが「ええ，今すぐ彼に電話して」と答えている。ベティはケンタに電話をかけ直すべきかをAにたずねている。
(3) if ～=「もし～ならば」。if the weather is good となる。

【答】(1)(a) イ　(b) エ　(2)(a) ウ　(b) ウ　(c) イ　(3) ウ→ア→エ→イ

5 【解き方】(1) ① 2つのプランから選ぶことができるというあきとのせりふを受けて，ニナはそれらが何かをたずねている。② 水族館と動物園のどちらに行きたいかをたずねる文章にする。
(2) ア．ニナの1つ目のせりふを見る。彼女は校外見学について知らなかった。イ.「あきとは昼食を食べ，中華街を歩き回る予定だ」。あきとの4つ目のせりふを見る。正しい。ウ．あきとの3つ目のせりふを見る。ニナとあきとが博物館を訪れるのは午前中。エ．彼らは水族館や動物園についてあまり知らないので，最後にニナが調べてみると言っている。
(3) 直前で，ニナはまだ経験したことのないことを試したいと言っている。彼女はイルカには触れたことがあるが，パンダを見たことはないと言っているので，動物園を選ぶ。

【答】(1) ① What are they　② want to go　(2) イ　(3) zoo

◀全訳▶

あきと：ぼくたちは来月校外見学に行くんだ。
ニナ　：本当？　それは知らなかったわ。
あきと：ぼくたちはバスで神戸に行って，1日そこに滞在する予定だよ。
ニナ　：神戸は日本で有名な港湾都市よね？
あきと：うん。午前中，ぼくたちは神戸の歴史について学ぶため博物館を訪れる予定なんだ。そこからの景色も楽しむことができる。
ニナ　：それはすばらしいわね。午後はどうなの？
あきと：中華街に行って，そこで昼食を食べるよ。食べたりそこを歩き回ったりして楽しむ予定なんだ。その後は，2つのプランから選ぶことができる。
ニナ　：2つのプラン？　それらは何？
あきと：水族館か動物園。どちらの場所でも動物を見ることができるよ。
ニナ　：わあ，私はそれらの両方に興味があるわ。あなたはどこに行きたいの，あきと？
あきと：そうだね，ぼくはそれらについてあまり知らないから，まだ決めていないんだ。
ニナ　：なるほどね。それなら，私が家のインターネットでそれらについてチェックしてみるわ！

6 【解き方】(1)「祖父はそれを聞いてうれしそうだった」の「それ」は，展覧会に来て絵手紙を見た人からの感想を指す。
(2) 第2段落には祖父のすばらしい絵手紙について，第3段落にはみさきの夢が書かれている。
(3) 解答例1は「これは私たちの犬です。私たちの家族は彼をポチと呼んでいます。彼は人気がありかわいいです。彼はいつも私たちを幸せにしてくれるので，祖父は彼が大好きです」。解答例2は「これはみそ汁です。それは伝統的な日本食です。私たちはしばしば朝食にそれを飲みます。祖父は毎朝それを飲んでいます。彼は今80歳です。彼はみそ汁を飲むと，1日中気分が良いのです」。

【答】(1) ウ　(2) ⓐ ウ　ⓑ ア
(3)（例1）This is a picture of our dog. Our family calls him Pochi. He is popular and cute. He always makes us happy, so my grandfather likes him very much.（29語）
（例2）This is miso soup. It is a traditional Japanese food. We often have it for breakfast. My

grandfather has it every morning. He is eighty years old now. When he has miso soup, he feels good all day.（38 語）

◀全訳▶　毎週水曜日，私の祖父は町の公民館に行きます。彼はそこで生徒として絵手紙の描き方を学んでいます。絵手紙とは，言葉と自分自身で描いた絵がついた手紙です。彼は３年間それを学んでいてとても上達しました。

彼は独特なものの絵を描き，いくつかの言葉をつづることが好きです。彼は自分の周りのものの良いところを見つけ，それらを上手に描きます。彼はいつも「周りを注意深く見てごらん。ここにはたくさんの宝物があるよ！」と言います。ある日，彼には展覧会で自分の絵手紙を見せる機会がありました。たくさんの人が展覧会に来ました。彼らのうちの何人かが「あなたの絵手紙はすばらしい。私の心をあたためてくれる」と言いました。彼はそれを聞いて幸せそうでした。

彼は絵手紙を通じてみんなに自分の心を届けています。私は彼を尊敬しています。今，私はたくさんの大切なものに囲まれていることに気づいています。私も自分の宝物を，彼のようにみんなと分かち合いたいです。

7 【解き方】(1) (a)「はるかは以前，家族と東京に住んでいましたか？」。第１段落の冒頭を見る。はるかは東京から引っ越してきた。Yes で答える。(b)「いつなおとの父は彼の父親から舞い方を習い始めましたか？」。第３段落の後半を見る。彼が子どものとき教わった。

(2) はるかが自分の町が好きな理由の１つは，美しい景色が楽しめること。第２段落から最終段落までを通してもう１つの理由が説明されている。

(3) なおとがはるかにグループのメンバーになるようすすめる文を入れる。

(4) 町の人が舞うことをやめてしまったときの，なおとの母たちの気持ちを表す形容詞を入れる。

(5) ⓐ 伝統的なものを保存すべきだというジェフとはるかの考えは一致する。I agree with ～＝「私は～に賛成だ」。ⓑ 伝統的な舞を保存することは難しいが，若者にそれらを続けてほしいとはるかは考えている。it is ～ to …＝「…することは～だ」。

(6) ア．第２段落の最後の文を見る。はるかの町にある獅子舞を保存するグループは１つである。イ．第３段落の後半を見る。なおとたちが練習したのは舞い方。ウ．「はるかにとって他のメンバーと舞うのを練習することはおもしろかった」。第３段落の最後の２文を見る。正しい。エ．「はるかは伝統的な舞を保存するために最善を尽くしたいと思った」。第４段落の後半を見る。正しい。オ．第５段落の前半を見る。年老いた男性が励ましたのは，はるか。カ．第６段落の中ほどを見る。祭りで舞ったとき，はるかは気分が良かった。

【答】(1) (a) Yes, she did.　(b) He started when he was a child.　(2) エ

(3)（例）Why don’t you join our group?　(4)（例）sad　(5) ⓐ I agree　ⓑ difficult　(6) ウ・エ

◀全訳▶　私は２年前，家族と東京から徳島に引っ越してきました。私は今，小さな町に住んでいます。緑の野原や山がたくさんあります。私はここで美しい景色を楽しむことができるので，私の町が好きです。私にはもう１つ別の理由もあります。このことについて私は話したいと思います。

私の町には収穫への感謝を示すための伝統的な祭りがあります。私たちは祭りで「獅子舞」を楽しむことができます。それは英語ではライオンダンスと呼ばれています。「獅子」はライオンを，「舞」はダンスを意味します。それは私の町では江戸時代に始まったそうです。それは人々の間でとても人気があり，私の町にはこの舞を保存するグループが１つあります。

私は昨年家族とその舞を見ました。クラスメートのなおとが獅子として踊っていたので，私はとても驚きました。彼は獅子の頭をとても上手に動かしました。彼の獅子は上下に動き，ジャンプしました。私は彼に「あなたの舞はすばらしいわ！　私もやってみたい」と言いました。彼は「ぼくたちのグループに加わったらどう？　楽しいよ，はるか。ぼくたちのグループには小学生，中学生，それからこの町に住んでいる他の人々で，15 人のメンバーがいるんだ」と言いました。それで私は４月に彼らに加わりました。太鼓を練習している人もいれば，舞を練習している人もいました。なおとのお父さんが私に舞い方を教えてくれました。彼は私に「私は子どもの

とき，父から舞い方を教わったんだ。今このグループで君や息子に教えることができてうれしいよ」と言いました。私は他のメンバーとも一緒に練習しました。それはとても難しかったですが，とてもおもしろかったです。

なおとのお母さんは私たちに「この町の人々は 15 年前に舞うことをやめたのよ。私たちは悲しかったから，5 年前に自分たちの舞を保存するためにこのグループを作ったの。最初はたった数人の子どもが私たちに加わって，いっしょに舞い始めたわ。それから彼らが友だちに加わるように頼んだの。今では私たちのグループは，祭りで舞うことを楽しんでいるのよ。たくさんの人が舞を見にきてくれるわ」と言いました。なおとは「ぼくたちは小学校のような場所もたくさん訪問するし，他のイベントにも参加するよ」と言いました。私は彼らに「それはすばらしいと思います。私たちは伝統的な舞を保存する必要があります。このグループで私は最善を尽くします」と言いました。

私はたくさん練習しようとしましたが，上手に舞うことができませんでした。私はとても不安になりました。そのとき町のある年老いた男性が私に助言をくれました。彼は私を勇気づけ，私たちはいっしょに舞いました。彼は「子どもたちがこの舞を保存しようとしているんだ。彼らを見るととてもうれしいよ」と言いました。彼は私に向かって微笑みました。私は舞に対する人々の感情を理解しました。私は上手に舞いたくて，それからもっと練習しました。私はビデオを撮り，何度も繰り返し、それを見ました。

ついに私は 10 月に他のメンバーと祭りで踊りました。私は以前より上手に舞うことができました。私たちの舞が終わると，たくさんの人がうれしそうに拍手をしました。私は彼らのうれしそうな笑顔を見て，興奮した声を聞きました。私は気分が良かったです。練習は難しいですが，このグループの一員になれて幸せに感じました。私はまた，私たちの伝統の舞を保存することができてうれしいです。私は町の人々ととても仲良くなりました。この経験を通して，私は自分の地域社会についてたくさん学びました。今も私はそのメンバーです。だから私は私の町が好きです。これが私のもう 1 つの理由です。

社　会

1【解き方】⑴ 所在地については，畿内説と九州説が有力であるとされているが，はっきりしていない。

⑵ 日本も630年（7世紀中ごろ）から遣唐使を派遣するようになっていた。

⑶ 藤原氏は，天皇が幼いころは摂政，成人後は関白として政治の実権をにぎった。

⑷「歴史的なできごと」とは，1221年に起きた承久の乱のこと。六波羅探題は西国御家人の監視も任務としていた。

⑸ ウは江戸時代の村のようす。

⑹ アは1612年，イは1635年，ウは1641年，エは1637年のできごと。

【答】⑴ 邪馬台国　⑵ ⓐ イ　ⓑ ア　⑶ 摂関政治

⑷ 承久の乱で兵を挙げた上皇側の朝廷を監視するため。(同意可)　⑸ ウ　⑹ ア→イ→エ→ウ

2【解き方】⑵ 安政の大獄は，日米修好通商条約を結んだ井伊直弼が，開国反対派であった吉田松陰らを処刑した事件。桜田門外の変では，井伊直弼が暗殺された。

⑶ 資料Ⅰからは，自由民権運動を警察（政府側）が制止しようとしていることがうかがえる。

⑷ 例えば1890年の第1回衆議院議員選挙で選挙権が与えられたのは，直接国税15円以上を納める満25歳以上の男子のみだった。

⑸ 1932年に立憲政友会総裁の犬養毅首相が暗殺された事件。

⑹ アは1946年，イは1956年，ウは1978年，エは1972年のできごと。

【答】⑴ 大塩平八郎　⑵ エ　⑶ 自由民権(運動)

⑷ 直接国税による制限が廃止され，満25歳以上のすべての男子に選挙権が与えられたから。(同意可)

⑸ 五・一五(事件)　⑹ ア

3【解き方】⑴「工場が集まる臨海部」には，日本最大級の石油化学コンビナートである水島コンビナートが建設されている。

⑵ 降雪の影響で，夏よりも冬の降水量が多い点に注目。日本海側の気候に見られる特徴。

⑶ アの観光業は第3次産業，イの水産加工業とウの印刷関連業は第2次産業，エの農業は第1次産業に分類される。

⑷「盆地」とは，山に囲まれ，周囲よりも一段低くなっている平地を指す。

⑸ Yに「原油」などの資源があるので，Xは輸出品，Yは輸入品となる。Aには小型・軽量な品目があるので，Aは航空輸送貨物，Bは海上輸送貨物となる。

【答】⑴ う，岡山(県)　⑵ c　⑶ ア　⑷ ⓐ ア　ⓑ イ　⑸ イ

4【解き方】⑴ ⒜ 大西洋は，ヨーロッパ州およびアフリカ大陸と，南北アメリカ大陸との間の海洋。

⑵「タコス」はメキシコ料理。

⑶ オーストラリアでは，東部で石炭，西部で鉄鉱石の産出がさかん。

⑷ B国はケニア。人口と1人あたりの国民総所得が多いウはD国のアメリカ，同じく1人あたりの国民総所得が多いアはA国のイギリス。人口密度が低いエはC国のモンゴル。

【答】⑴ ⒜ d　⒝ 西経45(度)　⑵ え(国)　⑶ 露天掘り　⑷ イ

5【解き方】⑴ グローバル化の進展には，インターネットが果たした役割が大きいとされている。

⑵ 上階を斜めにすることで，近隣の建物の日当たりや通風をさえぎらないようにしている。

⑶ 予算案の議決については，「衆議院の優越」が適用されることに注意。

⑷ ア．倒産したときは，株式の価値はなくなる。ウ．経営は，株主総会で選ばれた取締役を中心に行われる。エ．利益の一部は，配当として株主に分配されるほか，内部留保として社内に蓄積される。

⑸「法曹」とは，法律の専門家（裁判官・検察官・弁護士）の総称。司法制度改革には，裁判員裁判の導入も含

まれる。

(6) 南極条約は，「二国間」ではなく，現在時点で 54 カ国が締結している。

【答】 (1) グローバル化　(2) エ　(3) 衆議院の優越により衆議院の議決が国会の議決になる。(同意可)　(4) イ
(5) 諸外国に比べ，日本における人口 10 万人に対する法曹人口が少ないから。(同意可)　(6) ウ

6 **【解き方】** (1) (b) アは室町文化，イは国風文化，エは桃山文化について述べた文。

(2) (a) 標高を表す数字を見ると，R 地点は 30.7，S 地点は 24.0 であることから，標高差は 6.7m しかないことがわかる。(b) この地域が唐の都の長安にならってつくられた平安京の一部であったことから考える。

(3) 料金は需要と供給のバランスで決まる。需要＞供給であれば料金は上昇し，需要＜供給であれば下落する。

(4) (a) アは企業の社会的責任，イは非政府組織，ウは政府開発援助，エは非営利組織の略称。(b) 林業従事者の高齢化率は，全産業の高齢化率の約 2 倍となっている（2015 年）。ただし，35 歳未満の割合は他の産業が減少傾向にあるにもかかわらず，林業は増加傾向にある。

【答】 (1) (a) 法隆寺　(b) ウ　(2) (a) エ　(b) 碁盤目状の街路が見られる。(同意可)　(3) あ．イ　い．エ　う．ウ
(4) (a) ア　(b) 平均年齢が低く，また，その従事者の人数も増えてきている（同意可）

理　科

1 【解き方】(2)(b) 震源からの距離が大きくなるほど，初期微動継続時間は長くなる。
(3)(b) 液体よりも密度が大きい物質は沈み，密度が小さい物質は浮く。よって，密度が $1.00g/cm^3$ より大きく，$1.19g/cm^3$ より小さいプラスチック A は，水に沈み，飽和食塩水に浮く。
(4)(a) 放射線は自然界にもともと存在している。
【答】(1)(a) ① ア　② ア　(b) 胎生　(2)(a) P 波　(b) イ　(3)(a) 炭素　(b) A　(4)(a) エ　(b) X 線

2 【解き方】(2) クモ・カエルは肉食動物。
(4)(a) 肉食動物が増えると，肉食動物に食べられる草食動物が減る(エ)。肉食動物のえさが減るので，肉食動物が減り，植物は草食動物に食べられにくくなるので，植物が増える(イ)。植物が増えると，草食動物のえさが多くなるので，草食動物が増える(ア)。草食動物が増えると，草食動物に食べられる植物が減り(ウ)，草食動物をえさにする肉食動物が増え，つり合いのとれた状態にもどる。
【答】(1) 食物連鎖　(2) ウ　(3) ① 消費者　② 草食動物・肉食動物
(4)(a)(B) イ　(C) ア　(b) 肉食動物がいなくなり草食動物が増える。草食動物が増えたことで，植物が減っていき，いなくなる。植物がいなくなったことで，草食動物が減っていき，いなくなる。(同意可)

3 【解き方】(2) モノコードの弦を強くはじくと振幅が大きくなるが，振動数は変化しない。
(3) 図 2 より，弦は 0.005 秒で 2 回振動しているので，振動数は，$\dfrac{2\,(回)}{0.005\,(s)} = 400\,(Hz)$
(5) 花火の打ち上げ場所から A さんの家と B さんの家までの直線距離の差は，4900 (m) − 2200 (m) = 2700 (m)　表より，花火の破裂する音が聞こえた時刻の差は，午後 8 時 20 分 23 秒 − 午後 8 時 20 分 15 秒 = 8 (秒)　よって，音の伝わる速さは，$\dfrac{2700\,(m)}{8\,(s)} \fallingdotseq 338\,(m/s)$
【答】(1) 音源　(2) イ　(3) 400 (Hz)　(4) ア・エ　(5) 338 (m/s)

4 【解き方】(1)(b) 乾球の示度が 26.0 ℃，湿球の示度が 23.0 ℃なので，その差は，26.0 (℃) − 23.0 (℃) = 3.0 (℃)　よって，湿度は表より，76 %。
(2) 空気が露点に達したとき，湿度は 100 %で，さらに気温が低くなると，空気中の水蒸気が水滴となって出てくる。この水滴が空気中に浮かんだものが霧。
(4) 図 2 より，気温 28 ℃の空気の飽和水蒸気量は約 $27g/m^3$ なので，湿度 85 %の空気に含まれる水蒸気量は，$27\,(g/m^3) \times 0.85 \fallingdotseq 23\,(g/m^3)$　飽和水蒸気量が約 $23g/m^3$ になるときの気温は 25 ℃。よって，ふもとの空気の露点は 25 ℃で，気温が 25 ℃より低くなると，空気中の水蒸気が水滴となり霧が生じ始める。
【答】(1)(a) イ　(b) 76　(2) あ．100　い．露点　(3) 山頂の気圧よりふもとの気圧が高いから。(同意可)
(4) 25 (℃)

5 【解き方】(4) 炭酸水素ナトリウム 2.0g を完全に反応させると炭酸ナトリウム 1.3g ができたので，このときに生じた水と二酸化炭素の質量の合計は，2.0 (g) − 1.3 (g) = 0.7 (g)　炭酸水素ナトリウム 4.0g を加熱して 3.2g になったとき，減少した質量は，4.0 (g) − 3.2 (g) = 0.8 (g)　このときに反応した炭酸水素ナトリウムの質量は，$2.0\,(g) \times \dfrac{0.8\,(g)}{0.7\,(g)} = \dfrac{16}{7}\,(g)$　よって，反応せずに残っている炭酸水素ナトリウムの質量は，$4.0\,(g) - \dfrac{16}{7}\,(g) \fallingdotseq 1.7\,(g)$
【答】(1) 分解　(2) 水そうの水が試験管に逆流しないようにするため。(同意可)　(3) ① イ　② イ　③ ア
(4) 1.7 (g)　(5)(a) 炭酸水素ナトリウム水溶液にフェノールフタレイン溶液を加えたとき，うすい赤色になったため，アルカリ性が弱いことがわかったから。(同意可)　(b) 水にとけにくい (同意可)

国　語

1 【解き方】(4)「ゆっくりと」は「出発する」を修飾している。アは並立の関係，イは補助の関係，エは主語と述語の関係。

【答】(1) (a) かなめ　(b) やわ(らいだ)　(c) かんめい　(d) きせき

(2) (a) 済(ませる)　(b) 委(ねる)　(c) 円熟　(d) 祝賀　(3) (右図)　(4) ウ

2 【解き方】(1)「比呂も黙りこんでいた」に注目。「ふたりの間」には「重い沈黙」が降りているので，小さな「ちゃぷん」という音もよく聞こえている。

(2) 比呂から「人間，ずっと勝ち続けることなんて出来ないんだ」と言われた周斗が，「それってあきらめろってこと？…ネガティブだよ」と言い返していることから考える。「息巻く」は息づかいを荒くして怒ること。

(3) ⓐ「自分の中のてっぺんを目指すんだよ」と言った後で，比呂は「自己ベスト」を目指すことだと言い直し，「そのてっぺんを可能な限り，もっともっと上げていくってことだ」と説明している。ⓑ「周りの人にも」とあるので，比呂が「俺はまだ自分のてっぺんに行ってない」と言った後，「こんな俺を支えてくれてる人に，納得するものをまだ与えられてないんだ」と続けていることに着目する。

(4)「ここんとこずっと，なんかうまくいかなくて」と悩みを打ち明けた周斗に，比呂は社会人としての経験から「仕事だっていいことばっかりあるわけじゃない」と言って，自分が抱いている悩みと重ねてアドバイスを送っている。

【答】(1) 沈黙(が続いている状況)　(2) エ

(3) ⓐ 自己ベストを目指し，それを可能な限り上げていく（23字）　ⓑ 納得するものを与えられていない（15字）（それぞれ同意可）

(4) イ

3 【解き方】(1)「この二つ」とあるのでその前で述べている，「伝えたいことを相手にわかるように話すこと」と，自分でなければ語れないことを自分のことばで語って「オリジナリティを出す」ことに着目する。

(2) あ.「対話という活動の課題」を克服するには「インターアクション」が必要で，これは「自分の内側にある『伝えたいこと』を相手に向けて自らの表現として発信し…相手の発信を促すことだ」と説明している。い.「インターアクション」によって「対話は次の段階にすすむ」ことをふまえて，「共有化されたオリジナリティがまた相手に影響を及ぼしつつ…あなた自身の中でとらえなおされる」ことこそが，「対話という活動の意味だ」と述べている。う.「あなたの語る内容に相手が賛同してくれるかどうかが，対話での最終的な課題となります」に着目する。その理由について，「さまざまな人間関係の中で，わたしたちを結びつけているのは…共通了解の実感だから」であり，そうした実感が「わたしたちに個人としての存在意義をもたらす」からだと述べている。

(3) (a) つばささんは，「ふるさとマップ」を作っていたときに「町の何気ない風景が季節によって輝くような瞬間があること」に気づいた経験や，「町のみなさん」に協力してもらった経験を語っている。(b) つばささんは，「ふるさとマップ」をまとめる活動を通して，「美しい場所のあるこの町を，多くの人々に知って」もらうという「将来したいこと」を見つけたと述べている。そして，ひなたさんの「町の一瞬の輝きはそこに住む人々が守っているからこそあるように思う」という言葉に影響を受け，「私もこの町の人々と共に町を守っていきたい」という思いを新たに抱いている。

【答】(1) ア

(2) あ．表現の意味を共有する（同意可）　い．新しいオリジナリティとして自分自身の中でとらえなおされる（28字）（同意可）　う．個人としての存在意義

(3) (a) ア　(b) 自分の町を守ると共に多くの人々に知ってもらう(こと)（22字）（同意可）

4 【解き方】(1) 語頭以外の「は・ひ・ふ・へ・ほ」は「わ・い・う・え・お」にする。

(2)「悲しびもある時にはよむとて」の「とて」は，「と言って」という意味で，引用句や会話文の後につく。

(3) (a)「その月は，海よりぞ出でける。これを見て」仲麻呂が詠んだとある。(b) 中国から日本に帰ろうとしている仲麻呂が，日本の奈良の月を思い出していることから考える。

(4) 歌を詠んだ仲麻呂は，「かの国人聞き知るまじく」と思ったが，「ここの言葉伝へたる人」に「言の心」を説明している。

【答】(1) おもおえたれども　(2) 時にはよむ

(3) (a) 月が海から出ている(情景を見たから)　(b) 故郷をなつかしく思う（それぞれ同意可）　(4) ウ

◀口語訳▶　昔，阿倍の仲麻呂という人は，中国に渡って，日本に帰って来ようとする時に，船に乗る所で，あちらの国の人が，送別の会をして，別れを惜しんで，あちらの漢詩を作るなどしていた。なごりがつきないように思ったのだろうか，月が出るまでそこにいた。その月は，海から出てきた。これを見て，仲麻呂さんは，「わが国では，こういう和歌を，このように別れを惜しんだり，喜んだり，悲しんだりする時には詠む」と言って，詠んだ歌は，

青海原のはるか遠くの空をながめると奈良の春日にある三笠山に出ていた月と同じ月だなあ

と詠んだ。中国の人は聞いてもわかるまい，と思えたが，和歌の意味を，日本の言葉を理解している人に，説明して聞かせたところ，歌の心を理解することができたのだろうか，とても思いのほか感心したということだった。中国と日本とは，言葉は違うけれど，月の光は同じであるはずだから，人の心も同じなのだろう。

5 【解き方】(1) 行の最後を「心」という名詞（体言）で終えている。

【答】(1) エ　(2) (例)

「空に吸はれし」という言葉が心に残った。広がりのある言葉だと感じたからだ。城の草はらで寝転び空を見上げていたのは，当時十五歳の作者。未来への期待や不安でいっぱいだったことだろう。作者は，そのような複雑な思いを空が受け入れてくれているように感じ，この言葉を用いたように思われる。

私も同じ年頃だ。将来のことを思うとき，期待と共に不安を感じることがある。しかし，夢や希望をもち，将来を考えることは楽しくもあり，喜びでもある。夢を実現させるために，「二度と来ない」かけがえのない日々を大切に，今をしっかりと生きていきたい。(13 行)

2025年度 受験用
公立高校入試対策シリーズ（赤本）ラインナップ

入試データ	前年度の各高校の募集定員,倍率,志願者数等の入試データを詳しく掲載しています。
募集要項	公立高校の受験に役立つ募集要項のポイントを掲載してあります。ただし,2023年度受験生対象のものを参考として掲載している場合がありますので,2024年度募集要項は必ず確認してください。
傾向と対策	過去の出題内容を各教科ごとに分析して,来年度の受験について,その出題予想と受験対策を掲載してあります。予想を出題範囲として限定するのではなく,あくまで受験勉強に対する一つの指針として,そこから学習の範囲を広げて幅広い学力を身につけるように努力してください。
くわしい解き方	模範解答を載せるだけでなく,詳細な解き方･考え方を小問ごとに付けてあります。解き方･考え方をじっくり研究することで応用力が身に付くはずです。また,英語長文には全訳,古文には口語訳を付けてあります。
解答用紙と配点	解答用紙は巻末に別冊として付けてあります。 解答用紙の中に問題ごとの配点を掲載しています(配点非公表の場合を除く)。合格ラインの判断の資料にしてください。

府県一覧表

3021 岐阜県公立高
3022 静岡県公立高
3023 愛知県公立高
3024 三重県公立高【後期選抜】
3025 滋賀県公立高
3026-1 京都府公立高【中期選抜】
3026-2 京都府公立高【前期選抜 共通学力検査】
3027-1 大阪府公立高【一般選抜】
3027-2 大阪府公立高【特別選抜】
3028 兵庫県公立高
3029-1 奈良県公立高【一般選抜】
3029-2 奈良県公立高【特色選抜】
3030 和歌山県公立高
3033-1 岡山県公立高【一般選抜】
3033-2 岡山県公立高【特別選抜】
3034 広島県公立高
3035 山口県公立高
3036 徳島県公立高
3037 香川県公立高
3038 愛媛県公立高
3040 福岡県公立高
3042 長崎県公立高
3043 熊本県公立高
3044 大分県公立高
3046 鹿児島県公立高

滋賀県特色選抜・学校独自問題

2001 滋賀県立石山高
2002 滋賀県立八日市高
2003 滋賀県立草津東高
2004 滋賀県立膳所高
2005 滋賀県立東大津高
2006 滋賀県立彦根東高
2007 滋賀県立守山高
2008 滋賀県立虎姫高
2020 滋賀県立大津高

京都府前期選抜・学校独自問題

2009 京都市立堀川高･探究学科群
2010 京都市立西京高･エンタープライジング科
2011 京都府立嵯峨野高･京都こすもす科
2012 京都府立桃山高･自然科学科

2025 年度 受験用

公立高校入試対策シリーズ 3036

徳島県公立高等学校

別冊

解答用紙

- この冊子は本体から取りはずしてご使用いただけます。
- 解答用紙（本書掲載分）をダウンロードする場合はこちら↓
  https://book.eisyun.jp/

※なお，予告なくダウンロードを終了することがあります。

英俊社

●解答用紙の四隅にあるガイドに合わせて指定の倍率で拡大すると，実物とほぼ同じ大きさでご使用いただけます（一部例外がございます）。

受検番号

解　答　用　紙　　数学

1

(1)	
(2)	
(3)	
(4)	本
(5)	
(6)	
(7)	
(8)	通り
(9)	x =
(10)	

2

(1)	m
(2)	秒速　　m
(3)	秒後
(4)	

3

(1)	(a)	ア	イ
	(b)	段	
(2)	(a)	ウ	エ
	(b)	枚	

4

(1)	E（　　,　　）
(2)	
(3)	
(4)	P（　　,　　）

5

(1)		度
(2)	(a)	
	(b)	（証明）
(3)		cm^2
(4)		AC : CB = 　:

※実物の大きさ：195% 拡大（A3 用紙）

受検番号

解　答　用　紙　　　英 語

1

(1)	(a)		(b)	
(2)	(a)		(b)	
(3)				

2

3

4

(1)	(a)		(b)			
(2)	(a)		(b)		(c)	
(3)	→	→	→			

5

(1)	①	②
(2)		
(3)		

6

(1)	
(2)	
(3)	

7

(1)	(a)	
	(b)	
(2)		
(3)		
(4)		
(5)	ⓐ	ⓑ
(6)		

※実物の大きさ：195% 拡大（A3 用紙）

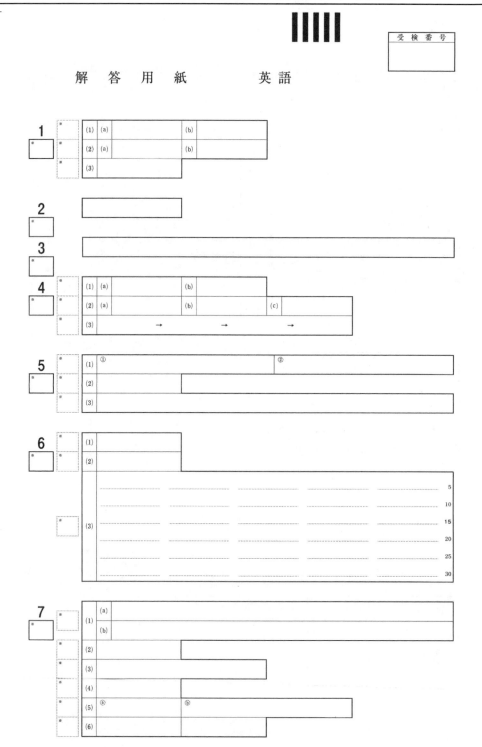

III

受検番号

解　答　用　紙　　　社会

1 ※

(1)	
(2)	
(3)	
(4)	
(5)	
(6)	→ →

2 ※

(1)	条約
(2)	
(3)	
(4)	
(5)	法
(6)	→ → →

3 ※

(1)	①	②
(2)		
(3)		
(4)		
(5)		

4 ※

(1)	大陸
(2)	
(3)	①
	②
(4)	
(5)	

5 ※

(1)		
(2)		
(3)		
(4)	(a)	
	(b)	
(5)	①	
	②	

6 ※

(1)		
(2)	①	②
(3)	①	②
(4)		
(5)	法	
(6)	(a)	
	(b)	

※実物の大きさ：195% 拡大（A3 用紙）

受検番号

解答用紙　　理科

1

(1)	(a)	
	(b)	→　→　→
(2)	(a)	
	(b)	①　　②
(3)	(a)	
	(b)	
(4)	(a)	
	(b)	

2

(1)	
(2)	
(3)	ⓐ　　ⓑ
	ⓒ
(4)	
(5)	cm³

3

(1)	
(2)	
(3)	ⓐ
	ⓑ
(4)	
(5)	

4

(1)		
(2)	銅板	電子が移動する向き
(3)		
(4)		
(5)		

5

(1)	
(2)	
(3)	
(4)	Ω
(5)	
(6)	ⓐ　　ⓑ　　ⓒ

※実物の大きさ：195% 拡大（A3 用紙）

受検番号

解答用紙　国語

一

(1) (a) (む)　(b) (す)　(c)　(d)

(2) (a) (つ)　(b) (せる)　(c)　(d)

(3)

(4)

二

(1) こと

(2)

(3) ⓐ　ⓑ

(4)

三

(1)

(2)

(3) A　B

(4)

(5) ⓐ　ⓑ

四

(1)

(2) (a)　(b)　(c)

(3)

五

記号

※実物の大きさ：195% 拡大（A3 用紙）

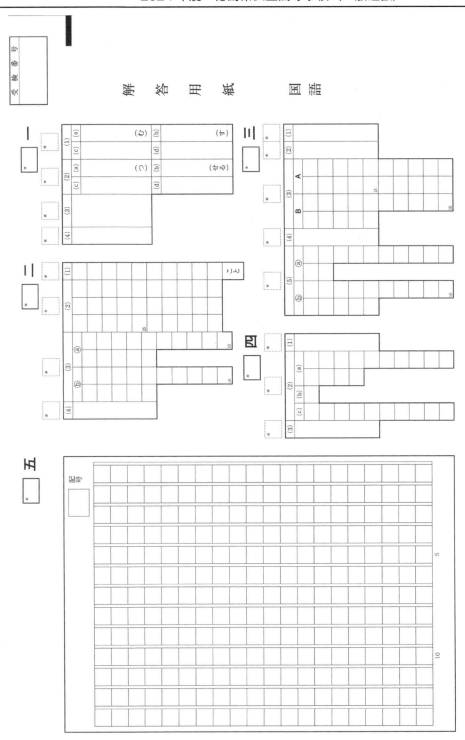

受検番号

解答用紙　　検査Ⅰ

※

1

※

(1)			(2)				(3)	
(a) (ける)	(b)	(c) (む)	(d)	(a) (く)	(b)	(c)	(d)	(a)	(b)

2

※

(1)	(2)	(3) (a)	(3) (b)	(4)
			20	

3

※

(1)	(2)	(3)
		う
		え

※

4

※

(1)		(2)	
(3)			
(4)		(5)	

5

※

(1)		(2)	

6

※

(1)		(2)		(3)	

7

※

(1)		(2)		(3)	
(4)					

※

8

(1)	(a)	
	(b)	
(2)		
(3)		
(4)		

※実物の大きさ：195％拡大（A3用紙）

Ⅱ

受検番号

解　答　用　紙　　　検　査　Ⅱ

※

1

(1)		(6)	
(2)		(7)	
(3)		(8)	
(4)	$x =$	(9)	人
(5)	度	(10)	cm^2

※

2

※

(1)	(a)		(b)		(2)	

3

※

(1)			
(2)	(a)		
	(b)	①	②

4

※

(1)					
(2)	(a)	①	②	(b)	

5

※

(1)	個	(2)	(a)		(b)	

※

6

(1)		(2)	(a)		(b)		(c)	
(3)								
(4)								

■一般選抜

【数　　学】

1. (1)3点　(2)3点　(3)～(8)4点×6　(9)5点　(10)5点　　2. (1)3点　(2)3点　(3)4点　(4)4点
3. (1)(a)2点×2　(b)3点　(2)(a)2点×2　(b)3点　　4. (1)～(3)3点×3　(4)5点
5. (1)3点　(2)(a)3点　(b)4点　(3)3点　(4)5点

【英　　語】

1. (1)3点×2　(2)4点×2　(3)4点　　2. 4点　　3. 4点　　4. 3点×6
5. (1)3点×2　(2)3点　(3)4点　　6. (1)3点　(2)3点　(3)9点
7. (1)3点×2　(2)3点　(3)4点　(4)～(6)3点×5

【社　　会】

1. 3点×6　　2. 3点×6　　3. 3点×5（(1)は完答）　　4. (1)3点　(2)2点　(3)～(5)3点×3（(3)は完答）
5. (1)2点　(2)3点　(3)3点　(4)(a)2点　(b)3点　(5)3点（完答）
6. (1)2点　(2)～(4)3点×3（(2)・(3)は完答）　(5)2点　(6)3点×2

【理　　科】

1. 3点×8　　2. (1)3点　(2)3点　(3)2点×2　(4)4点　(5)4点
3. (1)3点　(2)3点　(3)～(5)4点×3
4. (1)3点　(2)3点　(3)～(5)4点×3　　5. (1)3点　(2)4点　(3)3点　(4)～(6)4点×3

【国　　語】

一. (1)2点×4　(2)2点×4　(3)3点　(4)3点　　二. (1)3点　(2)5点　(3)4点×2　(4)4点
三. (1)3点　(2)3点　(3)4点×2　(4)3点　(5)4点×2　　四. (1)3点　(2)4点×3　(3)3点　　五. 15点

■育成型選抜・連携型選抜

【検　査　Ⅰ】

1. 2点×10　　2. (1)2点　(2)2点　(3)(a)3点　(b)4点　(4)2点　　3. (1)2点　(2)2点　(3)3点（完答）
4. (1)2点　(2)～(5)3点×4　　5. 3点×2　　6. (1)2点　(2)3点　(3)3点　　7. 3点×4（(3)は完答）
8. 4点×5

【検　査　Ⅱ】

1. (1)3点　(2)3点　(3)～(8)4点×6　(9)5点　(10)5点　　2. (1)3点×2　(2)4点
3. (1)3点　(2)(a)3点　(b)4点　　4. (1)3点　(2)(a)3点　(b)4点
5. (1)3点　(2)(a)3点　(b)4点　　6. (1)～(3)3点×5　(4)5点

II

受検番号

解答用紙　　数学

1 ※

※	(1)	
※	(2)	
※	(3)	$x =$
※	(4)	
※	(5)	
※	(6)	
※	(7)	
※	(8)	度
※	(9)	
※	(10)	cm^3

2 ※

※	(1)	
※	(2)	
※	(3)	
※	(4)	$a =$

3 ※

※	(1)	①	②
※	(2)	(a)	
		(b)	

4 ※

※	(1)	(a)	学級の出し物の時間　分
			入れ替えの時間　分
		(b)	分
※	(2)	(a)	
		(b)	グループ

5 ※

※	(1)	
※	(2)	（証明）
※	(3)	cm
※	(4)	cm

※実物の大きさ：195% 拡大（A3 用紙）

受検番号

解　答　用　紙　　　英語

1 ※

※	(1)	場面A	場面B
※	(2)	質問1	質問2
※	(3)	→ →	

2 ※

3 ※

4 ※

※	(1)	(a)		(b)			
※	(2)	(a)		(b)		(c)	
※	(3)	→ → →					

5 ※

※	(1)	①	②
※	(2)		
※	(3)		

6 ※

※	(1)	
※	(2)	
※	(3)	5 10 15 20 25 30

7 ※

※	(1)	(a)		
		(b)		
※	(2)			
※	(3)			
※	(4)			
※	(5)	ⓐ	ⓑ	
※	(6)			

※実物の大きさ：195% 拡大（A3用紙）

III

受検番号

解　答　用　紙　　　社会

1

※

※	問		解答欄	
※	(1)		ⓐ	ⓑ
※	(2)		→ →	
※	(3)			
※	(4)			
※	(5)	(a)		
		(b)	記号	名称

2

※

※	問		解答欄	
※	(1)		①	②
※	(2)	(a)		
		(b)		
※	(3)	(a)		
		(b)		
		(c)		

3

※

※	問		解答欄	
※	(1)	(a)	①	②
		(b)		
※	(2)			
※	(3)			
※	(4)			

4

※

※	問	解答欄	
※	(1)		
※	(2)	ⓐ	ⓑ
※	(3)		
※	(4)		
※	(5)	燃料	

5

※

※	問		解答欄	
※	(1)			
※	(2)		①	②
※	(3)			
※	(4)	(a)		
		(b)		
※	(5)			

6

※

※	問		解答欄	
※	(1)		ⓐ	ⓑ
※	(2)			
※	(3)			
※	(4)			
※	(5)	(a)		
		(b)	①	
			②	
※	(6)			

※実物の大きさ：195% 拡大（A3 用紙）

受検番号

解答用紙　理科

1

(1)	(a)	
	(b)	植物
(2)	(a)	
	(b)	
(3)	(a)	
	(b)	
(4)	(a)	①　　②
	(b)	

2

(1)	
(2)	
(3)	
(4)	沸点　℃
	理由
(5)	ⓐ　　ⓑ

3

(1)	g
(2)	N
(3)	
(4)	
(5)	

4

(1)	
(2)	ⓐ　　ⓑ
(3)	
(4)	
(5)	度

5

(1)	
(2)	あ
	い
(3)	①　　②
(4)	
(5)	あ
	い
(6)	丸い種子：しわのある種子 ＝ ：

※実物の大きさ：195% 拡大（A3 用紙）

受検番号

解答用紙　国語

一

(1) (a)（く）　(b)（り）　(c)　(d)

(2) (a)（べる）　(b)（る）　(c)　(d)

(3)

(4)

二

(1)

(2) 30

(3) ⓐ 10　ⓑ 15

(4)

三

(1) A　B

(2)

(3) ⓐ　ⓑ 30

(4)

四

(1)

(2)

(3) (a)　(b) 15　(c)

五

5

10

※実物の大きさ：195% 拡大（A3 用紙）

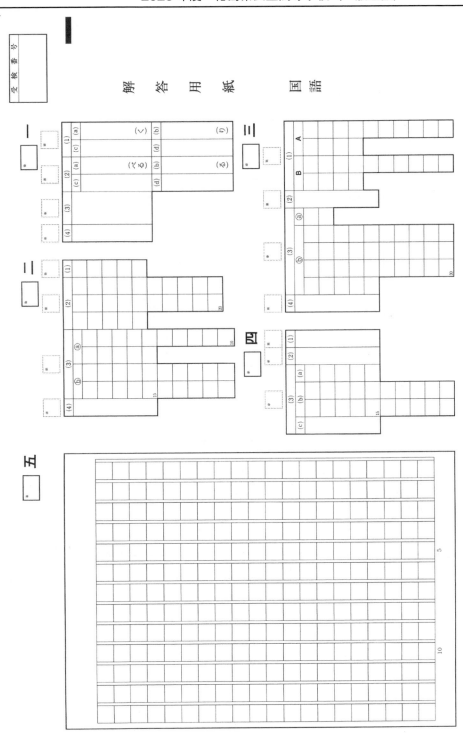

受検番号

解答用紙　検査 I

1

(1) (a) む　(b)　(c) く　(d)

(2) (a) む　(b)　(c) う　(d)

(3) (a)　(b)

2

(1) 外から見ている

(2)

(3)

(4) 自然を　。　こと　25

(5)

3

(1) (a)　(b)

(2)

4

(1)

(2)

(3)　(4)　(5)

5

(1) 記号　県名　県　(2)

6

(1)　(2)　(3)

7

(1) (a)　(b)　(2)

(3)

8

(1) (a)

(b)

(2)

(3)

(4)

※実物の大きさ：173% 拡大（B4 用紙）

II

受検番号

解　答　用　紙　　検　査 Ⅱ

※

1

(1)		(6)		通り
(2)		(7)		度
(3)		(8)		L
(4)	$(x,\ y) = ($　　,　　$)$	(9)	$a =$	
(5)		(10)		cm^3

※

2

※

(1)		(2)	(a)		(b)	→　→

3

※

(1)	(a)		(b)	N
(2)	①	②		

4

※

(1)		
(2)	(a)	
	(b)	

5

※

(1)	(a)		(b)		(2)	

※

6

(1)		(2)	(a)		(b)		(c)	
(3)								
(4)	5 10 15							

■一般選抜

【数　　学】

1. (1)3点　(2)3点　(3)〜(8)4点×6　(9)5点　(10)5点　　2. (1)3点　(2)4点　(3)4点　(4)5点
3. (1)2点×2　(2)(a)4点　(b)5点　　4. 3点×5　　5. (1)3点　(2)4点　(3)4点　(4)5点

【英　　語】

1. (1)3点×2　(2)4点×2　(3)4点　　2. 4点　　3. 4点　　4. 3点×6
5. (1)3点×2　(2)3点　(3)4点　　6. (1)3点　(2)3点　(3)9点
7. (1)3点×2　(2)4点　(3)〜(6)3点×6

【社　　会】

1. 3点×6　　2. 3点×6　　3. 3点×5　　4. (1)3点　(2)3点　(3)2点　(4)3点　(5)3点
5. (1)〜(3)3点×3　(4)(a)2点　(b)3点　(5)3点
6. (1)3点　(2)3点　(3)2点　(4)2点　(5)(a)2点　(b)3点　(6)3点

【理　　科】

1. 3点×8　　2. (1)3点　(2)3点　(3)〜(5)4点×3　　3. (1)3点　(2)3点　(3)〜(5)4点×3
4. (1)3点　(2)3点　(3)〜(5)4点×3　　5. (1)3点　(2)3点　(3)〜(6)4点×4

【国　　語】

一. (1)2点×4　(2)2点×4　(3)3点　(4)3点　　二. (1)3点　(2)5点　(3)4点×2　(4)4点
三. (1)4点×2　(2)4点　(3)ⓐ4点　ⓑ5点　(4)4点　　四. (1)3点　(2)3点　(3)4点×3　　五. 15点

■育成型選抜・連携型選抜

【検　査　Ⅰ】

1. 2点×10　　2. (1)〜(3)2点×3　(4)4点　(5)2点　　3. (1)(a)2点　(b)3点　(2)3点　　4. 3点×5
5. 3点×2　　6. (1)2点　(2)3点　(3)2点　　7. 3点×4　　8. 4点×5

【検　査　Ⅱ】

1. (1)3点　(2)3点　(3)〜(8)4点×6　(9)5点　(10)5点　　2. (1)3点　(2)(a)3点　(b)4点
3. (1)3点×2　(2)4点　　4. (1)3点　(2)(a)3点　(b)4点　　5. (1)3点×2　(2)4点
6. (1)〜(3)3点×5　(4)5点

II

受検番号

解　答　用　紙　　数　学

1

※	(1)	
※	(2)	
※	(3)	
※	(4)	x =
※	(5)	
※	(6)	
※	(7)	a =
		b =
※	(8)	x =
※	(9)	
※	(10)	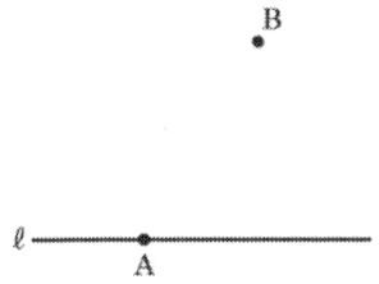

2

※	(1)		通り
※	(2)	(a)	cm
			cm
		(b)	（　　　）cm
		(c)	x =

3

※	(1)	ア	
		イ	
		ウ	
※	(2)	(a)	円
		(b)	エ　　オ
			カ　　キ

4

※	(1)		（　　，　　）
※	(2)		
※	(3)	(a)	
		(b)	

5

※	(1)	(a)	度
		(b)	cm
※	(2)	(a)	(証明)
		(b)	倍

※実物の大きさ：195% 拡大（A3用紙）

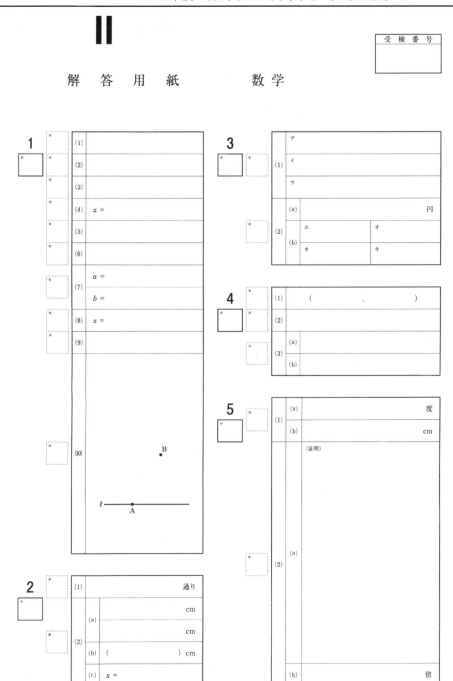

受検番号

解　答　用　紙　　　英　語

1 ※

(1)	場面A	場面B	(2)	質問1	質問2
(3)	→ →				

2 ※

3 ※

4 ※

※	(1)	(a)		(b)			
※	(2)	(a)		(b)		(c)	
※	(3)	→ → →					

5 ※

※	(1)	①	②
※	(2)		
※	(3)		

6 ※

※	(1)	
※	(2)	
※	(3)	5 10 15 20 25 30

7 ※

※	(1)	(a)	
		(b)	
※	(2)		
※	(3)		
※	(4)		
※	(5)	ⓐ	ⓑ
※	(6)		

※実物の大きさ：195% 拡大（A3 用紙）

III

受 検 番 号

解　答　用　紙　　社 会

1

(1)	
(2)	法
(3)	
(4)	
(5)	
(6)	
(7)	貿易

2

(1)	ア	イ	ウ
(2)			
(3)			
(4)			
(5)			

3

(1)	①	② 現象
(2)		
(3)		
(4)	発電	
(5)	記号	
	理由	

4

(1)	月　日　時	
(2)	①	②
(3)		
(4)		
(5)		

5

(1)			
(2)			
(3)			
(4)	(a)	①	②
	(b)		
(5)			

6

(1)			
(2)	ⓐ	ⓑ	
(3)			
(4)	(a)		
	(b)	考え方：①	
		具体例：②	
(5)	(a)	法	
	(b)		

※実物の大きさ：195% 拡大（A3 用紙）

受検番号

解　答　用　紙　　　理　科

1

(1)	(a)	者
	(b)	
(2)	(a)	①　　②
	(b)	
(3)	(a)	
	(b)	
(4)	(a)	
	(b)	

2

(1)	
(2)	秒
(3)	
(4)	
(5)	あ
	い

3

(1)	
(2)	気体A
	固体B
(3)	
(4)	
(5)	%

4

(1)	
(2)	
(3)	
(4)	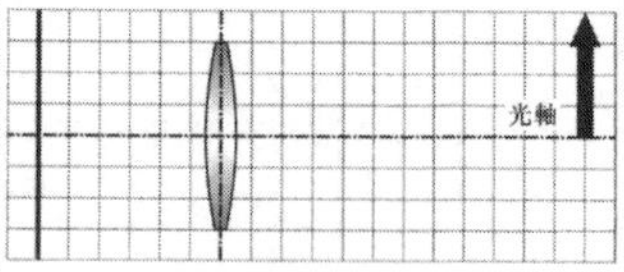
(5)	①　　②

5

(1)	
(2)	
(3)	
(4)	
(5)	い
	う
(6)	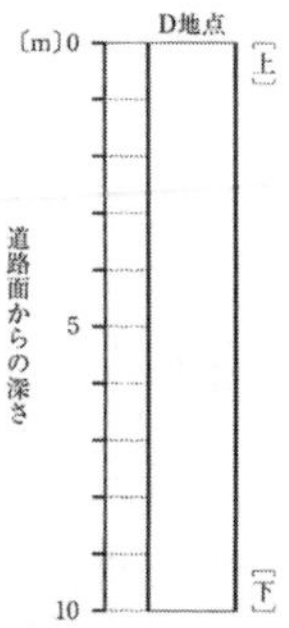

受検番号

解答用紙　国語

一
(1) (a) (b) (ぎ) (c) (d)
(2) (a) (b) (り) (c) (d)
(3)
(4)

二
(1) ような存在
(2) 様子
(3) ⓐ ⓑ
(4)

三
(1) A B
(2)
(3)
(4) ⓐ ⓑ ⓒ

四
(1)
(2)
(3) (a) (b) (c) (d)

五
タイトル

※実物の大きさ：195% 拡大（A3用紙）

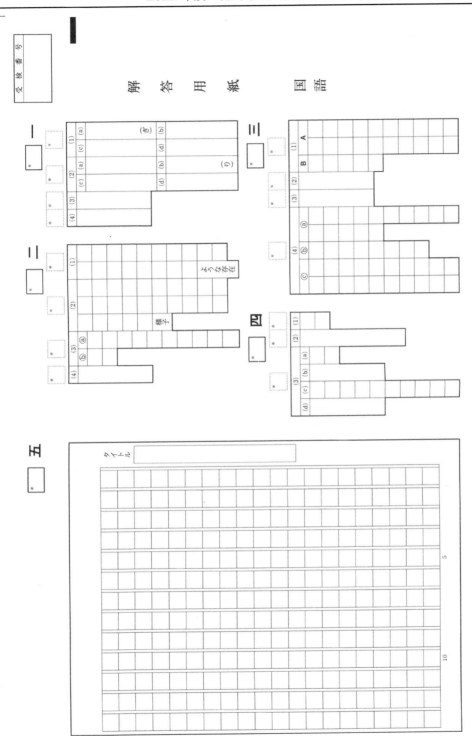

■一般選抜

【数　学】

1. (1)3点　(2)3点　(3)〜(8)4点×6　(9)5点　(10)5点　2. (1)3点　(2)(a)3点　(b)3点　(c)4点
3. 2点×8　4. (1)3点　(2)3点　(3)(a)4点　(b)5点　5. (1)3点×2　(2)5点×2

【英　語】

1. (1)4点×2　(2)3点×2　(3)4点　2. 4点　3. 4点　4. 3点×6
5. (1)3点×2　(2)3点　(3)4点　6. (1)3点　(2)3点　(3)9点
7. (1)3点×2　(2)4点　(3)〜(6)3点×6

【社　会】

1. (1)2点　(2)3点　(3)2点　(4)〜(7)3点×4　2. 3点×5　3. 3点×5　4. 3点×5
5. (1)2点　(2)〜(5)3点×5　6. (1)〜(3)3点×3　(4)(a)2点　(b)3点　(5)(a)3点　(b)2点

【理　科】

1. 3点×8　2. (1)3点　(2)3点　(3)〜(5)4点×3　3. (1)2点　(2)2点×2　(3)〜(5)4点×3
4. (1)3点　(2)3点　(3)〜(5)4点×3　5. (1)3点　(2)3点　(3)〜(6)4点×4

【国　語】

一. (1)2点×4　(2)2点×4　(3)3点　(4)3点　二. (1)5点　(2)5点　(3)4点×2　(4)4点
三. (1)A. 5点　B. 3点　(2)3点　(3)3点　(4)ⓐ3点　ⓑ3点　ⓒ5点
四. (1)2点　(2)2点　(3)3点×4　五. 15点

II

解　答　用　紙　　　　数 学

受 検 番 号

1

(1)	
(2)	
(3)	
(4)	$x =$
(5)	
(6)	
(7)	度
(8)	(　　　,　　　)
(9)	cm^3
(10)	

2

(1)	ア	
	イ	
	ウ	
	エ	
(2)	玉ねぎ	個
	じゃがいも	個

3

(1)			通り
(2)	(a)		cm
	(b)	EF	cm
		FG	cm

4

(1)	(a)	
	(b)	
(2)	(a)	
	(b)	

5

(1)	(　　　　　　)度
(2)	(証明)
(3)	cm
(4)	cm^2

※実物の大きさ：195% 拡大（A3 用紙）

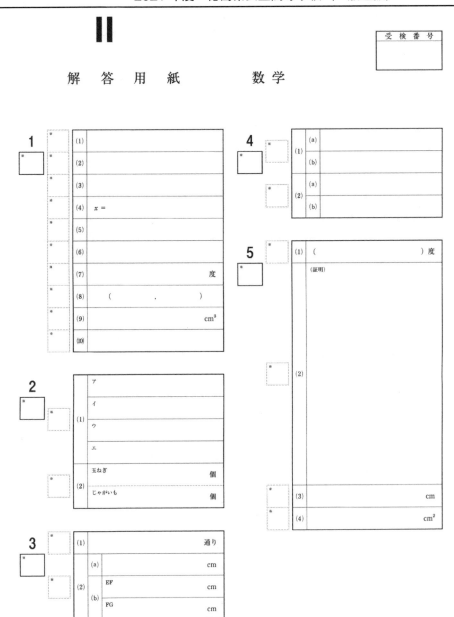

受検番号

解　答　用　紙　　英語

1

(1) 場面A ／ 場面B　(2) 質問1 ／ 質問2

(3)

2

3

4

(1) (a) ／ (b)

(2) (a) ／ (b) ／ (c)

(3) → → →

5

(1) ① ／ ②

(2)

(3)

6

(1)

(2)

(3)

7

(1) (a)

(b)

(2)

(3)

(4)

(5) ⓐ ／ ⓑ

(6)

※実物の大きさ：195% 拡大（A3 用紙）

III

受検番号

解　答　用　紙　　　社会

1

(1)		
(2)		
(3)	ⓐ	ⓑ
(4)		
(5)		
(6)		

2

(1)	
(2)	
(3)	
(4)	
(5)	
(6)	→　→　→

3

(1)	①	②	
(2)			
(3)			
(4)	茨城県	埼玉県	東京都
(5)			

4

(1)	(a)	
	(b)	
(2)		国
(3)		
(4)		

5

(1)	あ	い
(2)		
(3)		
(4)		
(5)		
(6)		

6

(1)			
(2)	面積の関係		
	国土の特徴		
(3)	(a)	ⓐ	ⓑ
	(b)		
(4)	(a)		
	(b)		
(5)	①		
	②		

※実物の大きさ：195% 拡大（A3 用紙）

受検番号

解答用紙　　理科

1

(1)	(a)	
	(b)	器官
(2)	(a)	
	(b)	
(3)	(a)	①　　②
	(b)	
(4)	(a)	
	(b)	

2

(1)	
(2)	
(3)	
(4)	ⓐ　ⓑ　ⓒ　ⓓ
(5)	違う結果となった部分 結果

3

(1)		
(2)		
(3)		
(4)	(a)	①　　②
	(b)	分

4

(1)	
(2)	
(3)	A B 結果からいえること
(4)	ⓐ　ⓑ　ⓒ
(5)	

5

(1)		
(2)	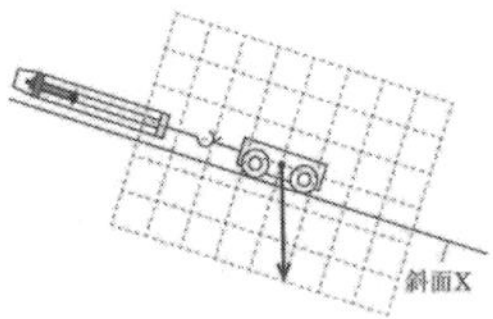	
(3)	(a)	
	(b)	cm/s
(4)	あ い	
(5)		本

※実物の大きさ：195% 拡大（A3 用紙）

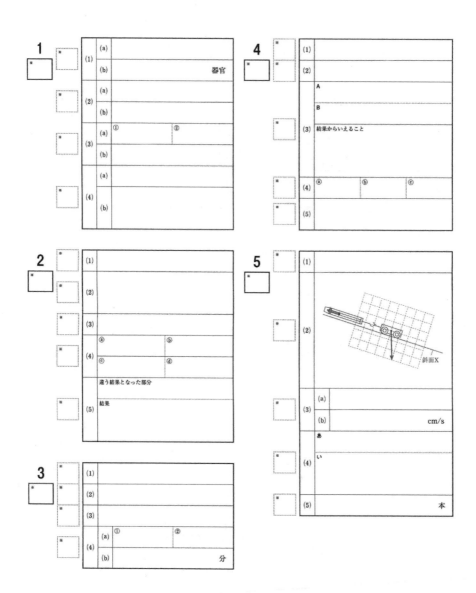

受検番号

解答用紙　国語

一

(1) (a) (b)（ねる） (c) (d)

(2) (a) (b)（れる） (c) (d)

(3)

(4)

二

(1)

(2) (a) ⓐ ⓑ (b) ⓒ

(3)

三

(1) A B

(2) 状態

(3)

(4) ⓐ ⓑ ⓒ

四

(1)

(2) (a) (b) (c)

(3)

五

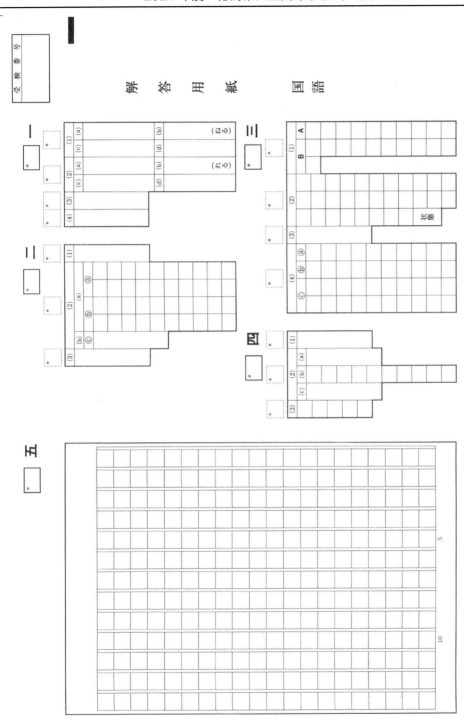

■一般選抜

【数　　学】

1. (1) 3 点　(2) 3 点　(3)〜(8) 4 点×6　(9) 5 点　(10) 5 点　　2. (1) 2 点×4　(2) 5 点
3. (1) 4 点　(2) 3 点×3　　4. (1)(a) 3 点　(b) 4 点　(2) 5 点×2　　5. (1) 3 点　(2) 4 点　(3) 5 点　(4) 5 点

【英　　語】

1. (1) 4 点×2　(2) 3 点×2　(3) 4 点　　2. 4 点　　3. 4 点　　4. 3 点×6
5. (1) 3 点×2　(2) 3 点　(3) 4 点　　6. (1) 3 点　(2) 3 点　(3) 9 点
7. (1) 3 点×2　(2) 3 点　(3) 4 点　(4)〜(6) 3 点×5

【社　　会】

1. (1) 2 点　(2)〜(6) 3 点×5　　2. 3 点×6　　3. (1) 2 点　(2)〜(5) 3 点×4　　4. 3 点×5
5. (1) 2 点　(2)〜(6) 3 点×5　　6. (1) 3 点　(2) 3 点　(3) 2 点×2　(4) 3 点×2　(5) 3 点

【理　　科】

1. 3 点×8　　2. (1) 3 点　(2) 3 点　(3) 2 点　(4) ⓐⓑ：3 点　ⓒⓓ：3 点　(5) 4 点
3. (1) 3 点　(2) 3 点　(3) 4 点　(4) 4 点×2
4. (1) 2 点　(2) 3 点　(3) AB：3 点　結果からいえること：3 点　(4) 3 点　(5) 4 点
5. (1) 3 点　(2) 3 点　(3)〜(5) 4 点×4　((4)は完答)

【国　　語】

一. (1) 2 点×4　(2) 2 点×4　(3) 3 点　(4) 3 点　　二. (1) 3 点　(2)(a) ⓐ 5 点　ⓑ 4 点　(b) 4 点　(3) 4 点
三. (1) 3 点×2　(2) 5 点　(3) 4 点　(4) ⓐ 4 点　ⓑ 3 点　ⓒ 5 点　　四. (1) 3 点　(2) 3 点×3　(3) 4 点
五. 15 点

II

受検番号

解答用紙　数学

1

(1)	
(2)	
(3)	$x=$
(4)	
(5)	$(x,\ y)=($　　　，　　　$)$
(6)	
(7)	
(8)	往復
(9)	
(10)	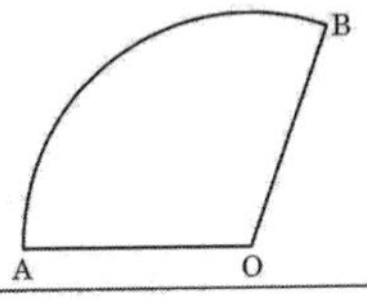

2

(1)	ア	
	イ	
	ウ	
(2)		番目

3

(1)	(　　　　　　　　)円
(2)	m^2
(3)	cm^3

4

(1)	
(2)	
(3)	
(4)	P (　　　，　　　)

5

(1)	(a)	度
	(b)	cm^2
(2)	(証明)	
(3)		cm

受 検 番 号

解　答　用　紙　　英語

1 ※

(1)	場面A	場面B	(2)	質問 1	質問 2
(3)					

2 ※

3 ※

4 ※

※	(1)	(a)		(b)			
※	(2)	(a)		(b)		(c)	
※	(3)	→	→	→			

5 ※

※	(1)	①	②
※	(2)		
※	(3)		

6 ※

※	(1)		
※	(2)	ⓐ	ⓑ
※	(3)	5 10 15 20 25 30 35 40	

7 ※

※	(1)	(a)	
		(b)	
※	(2)		
※	(3)		
※	(4)		
※	(5)	ⓐ	ⓑ
※	(6)		

III

受検番号

解答用紙　社会

1 ※

※	(1)	
※	(2)	ⓐ　　ⓑ
※	(3)	
※	(4)	
※	(5)	
※	(6)	→　→　→

2 ※

※	(1)	
※	(2)	
※	(3)	運動
※	(4)	
※	(5)	事件
※	(6)	

3 ※

※	(1)	記号　　県名　　県
※	(2)	
※	(3)	
※	(4)	ⓐ　　ⓑ
※	(5)	

4 ※

※	(1)	(a)	
		(b)	度
※	(2)		国
※	(3)		
※	(4)		

5 ※

※	(1)	
※	(2)	
※	(3)	
※	(4)	
※	(5)	
※	(6)	

6 ※

※	(1)	(a)	
		(b)	
※	(2)	(a)	
		(b)	
※	(3)	あ　　い　　う	
※	(4)	(a)	
		(b)	

※実物の大きさ：195% 拡大（A3 用紙）

受検番号

解　答　用　紙　　理科

1 ※

※	(1)	(a)	①　②
		(b)	
※	(2)	(a)	
		(b)	
※	(3)	(a)	
		(b)	
※	(4)	(a)	
		(b)	

2 ※

※	(1)		
※	(2)		
※	(3)	①	
		②	
※	(4)	(a)	B　C
		(b)	

3 ※

※	(1)	
※	(2)	
※	(3)	Hz
※	(4)	
※	(5)	m/s

4 ※

※	(1)	(a)	
		(b)	
※	(2)	あ	
		い	
※	(3)		
※	(4)		℃

5 ※

※	(1)		
※	(2)		
※	(3)	①　②　③	
※	(4)		g
※	(5)	(a)	
		(b)	

※実物の大きさ：195% 拡大（A3 用紙）

受検番号

解答用紙　国語

一

(1) (a)　(b)（らいだ）　(c)　(d)

(2) (a)（ませる）　(b)（ねる）　(c)　(d)

(3)

(4)

二

(1) が続いている状況

(2)

(3) ⓐ　ⓑ

(4)

三

(1)

(2) あ　い　う

(3) (a)　(b) こと

四

(1)

(2)

(3) (a) 情景を見たから　(b)

(4)

五

(1)

(2)

※実物の大きさ：195% 拡大（A3 用紙）

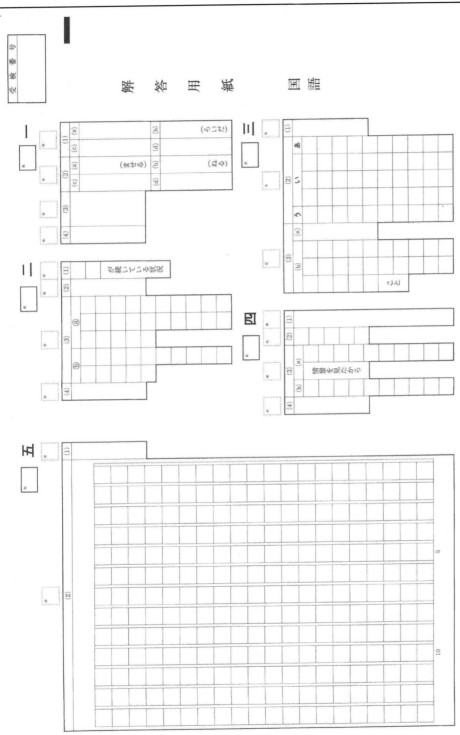

■一般選抜

【数　　学】

1. (1)3点　(2)3点　(3)〜(8)4点×6　(9)5点　(10)5点　　2. (1)ア．2点　イ．2点　ウ．4点　(2)5点
3. (1)4点　(2)4点　(3)5点　　4. (1)3点　(2)4点　(3)5点　(4)5点
5. (1)(a)3点　(b)4点　(2)5点　(3)5点

【英　　語】

1. (1)場面A：3点　場面B：4点　(2)質問1：3点　質問2：4点　(3)4点　　2. 4点　　3. 4点
4. 3点×6　　5. 3点×4　　6. (1)3点　(2)4点　(3)9点
7. (1)3点×2　(2)3点　(3)4点　(4)〜(6)3点×5

【社　　会】

1. (1)〜(4)3点×4　(5)2点　(6)3点　　2. 3点×6　　3. (1)3点　(2)2点　(3)〜(5)3点×3
4. 3点×5　　5. (1)3点　(2)2点　(3)〜(6)3点×4
6. (1)(a)3点　(b)2点　(2)(a)2点　(b)3点　(3)3点　(4)3点×2

【理　　科】

1. 3点×8　　2. (1)3点　(2)3点　(3)2点×2　(4)4点×2　　3. (1)3点　(2)3点　(3)〜(5)4点×3
4. (1)3点×2　(2)2点×2　(3)4点　(4)4点　　5. (1)3点　(2)3点　(3)〜(5)4点×4

【国　　語】

一．(1)2点×4　(2)2点×4　(3)3点　(4)3点　　二．(1)3点　(2)4点　(3)ⓐ5点　ⓑ4点　(4)4点
三．(1)3点　(2)あ．3点　い．5点　う．4点　(3)(a)4点　(b)5点
四．(1)3点　(2)3点　(3)(a)3点　(b)4点　(4)3点　　五．(1)3点　(2)15点

~MEMO~

~MEMO~

~MEMO~

~MEMO~